新版 企業危機管理士認定試験 学習テキスト

Crisis Manager

目　　次

第3課題　危機管理の構築

第3章　企業危機管理士認定試験　関連資料集 ………… 361

第4章　企業危機管理士認定試験
　　　　サンプル問題＋解答・解説 ……………………… 453

企業危機管理士認定試験　出題項目

第1課題　企業の社会的責任	第5課題　企業危機各論
1．CSRとは	1．内部告発への対応
2．コンプライアンス	2．苦情・クレームへの対応
3．内部統制とガバナンス	3．うわさと風評
第2課題　リスクと危機	4．不正会計
1．リスクと危機の概念	5．特別背任
2．リスクマネジメントの必要性	6．業務上過失致死傷
3．リスク対応	7．情報漏えい
4．全社的リスクマネジメント	8．従業員・アルバイトによる犯罪行為等
第3課題　危機管理の構築	9．不当表示
1．危機管理体制の整備	10．セクハラ・パワハラ
2．危機管理委員会	11．過労死
3．内部通報・内部告発	12．反社会的勢力との関係
4．危機管理マニュアルの策定	13．製品・食品事故
5．トレーニング	14．知的財産権
第4課題　危機管理広報	**第6課題　自然災害と危機管理**
1．緊急対策本部	1．災害とリスクマネジメント
2．広報と情報開示	2．事業継続管理と事業継続計画
3．マスコミ対応と記者会見	3．災害マニュアル
4．内部調査委員会	4．災害後の復旧対策
5．第三者委員会	
6．広告への危機管理と対応	
7．リコール社告	
8．SNS・インターネットへの危機管理と対応	

第1章
重要用語集

Crisis Manager

第1課題　企業の社会的責任

【1　企業の社会的責任（CSR）】

　CSR（企業の社会的責任）は、Corporate Social Responsibilityの略である。企業が社会や環境と共存し、持続可能な成長を図るため、その活動の影響について責任をとる企業行動であり、企業を取り巻く様々なステークホルダーからの信頼を得るための企業のあり方を指す。

　日本において、CSRは、今世紀初頭に先進国で企業の不祥事が頻発したことをきっかけとして議論され始め、社会貢献活動なども加わって、一般化してきた。その後、グローバル化の進展に伴い、経営において、経済性・環境重視・社会性の3つの側面のバランスが取れている企業だけが「持続可能な発展」を許されるというトリプルボトムライン（17参照）のような考え方も加わって、大きく変わってきている。そして、CSRは、企業不祥事や市場競争への対応、社会的責任投資（Socially Responsible Investment）、ESG投資の普及、株主や消費者の要請などから、経営課題として導入されてきた。

　経団連（一般社団法人日本経済団体連合会）は、2004年に「企業の社会的責任推進にあたっての基本的な考え方」を示し、企業行動憲章及び実行の手引きを見直し、CSRの指針とした。

　CSRは、基本責任、義務責任、支援責任の3つに分類されるとする考え方がある。（2・3・4参照）

【2　基本責任】

　企業の社会的責任を3つに分類した場合の責任の1つである。基本責任とは、自己利益動機による相互同意型価値交換の推進のことである。これは、企業活動の根幹であるビジネス取引において、双方が納得し、合意した上での公正な取引を行わなければならないという企業本来の義務を意味する。

【3　義務責任】

　企業の社会的責任を3つに分類した場合の責任の1つである。義務責任とは、価値交換システムの内外不経済を排除する義務のことである。これは、内部不経済の排除と外部不経済の排除からなる。内部不経済の排除としては、不公正な取引を行わない義務や、株主などが必要とするときは情報開示し、説明を求められたときは理解されるように明確に回答するとともに資料などを提供する義務が挙げられる。外部不経済の排除としては、環境破壊、大気汚染や廃棄物の不法投棄などの公害の防止、動植物の乱獲などをしない義務が挙げられる。

【4　支援責任】

　企業の社会的責任を3つに分類した場合の責任の1つである。支援責任とは、より長期的な企業の社会的責任投資のことである。文化施設、スポーツ、映画、演劇、美術、音楽などの文化活動に対する支援、環境保全、国際交流、地域、福祉、教育などの社会活動への支援、政治献金などによる政治活動への支援、発展途上国への経済援助などの経済支援などが例として挙げられる。

【5　コンプライアンス】

　コンプライアンス（Compliance）とは、法令や社会規範及びビジネスや経営上のルールを遵守することである。会社法でも業務の適正確保の体制を規定し、内部統制システムを強化している。

　金融庁の「財務報告に係る内部統制の評価及び監査の基準」では、企業が遵守すべき「事業に関わる法令等」として以下を掲げている。
　①法令
　　組織が事業活動を行っていく上で、遵守することが求められる国内外の法律、命令、条例、規則等。
　②基準等
　　法令以外であって、組織の外部からの強制力をもって遵守が求められる規範。例えば、取引所の規則、会計基準等。
　③自社内外の行動規範

　　上記以外の規範で組織が遵守することを求められ、又は自主的に遵守することを決定したもの。例えば、組織の定款、その他の内部規程、業界等の行動規範等。

　コンプライアンスは、本来は法令等の遵守を意味するが、現在は企業倫理を包含する意味でも使用されている。近年、上記の法令、基準等、行動規範に加えて、企業倫理（10参照）の倫理規範を重視する考えが主流となっており、多くの企業がコンプライアンスとあわせて企業倫理についての考え方を公表している。

【6　内部統制】

　内部統制とは、企業の不正や不祥事をなくすことにより、企業価値を高めていくことである。企業は内部統制を構築して、安定的な企業活動を継続していくことにより、企業価値を高め、経済競争社会で生き残っていくことができる。日本では、「内部統制」について、会社法と金融商品取引法（金商法）において、それぞれ規定されている。

　会社法では、会社法で定める一定の要件を満たす会社に対して、「業務の適正を確保するための体制」の整備を求め、内部統制を制度化した。その主な内容は、以下の通りである（会社法施行規則100条）。

1．当該株式会社の取締役の職務の執行に係る情報の保存及び管理に関する体制
2．当該株式会社の損失の危険の管理に関する規程その他の体制
3．当該株式会社の取締役の職務の執行が効率的に行われることを確保するための体制
4．当該株式会社の使用人の職務の執行が法令及び定款に適合することを確保するための体制
5．次に掲げる体制その他の当該株式会社並びにその親会社及び子会社から成る企業集団における業務の適正を確保するための体制（以下略）

　求められる体制の内容は、会社の要件によりこの他にも規定されているが、会社法における内部統制は、（金商法では、主に財務報告に関する体制に重点が置かれているのに対し）企業の業務全般に関する広義のものといえる。

　一方、金商法において上場会社等に求められている内部統制は、財務報告に関する信頼性の確保が目的とされている。金融庁の「財務報告に係る内部統制の評価及び監査の基準」では、内部統制の定義として、「内部統制とは、基本的に、業務の有効性及び効率性、財務報告の信頼性、事業活動に関わる法令等の遵守並びに資産の保全の4つの目的が達成されているとの合理的な保証を得るために、業務に組み込まれ、組織内の全ての者によって遂行されるプロセスをいい、統制環境、リスクの評価と対応、統制活動、情報と伝達、モニタリング（監視活動）及びIT（情報技術）への対応の6つの基本的要素から構成される。」としている。さらに、この4つの目的について、

- ・「業務の有効性及び効率性」とは、事業活動の目的の達成のため、業務の有効性及び効率性を高めることをいう。
- ・「財務報告の信頼性」とは、財務諸表及び財務諸表に重要な影響を及ぼす可能性のある情報の信頼性を確保することをいう。
- ・「事業活動に関わる法令等の遵守」とは、事業活動に関わる法令その他の規範の遵守を促進することをいう。
- ・「資産の保全」とは、資産の取得、使用及び処分が正当な手続及び承認の下に行われるよう、資産の保全を図ることをいう。

とし、内部統制の目的はそれぞれに独立しているが、相互に関連しているとしている。

　内部統制の「基本的要素」とは、内部統制の目的を達成するために必要とされる内部統制の構成部分をいい、内部統制の有効性の判断の基準となるものである。

【7　金融商品取引法（日本版 SOX 法）】

　アメリカでは、エンロン社などの企業による巨大な損失が生じる一連の不祥事に端を発して、「上場企業会計改革ならびに投資家保護法（『サーベンス・オクスリー法』、いわゆる『SOX法』）」が2002年に制定された。これによりガバナンス機能強化へのさまざまな方策がとられることになった。

　日本では、2006年に、「日本版SOX法」とも呼ばれる金融商品取引法（金商法）が成立し、2008年4月1日以降の事業年度から内部統制に関する規定が適用されることになった。金商法は、証券取引法を大幅に改正したもの

で、利用者（投資家等）保護と透明な金融市場の構築に向けて、さまざまな金融商品の公正な取引をルール化した。金商法の法整備の具体的な内容は、大きく分けて、

(1) 投資性の強い金融商品に対する横断的な投資者保護法制（いわゆる投資サービス法制）の構築
(2) 開示制度の拡充
(3) 取引所の自主規制機能の強化
(4) 不公正取引等への厳正な対応

の4つの柱からなっている。このうち、「開示制度の拡充」の具体的内容の一つとして、財務報告にかかる内部統制の強化があり、上場会社に対して「内部統制報告書」の提出を義務づけている

【8　企業統治（コーポレート・ガバナンス）】

　企業統治（コーポレート・ガバナンス）とは、企業価値の最大化や企業理念の実現に向けて、企業経営の公平性や健全性、透明性を確保して、維持・推進するために、企業経営を監視する仕組みのことである。

　コーポレート・ガバナンスは、トップの意思決定システム、内外からの監督機能システム、ステークホルダーとの関係システムの3つのシステムで構成されていると考えられている。

　上場企業が行うコーポレートガバナンスにおいてガイドラインとして参照すべき原則・指針として、東京証券取引所による「コーポレートガバナンス・コード」が2015年に策定されている。「コーポレートガバナンス・コード」では、「コーポレートガバナンス」を、「会社が、株主をはじめ顧客・従業員・地域社会等の立場を踏まえた上で、透明・公正かつ迅速・果断な意思決定を行うための仕組み」を意味するとした上で基本原則として以下の5つを挙げている。

　株主の権利・平等性の確保
　株主以外のステークホルダーとの適切な協働
　適切な情報開示と透明性の確保
　取締役会等の責務
　株主との対話
　「コーポレートガバナンス・コード」は、実効的なコーポレートガバナ

ンスの実現に資する主要な原則を取りまとめたものであり、これらが適切に実践されることは、それぞれの会社において持続的な成長と中長期的な企業価値の向上のための自律的な対応が図られることを通じて、会社、投資家、ひいては経済全体の発展にも寄与することとなるものと考えられると記されている。

【9　企業リスクマネジメント（ERM）】

　ERM（企業リスクマネジメント）とは、Enterprise Risk Managementの略称であり、企業リスクマネジメントまたは全社的リスクマネジメント、事業リスクマネジメントなどと呼ばれる。経済産業省は、「事業リスクマネジメント」をERMとほぼ同義とした上で、事業リスクマネジメントとは、「リスクを全社的視点で合理的かつ最適な方法で管理してリターンを最大化することで、企業価値を高める活動」としている。

　ERMは経済的健全性の結果責任だけでなく、ビジネス過程でのプロセス責任を求める発想からきている。あくまでも、ERM（企業リスクマネジメント）は手法であって、これによって内部統制を適切かつ確実に行うことができるとするものである。

【10　企業倫理（ビジネス・エシックス）】

　企業倫理（ビジネス・エシックス）とは、株主（投資家）、顧客（消費者）などのステークホルダーや、社会や環境に大きな影響を与える企業活動を行う上で、経営者をはじめとする一人一人のビジネスパーソンが守るべき基準となる考え方のことである。コンプライアンス（5参照）として、法令、基準、行動規範とともに遵守すべきもので、法令等による規定の範囲外である自然環境、社会環境、人権保護などの道徳的、人道的見地からの規定である。企業においては、各人が個々の現場において倫理的に正しい判断を行うことによってその倫理は守られているといえる。

　また、企業会計は企業活動と表裏の関係にあり、企業が倫理的に望ましくない行動をとっている場合、その結果は財務諸表その他に現れることが多い。日本においても、企業会計自体を問題とした不祥事が多く発生している。このため、特に企業会計人には高い職責と倫理が求められている。

【11　ゴーイングコンサーン】

　企業が将来にわたって継続していくという前提のこと。リスクマネジメントの目的は、企業経営の場合、企業価値を低下させず、新たな価値を創造し、ステークホルダーの信頼を得ることである。そして、リスクマネジメントの究極の目的は企業の倒産を防止し、その倒産の要因を科学的にマネージすることとされてきた。企業の倒産防止ということは、企業の生き残り対策であり、企業がゴーイングコンサーンとして責任をもつことである。

　財務諸表は企業が継続して事業活動を行うことを前提として作られているため、経営者は会社が少なくとも決算日から1年間事業活動が継続することについて重要な問題がある場合、その内容と財務諸表が継続企業の前提で作成されていること（ゴーイング・コンサーン情報）を注記として記載しなければならない。

【12　透明性（トランスペアランシー）】

　内部監査は会計監査と業務監査からなり、内部監査とコンプライアンスを連動させて、内部統制としてとらえることもある。ただ、内部監査だけでは不十分で、外部である市場や社会からのチェック機能も重要である。そこで、企業の情報開示と説明責任によるコミュニケーションが重要性を増し、透明性（トランスペアランシー）を明確にするほど、企業の信用性が増し、市場や社会から支持されることになる。この透明性（トランスペアランシー）とは、企業活動などの経済活動や行政、政治などの公的活動において、個人であれ組織であれ、社会的に求められる情報開示、情報公開度を表すものといえる。

　企業は、透明性（トランスペアランシー）をアピールするためにも、「情報開示ガイドライン」「機密事項ガイドライン」を作成して、緊急時のマスコミ対応に備えるとよい。

【13　組織経営の有効性と効率性】

　組織が存続する上では、必要な経営資源の獲得、活用に成功していることや参加する利害関与者の要求水準を充足し、いかにして社会貢献に導く

かという有効性が重要である。一方で、組織が存続する条件として、効率性という指標も重要である。これは、組織経営がいかに効率的、能率的に実施されているかを示すもので、内部的な基準といえる。通常はコストを削減し、生産性を向上させることが効率性を上げることになる。ただ、コスト削減により効率性を上げ、業績を上げようとすることだけに傾注すると、有効性の指標が下がり、企業存続のリスクが表面化することになる。そこで、外部的な基準といえる有効性を優先することが、組織（企業）の社会的責任の達成につながり、そのことが、組織（企業）そのものの存続につながっていくことになる。

【14　ステークホルダー】

　ステークホルダーとは、企業の経営活動の影響を直接的・間接的に受ける利害関係者のことである。具体的には、従業員をはじめとする社内の関係者や、顧客・取引先・債権者等の社外の関係者、地域社会のように会社の存続・活動の基盤をなす主体が含まれる。東京証券取引所による「コーポレートガバナンス・コード」では、ステークホルダーについて、「上場会社は、自らの持続的な成長と中長期的な企業価値の創出を達成するためには、これらのステークホルダーとの適切な協働が不可欠であることを十分に認識すべきである。」と記している。

【15　企業行動憲章】

　日本経済団体連合会（「経団連」）は、1991年、会員企業に求める行動原則「経団連企業行動憲章」を制定し、企業の社会的責任への取り組みの推進を求めた。2002年に、経済団体連合会と日本経営者団体連盟の合併に伴い、その名称を「企業行動憲章」と改めるとともに、法令遵守の徹底や不祥事に対する経営トップが果たすべき役割・責任の明確化のために改定した。その後も改定が重ねられ、2017年11月8日には第5回の改定を行っている。

　企業行動憲章では、持続可能な社会のために、企業は、公正かつ自由な競争の下、社会に有用な付加価値及び雇用の創出と自律的で責任ある行動を通じて、持続可能な社会の実現を牽引する役割を担う。そのため企業は、国の内外において次の10原則に基づき、関係法令、国際ルールおよびその

精神を遵守しつつ、高い倫理観をもって社会的責任を果たしていくと規定している。

（持続可能な経済成長と社会的課題の解決）
1．イノベーションを通じて社会に有用で安全な商品・サービスを開発、提供し、持続可能な経済成長と社会的課題の解決を図る。

（公正な事業慣行）
2．公正かつ自由な競争ならびに適正な取引、責任ある調達を行う。また、政治、行政との健全な関係を保つ。

（公正な情報開示、ステークホルダーとの建設的対話）
3．企業情報を積極的、効果的かつ公正に開示し、企業をとりまく幅広いステークホルダーと建設的な対話を行い、企業価値の向上を図る。

（人権の尊重）
4．すべての人々の人権を尊重する経営を行う。

（消費者・顧客との信頼関係）
5．消費者・顧客に対して、商品・サービスに関する適切な情報提供、誠実なコミュニケーションを行い、満足と信頼を獲得する。

（働き方の改革、職場環境の充実）
6．従業員の能力を高め、多様性、人格、個性を尊重する働き方を実現する。また、健康と安全に配慮した働きやすい職場環境を整備する。

（環境問題への取り組み）
7．環境問題への取り組みは人類共通の課題であり、企業の存在と活動に必須の要件として、主体的に行動する。

（社会参画と発展への貢献）
8．「良き企業市民」として、積極的に社会に参画し、その発展に貢献する。

（危機管理の徹底）
9．市民生活や企業活動に脅威を与える反社会的勢力の行動やテロ、サイバー攻撃、自然災害等に備え、組織的な危機管理を徹底する。

（経営トップの役割と本憲章の徹底）
10．経営トップは、本憲章の精神の実現が自らの役割であることを認識して経営にあたり、実効あるガバナンスを構築して社内、グループ

企業に周知徹底を図る。あわせてサプライチェーンにも本憲章の精神に基づく行動を促す。また、本憲章の精神に反し社会からの信頼を失うような事態が発生した時には、経営トップが率先して問題解決、原因究明、再発防止等に努め、その責任を果たす。

【16 環境リスクマネジメント】

企業などの事業体には、効率化を最優先する経営から脱却し環境への配慮により加害者にならないという姿勢で臨むことが求められている。環境経営のパフォーマンスを果たすことが、個人、企業、自治体、国家等のすべての活動主体に求められており、環境リスクへのマネジメントは社会的責任の範疇といえる。つまり、環境リスクマネジメントにおいて、企業には社会との相互作用性や相互関連性の視点に立つことが求められるようになってきている。また、企業が社会や市場の中で持続的成長を果たすためには、社会との関わり合いを常に意識し、社会的責任として環境リスクマネジメントを実践する必要がある。

【17 トリプルボトムライン】

企業を評価する判断基準として、従来の財務的な側面（利益と損失）ではなく、環境（環境への配慮、資源節約など）、社会（従業員をはじめとする人権への配慮、社会・文化貢献など）、経済（従来からの財務的な部分）の3つの側面から評価するという考え方。「ボトムライン」は、決算書の最後の行のことである。

トリプルボトムラインは、企業の社会的責任（CSR）を実践する上で、基本となる理念といわれている。

【18 SDGs（エスディジーズ）】

2015年9月の国連サミットで採択された「持続可能な開発目標」（Sustainable Development Goals）。貧困や飢餓の撲滅、教育、ジェンダーの平等、クリーンエネルギーの普及、経済成長、環境保全、平和構築など、17のゴール（目標）と169のターゲットからなり、2030年までの達成を目指す国際目標である。

　「企業行動憲章の手引き」では、SDGsの特徴として、SDGsはその前身であるMDGs（ミレニアム開発目標）とは異なり、貧困や飢餓といった途上国を中心とする社会的課題のみならず、経済成長や働き方の改革、環境・エネルギー、ジェンダー平等など先進国を含めた万国共通の課題が網羅されていることを挙げている。

　SDGsの17の目標は、以下の通りである。

目標1	あらゆる場所のあらゆる形態の貧困を終わらせる
目標2	飢餓を終わらせ、食料安全保障及び栄養改善を実現し、持続可能な農業を促進する
目標3	あらゆる年齢のすべての人々の健康的な生活を確保し、福祉を促進する
目標4	すべての人々への包摂的かつ公正な質の高い教育を提供し、生涯学習の機会を促進する
目標5	ジェンダー平等を達成し、すべての女性及び女児の能力強化を行う
目標6	すべての人々の水と衛生の利用可能性と持続可能な管理を確保する
目標7	すべての人々の、安価かつ信頼できる持続可能な近代的エネルギーへのアクセスを確保する
目標8	包摂的かつ持続可能な経済成長及びすべての人々の完全かつ生産的な雇用と働きがいのある人間らしい雇用(ディーセント・ワーク)を促進する
目標9	強靱（レジリエント）なインフラ構築、包摂的かつ持続可能な産業化の促進及びイノベーションの推進を図る
目標10	各国内及び各国間の不平等を是正する
目標11	包摂的で安全かつ強靱(レジリエント)で持続可能な都市及び人間居住を実現する
目標12	持続可能な生産消費形態を確保する
目標13	気候変動及びその影響を軽減するための緊急対策を講じる
目標14	持続可能な開発のために海洋・海洋資源を保全し、持続可能な形で利用する

目標15	陸域生態系の保護、回復、持続可能な利用の推進、持続可能な森林の経営、砂漠化への対処、ならびに土地の劣化の阻止・回復及び生物多様性の損失を阻止する
目標16	持続可能な開発のための平和で包摂的な社会を促進し、すべての人々に司法へのアクセスを提供し、あらゆるレベルにおいて効果的で説明責任のある包摂的な制度を構築する
目標17	持続可能な開発のための実施手段を強化し、グローバル・パートナーシップを活性化する

　日本では、2016年に内閣総理大臣を本部長とするSDGs推進本部が設置され、2030年の目標達成を目指し、2017年から毎年、8つの優先課題に基づき、政府の施策のうちの重点項目を整理した「SDGsアクションプラン」を策定している。8つの優先課題とは、

1　あらゆる人々の活躍の推進
2　健康・長寿の達成
3　成長市場の創出、地域活性化、科学技術イノベーション
4　持続可能で強靱な国土と質の高いインフラの整備
5　省・再生可能エネルギー、気候変動対策、循環型社会
6　生物多様性、森林、海洋等の環境の保全
7　平和と安全・安心社会の実現
8　SDGs実施推進の体制と手段

である。
　経済産業省の「SDGs経営ガイド」（2019年5月）には、「SDGs —企業経営における「リスク」と「機会」」の項があり、「世界全体がSDGsの達成を目指す中、これを無視して事業活動を行うことは、企業の持続可能性を揺るがす「リスク」をもたらす。一方、企業がビジネスを通じてSDGsに取り組むことは、企業の存続基盤を強固なものにするとともに、いまだ開拓されていない巨大な市場を獲得するための大きな「機会」となり得る。」と記し、SDGsに取り組まないこと自体が企業のリスクである、としている。
　企業がSDGsに取組むと標榜しながら実際はSDGsにそぐわない行動をとったり、表面上だけの取組みを行うことを指す言葉として「SDGsウォッ

シュ」がある。電通の「SDGsコミュニケーションガイド」では、「SDGsウォッシュが企業にもたらす影響」として、「生活者と個別の企業との信頼関係を損なう」「投融資先としての企業の魅力を毀損する」の2点を挙げ、ひとたびSDGsウォッシュが指摘されると、企業や商品・サービスへの信頼感が損なわれ、企業活動全体が大きなダメージを受けることになりかねず、ESC投融資先としての企業の魅力を著しく毀損する可能性がある、としている。

【19　ESG 投資】

　従来の財務情報だけでなく、環境（Environment）・社会（Social）・ガバナンス（Governance）要素も考慮した投資のことを指す。特に、年金基金など大きな資産を超長期で運用する機関投資家を中心に、企業経営のサステナビリティを評価するという概念が普及し、気候変動などを念頭においた長期的なリスクマネジメントや、企業の新たな収益創出の機会（オポチュニティ）を評価するベンチマークとして、国連の「持続可能な開発目標（SDGs）」と合わせて注目されている。（経済産業省「ESG投資とは」）

第2課題　リスクと危機

【20　リスク】

　一般的に、リスクとは、「事故発生の可能性」といわれており、「リスク＝損害事象発生確率×影響度」として表すことができる。リスクについては、経済、医療、経営、保険、マーケティングなどの様々な分野で多様な定義がある。例えば、**JIS Q 31000:2019**では、リスクを「目的に対する不確かさの影響」と定義している。ここでの「影響」とは、影響とは、期待されていることからかい（乖）離することをいうと定義している。また、影響には、好ましいもの、好ましくないもの、又はその両方の場合があり得るとして、影響は、機会又は脅威を示したり、創り出したり、もたらしたりすることがあり得ると示している。さらに、「目的」は、様々な側面及び分野をもつことがあるとして、また、様々なレベルで適用されることがあると示している。なお、**JIS Q 31000:2010**では、「不確かさ」とは、事象、その結果又はその起こりやすさに関する、情報、理解若しくは知識が、たとえ部分的にでも欠落している状態であると示している。

　また、リスクの分類方法には、様々なものがある。例えば、損失の有無によって分類した場合は、「投機的リスク」と「純粋リスク」（37・38参照）に分けることができ、企業活動によって分類した場合（39参照）は、「戦略リスク」「財務リスク」「オペレーショナルリスク」「ハザードリスク」に分けることができる。

【21　危機（クライシス）】

　クライシスとは、「危険な状態」のことであり、そのような状態が発生した時点を「クライシスポイント」という。クライシスについては、様々な場面で様々な定義がある。例えば、広辞苑などでは「経営上の危機。恐慌」と記載されている。また、用語としても様々な用い方があり、例えば、「金融クライシス」は、金融に端を発する経済危機のことであり、これ以外にも「環境クライシス」や「経済クライシス」、「メンタルクライシス」などがある。

　クライシスが発生した際、被害を最小限に抑えるための管理活動を「ク

ライシスマネジメント」（危機管理）（43参照）という。

【22　リスクマネジメント】

　JIS Q　31000:2019では、リスクマネジメントを「リスクについて、組織を指揮統制するための調整された活動」と定義している。また、リスクマネジメントのプロセスには、リスクアセスメント（23参照）、リスク対応（29参照）、リスクのモニタリング及びレビュー、リスクコミュニケーション及び協議（27参照）などの一連の活動が該当すると示している。

　狭義のリスクマネジメントは、リスク全般を対象として、不測の事態が発生しないようにするための、予防・防止のための管理活動のことである。

　一方、広義のリスクマネジメントは、狭義のリスクマネジメント及びクライシスマネジメントを含め、平常時、緊急時、回復・収束時までの一連の管理過程を指す場合もある。なお、広義のリスクマネジメントを「トータルリスクマネジメント」（TRM）と呼び、狭義のリスクマネジメントと区別する場合もある。

【23　リスクアセスメント】

　JIS Q 31000:2019では、リスクアセスメントとは、リスク特定（24参照）、リスク分析（25参照）及びリスク評価（26参照）を網羅するプロセス全体を指すと示しており、リスクマネジメント一連の活動の中核となる。

　リスクアセスメントの手順として、まず、リスクを特定する。次に、リスク分析によってリスクの性質及び特徴を理解し、事故に至るシナリオを構築して、事故の発生の可能性とその影響度からリスクレベル（リスクの大きさ）を算定する。それを踏まえ、リスク評価によりリスク受容基準を設定する。

　なお、リスクアセスメントの技法やツールには、単純なものから複雑なものまで様々あり、複数の技法を組み合わせて行う場合もある。また、リスクアセスメントを実施する技法やツールは、リスクの性質及び特徴の理解を深めるものであって、追跡可能で再現性があり、かつ、検証可能となるようにして利用できるものを選択することが望ましい。

【24　リスク特定】

　JIS Q 0073:2010では、リスク特定を「リスクを発見、認識及び記述するプロセス」と定義している。また、**JIS Q 31000:2019**では、リスク特定の意義は、組織の目的の達成を助ける又は妨害する可能性のあるリスクを発見し、認識し、記述することであると示している。つまり、リスク特定は、危害を引き起こす潜在的ハザード（リスク源）を洗い出し、事故に至るシナリオを解析し、ハザードを特定することといえる。

　リスク特定には様々な手法があり、その代表的なものとして、**HAZOP**スタディーズのような帰納的推論法や、チェックリスト及び履歴データのレビューなどが挙げられる。具体的には、企業内における事例調査やインタビュー、アンケート調査などがある。さらに、ブレーンストーミングやデルファイ法などの支援技法を用いることにより、リスク特定の正確さ及び完全性を改善することができるようになる。

【25　リスク分析】

　JIS Q 0073:2010では、リスク分析を「リスクの特質を理解し、リスクレベルを決定するプロセス」と定義している。また、**JIS Q 31000:2019**では、リスク分析の意義は、必要に応じてリスクのレベルを含め、リスクの性質及び特徴を理解することであると示している。さらに、リスク分析には、不確かさ、リスク源、結果、起こりやすさ、事象、シナリオ、管理策及び管理策の有効性の詳細な検討が含まれるとしている。

　リスク分析に用いる手法は、次の3つに大別され、これらを組み合わせた形で行うこともできる。

・定量的手法

　リスクを、発生確率や損失額、統計的な方法などによって具体的な数値で表す。

・定性的手法

　リスクの発現結果や発生確率及びレベルを、高い・普通・低い、大・中・小などによって表す。

・半定量的手法

　リスクを数値化する際にいくつかのクラスに分けるなどによって表す。

また、リスク分析の具体的な手法として、FTA（故障の木解析）やETA（事象の木解析）、原因・結果分析、デルファイ法、BIA（事業影響度分析）などが挙げられる。

【26　リスク評価】

JIS Q 0073:2010では、リスク評価を「リスク及び／又はその大きさが、受容可能か又は許容可能かを決定するために、リスク分析の結果をリスク基準と比較するプロセス」と定義している。また、JIS Q 31000:2019では、リスク評価の意義は、決定を裏付けることであると示している。さらに、リスク評価は、どこに追加の行為をとるかを決定するために、リスク分析の結果と確立されたリスク基準との比較を含むとしている。

リスク評価では、リスク対応の必要性の有無や、どのようにリスク対応を実施するかに関する決定は、リスクを取る場合のコスト及び効用、並びに管理策の改善を実施するコスト及び効用に依存する場合がある。例えば、次のような3つの帯域にリスクを分類し、決定する。

・上部帯域
　リスクレベルを許容できないと推定し、多大なコストをかけてでもリスク対応が不可欠の場合など
・中間帯域
　費用対効果を考慮しつつ判断する場合など
・下部帯域
　リスクレベルが低いことからリスク対応が不要の場合など

また、企業への影響度という側面からリスクを評価する場合もあり、例えば、人・モノ・賠償・利益・信用の5つの項目に分けて評価する場合もある。

【27　リスクコミュニケーション】

リスクコミュニケーションは、様々な分野で様々な定義がある。例えば、日本規格協会の「リスクマネジメント構築のための指針」（JIS Q 2001:2001対応）では、「意思決定者と他のステークホルダーの間における、リスクに関する情報の交換、又は共有」と定義していた。JIS Q 0073:2010

では、リスクコミュニケーションを「コミュニケーション及び協議」として、「リスクの運用管理について、情報の提供、共有又は取得、及びステークホルダーとの対話を行うために、組織が継続的に及び繰り返し行うプロセス」と定義している。なお、ここでの「情報」とは、リスクの存在、特質、形態、起こりやすさ、重大性、評価、受容可能性、対応又はその他の運用管理の側面に関係することがあると示している。さらに、JIS Q 31000:2019では、コミュニケーション及び協議の意義は、関連するステークホルダーが、リスク、意思決定の根拠、及び特定の活動が必要な理由が理解できるように支援することであると示している。なお、ここでの「コミュニケーション」は、リスクに対する意識及び理解の促進を目指し、一方、「協議」は、意思決定を裏付けるためのフィードバック及び情報の入手を含むとしている。

　つまり、リスクコミュニケーションは、より適切なリスクマネジメントを行うために、外部（企業とステークホルダー、企業と社会）や内部（経営陣と従業者等）で、リスクに関する情報について、相互に交換・共有・理解をするための活動ということができる。

　また、JIS Q 31000:2019では、コミュニケーションと協議とを密接に組み合わせることによって、情報の機密性及び完全性、並びに個人のプライバシー権を考慮しながら、事実に基づく、時宜を得た、適切で正確かつ理解可能な情報交換が促進されると示している。

【28　クライシスコミュニケーション】

　クライシスコミュニケーションとは、危機的な状態の発生時に、企業に生じるダメージを最小限に抑えるために実施する、ステークホルダーに対する適切なコミュニケーションであり、クライシスポイント（21参照）からのリスク対応（リスクトリートメント：29参照）の過程で実施するコミュニケーションの総称である。「危機管理広報」（58参照）や「緊急時広報」と呼ばれる場合もある。

　平常時における準備活動として、事例収集や問題の分析・検証、緊急時広報マニュアルの作成（48〜51参照）、緊急記者会見トレーニング（52・53参照）などの実施が必要となる。さらに、企業内では情報を共有し、危機管理に対する意識を高めることが重要である。これは、災害や事故、事

件が発生した際、マスコミ対応などの緊急時の広報の在り方が、企業イメージを大きく左右するケースが多いからである。

【29　リスクトリートメント】

　リスクトリートメントは、「リスク処理手段の選択」や「リスク対応」などとも呼ばれる。**JIS Q 0073:2010**では、リスク対応を「リスクを修正するプロセス」と定義している。また、**JIS Q 31000:2019**では、リスク対応の意義は、リスクに対処するための選択肢を選定し、実施することであるとして、次の事項の反復的プロセスが含まれると示している。

・リスク対応の選択肢の策定及び選定

・リスク対応の計画及び実施

・その対応の有効性の評価

・残留リスクが許容可能かどうかの判断

・許容できない場合は，更なる対応の実施

　リスクトリートメントの手法には、様々な分類方法がある。例えば、危機制御である「リスクコントロール」（30参照）と危機財務である「リスクファイナンス」（31参照）に分類する方法や、リスクの発生頻度・影響の度合いによって対応を選択する方法がある。また、時間軸に沿った場合は事前対策と事後対策があり、事後対策には緊急時対策と復旧対策の2つがある。

　発生頻度・影響の度合いによって対応を選択する場合は、一般的に、次の4つの対応がある。

・リスク回避：リスクの発生頻度が高く影響が大きい場合
　リスクを生じさせる活動を開始または継続しないと決定することによって、リスクを回避する。

・リスク移転（共有）：リスクの発生頻度が低く影響が大きい場合
　一つ以上の他者とそのリスクを共有する（契約及びリスクファイナンシングを含む）。

・リスク低減（軽減）：リスクの発生頻度が高く影響が小さい場合

リスク源を除去する。または起こりやすさや結果を変える。
・リスク保有（受容）：リスクの発生頻度が低く影響が小さい場合
　情報に基づいた意思決定によって、そのリスクを保有する。

　なお、リスクトリートメントは、一つのリスクに対して一つの対応を選択する必要はなく、一つのリスクに対して複数の対応を組み合わせる場合もある。

【30　リスクコントロール】

　リスクコントロールは、危機の発生を予防し、危機が発生した際には、損失や影響を最小限に抑えるための手法である。一般的に、リスクコントロールは、リスクの発生頻度・影響の度合いや目的などによって、次のように分類することができる。

・回避
　リスクの発生そのものを回避することであり、リスクにさらされている人・モノ・事業などには一切関与しないことや、リスクとの関係がなくなるようにすることなどが該当する。なお、「回避」を選択した場合、別のリスクが発生することもあるので、注意を要する。
・除去
　リスクを予防し、軽減することであり、さらに次のように4つに分類することができる。

　　防止：リスク発生の確率や頻度を減少させる「予防」と損害を減少させる「軽減」がある。

　　分散：リスクを複数箇所に分散させて、被害を拡大させないことである。

　　結合：リスクを集約することによって管理しやすくし、被害や影響を軽減することである。

　　制限：リスク負担を抑制するなどして、顕在化されていないリスクを制限することである。

【31　リスクファイナンス】

　リスクファイナンスは、危機が発生した際に生じる損失に備え、資金計画を立てるなどの財務的な手法である。経営環境や財務状況、ステークホルダーからの要請などを総合的に判断し、除去できないリスクについて、社外に移転するか、社内に残すかを検討する。前者が「リスク移転」（転嫁）であり、後者が「リスク保有」である。

　リスク移転は、リスク顕在化により生じる損失を他社に負担してもらうことである。具体的には、保険会社との保険契約、保険デリバティブや証券化などがある。

　リスク保有は、積極的保有と消極的保有に大別できる。積極的保有とは、リスク顕在化により生じる損失を内部留保でまかなうことである。具体的には、準備金または引当金の積立などを行う「自家保険」や、専属保険会社や保険子会社を利用する「キャプティブ」などがある。また、リスク保有とリスク移転を組み合わせた「ファイナイト保険」という手法では、保険に転嫁できるリスク量が限られ、リスクを保険会社と分担することとなる。一方、消極的保有とは、リスクを特定あるいは認識せずに保有することであり、リスクマネジメントの側面では、極力避ける必要がある。

【32　脅威】

　脅威は、様々な分野で様々な定義がある。例えば、JIS Q 27000:2019では、脅威を「システム又は組織に損害を与える可能性がある、望ましくないインシデント（40参照）の潜在的な原因」と定義している。一般的には、組織（企業）の目的達成を脅かす要因といえる。

　また、脅威の分類についても様々である。例えば、情報セキュリティに関して、JIS Q 13335-1：2006（現在は廃止）では、脅威の例を次のとおり示している。

人間		環境
意図的	偶発的	
盗聴 情報の改ざん システムのハッキング 悪意のあるコード 盗聴	誤り及び手抜かり ファイルの削除 不正な経路 物理的事故	地震 落雷 洪水 火災

　なお、似たような意味をもつ言葉に、「ハザード」や「インシデント」（40参照）があるが、ハザードは、一般的には、事業環境に影響を与え、損失の発生を増加させる状態や状況を指すものである。

【33　残留リスク】

　JIS Q 310000:2019では、残留リスクを「リスク対応の後に残るリスク」と定義しており、残留リスクには、特定されていないリスクが含まれることがあり、残留リスクは、"保有リスク"としても知られていると示している。
　なお、残留リスクには、リスク低減などを行った結果残されるリスクと、リスク受容基準以下であるとして受容されるリスクが含まれる。残留リスクを受容する決定については、経営陣（意思決定者）によって承認する。
　また、JIS Q 31000:2019では、意思決定者及びその他のステークホルダーは、リスク対応後の残留リスクの特質及び程度を認識していることが望ましいと示しており、残留リスクは、文書化し、モニタリングし及びレビューし、並びに必要に応じて追加的対応の対象とすることが望ましいと示している。

【34　レピュテーションリスク】

　レピュテーションリスクとは、いわゆる「風評リスク」のことであり、企業の評判に関わるリスク全体を指すものである。

　レピュテーションリスクは、ステークホルダーが企業に対して抱くイメージ（期待や認識）と企業の実態（現実の姿）との間のギャップやズレである。このギャップがネガティブに大きい状態がステークホルダーに認知された場合、顧客離れや信用の失墜、株価急落など、企業にマイナスの影響がもたらされる。レピュテーショナルリスクともいう。

　例えば、自社のアルバイトによるSNSへの不適切投稿により、悪評が広まることでリスクが顕在化する場合がある。

【35　コンティンジェンシープラン】

　コンティンジェンシープランは、「不測事態対応計画」や「緊急時対応計画」などとも呼ばれ、CPと略される場合もある。コンティンジェンシープランは、自然災害やテロ、火災、システム障害などの緊急事態が発生した場合を想定し、被害を最小限に抑えるために、あらかじめ定めておく対応策や行動手順などの計画である。経営活動そのものにも用いられることがあり、競合他社の追随や業績不振などの事態に備える計画も該当する。

　コンティンジェンシープランの策定は、一般的に、まず、想定されるリスクの洗い出しを行い、基本方針を策定する。続いて体制を構築し、緊急連絡網などの整備を行う。これらの内容について、従業者へ周知し、定期的に教育・訓練を行う。なお、コンティンジェンシープランは、一度策定すればよいというものではなく、定期的な見直しを行い、コンティンジェンシープランの維持と継続的改善を行うことが重要である。

　政府や金融機関などでは、有効なコンティンジェンシープランの策定を推奨しており、金融庁の監督指針などにもコンティンジェンシープランの必要性が明記されている。

【36　ぜい弱性】

　ぜい弱性は、様々な分野で様々な定義がある。例えば、JIS Q 27000:2019では、ぜい弱性を「一つ以上の脅威によって付け込まれる可能性のある、資産又は管理策の弱点」と定義している。一般的には、安全を脅かす状態を指すものといえる。また、情報セキュリティに関して、JIS Q 13335-1：2006（ISO/IEC 13335-1：2004）では、一つ以上の脅威が悪用することので

きる資産又は資産の集合の弱点は、ぜい弱性として知られていると示している。さらに、資産に関するぜい弱性には、物理的配置、組織、手順、要員、マネジメント、管理、ハードウェア、ソフトウェア及び情報における弱点が含まれる。

　なお、情報セキュリティに関して、ぜい弱性を「セキュリティホール」と同義とみなす場合も多く、セキュリティホールは、情報セキュリティ上の欠陥となる不具合のことを指すものである。

【37　投機・投資的リスク】

　投機的リスクは、「ビジネスリスク」や「動態的リスク」とも呼ばれ、損失だけではなく利益を生む可能性もあるリスクである。経営者の意思決定や行動に伴うリスクであり、保険化が困難なものである。ただし、投資的なリスクは、損失の範囲を限定することが可能である。

　また、投機的リスクを、「経済的情勢変動リスク」「政治的情勢変動リスク」「法的規制変更リスク」「技術的情勢変化リスク」の４つに分類する場合もある。

　投機的リスクの具体例として、海外進出や新規事業、新商品の開発、株式投資、設備投資、M&Aによる組織変革、規制の緩和・強化などのリスクが挙げられる。

　なお、近年では、投機的リスクを含め、リスクは企業価値の源泉という見方で、積極的に捉えられるようになってきている。

【38　純粋リスク】

　純粋リスクは、「静的リスク」とも呼ばれ、損失のみを発生させる、利得の可能性のないリスクである。経済社会の変動に起因せず、個々の事象の発生を予測することは困難であり、損失の範囲を限定することができない。ただし、ほとんどの純粋リスクは、一定期間、大量に観察することにより、発生確率が統計的に測定可能である。そのため、保険化が可能であり、長期的な視点でリスクマネジメントを行うことができる。つまり、純粋リスクに対しては、リスクコントロールやリスクファイナンスの手法を使いやすいといえる。

　また、純粋リスクを「財産損失リスク」「収益減少リスク」「賠償責任リ

スク」「人的損失リスク」の4つに分類する場合もある。純粋リスクの具体例として、台風や地震などの自然災害、交通事故、火災事故、環境汚染、従業者の怪我や病気、情報漏えい、法的賠償責任などのリスクが挙げられる。

【39　企業活動によるリスクの分類】

　企業を取り巻くリスクには様々なものがあり、さまざまな分類方法があるが、各企業の実態に合った分類を行う必要がある。ここでは企業活動におけるリスクを、次の4つに分類する。

・戦略リスク

　経営者の意思決定に関わるリスクであり、新規事業やM&A、市場ニーズの変化、海外進出、設備投資などがある。

・財務リスク

　企業の財務に関わるリスクであり、キャッシュフローや資産価値、株価や金利の変動、原材料価格の高騰、流動性悪化などがある。

・オペレーショナルリスク（内在的リスク）

　企業の業務活動が原因で発生するリスクであり、法令違反、個人情報漏えい、リコール、セクハラ・パワハラ、環境汚染などがある。

・ハザードリスク（外来的リスク）

　災害や事故などによるリスクであり、サイバー攻撃、戦争、地震・風水害、感染症の蔓延、事故による従業者の死傷などがある。

【40　インシデント】

　インシデントは、様々な分野で様々な定義がある。例えば、JIS Q 22300:2013では、インシデントを「中断・阻害、損失、緊急事態又は危機になり得る又はそれらを引き起こし得る状況」と定義している。また、JIS Q 27000:2019では、情報セキュリティインシデントを「望まない単独若しくは一連の情報セキュリティ事象、又は予期しない単独若しくは一連の情報セキュリティ事象であって、事業運営を危うくする確率及び情報セキュリティを脅かす確率が高いもの」と定義している。

　事業継続管理（80参照）や事業継続計画（79参照）においては、一般的に、インシデントは、事業の中断が発生してしまった事態や、事業を支える重要な業務の中断が発生してしまった事態などを指す。また、事業や業務の中断が発生しなかったとしても、そのような状況が発生しそうになった未遂の事態を含む場合もある。

　なお、医療分野においては、インシデントは、日常の医療現場で、ヒヤリハット（「ヒヤリ」としたり「ハット」した経験）体験など、結果的にアクシデントやトラブルには至らなかったニアミスなどを指すことがある。

　しかし、分野によっては、ヒヤリハットとインシデントは同義ではないとする場合もある。ヒヤリハットは事故に至る可能性のある事象の発見であって、事象そのものがインシデントであるという解釈もある。また、似たような意味をもつ言葉に「脅威」（32参照）があるが、脅威は、インシデントを誘引する潜在的な原因などを指すものである。

【41　イシューマネジメント】

　イシューは、公共的・社会的な論点や争点、課題、問題などを指し、リスクから派生する問題や論点などを指す場合もある。イシューマネジメントは、企業が将来直面する可能性のある問題、つまり、外部環境の変化（社会的論争点や法的規制など）に対し、それを危機として予知・予測して、常にその兆候を捉え、対応などを行う管理活動である。

　イシューマネジメントによって、外部環境の変化による企業活動に関する被害を最小限に抑えたり、事態の悪化を未然に防ぐことができるようになる。そのためには、外部環境の変化を、迅速に、かつ具体的、網羅的、俯瞰的に捉えることが重要となる。「イッシューマネジメント」と表記する場合もある。

【42　ハインリッヒの法則】

　ハインリッヒの法則は、労働災害の研究事例から導き出されたものであり、労働災害や事故などの発生頻度から推計したリスクが顕在化する確率を経験則にしたものである。

　また、この法則は、「1：29：300の法則」とも呼ばれ、1件の重大事故や事件の前には、29もの軽度な事故や失敗が発生していて、事故や事件に

は至らなかったものの300のヒヤリハット体験（40参照）が存在するというものである。例えば、会社が倒産するほどの重大な事故の前には、会社に多少の損失を与える29ものミスやエラーが発生していて、事故には至らなかったもののヒヤリとするような危険経験が300存在するということである。

　なお、似ている法則に「バードの法則」があり、「1：10：30：600」の比率が示されている。1件の重大な事故の背景には、10件の軽傷を伴う事故、30件の物損事故、600件のニアミスが存在するというものである。

　重大な事故や事件を防ぐためには、リスクマネジメントによって、ケアレスミスや不注意などを見逃さず、その時点で対策を講じることが重要である。

〔ハインリッヒの法則のイメージ図〕

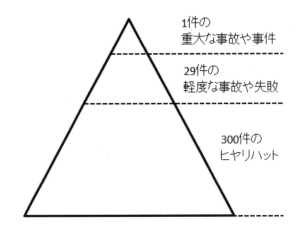

1件の
重大な事故や事件

29件の
軽度な事故や失敗

300件の
ヒヤリハット

第3課題　危機管理の構築

【43　危機管理（クライシスマネジメント）】

　危機管理は、「クライシスマネジメント」や「エマージェンシーマネジメント」などとも呼ばれ、危機・事故・事案が発生した後、被害・損失を最小限化するための管理活動である。クライシスマネジメントは、クライシスポイント（21参照）からの初期対応、緊急復旧、その後の定常復旧までの一連の活動過程が該当する。なお、クライシスポイントの発生直前の予兆から、警戒段階、及び発生直後の復旧までの活動過程を指す場合もある。

　また、狭義のリスクマネジメントは日常的に実施されるものであるが、クライシスマネジメントは、不測の事態が発生した際に実施されるものである。クライシスマネジメントは、危機的な状態が発生した場合の事後対応を目的としているが、危機が発生する前（平常時）に、危機発生後の対応をあらかじめ検討しておくことが重要である。

【44　危機管理委員会】

　危機管理委員会は、「クライシスマネジメント委員会」とも呼ばれ、さまざまなクライシスに対し、迅速かつ適切な対応を行うことによって、企業活動への影響を最小化することを目的としている。

　なお、トータルリスクマネジメントを行う場合は、リスク管理委員会（45参照）に包含される場合が多い。いずれにしても、これらの委員会は、役員クラス（経営陣）を委員長として、社内の各部門の管理職クラスを委員として構成するのが一般的である。また、危機管理委員会の委員は、緊急事態発生時には、危機対策本部（対策本部）の要員となる。

　危機管理委員会の果たすべき役割は、業種や企業形態などによって異なるが、一般的な危機管理委員会の主な役割として、次のようなものが挙げられる。

・想定される危機に関する情報の収集及び分析

・想定される危機の評価及び順位付け（プライオリティ）の確立

・順位付けされた危機への対応策の検討、立案、実施

37

・対策本部の組織体制の整備、活動内容の決定

・危機管理マニュアル（48参照）の作成、見直し、周知

・従業者に対する情報提供、教育及び訓練の実施

・緊急時の情報伝達システム（通報システム：55参照）の整備

・対策本部の設置場所及び施設の確保、什器備品及び通信機器等の整備

【45　リスク管理委員会】

　リスク管理委員会は、「リスクマネジメント委員会」とも呼ばれ、企業のリスクに係る最高意思決定の常設機関であり、多くの場合、危機管理に関する活動も含まれる。定期的に開催し、リスクに関する情報収集・分析・防止への対策などに関して、継続的に検討する。また、有事の際には、危機対策本部（対策本部）設置の意思決定を行う機関としての役割を担う。

　リスク管理委員会は、危機管理委員会と同様に、役員クラス（経営陣）を委員長として、社内の各部門の管理職クラスを委員として構成するのが一般的である。

　リスク管理委員会の果たすべき役割は、業種や企業形態などによって異なるが、一般的なリスク管理委員会の主な役割として、危機管理を含め、次のようなものが挙げられる。

・リスク、クライシス、イシューなどに関する情報の収集及び分析

・想定される危機などの評価及び順位付け（プライオリティ）の確立

・順位付けされたリスク、クライシス、イシューなどへの対応策の検討、立案、実施

・対策本部の組織体制の整備、活動内容の決定

・危機管理マニュアルの作成、見直し、周知

・従業者に対する情報提供、教育及び訓練の実施

・緊急時の情報伝達システム（通報システム：55参照）の整備

・対策本部の設置場所及び施設の確保、什器備品及び通信機器等の整備

【46　内部通報・内部告発】

　内部通報とは、企業などにおいて、社員等が、企業の法令違反、規則違反などさまざまな不正行為などを組織内部の窓口に対して、匿名または実名で通報することである。

　内部告発とは、企業など組織の内部の者が、所属する組織内における法令違反、不祥事、社会に害を与えるような違法行為や不正行為などを、監督機関（監督官庁など）や報道機関などの外部に対して自発的に情報を通報することである。企業の不祥事やその隠蔽は、この内部告発によって明らかになるケースが多い。

【47　公益通報者保護制度】

　公益通報者保護制度の根幹となる法律が、公益通報者保護法である。これは、公益通報をしたことを理由とする解雇を無効とし、降格などの不利益な取扱いを禁止するほか、公益通報に関し事業者と行政がとるべき措置を定めることにより、公益通報者の保護を図ることを主な目的としている。

　公益通報の対象となる事実は、個人の生命または身体の保護、消費者の利益の擁護、環境の保全、公正な競争の確保その他の国民の生命、身体、財産その他の利益の保護に関わる法律として掲げられているものに規定する罪の犯罪行為の事実などである。

　公益通報者である労働者（公務員も含まれる）を保護するため、公益通報をしたことを理由とする解雇は無効とされ、労働者派遣契約の解除も無効とされる。また、降格、減給、派遣労働者の交代を求める等、その他不利益な取扱いが禁止されている。

【48　危機管理マニュアル】

　危機管理マニュアルは、「危険等発生時対処要領」などとも呼ばれ、地震や事故、火災、不審者、感染症発生など、その目的に応じた様々な種類がある。企業活動においては、潜在的な危機が顕在化した際、従業者が的確に判断し、円滑に対応できるよう、従業者の役割を明確にし、対応に関する必要な事項などを従業者が共通に理解するために作成するものである。

　なお、危機管理マニュアルが抽象的な内容であったり、一般的な内容で

ある場合や、すべてを網羅した分厚いマニュアルでは、緊急時には有用ではない。例えば、「基本マニュアル」（49参照）と「実施マニュアル」（50参照）などに階層分けして体系化し、実施マニュアルで現場レベルの具体的な行動指針を示すなど、理解しやすい内容にしなければならない。なお、対外的に示すマニュアルとして、「公開マニュアル」（51参照）とする場合もある。

　また、緊急事態発生の際は、従業者が危機管理マニュアルを、いつでも・どこにいても・必要な内容を参照できるように、携行用として冊子などにまとめるか、イントラネット（社内LAN）でのオンラインマニュアルとして、ノートPCやスマートフォンなどからも閲覧できるようにしておく。なお、オンラインマニュアルとする場合は、マニュアルデータのセキュリティ対策や、ダウンロードするデータ量などに配慮する必要がある。

　さらに、マニュアルを紙媒体（冊子など）やデジタルデータ（オンラインマニュアル）などの複数の媒体で配付する場合は、それぞれの内容に矛盾が生じないよう、常に整合性を維持しなければならない。また、マニュアルは一度作成すればよいというものではなく、定期的な見直しや改善を行う必要がある。

　そして、危機管理マニュアルの意義（目的）とその内容について、従業者への周知を徹底し、理解させるためには、教育・訓練のプログラムに組み込むなどの対応が必要となる。

【49　基本マニュアル】

　「危機管理マニュアル」における基本マニュアルは、一般的に、企業全体の危機管理の基本理念、基本方針、組織体制などの基本事項の規程であり、危機発生時の基本的な行動基準を示すものである。また、自社の経営理念に基づいた、リスクマネジメント綱領や憲章などに相当するものといえる。

　この基本マニュアルをブレイクダウンし、行動指針などの具体的な実施事項を、「実施マニュアル」に記載する。

【50　実施マニュアル】

　実施マニュアルは、「アクションマニュアル」とも呼ばれ、危機的事象に対応した、具体的な組織体制や行動指針などを示すものである。一般的に、実施マニュアルの構成として、実施事項や実施の手順などを、発動と初動対応・本格対応・復旧対応の段階に区分して記述する。

　実施マニュアル作成にあたり、過去の事例を集積し、業界や同業他社などの事例を収集して、それらを分析・検討する。ただし、同業他社のマニュアルの流用や、業界のマニュアルのひな型（一般論）をそのまま用いるのではなく、自社の実状に即した行動指針となるようにしなければならない。また、危機的事象の対応に必要な実施事項について、箇条書きや表組み、流れ図などを用いて、わかりやすく簡潔にまとめ、さらに、チェックリストとしての活用ができるようにしているとよい。

　なお、新たな事故や事件などが発生した場合は、マニュアルを見直し、必要に応じて修正や加筆などの改訂を行い、さらに、改訂については、従業者に的確、かつ迅速に周知しなければならない。

【51　公開マニュアル】

　公開マニュアルは、「危機管理マニュアル」を対外的に公開するものであり、インターネット上（自社公式サイト）やリーフレットなどで、誰でも閲覧できるようにしたものである。「基本マニュアル」のみを公開しているものや、火災対応・地震対応・不審者対応などに関する具体的な「実施マニュアル」を公開しているものなど、様々である。

　「危機管理マニュアル」を公開することによって、ステークホルダーや近隣地域社会などに対し、危機管理を企業活動の一環として行っていることを明確にアピールすることができる。

【52　シミュレーショントレーニング】

　シミュレーショントレーニングは、ある特定の災害や事故、事件などの緊急事態が発生したことを想定し、全社的にその対応を演習（トレーニング）するものである。このトレーニングは、「危機管理委員会」が中心となって企画し、「危機管理マニュアル」に基づいて、組織的に迅速に対応できた

かどうかを検証する。実施の際は、経営陣を対策本部長として、全従業者がトレーニングに参加することが望ましい。

　例えば、ある事故の発生を想定したシナリオ（課題）を作成しておき、参加者にそれを提示し、その場で状況判断や意思決定をさせるトレーニングなどもある。

　シミュレーショントレーニングを実施することにより、緊急事態の緊迫感や緊張感を疑似体験することができるだけではなく、緊急事態での初期対応の重要性を認識することができる。さらに、トレーニングの結果を分析・検証し、それを「危機管理マニュアル」の修正や体制の改善に反映させることができるようになる。また、トレーニングは一度だけではなく、年に一回程度定期的に実施することが望ましい。

【53　メディアトレーニング】

　メディアトレーニングは、経営陣や広報担当者などを対象として、ある特定の事故や事件などの緊急事態が発生したことを想定し、マスメディアへの対応を訓練するものである。このトレーニングは、記者会見やインタビューの際に、適切な言動がとれるよう、マスメディア対応のスキルを高めることなどを目的とする。

　メディアトレーニングでは、想定される事故や事件のシナリオに基づき、模擬記者会見や模擬インタビューを実施する。鋭い質問や難しい質問などを用意しておき、それに受け答えをすることによって、マスメディアの厳しい対応などを疑似体験する。また、声明文でのキーメッセージのつくり方や、プレス向け資料の作成なども、トレーニングの一部として取り入れることも必要である。

　さらに、メディアトレーニングを映像として記録し、冷静に対応できたか、適切に受け答えができたか、キーメッセージを適切に伝えることができたかなどを検証する。それによって修正点などを洗い出し、改善をしていく。また、トレーニングは一度だけではなく、シミュレーショントレーニングと同様に、年に一回程度定期的に実施することが望ましい。

【54　意思決定システム】

　意思決定システムは、重要な経営システムの一つといえる。意思決定の
システムが明確に定められていないと、各人の責任や権限の不明瞭さのた
め、現場で混乱を引き起こすことになる。そこで、少なくとも、どの機関
がどこまで意思決定できるのか、ある意思決定は誰の承認を得る必要があ
るのかなどを明示する必要がある。例えば、会社の稟議システムなどがあ
る。しかし、リスクやクライシスは、定型的なケースで発生する可能性が
少ないことから、稟議システムにはなじまないといえる。そこで、基本的
なガイドライン等に沿いながら、柔軟で迅速なリーダーの意思決定が必要
となる。

【55　通報システム】

　危機管理における通報システムとは、災害や事故、事件などの緊急事態
が発生した際の、組織としての情報伝達（通報）の仕組みや体制のことで
ある。一般の従業者が、危機の予兆を察知した（見聞きした）場合や、危
機を発見した場合など、誰に・どのような手順で・どういう形で連絡する
かなどに関するルールやシステムを整備することなどが該当する。

　なお、JIS Q 31000:2010では、緊急時における対応手順の策定及び準備
として、「組織内外への連絡」を挙げており、緊急時対応を担当する者は、
緊急時における対応手順を関連部門及び部署に提示し、その内容について
調整を図り、相互理解を深めておくことが望ましいと示している。さらに、
緊急時実行組織の整備の「情報機能」として、緊急事態に関連する情報を、
情報担当が一元的に収集及び管理すると示している。また、この機能で管
理すべき情報には、緊急事態の現状及び対応状況に関する情報、組織の活
動再開に関する情報を挙げている。

　通報システムによって、通報を受けた側は、通報の内容について、5W1H
（いつ：When、どこで：Where、誰が：Who、何を：What、どうして：
Why、どうした：How）を把握し、部分的に不明な項目があっても、受け
取った情報を「危機管理委員会」に報告する。なお、その内容が、緊急事
態に該当するか判断に迷った場合であっても、まずは、緊急事態とみなし
て対応する。

　緊急時の通報のルールやシステムは、企業規模や組織体制によって異な

るため、自社の実状に即した内容とする必要がある。また、通報のルールなどは、「危機管理マニュアル」に記載し、教育やトレーニングなどによって、すべての従業者が理解し、実践できるようにしておかなければならない。

【56　中抜き通報】

　通常の通報システムは、例えば、一般の従業者が危機の予兆を感じ取った場合、あらかじめ定められているルールに則り、直属の上司に通報し、その上司は所属長に通報し、その所属長は「危機管理委員会」に通報するといったラインで行われる。しかし、緊急時に直属の上司と連絡が取れなければ、所属長に通報したり、さらに重大な緊急事態が発生した場合は、直接「危機管理委員会」に通報してもよいというルールを設ける。これが中抜き通報のルールである。

　中抜き通報は、通報システムのルールの一つとして、「危機管理マニュアル」に記載し、すべての従業者に周知しておかなければならない。

第4課題　危機管理広報

【57　広報（パブリックリレーションズ：Public Relations）】

　パブリックリレーションズ（Public Relations）は20世紀初頭からアメリカで発展した、組織とその組織を取り巻く人間（個人・集団・社会）との望ましい関係をつくり出すための考え方および行動のあり方である。日本には第2次世界大戦後の1940年代後半、米国から導入され、行政では「広報」と訳されたのに対し、民間企業では「PR（ピーアール）」という略語が使われてきた。しかしその後「PR」は「宣伝」とほとんど同じ意味で使われるようになり、本来持っていた意味から離れてしまった。そのため多くの組織では、その職務を「広報」と呼ぶことが多くなっている。
（出典：公益社団法人日本パブリックリレーションズ協会「パブリックリレーションズとは」）

【58　危機管理広報】

　企業、官公庁などの組織が、不祥事を起こした際に、その件について謝罪し、事実や原因を公表、説明する一連の行為。「危機」を意味する「リスク（発生前の予測される危機）」と「クライシス（発生した危機）」のうち、発生した危機を対象とすることが多いため、「クライシスコミュニケーション」の呼称も使われている。
　危機管理広報の対象は、顧客（一般消費者）、地域住民、取引先、株主、投資家などのステークホルダー、当事者組織の従業員及びその主たる情報源となるマスメディアである。危機管理広報は、危機管理全体の中で大きなウェイトを占め、特にマスメディアに対する対応が大きな重要性を持つ。調査を迅速に進め、事実や経過を自発的に情報開示して説明することが透明性の高い企業（組織）との評価を得ることにつながるといわれる。

【59　緊急対策本部】

　企業、官公庁などが、不祥事を起こした際の危機対応を行うために設置する臨時の組織のこと。公的に定められた名称ではなく対策本部、危機対応チームなどさまざまな呼称がある。

　緊急対策本部は事件・事故が発生し、拡大、発展のおそれがあると判断される場合、直ちに設置される。本部スタッフは、本部長であるトップの指揮のもと、常時組織されている危機管理委員会などであらかじめ定められた組織形態・役割分担で、情報収集、危機管理広報、救助救援、顧客対応、総務財務などの該当業務を担当する。緊急対策本部の権限は通常ラインの業務権限に優先させ、社長、役員など高位の者がメンバーに加わり、特定の一部門を対策本部とするのではなく、全社横断的なメンバーが加わることが必要とされる。

【60　緊急記者会見】

　事故・事件などの緊急事態の際に、人や団体が会場を設定して複数の記者に対して発表や説明を行い、質疑応答をする会合のこと。緊急記者会見を行う事故・事件の基準は平時に決めておく必要があり、発生した事故・事件の重大性とその影響の拡大の可能性・多発の可能性が基準になるといえる。緊急記者会見の段取りはあらかじめ平時に決めておく必要がある。その内容は連絡すべき対象（多くはマスコミ）、会場設営、スポークスパーソンと出席者などである。

　緊急記者会見における発言の必須事項はお詫び・陳謝、事実経過説明と対応策、原因の究明、賠償あるいは回収、再発防止策の表明、責任の所在の表明、処分などである。これらは必須事項ではあるが、すべての内容が確定するまで待つことはできない。緊急記者会見は事故・事件の発生から多くの時間が経ってから開くものではないため、現状で把握している事実関係、決定している事項を基に速やかに行う必要がある。

【61　アカウンタビリティ（説明責任）】

　企業が、その事業に係る事象の内容、方針について説明する責任のこと。もともとは会社法、証券取引法（現：金融商品取引法）などに基く会計用語であり（Accounting：会計＋Responsibility：責任）、企業が出資者である株主や債権者に経営状態について説明する義務のことであった。現在では、そこから転じて経営状態だけにとどまらず、企業全体の事象について、ステークホルダーに向けて説明する責任のこととして使われている。そこには危機管理広報において、不祥事についてその原因、現状、予測について隠蔽することなく説明することも含まれている。

【62　内部調査委員会】

　企業等の組織が不祥事を起こした際に、経営者、代表者等が弁護士に対し不祥事の原因等の内部調査への参加を依頼することによって、調査の精度や信憑性を高めようとする委員会。不祥事の規模や、社会的影響の度合いによっては、内部調査委員会だけで目的を達成できる場合もあるが、企業等の活動の適正化に対する社会的要請が高まるにつれて、内部調査委員会の方式では株主、投資家、消費者、取引先、従業員、債権者、地域住民などといったすべてのステークホルダーや、これらを代弁するメディア等に対する説明責任を果たすことは困難な場合も多い。また、そうしたステークホルダーに代わって企業等を監督・監視する立場にある行政官庁や自主規制機関もまた、独立性の高いより説得力のある調査を求め始めている。（日本弁護士連合会「企業等不祥事における第三者委員会ガイドライン」を元に構成）

【63　第三者委員会】

　企業等の組織が不祥事を起こした際に設置される、企業等から独立した委員のみをもって構成され、徹底した調査を実施した上で、専門家としての知見と経験に基づいて原因を分析し、必要に応じて具体的な再発防止策等を提言するタイプの委員会。経営者等自身のためではなく、すべてのステークホルダーのために調査を実施し、それを対外公表することで、最終的には企業等の信頼と持続可能性を回復することを目的とするのが、この

第三者委員会の使命である。

　第三者委員会は、認定された事実の評価を行い、不祥事の原因を分析し、事実の評価と原因分析は、法的責任の観点に限定されず、自主規制機関の規則やガイドライン、企業の社会的責任（CSR）、企業倫理等の観点から行われる。第三者委員会は、依頼の形式にかかわらず、企業等から独立した立場で、企業等のステークホルダーのために、中立・公正で客観的な調査を行う。そのため、調査により判明した事実とその評価を、企業等の現在の経営陣に不利となる場合であっても、調査報告書に記載する。また、企業等と利害関係を有する者は、委員に就任することができない。

　第三者委員会の調査の手法には、①関係者に対するヒアリング、②書証の検証、③証拠保全、④統制環境等の調査、⑤自主申告者に対する処置、⑥第三者委員会専用のホットライン、⑦デジタル調査、などが挙げられる。（日本弁護士連合会「企業等不祥事における第三者委員会ガイドライン」を元に構成）

【64　情報開示（ディスクロージャー）】

　狭義では、企業が投資家などのステークホルダーに対し、経営内容等の情報を公開することを意味する金融用語であり、金融商品取引法におけるディスクロージャー制度（企業内容等開示制度）との関係が深い。広義では、情報公開制度に基づき行政機関の保有する情報を、国民に公開することを含めて、広く情報を開示・公開する意味で使用される傾向がある。危機管理広報におけるスタンスとして、自社に不利な情報を隠さず開示することにより、一時的なイメージダウン、株価の低下が起こったとしても逆に事実を積極的に公開する姿勢、誠実さが評価されることで、自社の危機の回避につながるという考え方があり、情報開示は、危機管理広報にとって重要なキーワードといえる。

【65　ポジション・ペーパー】

　企業などの方針説明書。危機管理広報においては、緊急事態の発生からの事実経過を時系列で記したものに、原因、対策をまとめ、自社の対外的な統一見解とする文書をいう。ポジション・ペーパーは記者会見における声明書のベースとなり、配布資料にもなる。また質疑応答時の回答をポジ

ション・ペーパーに則ったものとすることで、緊急事態に対する自社の姿勢、立場（ポジション）をぶれずに明確に示すことができる。

【66　公式見解・声明文】

　公式見解は、会社として公式に表明する見解のこと。声明文は、ある事項についての意見・考え方を世間に向けて発表する文章。危機管理広報においては、起こした事故・不祥事についての会社としての考え方を世間に向けて発表することとなる。この会社としての考え方は、各担当者が勝手な発言をしないよう本部広報担当に一元化し、十分すり合わせをした上で、会社としての統一見解を公式見解としなければならない。

【67　キーメッセージ】

　緊急記者会見、公式見解の発表など危機の際の対外的なメッセージ発表に向けて準備する、会社として世間に伝えたい話のポイント（謝罪、事件・事故に対する考え方、事実・対応など）を簡潔な箇条書きにした文言のこと。「キーワード」が単語であるのに対し、キーメッセージは短文である。必要に応じて複数個準備するが、重要な点に絞ればその数はおのずと数個に収まるはずである。キーメッセージは、会見時には何度も繰り返して使用することにより、伝えたいメッセージを強調して伝えることができる。

【68　ホールディングコメント】

　危機が発生したことを受けて、まず作成する問合わせ用のコメントのこと。まだ危機に関する詳しい情報を得られていない段階でメディアからの問合せがあった場合に使用する。内容は、情報開示は必ず行うという意思表示、コメントを発表する予定時刻、こちらから案内するという約束などで、それまで待ってほしいという希望を伝える。「情報がないので現時点でコメントすることはできない」という紋切型の否定的なコメントではなく、前向きなコメントをすることで、以後のマスコミ対応を円滑に進める効果がある。

【69　スポークス・パーソン】

　緊急記者会見において、組織を代表して発言をする役割の人のこと。組織のトップないしはそれに準ずる地位の人がスポークス・パーソンになることにより、対外的な信頼を得やすい。事故・事件など不測事態の程度によって、誰がスポークス・パーソンになるかの判断は異なるが、人命が一人でも失われたり、社会的影響度が大きい場合は、トップが出席するのが通例である。複数の人間が役割分担をして発言することは、緊急記者会見においては望ましくなく、一人がすべてを代表して発言することで、ぶれない対応が可能になるとされる（補足説明として、専門的なコメントを専門の担当者が発言することは構わない。）。

【70　想定質問表】

　緊急記者会見に向けて作成される文書のひとつ。記者会見で聞かれることが予測される質問に対して、会社の公式見解に則った回答を準備する。会見の準備として、時間的に余裕があればリハーサルを行うことも有効といわれる。ただし、実際の記者会見では想定質問表の効果は限定的といわれる。詳細な想定質問表を準備しても、実際の質問に合致するものを探し出す時間、探せなかった場合のダメージを考えると、基本的な質問に絞って準備しておく方がよい。基本的な質問とは、記者会見での発言として必須といわれる5つの要素である①謝罪、②事実、③原因、④再発防止策、⑤責任の所在と処分、に関するものである。

【71　アイムソーリー法（Sorry Law）】

　例えば交通事故発生時に、一方の運転手がもう一方の運転手に対して謝罪を行ったとしても、その謝罪の言葉は、後の訴訟において不利な証言として採用されない、という内容の法律。アメリカの多くの州で施行されている。元来、訴訟時に過失＝罪を認めたことになるので、事故発生時に謝罪の言葉を言わないという慣習があったが、それに対する緩和措置、事故時にまず謝罪することで円滑な当事者関係を醸成することを目的としている。

　日本にはこのような法律はないが、緊急記者会見においては、冒頭に法

的責任の有無にかかわらず「世間を騒がせて遺憾である。」という意味での
お詫びをすることが必要とされている。日本においても謝罪＝過失を認め
る、と捉えられることを恐れる傾向があるが、記者会見時の謝罪は避けら
れないという考え方が優勢である。

【72　メディア・リテラシー】

　メディアの発信する情報を読み解き、メディアを主体的に活用する能力
のこと。媒体読解力。
　危機的状況の中で、危機管理広報の関係者はマスメディアやインター
ネットの情報を常に把握し、評価する作業が求められる。緊急時には、刻々
と入る報道について記録を残し、迅速に適切な分析をしなければならない。
これが緊急対策本部での情報、記録担当、広報PR担当の大きな役割となる。
緊急対策本部の情報収集や広報担当の立場にあるものは客観的、冷静に報
道分析するメディア・リテラシー能力をもって危機に対応する必要がある。

【73　メディア・スクラム】

　集団的過熱取材。欧米では、議会、会合の終了後に記者が当事者を囲ん
で行われる臨時の記者会見のことを指すが、現在の日本では取材陣が当事
者を取り囲み、又は追いかけて、執拗に取材をするさまを指し、どちらか
といえば否定的なニュアンスを持つ言葉になっている。
　緊急記者会見におけるメディア・スクラム対策として、非常に多くのメ
ディアが押しかけ、会見場での混乱が予想されるときは事前にメディア側
と話し合い、通信社などを代表者とする代表質問にする方法がある。

【74　アドボカシー広告】

　アドボカシー（advocacy）とは、「主張」「弁護」の意。アドボカシー広
告は、企業の考え方や意見を伝えること、狭義では企業に降りかかった事
故、事件に対する反論や自己弁護などの主張をもって自社の正当性を訴え、
顧客、社会からの信頼回復を目的とする広告のことである。

【75　リコール社告】

　企業が自社の製品に事故が発生した時または事故が発生するおそれがある時、事故の拡大の可能性及び事故の発生を最小限とするよう消費者に対して適切に知らせるために、リコール（欠陥のある商品に対して修理、回収を行うこと）を新聞、雑誌、店内ポスター、ホームページなどの媒体に出す緊急の知らせのこと。2008年に「消費生活用製品のリコール社告の記載項目及び作成方法」（JIS S 0104: 2008）が制定されており、リコール社告の記載項目と作成方法が規定されている。

　「JIS S 0104: 2008」では、リコール社告の記載項目として、

・一般の社告との区別をつけるため「リコール社告」と表記する。

・主タイトルとして、会社名、製品名、製品の種類を記す。

・副タイトルとして、「商品回収」「交換・無償交換」「部品交換」「点検・修理、無償点検・修理」「代金返還」などの対応方法を括弧つきで記す。

　などが規定されている。

【76　ソーシャルメディアポリシー】

　企業が Twitter、Facebookやブログなどのソーシャルメディアを利用する際の取り決めを記して公開するもの。内容はその企業によってさまざまであるが、運営方針・原則、運営のルール、書込み内容の責任などを明示することにより、運営の質の担保、ユーザーに対する責任の明確化を図っているケースが多い。

【77　炎上】

　SNS・インターネット上の不適切な書込みや、不祥事そのものに対する非難、過剰な反応の書込みが殺到・拡散し、収拾がつかなくなる状態を指すネット用語。ネット用語ではあるが、近年は社会事象を表現する言葉として認識され、一般用語に近くなっている。企業サイト、アカウントにおいても炎上のリスクは発生の可能性が高く、書込みのルールの明確化、社員教育の必要性が求められている。

【78　シャドーサイト】

　不祥事を起こした企業が、その企業サイトの通常のトップページに代えて掲載する臨時のページのこと。企業サイトのトップページで、動画を使用するなど不祥事を起こした場合にそぐわない派手な表現をしている場合、謝罪、不祥事に対する説明、見解などの文字を中心としたページに切り替える。このページは危機管理の一環として事前に準備しておく。

　もちろん動画などの派手なページを使用していない企業でも、謝罪、不祥事に対する説明、見解などをトップページの目立つ位置に掲載するべきであることは、言うまでもない。

第6課題　自然災害と危機管理

【79　事業継続計画（BCP：Business Continuity Plan）】

　大地震等の自然災害、感染症のまん延、テロ等の事件、大事故、サプライチェーン（供給網）の途絶、突発的な経営環境の変化など不測の事態が発生しても、重要な事業を中断させない、または中断しても可能な限り短い期間で復旧させるための方針、体制、手順等を示した計画のこと。（内閣府「事業継続ガイドライン」）

【80　事業継続管理（BCM：Business Continuity Management）】

　BCP策定や維持・更新、事業継続を実現するための予算・資源の確保、対策の実施、取組を浸透させるための教育・訓練の実施、点検、継続的な改善などを行う平常時からのマネジメント活動のこと。経営レベルの戦略的活動として位置付けられる。（内閣府「事業継続ガイドライン」）

【81　サプライチェーン（供給網）】

　供給者から消費者までを結ぶ、開発・調達・製造・配送・販売の一連の業務のつながりのこと。サプライチェーンには、供給業者、メーカー、流通業者（卸売業者）、小売業者、消費者などが関係する。また、取引先との間の受発注、資材・部品の調達、在庫、生産、製品の配達などを統合的に管理、効率化し、企業収益を高めようとする管理手法を「サプライチェーン・マネジメント」と呼ぶ。（内閣府「事業継続ガイドライン」）

【82　事業影響度分析（BIA：Business Impact Analysis）】

　事業の中断による、業務上や財務上の影響を確認するプロセスのこと。重要な事業・業務・プロセス及びそれに関連する経営資源を特定し、事業継続に及ぼす経営等への影響を時系列に分析を行う。例えば、①重要な事業の洗い出し、②ビジネスプロセスの分析、③事業継続に当たっての重要な要素（ボトルネック）の特定、④復旧優先順位の決定、⑤目標復旧時間・目標復旧レベルの設定の手順を踏む。（内閣府「事業継続ガイドライン」）

【83　ハザードマップ】

　被害予測図のこと。地域や都市の状況に合わせ、危険情報を公開・掲載する取組が地方公共団体で進んでいる。項目としては、火山噴火、土砂災害や浸水の危険区域、あるいは地震時の避難地、避難路などが該当。(内閣府「事業継続ガイドライン」)

【84　発生事象】

　企業・組織の事業（特に製品・サービス供給）の中断をもたらす可能性がある自然災害、感染症のまん延（パンデミック）、テロ、ストライキ等の事件、機械故障、大事故、サプライチェーンの供給途絶などの発生事象（インシデント）を指す。(内閣府「事業継続ガイドライン」)

【85　ブラックアウト】

　企業・組織と関係者の間で双方向の情報交換ができない状態を指す。(内閣府「事業継続ガイドライン」)

【86　ボトルネック】

　本来の意味は、瓶の首の細くなったところ。事業の継続や業務復旧の際にその要素がないと全体の進行が立ちゆかなくなってしまうもの。(内閣府「事業継続ガイドライン」)

【87　目標復旧時間（RTO：Recovery Time Objective）】

　何らかの危機的な発生事象により自社の事業が停止した場合に、影響度評価の結果を踏まえ、優先的に継続・復旧すべき重要事業を絞り込み、各業務についてどれくらいの時間で復旧させるかという目標時間を表す指標。
　具体的には、それぞれの重要業務について、停止が許されると考える時間の許容限界を事業影響度の時系列分析から推定した上で、時間の許容限界より早く目標復旧時間を設定することになる。ただし、この段階における目標復旧時間は、実現性が未検証であるため、あくまで「案」にとどまる。(内閣府「事業継続ガイドライン」)

【88　目標復旧時点（RPO：Recovery Point Objective）】

何らかの危機的な発生事象により失われたデータを過去のどの時点まで復旧させるか（例えば、1週間前のデータまで、1日前のデータまでなど）の目標値。データは直近まで復旧させるのがもちろん望ましいが、相応して対策費用が高くなる場合が多い。（内閣府「事業継続ガイドライン」）

【89　目標復旧レベル（RLO：Recovery Level Objective）】

何らかの危機的な発生事象により自社の事業が停止した場合に、影響度評価の結果を踏まえ、優先的に継続・復旧すべき重要事業を絞り込み、各業務についてどの水準まで復旧させるかという目標レベルを表す指標。

具体的には、それぞれの重要業務について、相当程度の低下が許されると考えるレベルの許容限界を事業影響度の時系列分析から推定した上で、レベルの許容限界を上回るように目標復旧レベル設定することになる。ただし、この段階における目標復旧時間は、実現性が未検証であるため、あくまで「案」にとどまる。（内閣府「事業継続ガイドライン」）

【90　サテライトオフィス】

本拠となるオフィスを中心に、離れた場所に分散して設置されたオフィスのこと。（内閣府「事業継続ガイドライン」）

【91　バックアップオフィス】

メインオフィスが自然災害やテロ等により使用不能となった場合に備えてあらかじめ確保したオフィスのこと。事業継続に必要な要員を収容し、業務に必要な設備や機能を備えている。（内閣府「事業継続ガイドライン」）

【92　災害管理型リスクマネジメント】

自然災害や人為的な要因による事故・事件などの純粋リスクを管理するリスクマネジメントのこと。企業にとっての災害管理型リスクマネジメントの目的は、関係者の生命の安全確保と企業資産を守り、企業の中核的事業を早期に再開、継続することである。

重要用語集：参考資料

藤江俊彦「実践危機管理読本」（日本コンサルタントグループ）
森・濱田松本法律事務所　編「企業危機・不祥事対応の法務」（商事法務）
浅見隆行「危機管理広報の基本と実践」（中央経済社）
木目田裕監修　西村あさひ法律事務所・危機管理グループ編
「危機管理法大全」（商事法務）

第2章
企業危機各論

Crisis Manager

第1節　内部通報・内部告発

第1項　内部通報

【1-1-1　企業不祥事発覚の端緒】

　企業不祥事が発覚する端緒としては、主に次のものが考えられる。

　1　企業内部での発覚

　　(1)　内部通報

　　(2)　内部監査

　　(3)　上司による日常的なチェック

　　(4)　取引先からの情報

　　(5)　ユーザーからの情報

　　(6)　従業員に対するアンケート調査

　　(7)　外部監査

　　(8)　不正行為者による自主的な申告

　　(9)　担当者等の交代による発覚等（偶然）

　2　企業外部からの発覚

　　(1)　事件や事故の発生

　　(2)　報道（報道機関への内部告発含む）

　　(3)　ＳＮＳ等による情報拡散（内部告発含む）

　　(4)　ビラ配布・抗議活動等（内部告発含む）

　　(5)　捜査機関による捜査（内部告発含む）

　　(6)　税務調査（内部告発含む）

　　(7)　行政機関による調査・検査等（内部告発含む）

　なお、「平成28年度　民間事業者における内部通報制度の実態調査報告書」
（消費者庁）によると、不正発見の端緒の順位は、(1)が58.8％、(2)が37.6％、
(3)が31.5％、(4)と(5)の合計が11.4％、(6)が8.8％、(7)が7.2％、行政機関に
よる調査が5.8％となっており、内部通報が過半数を占める。

【1-1-2　内部通報】

　「内部通報」とは、企業の役員や従業員等が、上長や監査部門、監査役、内部通報窓口等に対して、企業の経営上のリスクに係る情報を通報することである。

　近時は、内部通報を制度として導入する企業が多い（内部通報制度）。

【1-1-3　内部通報制度】

　「内部通報制度」は、企業の経営上のリスクに係る情報を知った役員や従業員等からの情報提供を受け付け、情報提供者を保護しつつ、調査・是正を図る仕組みである。

　公益通報者保護法（平成16年法律第122号）の制定・施行（2004年6月公布、2006年4月施行）や、コンプライアンス経営についての事業者の取組の重要性が指摘されるようになり、内部通報制度を導入する企業が増えている。

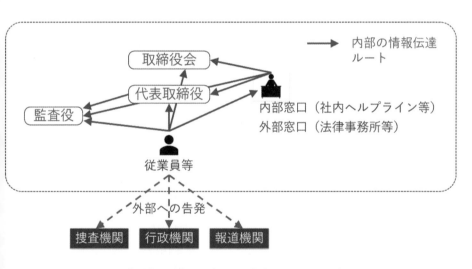

内部通報と外部への告発（内部告発）のイメージ

○内部通報制度の目的と重要性

　内部通報制度の目的は、経営上のリスクに係る情報を企業が可及的早期に把握し、自浄作用を発揮することによってコンプライアンス経営を推進し、企業価値の維持向上を図ることにある。

　組織内の一部の関係者のみが情報を持ち、隠蔽性・密行性が高い不正は、日常的な業務におけるチェックや監査体制による発見といった通常の問題発見ルートでは容易に発覚しない。食品偽装やリコール隠しなど、内部からの通報により発覚した企業不祥事も多く、不正発見の手段としては、関係者からの「通報」の割合が最も高いというデータもある（前述）。そこで、リスク管理に必要な情報を、経営陣が早期に入手し、是正を図る仕組みとして、内部通報制度の整備・運用が重要となっている。

　内部通報制度を適切に整備・運用している事業者では、従業員等からの警鐘が早期に経営陣等に届き、自浄作用により問題が未然防止又は早期発見され得るし、違法行為の抑止にもつながる。それによって、消費者、取引先、株主等（ステークホルダー）からの信頼の獲得につながり、企業価値の向上や持続的成長に資することになる。

　また、内部通報制度があることにより、役員・従業員等が、報道機関・捜査機関・行政機関等の企業外部にいきなり告発（内部告発）してしまうリスクを軽減することにつながる。

　このように、内部通報制度は、コンプライアンス経営の推進や健全な事業遂行の確保、企業価値の向上を図る上で必要不可欠なものであるとともに、企業経営を支える基本的なシステムである内部統制・コーポレートガバナンスの重要な要素であるといえる。

【1-1-4　内部通報制度において求められる事項】

　内部通報制度を導入するにあたっては、通報者が安心して通報できるように、通報者が不利益扱いを受けることなく、秘密保持も徹底した制度とし、公正な運用が確保され、それらのことが従業員等に周知されている必要がある。

　「公益通報者保護法を踏まえた内部通報制度の整備・運用に関する民間事業者向けガイドライン」（平成28年12月9日消費者庁）によると、内部通報制度においては、主に次の事項が求められる。

内部通報制度で求められる事項

Ⅰ．内部通報制度の意義等	
経営トップの責務	公正で透明性の高い組織文化を育み、組織の自浄作用を健全に発揮させるためには、単に仕組みを整備するだけではなく、経営トップ自らが、経営幹部及び全ての従業員に向け、例えば、以下のような事項について、明確なメッセージを継続的に発信することが必要 ・コンプライアンス経営推進における内部通報制度の意義・重要性 ・内部通報制度を活用した適切な通報は、リスクの早期発見や企業価値の向上に資する正当な職務行為であること ・内部規程や公益通報者保護法の要件を満たす適切な通報を行った者に対する不利益な取扱いは決して許されないこと ・通報に関する秘密保持を徹底するべきこと ・利益追求と企業倫理が衝突した場合には企業倫理を優先するべきこと ・上記の事項は企業の発展・存亡をも左右し得ること

Ⅱ．内部通報制度の整備・運用

1．内部通報制度の整備

(1) 通報対応の仕組みの整備

仕組みの整備	○ 通報の受付から調査・是正措置の実施及び再発防止策の策定までを適切に行うため、経営幹部を責任者とし、部署間横断的に通報を取り扱う仕組みを整備するとともに、これを適切に運用することが必要 ○ 経営幹部の役割を内部規程等において明文化することが適当
通報窓口の整備	○ 通報窓口及び受付の方法を明確に定め、それらを経営幹部及び全ての従業員に対し、十分かつ継続的に周知することが必要

通報窓口の拡充	○ 通報窓口を設置する場合には、例えば、以下のような措置を講じ、経営上のリスクに係る情報を把握する機会の拡充に努めることが適当 ・法律事務所や民間の専門機関等に委託する（中小企業の場合には、何社かが共同して委託することも考えられる）等、事業者の外部に設置すること ・労働組合を通報窓口として指定すること ・グループ企業共通の一元的な窓口を設置すること ・事業者団体や同業者組合等の関係事業者共通の窓口を設置すること ○ 対象としている通報内容や通報者の範囲、個人情報の保護の程度等を確認の上、必要に応じ、既存の通報窓口を充実させて活用することも可能
関係事業者全体における実効性の向上	○ 企業グループ全体やサプライチェーン等におけるコンプライアンス経営を推進するため、例えば、関係会社・取引先を含めた内部通報制度を整備することや、関係会社・取引先における内部通報制度の整備・運用状況を定期的に確認・評価した上で、必要に応じ助言・支援をすること等が適当
通報窓口の利用者等の範囲の拡充	○ コンプライアンス経営を推進するとともに、経営上のリスクに係る情報の早期把握の機会を拡充するため、通報窓口の利用者及び通報対象となる事項の範囲については、例えば、以下のように幅広く設定することが適当 ・通報窓口の利用者の範囲：従業員（契約社員、パートタイマー、アルバイト、派遣社員等を含む）のほか、役員、子会社・取引先の従業員、退職者（離職から 1 年未満）等 ・通報対象となる事項の範囲：法令違反のほか、内部規程違反等
内部規程の整備	○ 内部規程に通報対応の仕組みについて規定し、特に、通報者に対する解雇その他不利益な取扱いの禁止及び通報者の匿名性の確保の徹底に係る事項については、十分に明記することが必要

(2) 経営幹部から独立性を有する通報ルート	
	○ コンプライアンス経営の徹底を図るため、通常の通報対応の仕組みのほか、例えば、社外取締役や監査役等への通報ルート等、経営幹部からも独立性を有する通報受付・調査是正の仕組みを整備することが適当
(3) 利益相反関係の排除	
	○ 内部通報制度の信頼性及び実効性を確保するため、受付担当者、調査担当者その他通報対応に従事する者及び被通報者（＝その者が法令違反等を行った、行っている又は行おうとしていると通報された者）は、自らが関係する通報事案の調査・是正措置等に関与してはならない。
	○ 通報の受付や事実関係の調査等通報対応に係る業務を外部委託する場合には、中立性・公正性に疑義が生じるおそれ又は利益相反が生じるおそれがある法律事務所や民間の専門機関等の起用は避けることが必要
(4) 安心して通報ができる環境の整備	
従業員の意見の反映等	○ 内部通報制度の整備・運用に当たっては、従業員の意見・要望を反映したり、他の事業者の優良事例を参照したりする等、従業員が安心して通報・相談ができる実効性の高い仕組みを構築することが必要
環境整備	○ 経営上のリスクに係る情報が、可能な限り早期にかつ幅広く寄せられるようにするため、通報窓口の運用に当たっては、敷居が低く、利用しやすい環境を整備することが必要
環境整備	○ 通報窓口の利用者の疑問や不安を解消するため、各事業者の通報の取扱いや通報者保護の仕組みに関する質問・相談に対応することが必要 ○ 相談対応は事業者の実情に応じて、通報窓口において一元的に対応することも可能
環境整備	○ 内部通報制度の運用実績（例えば、通報件数、対応結果等）の概要を、個人情報保護等に十分配慮しつつ従業員に開示すること等により、制度の実効性に対する信頼性を高めることが必要

仕組みの周知等	○ 通報対応の仕組みやコンプライアンス経営の重要性のみならず、公益通報者保護法について、社内通達、社内報、電子メール、社内電子掲示板、携帯用カード等での広報の実施、定期的な研修の実施、説明会の開催等により、経営幹部及び全ての従業員に対し、十分かつ継続的に周知・研修をすることが必要
透明性の高い職場環境の形成	○ 実効性の高い内部通報制度を整備・運用するとともに、職場の管理者等（通報者等の直接又は間接の上司等）に相談や通報が行われた場合に適正に対応されるような透明性の高い職場環境を形成することが重要
透明性の高い職場環境の形成	○ 実効性の高い内部通報制度を整備・運用することは、組織内に適切な緊張感をもたらし、通常の報告・連絡・相談のルートを通じた自浄作用を機能させ、組織運営の健全化に資することを、経営幹部及び全ての従業員に十分に周知することが重要
2．通報の受付	
通報受領の通知	○ 書面や電子メール等、通報者が通報の到達を確認できない方法によって通報がなされた場合には、速やかに通報者に対し、通報を受領した旨を通知することが望ましい。ただし、通報者が通知を望まない場合、匿名による通知であるため通報者への通知が困難である場合その他やむを得ない理由がある場合はこの限りでない。
通報内容の検討	○ 通報を受け付けた場合、調査が必要であるか否かについて、公正、公平かつ誠実に検討し、今後の対応について、通報者に通知するよう努めることが必要。ただし、通報者が通知を望まない場合、匿名による通知であるため通報者への通知が困難である場合その他やむを得ない理由がある場合はこの限りでない。
3．調査・是正措置	
(1) 調査・是正措置の実効性の確保	
調査・是正措置のための体制整備	○ 調査・是正措置の実効性を確保するため、担当部署には社内における調査権限と独立性を付与するとともに、必要な人員・予算等を与えることが必要

調査への協力等	○ 従業員等は、担当部署による調査に誠実に協力しなければならないこと、調査を妨害する行為はしてはならないこと等を、内部規程に明記することが必要
是正措置と報告	○ 調査の結果、法令違反等が明らかになった場合には、速やかに是正措置及び再発防止策を講じるとともに、必要に応じ関係者の社内処分を行う等、適切に対応することが必要 ○ さらに必要があれば、関係行政機関への報告等を行うことが必要
第三者による検証・点検等	○ 通報対応の状況について、中立・公正な第三者等による検証・点検等を行い、調査・是正措置の実効性を確保することが望ましい。
担当者の配置・育成等	○ 実効性の高い内部通報制度を運用するためには、通報者対応、調査、事実認定、是正措置、再発防止、適正手続の確保、情報管理、周知啓発等に係る担当者の誠実・公正な取組と知識・スキルの向上が重要であるため、必要な能力・適性を有する担当者を配置するとともに、十分な教育・研修を行うことが必要
担当者の配置・育成等	○ 内部通報制度の運営を支える担当者の意欲・士気を発揚する人事考課を行う等、コンプライアンス経営推進に対する担当者の貢献を、積極的に評価することが適当
(2) 調査・是正措置に係る通知	
調査に係る通知	○ 調査中は、調査の進捗状況について、被通報者や当該調査に協力した者（以下「調査協力者」という。）等の信用、名誉及びプライバシー等に配慮しつつ、適宜、通報者に通知するとともに、調査結果について可及的速やかに取りまとめ、通報者に対して、その調査結果を通知するよう努めることが必要。ただし、通報者が通知を望まない場合、匿名による通知であるため通報者への通知が困難である場合その他やむを得ない理由がある場合はこの限りでない（以下の通知も同様）。
是正措置に係る通知	○ 是正措置の完了後、被通報者や調査協力者等の信用、名誉及びプライバシー等に配慮しつつ、速やかに通報者に対して、その是正結果を通知するよう努めることが必要

通報者等に対する正当な評価	○ 通報者や調査協力者（以下「通報者等」という。）の協力が、コンプライアンス経営の推進に寄与した場合には、通報者等に対して、例えば、経営トップ等からの感謝を伝えることにより、組織への貢献を正当に評価することが適当 ○ その際には、窓口担当者を介して伝達する等、通報者等の匿名性の確保には十分に留意することが必要

Ⅲ．通報者等の保護

１．通報に係る秘密保持の徹底

(1) 秘密保持の重要性

	○ 通報者の所属・氏名等が職場内に漏れることは、それ自体が通報者に対する重大な不利益になり、ひいては通報を理由とする更なる不利益な取扱いにもつながるおそれがある。また、内部通報制度への信頼性を損ない、経営上のリスクに係る情報の把握が遅延する等の事態を招くおそれがある。 このため、以下のような措置を講じ、通報に係る秘密保持の徹底を図ることが重要（これらのことを、経営幹部及び全ての従業員に周知徹底する） ・情報共有が許される範囲を必要最小限に限定する ・通報者の所属・氏名等や当該事案が通報を端緒とするものであること等、通報者の特定につながり得る情報は、通報者の書面や電子メール等による明示の同意がない限り、情報共有が許される範囲外には開示しない ・通報者の同意を取得する際には、開示する目的・範囲、氏名等を開示することによって生じ得る不利益について明確に説明する ・何人も通報者を探索してはならないことを明確にする
	○ 実効的な調査・是正措置を行うために、経営幹部や調査協力者等に対して通報者の特定につながり得る情報を伝達することが真に不可欠である場合には、通報者からの上記同意を取得することに加えて、次の措置等を講じることが必要 ・伝達する範囲を必要最小限に限定する

	・伝達する相手にはあらかじめ秘密保持を誓約させる ・当該情報の漏えいは懲戒処分等の対象となる旨の注意喚起をする

(2) 外部窓口の活用

外部窓口の整備	○ 通報者の匿名性を確保するとともに、経営上のリスクに係る情報を把握する機会を拡充するため、可能な限り事業者の外部（例えば、法律事務所や民間の専門機関等）に通報窓口を整備することが適当
外部窓口担当者の秘密保持	通報に係る秘密の保護を図るため、次の措置等を講じることが必要 ・外部窓口担当者による秘密保持の徹底を明確にする ・通報者の特定につながり得る情報は、通報者の書面や電子メール等による明示の同意がない限り、事業者に対しても開示してはならないこととする。
外部窓口の評価・改善	○ 外部窓口の信頼性や質を確保するため、外部窓口の運用状況について、 ・中立・公正な第三者等による点検 ・従業員への匿名のアンケート等を定期的に行い、改善すべき事項の有無を把握した上で、必要な措置を講じることが望ましい。

(3) 通報の受付における秘密保持

個人情報の保護	○ 通報の受付方法としては、電話、**FAX**、電子メール、ウェブサイト等、様々な手段が考えられるが、通報を受け付ける際には、専用回線を設ける、勤務時間外に個室や事業所外で面談する等の措置を適切に講じ、通報者の秘密を守ることが必要 ○ 以下のような措置を講じ、個人情報保護の徹底を図ることが必要 ・通報事案に係る記録・資料を閲覧することが可能な者を必要最小限に限定する ・通報事案に係る記録・資料は施錠管理する ・関係者の固有名詞を仮称表記にする

	○ 通報に係る情報を電磁的に管理している場合には、さらに、以下のような情報セキュリティ上の対策を講じ、個人情報保護の徹底を図ることが望ましい。 ・当該情報を閲覧することが可能な者を必要最小限に限定する ・操作・閲覧履歴を記録する
通報者本人による情報管理	○ 通報者本人からの情報流出によって通報者が特定されることを防止するため、自身が通報者であること等に係る情報管理の重要性を、通報者本人にも十分に理解させることが望ましい。
匿名通報の受付と実効性の確保	○ 個人情報保護の徹底を図るとともに通報対応の実効性を確保するため、匿名の通報も受け付けることが必要 ○ その際、匿名の通報であっても、通報者と通報窓口担当者が双方向で情報伝達を行い得る仕組みを導入することが望ましい。
(4) 調査実施における秘密保持	
調査と個人情報の保護	○ 通報者等の秘密を守るため、調査の実施に当たっては、通報者等の特定につながり得る情報（通報者の所属・氏名等、通報者しか知り得ない情報、調査が通報を端緒とするものであること等）については、真に必要不可欠ではない限り、調査担当者にも情報共有を行わないようにする等、通報者等が特定されないよう、調査の方法に十分に配慮することが必要
調査と個人情報の保護	○ 通報者等が特定されることを困難にするため、調査の端緒が通報であることを関係者に認識させないよう、例えば、以下のような工夫を講じることが必要 ・定期監査と合わせて調査を行う ・抜き打ちの監査を装う ・該当部署以外の部署にもダミーの調査を行う ・核心部分ではなく周辺部分から調査を開始する ・組織内のコンプライアンスの状況に関する匿名のアンケートを、全ての従業員を対象に定期的に行う

2．解雇その他不利益な取扱いの禁止	
解雇その他不利益な取扱いの禁止	○　内部規程や公益通報者保護法の要件を満たす通報や通報を端緒とする調査に協力（以下「通報等」という。）をしたことを理由として、通報者等に対し、解雇その他不利益な取扱いをしてはならない。 ○　前項に規定するその他不利益な取扱いの内容としては、具体的には、以下のようなものが考えられる。 ・従業員たる地位の得喪に関すること（退職願の提出の強要、労働契約の更新拒否、本採用・再採用の拒否、休職等） ・人事上の取扱いに関すること（降格、不利益な配転・出向・転籍・長期出張等の命令、昇進・昇格における不利益な取扱い、懲戒処分等） ・経済待遇上の取扱いに関すること（減給その他給与・一時金・退職金等における不利益な取扱い、損害賠償請求等） ・精神上生活上の取扱いに関すること（事実上の嫌がらせ等）
解雇その他不利益な取扱いの禁止	○　通報等をしたことを理由として、通報者等が解雇その他不利益な取扱いを受けたことが判明した場合、適切な救済・回復の措置を講じることが必要
違反者に対する措置	○　通報等をしたことを理由として解雇その他不利益な取扱いを行った者に対しては、懲戒処分その他適切な措置を講じることが必要 ○　通報等に関する秘密を漏らした者及び知り得た個人情報の内容をみだりに他人に知らせ、又は不当な目的に利用した者についても同様とすることが必要
予防措置	被通報者が、通報者等の存在を知り得る場合には、被通報者が通報者等に対して解雇その他不利益な取扱いを行うことがないよう、被通報者に対して、上記事項に関する注意喚起をする等の措置を講じ、通報者等の保護の徹底を図ることが必要

3．自主的に通報を行った者に対する処分等の減免	
	○　法令違反等に係る情報を可及的速やかに把握し、コンプライアンス経営の推進を図るため、法令違反等に関与した者が、自主的な通報や調査協力をする等、問題の早期発見・解決に協力した場合には、例えば、その状況に応じて、当該者に対する懲戒処分等を減免することができる仕組みを整備することも考えられる。
Ⅳ．評価・改善等	
1．フォローアップ	
通報者等に係るフォローアップ	○　通報者等に対し、通報等を行ったことを理由とした解雇その他不利益な取扱いが行われていないか等を確認する等、通報者等の保護に係る十分なフォローアップを行うことが必要 ○　その結果、解雇その他不利益な取扱いが認められる場合には、経営幹部が責任を持って救済・回復するための適切な措置を講じることが必要
是正措置に係るフォローアップ	○　是正措置等の終了後、法令違反等が再発していないか、是正措置及び再発防止策が十分に機能しているかを確認するとともに、必要に応じ、通報対応の仕組みを改善することや、新たな是正措置及び再発防止策を講じることが必要
グループ企業等に係るフォローアップ	○　関係会社・取引先からの通報を受け付けている場合において、通報者等が当該関係会社・取引先の従業員である場合には、通報に係る秘密保持に十分配慮しつつ、可能な範囲で、当該関係会社・取引先に対して、通報者等へのフォローアップや保護を要請する等、当該関係会社・取引先において通報者等が解雇その他不利益な取扱いを受けないよう、必要な措置を講じることが望ましい。また、当該関係会社・取引先に対して、是正措置及び再発防止策が十分に機能しているかを確認する等、必要な措置を講じることが望ましい。

2．内部通報制度の評価・改善	
評価・改善	○　内部通報制度の実効性を向上させるため、例えば、 ・整備・運用の状況・実績
	・周知・研修の効果 ・従業員等の制度への信頼度 ・本ガイドラインに準拠していない事項がある場合にはその理由 ・今後の課題 等について、内部監査や中立・公正な第三者等を活用した客観的な評価・点検を定期的に実施し、その結果を踏まえ、経営幹部の責任の下で、制度を継続的に改善していくことが必要
ステークホルダーへの情報提供	○　各事業者における内部通報制度の実効性の程度は、自浄作用の発揮を通じた企業価値の維持・向上にも関わるものであり、消費者、取引先、従業員、株主・投資家、債権者、地域社会等のステークホルダーにとっても重要な情報であるため、内部通報制度の評価・点検の結果を、CSR報告書やウェブサイト等において積極的にアピールしていくことが適当

　なお、内部通報制度はリスクマネジメント（リスクを特定し、分析、評価し、リスクを効果的に運用管理するための枠組み及びプロセス）のシステムであるから、その運用にあたっては、①リスクの運用管理のための枠組みの設計（Plan）、②リスクマネジメントの実践（Do）、③枠組みのモニタリング及びレビュー（Check）、そして④枠組みの継続的改善（Act）というサイクルを繰り返す手法（PDCAサイクル）を採用している。

第2項　内部告発

【1-2-1　内部告発】

「内部告発」は、企業内部の者が、企業の不正等を、捜査機関・行政機関（監督官庁や税務当局等）・報道機関などの外部の機関に通報する行為である。

【1-2-2　公益通報者保護法】

「公益通報者保護法」（平成16年法律第122号）は、公益通報をしたことを理由とする公益通報者の解雇の無効等や公益通報に関し事業者・行政機関がとるべき措置を定めることにより、公益通報者の保護等を図る法律である。

【1-2-3　公益通報】

「公益通報」とは、①労働者等が、②不正の目的でなく、③労務提供先または労務提供先の事業に従事する場合の役員・従業員等について、④「通報対象事実」が、⑤生じまたは生じようとする旨を、⑥「通報先」に通報することである（同法2条1項）。

【1-2-4　通報者の範囲】

通報対象事実またはその他の法令違反等の事実に関係する事業者に雇用されている労働者または通報の日前1年以内に当該労働者であった者、当該事業者を派遣先とする派遣労働者または通報の日前1年以内に当該派遣労働者であった者、及び当該事業者の取引先の労働者または通報の日前1年以内に当該労働者であった者、当該事業者の役員のほか、当該事業者の法令遵守を確保する上で必要と認められるその他の者である。

また、本法は、匿名の通報や連名の通報を除外していないから、匿名の通報や連名の通報であっても、公益通報の要件を満たせば、保護の対象である。労働者の家族等、他人による通報は、労働者本人の承諾のもとで代筆・送付した場合のように、労働者本人の意思に基づいて通報を代行した場合を除き、「労働者」による通報とはいえないから、本法による保護の対象外である。

一人親方や車持ちトラック運転手のように一人で事業を行っている者は、その実態が「労働者」と認められる場合にのみ保護の対象となる。

【1-2-5　労務提供先または労務提供先の事業に従事する場合の役員・従業員等】

「労務提供先」は、①当該労働者の使用者、②派遣労働者の場合の派遣先（派遣労働者の役務の提供を受ける事業者）、③使用者または派遣先が他の事業者との請負契約その他の契約に基づいて事業を行う場合において、当該労

働者が当該事業に従事するときにおける当該他の事業者である（法2条1項1号～3号）。

　労務提供先やその事業に従事する場合についての通報対象事実が公益通報の対象であるから、労務提供先やその事業と無関係な、職場の同僚の私生活上の法令違反行為の通報は、「公益通報」の対象外である。

　また、③により、使用者が、請負契約・業務委託契約・継続的な売買契約・顧問契約等にもとづいて、請負・委託業務・物品納入等の事業を行っている場合は、契約の相手方（注文者・委託者・物品納入先等）に対する事業に従事する場合の役員・従業員等に関する通報対象事実について、契約の相手方に通報することも、本法による保護の対象となりうる。

【1-2-6　通報対象事実】

　公益通報者保護法が適用される公益通報の要件である「通報対象事実」は、次の事実である（同法2条3項）。

①国民の生命、身体、財産その他の利益の保護にかかわる法律として本法の別表に定められた法律※に規定する罪の犯罪行為の事実またはこの法律及び同表に掲げる法律に規定する過料の理由とされている事実

②別表※に掲げる法律の規定に基づく処分に違反することが、①の事実となる場合における当該処分の理由とされている事実等

※「別表」に掲げる法律は、刑法、食品衛生法、金融商品取引法、JAS法、大気汚染防止法、廃棄物処理法、個人情報保護法、独占禁止法、道路運送車両法等である。
　消費者庁ホームページの「公益通報者保護法において通報の対象となる法律について」（http://www.caa.go.jp/planning/koueki/gaiyo/taisho.html）に、一覧が掲載されている。

　職場のパワーハラスメントやセクシュアルハラスメントは、パワーハラスメントが暴行・脅迫などの犯罪行為にあたる場合や、セクシュアルハラスメントが強制わいせつなどの犯罪行為にあたる場合には、通報対象事実に該当する（刑法の犯罪行為に該当）。

【1-2-7　通報先と保護要件】

　公益通報者保護法が適用される公益通報の要件である「通報先」は３つあり、それぞれについて保護要件が定められている（同法3条）。

　通報にあたっては、それぞれの保護要件を満たしていれば保護されるから、まず内部通報してからでないと公益通報できないというわけではない（保護要件は厳しいが、②と③がある）。

　また、事業者の取引先は通報先に含まれていないから、勤務先の通報対象事実について取引先に通報しても、「公益通報」としては保護されない。

　①労務提供先等（内部通報）

　　（保護要件）

　　通報対象事実が生じ、または生じようとしていると思料する場合

　②通報対象事実について処分または勧告等をする権限を有する行政機関（処分等の権限を有する行政機関への通報）

　　（保護要件）

　　通報対象事実が生じ、もしくはまさに生じようとしていると信ずるに足りる相当の理由がある場合または通報対象事実が生じ、もしくはまさに生じようとしていると思料し、所定事項を記載した書面を提出する場合

　③通報対象事実の発生またはこれによる被害の拡大を防止するために必要であると認められる者（その他外部通報先への通報）

　　（保護要件）

　　通報対象事実が生じ、または生じようとしていると信ずるに足りる相当の理由があり、かつ次のいずれかに該当する場合

　　イ　①②に定める公益通報をすれば解雇その他不利益な取扱いを受けると信ずるに足りる相当の理由がある場合

　　ロ　内部通報（①）をすれば通報対象事実に係る証拠が隠滅・偽造等されるおそれがあると信ずるに足りる相当の理由がある場合

　　ハ　事業者が通報者を特定させる事項を正当な理由なく漏らすと信じるに足りる相当の理由がある場合

　　ニ　事業者から正当な理由なく内部通報しないことを要求された場合

　　ホ　内部通報したが、通報日から20日経過しても、事業者が調査を行わない場合

　ヘ　生命・身体に対する危害もしくは財産に対する回復困難または重
　　大な損害が発生し、またはその急迫した危険があると信ずるに足り
　　る相当の理由がある場合

【1-2-8　労務提供先等（通報先①）】

　「労務提供先等」は、労務提供先（前述）または当該労務提供先があらか
じめ定めた者である（法2条1項）。

　労務提供先等への通報（内部通報）は、通報対象事実が生じ、または生じ
ようとしていると「思料」すれば保護されるので、通報内容を裏付ける内部
資料等までは要しない。

　「労務提供先等」について具体的な通報先の定めはない。従って、勤務先
に通報窓口がない場合は、上司や経営上の不正を是正できる役員などに通報
することができる。

　また、勤務先の労働組合については、事業者から通報先に指定されていれ
ば労務提供先等（①）であり、指定されていない場合は、通報内容により、
その他外部通報先（③）に該当する。

【1-2-9　処分等の権限を有する行政機関（通報先②）】

　通報対象事実について処分または勧告等をする権限を有する行政機関につ
いては、犯罪行為については、一般的には、警察、検察等の捜査機関が通報
先となる「権限を有する行政機関」となるが、処分等の権限を有する行政機
関が別にある場合には、その行政機関も「権限を有する行政機関」として通
報先となる。

　1つの通報対象事実について複数の行政機関が処分等の権限を有している
場合には、その複数の行政機関のいずれに通報してもよいこととなり、処分
等の権限を有する複数の行政機関に通報することもできる。

　この場合に、各行政機関（各地方公共団体）は、連携して調査を行い、又
は措置をとるなど、相互に緊密に連絡し協力することとされている（「公益通
報者保護法を踏まえた国の行政機関の通報対応に関するガイドライン（外部
の労働者等からの通報）」、「公益通報者保護法を踏まえた地方公共団体の通報
対応に関するガイドライン（外部の労働者等からの通報）」）。

【1-2-10　真実相当性（通報先②③）】

　処分等の権限を有する行政機関への通報（②）やその他外部への通報先への通報（③）が公益通報として保護されるためには、通報対象事実が生じ、または生じようとしていると信ずるに足りる相当の理由（＝真実相当性）がある場合でなければならない（法3条2号・3号）。

　従って、単なる憶測や伝聞等ではなく、通報内容を裏付ける内部資料等がある場合や関係者による信用性の高い供述がある場合など、相当の根拠が必要である（「外部通報の保護要件等について」（消費者庁））。

　なお、週刊誌に内部告発した事例で、記者が実名報道の了解を得ただけで会社に反対取材を全くせずに報道したことをもって、そのような場合の週刊誌は、公益通報者保護法におけるその他外部通報先（③）にはあたらず同法は適用されないと判示したものがある（東京地裁H.23.1.28判決）。

【1-2-11　その他外部通報先（③）】

　その他外部通報先（③）は、「通報対象事実の発生またはこれによる被害の拡大を防止するために必要であると認められる者」であるから（法2条1項）、報道機関への通報が典型である。

　インターネット上に通報対象事実を掲載することは、その他外部通報先への通報には該当しないことが多いが、ある商品が広く流通していて誰もが被害者になり得る場合や、顧客のみが利用できる会員サイト上のインターネット掲示板に書き込みを行う場合などは、その他外部通報先への通報になりうる。

【1-2-12　通報】

　「通報」とは、一定の事実を他人に知らせることである。

　従って、ある事案の通報が法による保護の対象となるか等に関する相談が、法令違反行為の行われた事業者名などの具体的事実を知らせない一般的な内容で行われる限りにおいては、「通報」には当たらない。

　相談という形をとっていても、事業者名、通報対象事実と疑われる行為の内容、その行為の実行者名などの具体的事実を示して行われる場合には、「通報」に当たり得る。この場合は、本法で定める要件を満たせば、本法により保護される。また、本法で定める要件を満たさない場合であっても、弁護士

のように守秘義務を負う者への相談のために具体的な事実を知らせた場合など
に、相談したことを理由として使用者から解雇等の不利益扱いを受けた場
合は、労働契約法や権利濫用などの一般法理によって、解雇の無効等として
保護されると考えられる（通報・相談Q＆A集）。

　なお、公益通報は、①労働者が、②不正の目的でなく、③労務提供先ほか
について、④通報対象事実が、⑤生じまたは生じようとする旨を、⑥通報先
に通報することである（同法2条1項）。

　従って、通報を行う際には、通報対象事実が該当する法令名や条項を明示
する必要はないものの、通報が「公益通報」に該当するか否か判断できる程
度に、またその後の調査や是正等が実施できる程度に具体的な事実を通報先
に知らせる必要がある。

【1-2-13　通報結果や是正結果の通知】

　書面により内部公益通報を受けた場合において、当該内部公益通報に係る
通報対象事実の中止その他是正に必要な措置をとったときはその旨を、当該
内部公益通報に係る通報対象事実がないときはその旨を、適正な業務の遂行
及び利害関係人の秘密、信用、名誉、プライバシー等の保護に支障がない範
囲において、当該内部公益通報を行った者に対し、速やかに通知する（公益
通報者保護法に基づく指針）。

　なお、内部通報をした通報者が、事業者に対し、調査の進捗状況等につい
て何度問い合わせても合理的な理由なく回答がなく、実際には調査を放置し
ていると認められるような場合には、その他外部通報先への通報（③）の保
護要件である「正当な理由なく調査を行わない場合」（法第3条3号ホ）に該
当する場合がある。

【1-2-14　公益通報者保護法による保護の内容】

　保護要件を満たして「公益通報」した労働者（公益通報者）は、以下の保
護を受ける。

　(1)　公益通報をしたことを理由とする解雇の無効（法3条）

　(2)　公益通報をしたことを理由とする降格、減給その他不利益な取扱い
　　　の禁止（法5条1項）

(3)　（公益通報者が派遣労働者である場合）公益通報をしたことを理由とする労働者派遣契約の解除の無効

(4)　（公益通報者が派遣労働者である場合）公益通報をしたことを理由とする派遣労働者の交代の求めその他不利益な取扱いの禁止（法5条2項）

(5)　退職者・役員を不利益処分から保護し、通報により解任された役員には損害賠償請求権を認める

(6)　通報を理由とする通報者の損害賠償義務を免責

【1-2-15　公益通報者保護法による保護の対象外である場合の保護】

公益通報者保護法の保護対象ではない場合に、通報が全く保護されないわけではない。

本法は、通報対象事実に係る通報をしたことを理由として労働者又は派遣労働者に対して解雇その他不利益な取扱いをすることを禁止する他の法令の規定の適用を妨げるものではなく（法6条1項）、労働契約法16条・や14条・15条の規定の適用を妨げるものではない（法6条2項・3項）。

従って、公益通報者保護法の適用対象外の通報をした者に対し、使用者が出向・懲戒・解雇の不利益処分をした場合は、出向・懲戒・解雇が無効になる。

○労働契約法の規定

14条（出向）

使用者が労働者に出向を命ずることができる場合において、当該出向の命令が、その必要性、対象労働者の選定に係る事情その他の事情に照らして、その権利を濫用したものと認められる場合には、当該命令は、無効とする。

15条（懲戒）

使用者が労働者を懲戒することができる場合において、当該懲戒が、当該懲戒に係る労働者の行為の性質及び態様その他の事情に照らして、客観的に合理的な理由を欠き、社会通念上相当であると認められない場合は、その権利を濫用したものとして、当該懲戒は、無効とする。

16条（解雇）

　解雇は、客観的に合理的な理由を欠き、社会通念上相当であると認められない場合は、その権利を濫用したものとして、無効とする。

　上記以外の処分についても、「労働者及び使用者は、労働契約に基づく権利の行使に当たっては、それを濫用することがあってはならない」とされており（労働契約法3条5項）、当該処分が権利濫用にあたる場合には無効となると解されている。配転命令につき業務上の必要性がない場合や、業務上の必要性があっても、不当な動機・目的で配転命令が出された場合や労働者に著しい不利益を負わせる場合などには、権利濫用であり無効になるとした裁判例は多い（最高裁S.61.7.14判決等）。

【1-2-16　公益通報対応業務従事者】

　公益通報対応業務従事者とは、内部公益通報受付窓口において受け付ける内部公益通報に関して公益通報対応業務を行う者であり、かつ、当該業務に関して公益通報者を特定させる事項を伝達される者をいう（法11条1項）。

○公益通報対応業務従事者（以下従事者という。）を定める方法

　事業者は、従事者を定める際には、書面により指定をするなど、従事者の地位に就くことが従事者となる者自身に明らかとなる方法により定めなければならない。

　従事者は、公益通報対応業務を行う者であり、かつ当該業務に関して公益通報者を特定させる事項を伝達される者に対しては、正当な理由なくして当該業務に関して知り得た事項で通報者を特定させるものを漏えいしてはならないとし（法12条）、違反行為に対しては30万円以下の罰金に処するものとしている（法21条）。

【1-2-17　公益通報者保護法の規定に違反した場合の処分等】

　通報対象となる法令違反行為については、事業者に対し、関係法令に基づいて、刑罰が科されたり、行政処分が課されたりすることがある。

　使用者等から解雇その他不利益な取扱いを受けた労働者は、都道府県労働局における個別労働紛争解決制度を利用したり、裁判所における紛争解決制度（労働審判手続、仮処分手続、民事訴訟手続など）を利用したりするなど

して、自ら解決を図っていくことになる。

　内閣総理大臣は、事業者が取るべき措置（法11条）の施行に関し必要があると認めるときは、事業者に対して、報告を求め、または助言、指導もしくは勧告をすることができる（法15条）が、当該規定による勧告をした場合において、その勧告を受けた者がこれに従わなかったときは、その旨を公表することができる（法16条）。

　また、報告の徴収ならびに助言、指導及び勧告の規定による報告をせず、または虚偽の報告をした者に対しては、20万円以下の過料に処するとしている（法22条）。

【1-2-18　公益通報者保護法に基づく指針】

○事業者における内部公益通報制度の意義

　事業者が実効性のある内部公益通報対応体制を整備・運用することは、法令遵守の推進や組織の自浄作用の向上に寄与し、ステークホルダーや国民からの信頼の獲得にも資するものである。また、内部公益通報制度を積極的に活用したリスク管理等を通じて、事業者が適切に事業を運営し、充実した商品・サービスを提供していくことは、事業者の社会的責任を果たすとともに、ひいては持続可能な社会の形成に寄与するものである。

○内部公益通報対応体制の整備その他の必要な措置（法11条第2項関係）の概要

　1．部門横断的な公益通報対応業務を行う体制の整備

　(1)　内部公益通報受付窓口の設置等

　　　内部公益通報受付窓口を設置し、当該窓口に寄せられる内部公益通報を受け、調査をし、是正に必要な措置をとる部署及び責任者を明確に定める。

　(2)　組織の長その他幹部からの独立性の確保に関する措置

　　　内部公益通報受付窓口において受け付ける内部公益通報に係る公益通報対応業務に関して、組織の長その他幹部に関係する事案については、これらの者からの独立性を確保する措置をとる。

　(3)　公益通報対応業務の実施に関する措置

　　　内部公益通報受付窓口において内部公益通報を受け付け、正当な理由がある場合を除いて、必要な調査を実施する。そして、当該調査の結果、

通報対象事実に係る法令違反行為が明らかになった場合には、速やかに是正に必要な措置をとる。

　また、是正に必要な措置をとった後、当該措置が適切に機能しているかを確認し、適切に機能していない場合には、改めて是正に必要な措置をとる。

(4)　公益通報対応業務における利益相反の排除に関する措置

　内部公益通報受付窓口において受け付ける内部公益通報に関し行われる公益通報対応業務について、事案に関係する者を公益通報対応業務に関与させない措置をとる。

2．公益通報者を保護する体制の整備

(1)　不利益な取扱いの防止に関する措置

　イ　事業者の労働者及び役員等が不利益な取扱いを行うことを防ぐための措置をとるとともに、公益通報者が不利益な取扱いを受けていないかを把握する措置をとり、不利益な取扱いを把握した場合には、適切な救済・回復の措置をとる。

　ロ　不利益な取扱いが行われた場合に、当該行為を行った労働者及び役員等に対して、行為態様、被害の程度、その他情状等の諸般の事情を考慮して、懲戒処分その他適切な措置をとる。

(2)　範囲外共有等の防止に関する措置

　イ　事業者の労働者及び役員等が範囲外共有を行うことを防ぐための措置をとり、範囲外共有が行われた場合には、適切な救済・回復の措置をとる。

　ロ　事業者の労働者及び役員等が、公益通報者を特定した上でなければ必要性の高い調査が実施できないなどのやむを得ない場合を除いて、通報者の探索を行うことを防ぐための措置をとる。

　ハ　範囲外共有や通報者の探索が行われた場合に、当該行為を行った労働者及び役員等に対して、行為態様、被害の程度、その他情状等の諸般の事情を考慮して、懲戒処分その他適切な措置をとる。

3．内部公益通報対応体制を実効的に機能させるための措置

(1)　労働者等及び役員並びに退職者に対する教育・周知に関する措置

　イ　法及び内部公益通報対応体制について、労働者等及び役員並びに退職

者に対して教育・周知を行う。また、従事者に対しては、公益通報者を特定させる事項の取扱いについて、特に十分に教育を行う。

ロ　労働者等及び役員並びに退職者から寄せられる、内部公益通報対応体制の仕組みや不利益な取扱いに関する質問・相談に対応する。

(2)　是正措置等の通知に関する措置

書面により内部公益通報を受けた場合において、当該内部公益通報に係る通報対象事実の中止その他是正に必要な措置をとったときはその旨を、当該内部公益通報に係る通報対象事実がないときはその旨を、適正な業務の遂行及び利害関係人の秘密、信用、名誉、プライバシー等の保護に支障がない範囲において、当該内部公益通報を行った者に対し、速やかに通知する。

(3)　記録の保管、見直し・改善、運用実績の労働者等及び役員への開示に関する措置

イ　内部公益通報への対応に関する記録を作成し、適切な期間保管する。

ロ　内部公益通報対応体制の定期的な評価・点検を実施し、必要に応じて内部公益通報対応体制の改善を行う。

ハ　内部公益通報受付窓口に寄せられた内部公益通報に関する運用実績の概要を、適正な業務の遂行及び利害関係人の秘密、信用、名誉、プライバシー等の保護に支障がない範囲において労働者等及び役員に開示する。

(4)　内部規程の策定及び運用に関する措置

指針において求められる事項について、内部規程において定め、また、当該規程の定めに従って運用する。

従業員の数が300人を超える事業者は、公益通報対応体制の整備について法律上の義務を負うため、上記のような措置についていずれも対応する必要があるが、従業員の数が300人以下の事業者は、公益通報対応体制の整備については努力義務である。

第2節　苦情・クレーム

【2-1-1　苦情・クレーム対応の必要性と問題点】

苦情やクレームには明確な定義がない。

苦情・クレームの内容も、企業のミスを指摘するもの、違法行為を指摘するもの、一般的な意見や改善を求めるもの、賠償や謝罪を求めるもの、趣旨不明であるものなど様々である。態様も様々であり、温和なものから、長時間の対応を強いるもの、繰り返しの問い合わせ、内容を変えた要求の繰り返し、必要以上の要求(謝罪文やホームページでの公表等)、怒鳴り声を上げる、侮辱的発言を伴う、土下座を要求する、店舗外に呼びつけるなど枚挙にいとまがない。

苦情・クレームは、悪質なものもあるが、正当な情報提供・意見を含むものは、それに誠実に対応することで、同様の不満を抱える顧客の問題解決になり、企業も貴重な情報を得ることができ、より良い製品・サービスの提供、ひいては企業の評価向上にもつながる。また、SNSや口コミサイトが広く利用されている現在では、クレーム対応を誤ると、企業の悪評価が爆発的に拡散してしまい(「炎上」)、事態の収拾が極めて難しくなってしまうこともある。

このように、正当な苦情・クレームへの対応は、企業の評価の維持、マーケティングにとって重要なものとなっている。

他方で、悪質なクレームは、犯罪行為に該当するものはもとより、犯罪行為とはいえないものであっても、対応する労働者が疲弊し、メンタルヘルスの問題に発展する可能性がある。しかも、悪質なクレームへの対応に引きずられると、一般の顧客へのサービスが低下してしまったり、ストレスを感じた労働者の離職率が高まってしまうといった問題もある。

【2-1-2　法的な苦情・クレームの類型】

法的な苦情・クレームには次の類型がある。

(1)　代替請求・代金等の返還請求

不良品、サービスの不備等を理由として、代替品や追加サービスを要求したり、代金や料金等の返還を要求したりするものである。

代金や料金等の返還は、契約の解除にあたる。

(2)　損害賠償請求

不良品、サービスの不備等を理由として、損害賠償請求をしてくるものである。

(3) 法令違反の指摘

企業の法令違反を指摘するタイプである。

(1)と(2)の場合の対応については、後述する。

(3)の場合は、法令違反の有無を確認し、必要な措置を講ずることになる。

いずれの場合も、過大な要求を伴う場合（土下座や従業員の解雇の要求、高額の賠償要求など）は、悪質クレームとしての対応を検討することになる。

【2-1-3　代替請求・代金返還請求や損害賠償請求への具体的対応】

法的な請求のうち、(1)代替請求・代金返還請求や(2)損害賠償請求がなされた場合は、事実確認と自社に法的責任があるかの確認をする必要がある。その上で、次のような対応が考えられる。

・自社に法的責任があると判断した場合

適切な範囲で請求に応じるべく交渉する。

適切な範囲を超える請求であっても、紛争の長期化の負担や、訴訟となった場合の負担や敗訴のリスク、風評への影響等を考慮して、交渉により「解決金」を支払って解決（示談）することもある。なお、「解決金」は、一般的には、責任の所在を明確にしないで支払う金銭をいう。

交渉で解決できない場合は、請求者の訴訟提起等に対応することになる。

・自社に法的責任がないと判断した場合

請求に応じないのが原則である。特に、請求者が反社会的勢力である

　場合や金銭目的のクレーマーである場合には、自社に責任がない以上、請求に応じるべきでない。

　そうでない場合には、紛争の長期化の負担や、訴訟となった場合の負担や敗訴のリスク、風評への影響等を考慮して、「見舞金」や「解決金」を支払って解決（示談）することもある。

　なお、「見舞金」は、一般的には、責任は認めないものの円満解決のために支払う少額の金銭をいう。

【2-1-4　法的でない苦情・クレームへの対応】

　法的でないクレームは、接客態度が気に入らない、サービスが不十分であるといった、法的ではない苦情・クレームである。

　顧客の感情的な問題、不快感の問題であり、損害賠償するほどのものではないため、顧客の言い分を正確に把握し、謝罪すべきは謝罪し、誤解があれば事情説明をするといった対応で収束することが多い。

　しかし、必要以上の要求がある場合（金銭要求や土下座の要求、企業トップの謝罪要求、長時間の拘束、不当な返品要求など）は、悪質クレームとしての対応を検討することになる。

【2-1-5　悪質クレームの例】

　悪質クレームとは「要求内容、又は、要求態度が社会通念に照らして著しく不相当であるクレーム」（「悪質クレームの定義とその対応に関するガイドライン」（UAゼンセン））ということができるが、違法行為や犯罪行為と断定できるものばかりではない。

　［要求内容が不相当なクレームの例］
　　・不相当に高額な賠償要求
　　・土下座による謝罪の要求
　　・謝罪等適切な対応をしたにもかかわらず従業員の解雇を求める
　　・返品期限を過ぎた商品の返品を要求
　　・適切な対応をしたにもかかわらず企業トップの謝罪を要求
　　・実現不可能な要求をする

［態様が不相当なクレームの例］

- ・業務に支障がでるほど長時間の対応を強いるクレーム
- ・電話等で繰り返し問い合わせをしてくる
- ・要求内容を変えて繰り返しクレームをする
- ・怒鳴り声をあげる
- ・侮辱的発言、人格を否定する発言をする
- ・特別扱いを要求する
- ・法的でないクレームに対し文書での謝罪を要求する
- ・法的でないクレームに対し自宅や喫茶店等に呼びつける
- ・犯罪行為に該当する態様（後述）

【2-1-6　悪質クレームが犯罪行為に該当する場合】

　悪質クレームが該当しうる犯罪としては、暴行罪（刑法208条）、傷害罪（刑法204条）、建造物損壊罪（刑法260条）、器物損壊罪（刑法261条）のほか、次のものが考えられる。

　犯罪行為に該当すると判断する場合は、警察への通報を検討する。

　また、対応した従業員等の精神的苦痛が大きい場合は、損害賠償請求等の民事的な対応も検討する。

(1)　威力業務妨害罪（刑法234条）

　　威力を用いて人の業務を妨害した者は、3年以下の懲役または50万円以下の罰金に処せられる。

　　「威力」は、「犯人の威勢、人数及び四囲の情勢から見て、被害者の自由意思を制圧するに足りる勢力」（最高裁S.28.1.30判決）であり、「妨害」とは、「業務の執行自体を妨げる場合に限らず、広く業務の経営を阻害する一切の行為」である（大審院S.8.4.12判決）。

　　威力業務妨害罪が認められた裁判例としては、食堂の配膳部に向かって蛇を数十匹撒き散らして食堂内を混乱に陥れた行為（大審院S.7.10.10判決）、営業中の食堂で、数人が共同して怒号喧騒等し食堂内を混乱に陥れた行為（大審院S.10.9.23判決）、店舗に接近する道路上に17点くらいの家財道具箱を売り物として並べ、顧客の立入りを不可能にした行為（最高裁S.40.9.3決定）などがある。

(2)　脅迫罪（刑法222条）

　　本人または親族の生命、身体、自由、名誉又は財産に対し害を加える
旨を告知して人を脅迫した者は、2年以下の懲役または30万円以下の罰
金に処せられる。

　　なお、法人に対する脅迫罪は成立しないと解されているが、その場合
でも法人の代表者や従業員等に対する脅迫罪は成立しうる。

(3)　強要罪（刑法223条）

　　本人または親族の生命、身体、自由、名誉若しくは財産に対し害を加
える旨を告知して脅迫し、又は暴行を用いて、人に義務のないことを行
わせ、又は権利の行使を妨害した者は、3年以下の懲役に処せられる。

　　強要罪が認められた裁判例としては、名誉毀損罪または侮辱罪が成立し
ない場合に、暴行脅迫により謝罪状を要求して交付を受けた行為（大審院
T.15.3.24判決）や、アルバイト店員の接客態度が悪いとして数人で因縁を
付け、「土下座せえへんのやったら店のもん壊したろか。」などと怒鳴りつ
け、土下座して謝罪させた（大津地裁H.27.3.18判決）などがある。

　　なお、単に「土下座して謝れ」と義務のないことを要求するだけでは
なく、脅迫または暴行を用いていなければならない点に注意を要する。

(4)　不退去罪（刑法130条）

　　正当な理由がないのに、要求を受けたにもかかわらず人の住居若しく
は人の看守する邸宅、建造物若しくは艦船から退去しなかった者は、3
年以下の懲役または10万円以下の罰金に処せられる。

　　不退去罪が認められた裁判例としては、学生らが大学学長に対する会
見・交渉を要求し、大学側の退去命令を無視して大学事務局庁舎内で座
り込みを続行した行為（札幌高裁S.50.4.22判決）などがある。

(5)　恐喝罪（刑法249条・250条）

　　人を恐喝して財物を交付させた者は、10年以下の懲役に処せられる。

　　恐喝罪は、未遂罪も罰せられるので、金銭等の要求があったが財物の
交付がなかった場合でも未遂罪が成立しうる。

　　「恐喝」は、財物を交付させる目的をもってする脅迫または暴行であ
り、恐喝における脅迫は、人をして畏怖の念を生ぜしめるに足りる害悪
の告知でなければならないとされている。

【2-1-7　悪質クレームへの対応】

　要求内容が不相当な悪質クレームに対しては、悪質クレームと判断した時点で、要求には応じられない旨を伝えて要求を拒否する。それでも要求が続く場合は、態様が不相当な悪質クレームに対する対応をする。

　態様が不相当な悪質クレームに対しては、自社に一定の非があれば誠意をもって対応した上で、次のような対策を講ずることが考えられる。

・業務に支障がでるほど長時間の対応を強いるクレームに対しては、専門の担当者に交代したり、録音等の証拠確保を行う等し、それでも30分以上続くような場合は、退去を求め、退去に応じない場合は不退去罪としての対応を検討する。

・電話等で繰り返し問い合わせをしてくる場合や要求内容を変えて繰り返しクレームをしてくる場合は、これ以上は対応できない旨を伝えてブラックリスト化する。ブラックリスト化したクレーマーについては特定の担当者が対応し、録音等の証拠確保を行いつつ、これ以上は対応できない旨を明確に伝える。それでも繰り返される場合は、威力業務妨害罪としての対応を検討する。

・怒鳴り声をあげる，侮辱的発言、人格を否定する発言をするといった場合は、明確にやめるように伝えるとともに、録音等の証拠確保を行う。専門の担当者への交代を検討する。発言をやめない場合は、退去を求め、退去に応じない場合は不退去罪としての対応を検討する。対応した従業員等の精神的苦痛が大きい場合は、損害賠償請求等の民事的な対応を検討する。

・特別扱いを要求する，法的でないクレームに対し文章での謝罪を要求するといった態様の場合は、必要な対応をした後は毅然と拒否する。

・法的でないクレームに対し自宅や喫茶店等に呼びつけるという態様の場合は、自社に一定の非があれば出向いて対応せざるを得ない場合も多いが、原則として複数名で対応するとともに、一定時間で帰社せず連絡もとれない場合は、警察に連絡をする。

・犯罪行為に該当する態様（前述）

【2-1-8　苦情の処理に関する法令の定め】

多くの事業者に適用されうる法令における苦情の処理に関する規定には、次のものがある。

(1)　個人情報保護法

①　苦情処理の努力義務

個人情報取扱事業者は、個人情報の取扱いに関する苦情の適切かつ迅速な処理に努めなければならない（同法40条1項）。

また、個人情報取扱事業者は、この目的を達成するために必要な体制の整備に努めなければならない（同法40条2項）。

このため、個人情報取扱事業者は、苦情処理窓口の設置や苦情処理の手順を定めるといった措置を講ずることが望ましい。また、消費者等本人との信頼関係を構築し事業活動に対する社会の信頼を確保するためには、個人情報保護を推進する上での考え方や方針（個人情報保護方針、プライバシーポリシー、プライバシーステートメント等）を策定し、それをホームページに掲載したり店舗の見やすい場所に掲示するなどして公表し、あらかじめ、対外的に分かりやすく説明することが重要である。

②　苦情の申出先の公表等の義務

個人情報取扱事業者は、保有個人データについては、その取扱いに関する苦情の申出先を公表しなければならない（義務規定。同法32条1項4号、同法施行令10条2号）。

③　匿名加工情報に関する苦情処理等の努力義務

個人情報取扱事業者又は匿名加工情報取扱事業者は、匿名加工情報の取扱いに関する苦情の処理その他の匿名加工情報の適正な取扱いを確保するために必要な措置を自ら講じ、かつ、当該措置の内容を公表するよう努めなければならない（同法43条6項・46条）。

④　認定個人情報保護団体と苦情処理

認定個人情報保護団体の対象事業者は、認定個人情報保護団体に申出があった苦情の処理（同法53条）に対応する必要がある。

(2)　労働基準法

①　専門型裁量労働制導入にあたって労使協定で定める事項

専門型裁量労働制を導入するにあたっては、労基法38条の3が定める事項を労使協定により定めて所轄労働基準監督署長に届け出ることを要する。そして、労使協定に定める事項に、「対象となる労働者からの苦情の処理のため実施する措置の具体的内容」がある。

②　企画業務型裁量労働制の導入にあたり労使委員会で決議すべき事項

企画業務型裁量労働制を導入するにあたっては、労使委員会を設置し、次の事項を労使委員会で決議した上で、所轄労働基準監督署長に決議を届け出ることが必要である（労働基準法38条の4）。そして、労使委員会の決議事項の中に、「苦情の処理のため措置の具体的内容」がある。

(3)　男女雇用機会均等法

①　苦情の自主的解決の努力義務

事業主は、男女雇用機会均等法に定める事項に関し、労働者から苦情の申出を受けたときは、事業主の代表者及び労働者の代表者により構成される苦情処理機関に苦情の処理をゆだねる等その自主的な解決を図るように努めなければならない（同法15条）。

②　セクシュアルハラスメントに関し雇用管理上講ずべき措置

事業主は、職場において行われる性的な言動に対するその雇用する労働者の対応により当該労働者がその労働条件につき不利益を受け、または当該性的な言動により当該労働者の就業環境が害されることのないよう、当該労働者からの相談に応じ、適切に対応するために必要な体制の整備その他の雇用管理上必要な措置を講じなければならない（同法11条）。

これを受けて、「事業主が職場における性的言動に起因する問題に関して雇用管理上講ずべき措置についての指針」（厚生労働省）は、セクシュアルハラスメントの相談（苦情を含む）に応じ、適切に対応するために必要な体制の整備を求めている。

(4)　育児介護休業法

①　苦情の自主的解決の努力義務

事業主は、育児介護休業法に定める事項に関し、労働者から苦情の

申出を受けたときは、事業主の代表者及び労働者の代表者により構成される苦情処理機関に苦情の処理をゆだねる等その自主的な解決を図るように努めなければならない（同法52条の2）。

(5)　労働者派遣法

①　派遣先による苦情処理

派遣先は、派遣労働者から苦情の申出を受けたときは、当該苦情の内容を派遣元事業主に通知するとともに、当該派遣元事業主との密接な連携の下に、誠意をもって、遅滞なく、当該苦情の適切かつ迅速な処理を図らなければならない（同法40条1項）。

(6)　障害者虐待防止法

①　障害者虐待の防止等のための措置

障害者を雇用する事業主は、労働者の研修の実施、雇用する障害者・家族からの苦情の処理の体制の整備その他の使用者による障害者虐待の防止等のための措置を講ずるものとする（同法21条）。

第3節　うわさと風評

【3-1-1　レピュテーションリスク】

　「レピュテーション」とは、顧客・株主・投資家・従業員など多様なステークホルダーによる企業に対する肯定的・否定的な評価・評判であり、「レピュテーションリスク」とは、レピュテーションに起因して企業に損害を与えるリスクである。

　レピュテーションリスクにより、企業のブランド価値が低下してしまうことがある。また、事件・事故・環境汚染・災害等の不確かな報道による否定的な評価を特に「風評」といい、風評による主に経済的な被害を「風評被害」ということもある。

　レピュテーションリスクは、企業不祥事の多発を契機としたCSRへの関心が高まるとともに、企業経営において重要視されるようになった。

【3-1-2　レピュテーションリスクの要因】

　レピュテーションリスクの主な要因には、次のものが考えられ、各要因が相互に影響し合うのが通常である。

(1)　マスコミ報道

　　マスコミ報道は、内部告発や事件発生がきっかけとなって報道される場合や、SNSや口コミサイト等による情報拡散がニュースとして報道される場合などがある。

(2)　SNSや口コミサイト等インターネットによる情報拡散

　　消費者による不満や噂の投稿、退職した従業員による匿名投稿のほか、現職の従業員による不用意な情報発信などが、SNSや口コミサイト等を介して拡散する場合がある。

(3)　企業の情報発信

　　過剰な宣伝が消費者の批判を招いたり、企業の役員等のメディアでの発言がもとで炎上してしまうように、企業が情報発信を誤ることでレピュテーションダメージを受けることもある。

【3-1-3　インターネット上の誹謗中傷への対応】

　インターネット上で企業に対する誹謗中傷が掲載されている場合の対応としては、次の方法が考えられる。

(1)　放置する（無視する）

　　法的に違法と認められないような意見等については、放置する場合も多い。

(2)　情報発信する

　　不当な評価、評判等に対しては、企業としての見解を自社サイトに掲載する、報道機関を通じて企業としての見解を公表する（プレスリリース）といった対応も考えられる。企業に落ち度があれば謝罪表明をすることになるし、積極的に批判等に対応する姿勢を示す場合もある。

　　また、企業からの情報発信は、否定的評価に対応するものに限らない。ポジティブな情報発信を続けることで、ステークホルダーの評価を長期的に向上させるという手法もある。

(3)　刑事告訴する

　　誹謗中傷が犯罪行為に該当する場合は、刑事告訴することもある。

(4)　誹謗中傷に対する法的措置を講ずる

　　インターネット上の誹謗中傷に対する法的対応としては、①当該情報の削除請求をする、②情報の発信者を突き止めて、差止請求や損害賠償請求をするといった方法が考えられる。

【3-1-4　誹謗中傷情報の削除請求の流れ】

○サイト管理者の特定

　インターネット上で掲載されている誹謗中傷情報の削除請求をする場合は、削除請求の相手方を特定する必要がある。誹謗中傷等を含む情報の削除請求の相手方は、当該情報が掲載されているサイトの管理者（コンテンツプロバイダ）である。サイト管理者を特定するためには、当該サイトに掲載されている「会社概要」や「運営会社」を確認する。この方法で確認できない場合は、当該サイトのURL内のドメイン名をWHOIS検索※を利用して検索し、登録者情報等を確認するといった調査を行う。

※「WHOIS検索」：ドメイン名やIPアドレスの登録者情報等を確認できるインターネット上のサービス。

○削除請求

　削除請求の相手方となるサイト管理者が特定できたら、サイト管理者に対して当該情報の削除請求をする（後述）。

○削除の法的措置

　サイト管理者が任意の削除請求に応じない場合は、削除の仮処分や削除請求訴訟といった法的措置を講ずることになる。

○事後処置

　サイト管理者が任意の削除に応じた場合や、削除の仮処分・削除請求訴訟により当該情報が削除された場合でも、検索エンジンがキャッシュ※を一定期間保存していることから、検索エンジンの検索結果に一定期間表示されることがある。検索結果から速やかに消したい場合は、検索サイトの管理者に対し、キャッシュの削除依頼をする。

※「キャッシュ」：検索エンジンが保存している各ウェブサイトの情報

【3-1-5　プロバイダ責任制限法】

　「プロバイダ責任制限法」（特定電気通信役務提供者の損害賠償責任の制限及び発信者情報の開示に関する法律）は、特定電気通信による情報の流通によって権利の侵害があった場合について、特定電気通信役務提供者（プロバイダ等）の損害賠償責任の制限及び発信者情報の開示を請求する権利を定める法律である。

プロバイダ責任制限法は、次の2点を規定している。

　①プロバイダ等の損害賠償責任の制限

　②発信者情報の開示

○特定電気通信

　「特定電気通信」とは、不特定の者によって受信されることを目的とする電気通信の送信（公衆によって直接受信されることを目的とする電気通信の送信を除く）である（同法2条1号）。

特定電気通信は、「インターネット」と説明されることが多く、ウェブペー

ジや電子掲示板（＝BBS）、インターネット放送は、特定電気通信に該当する。

　これに対し、電子メール等の1対1の通信は、特定電気通信に該当しない。多数の者に宛てて同時送信される場合も、1対1の通信が多数集合したものにすぎず、特定電子通信には該当しない。

なお、テレビ放送や有線放送（＝公衆によって直接受信されることを目的とする電気通信の送信）は、放送法等での規律があるため、特定電気通信から除かれている。

○特定電気通信役務提供者（プロバイダ等）

　「特定電気通信役務提供者」とは、特定電気通信設備を用いて他人の通信を媒介し、その他特定電気通信設備を他人の通信の用に供する者である（同法2条3号）。

　特定電気通信役務提供者は、インターネット上のウェブサイト等の情報通信に関与する者を広く含むと解されており、サーバ運営者や「コンテンツプロバイダ」（電子掲示板の運営者、ブログの運営者、SNSの運営者のような、コンテンツをユーザに提供する者）だけでなく、発信者とコンテンツプロバイダとの間の通信を媒介する「経由プロバイダ」もこれに該当すると解されている（最高裁平成22年4月8日判決）。

　また、役務提供者に営利目的があることは求められていないから、大学、地方公共団体および個人も特定電気通信役務提供者に該当しうる。

【3-1-6　サイト管理者に対する削除請求（送信防止措置）の概要】

　サイト管理者等のコンテンツプロバイダに対する削除請求は、プロバイダ責任制限法に基づく「送信防止措置」の求めとして行う。

　「送信防止措置」は、特定電気通信（インターネット）による情報の流通により自己の権利を侵害されたとする者から、侵害情報の送信を防止する措置を講ずるよう申出（情報の削除請求）を受けた特定電気通信役務提供者（プロバイダ等）が、侵害情報の送信を防止（削除）することである。プロバイダ責任制限法では、以下の①②の場合には、プロバイダ等は、送信防止措置により情報の発信者に生じた損害については、損害賠償責任を負わないと定められている（プロバイダ責任制限法3条2項）。

　①他人の権利が侵害されていると信じるに足りる相当の理由があったとき

　②権利を侵害されたとする者から送信防止措置の申出があったことを発信者に照会し、7日以内に反論がない場合

これにより、送信防止措置の申出（削除請求）を受けたプロバイダ等は、適切な対応をとりやすくなる。もっとも、プロバイダ責任制限法 3 条は、プロバイダ等の発信者に対する免責を定める規定であり、プロバイダ等に対して送信防止措置を講ずることを義務付ける規定ではないから、申出に対するプロバイダ等の任意の対応を待つことにならざるを得ない。

【3-1-7　削除請求（送信防止措置の申出）の手続き①】

○ 請求者

　プロバイダ責任制限法による送信防止措置を申し出ることができる者は、「特定電気通信による情報の流通により自己の権利を侵害されたとする者」である。すなわち、電子掲示板（BBS）やSNS等に書き込まれた情報によって、権利を侵害された被害者が請求者である。代理人（主に弁護士）も請求することができる。

　請求者が個人であるという限定はないから、法人も請求できる。

　従って、法人だけでなくその役職員も誹謗中傷等を受けているような場合は、法人と役職員を併せて請求者とすることができる。

○ 送信防止措置を申し出る方法

　特定電気通信による情報の流通によって自己の権利を侵害されたとする者は、①当該権利を侵害したとする情報（侵害情報）、②侵害されたとする権利及び③権利が侵害されたとする理由（侵害情報等）を示して侵害情報の送信防止措置を講ずるよう申出をする（同法3条2項2号）。

　申出の方法等については、プロバイダー責任制限法に定めはないから、それぞれの特定電気通信役務提供者が指定する方法に従って行う。

　専用のメールアドレスに送信する方法や、お問い合わせフォームで申し出る方法などを採用する業者もあるが、郵送を指定している業者が多い。郵送の場合は、一般社団法人テレコムサービス協会のプロバイダ責任制限法ガイドライン等検討協議会が策定した書式である「侵害情報の通知書兼

送信防止措置依頼書」の利用を指定されることがある。

○　被侵害権利

　侵害されたとする権利（被侵害権利）は、①名誉・プライバシー、②著作権、③商標権に大別される。

【3-1-8　送信防止措置の申出後の手続き②】

　送信防止措置の申出を受けたプロバイダ等は、次のように、送信防止措置を講ずるか否かを検討する。

(1)　送信防止措置（削除）が必要と判断すれば、自主的に送信防止措置を行う。

　　他人の権利が侵害されていると信じるに足りる相当の理由があったときは、送信防止を講じたプロバイダは、発信者に対し損害賠償責任を負わないから（同法3条2項1号）、送信防止が行われる可能性が高い。

(2)　送信防止措置の要否の判断が困難と判断すれば、侵害情報の発信者に照会し、7日以内に反論がなければ送信防止措置を行う。

　　侵害情報の発信者に対し、侵害されたとする権利及び権利が侵害されたとする理由（侵害情報等）を示して、送信防止措置に同意するかどうかを照会した場合に、発信者が照会を受けた日から7日を経過しても同意しない旨の申出がなかったときは、送信防止を講じたプロバイダは、発信者に対し損害賠償責任を負わないから（同法3条2項2号）、この場合には送信防止が行われる可能性が高い。

　　なお、匿名掲示板のようにプロバイダ等が発信者の連絡先を保有していない場合には、プロバイダ等は発信者に照会できないため、送信防止措置が行われない可能性がある。
　　また、プロバイダ責任制限法には、プロバイダ等に対して発信者への照会を義務付ける規定がないから、照会が行われず送信防止措置も行われない可能性もある。

　　ただし、特定電気通信による情報の流通により権利が侵害されたときは、プロバイダ等は、①他人の権利が侵害されていることを知っていたとき、または②侵害情報が流通していることを知っており、それにより

　　他人の権利が侵害されていることを知ることができたと認めるに足りる
　　相当の理由があるときは、被害者に対して損害賠償責任を負うとされて
　　いるから（同法3条1項）、①または②の場合には、送信防止措置が行
　　われる可能性が高いといえる。

【3-1-9　発信者情報開示請求】

○発信者情報開示請求

　　「発信者情報開示請求」は、特定電気通信による情報の流通によって自己
　の権利を侵害されたとする者（被害者）が、特定電気通信役務提供者（プ
　ロバイダ等）に対し、発信者情報の開示を請求することである（同法4条）。
　インターネット上の誹謗中傷への対応としては、情報の削除請求（送信防
　止措置の申出。前述）をする他に、情報の発信者を突き止めて、差止請求
　や損害賠償請求をすることが考えられる。そのために、プロバイダ責任制
　限法による発信者情報開示請求を行う。

○2段階の請求

　　発信者情報開示請求をする場合は、通常は次の2段階で請求する。

　　①コンテンツプロバイダに対して、侵害情報が書き込まれた経由プロバ
　　　イダの情報の開示（IPアドレスと投稿日時等）を請求する。

　　②コンテツプロバイダから経由プロバイダの情報が開示されたら、経由
　　　プロバイダを特定して、経由プロバイダに対して発信者情報の開示を
　　　求める。

【3-1-10　発信者情報開示請求により開示される発信者情報】

　　発信者情報開示請求により以下の発信者情報が開示される（同法4条1項・
　同法第4条第1項の発信者情報を定める省令）。

　①発信者その他侵害情報の送信に係る者の氏名又は名称及び住所

　②発信者の電子メールアドレス

　③侵害情報に係るIPアドレス及びポート番号

　④侵害情報に係る携帯電話端末等からのインターネット接続サービス利用
　　者識別符号等（携帯電話端末等の契約者固有ID）

⑤携帯電話端末等の SIM カード識別番号

⑥侵害情報が送信された年月日及び時刻（投稿日時，タイムスタンプ）

【3-1-11　発信者情報開示請求と訴訟提起等】

　送信防止措置の申出（同法 3 条 2 項）の場合と異なり、発信者情報開示請求は「請求」という用語を用いていることから、プロバイダ等が任意に開示しない場合には、訴訟等による権利の実現ができるものと解されている。
このため、発信者情報開示請求をする者は、発信者情報開示請求権に基づく訴訟を提起し、または、仮処分決定の申立てをすることができる。
　なお、発信者情報の開示を受ける前に発信者情報が消去されてしまうこともあるので注意を要する（プロバイダ等のログの保存期間の運用は、投稿日から 1 か月程度ということもある）。このため、経由プロバイダに発信者情報の保存を求めても任意の保存を拒否されたというような場合は、発信者情報の消去禁止の仮処分を申し立てることが多い。そして、発信者情報の保存が確認できたら、開示請求訴訟を提起して判決を得て、開示を受けることになる。

【3-1-12　発信者情報開示請求の要件等】

○要件

　被害者が発信者情報開示請求をするためには、以下の①②の要件を満たす必要がある（プロバイダ責任制限法4条1項）。

①請求をする者の権利が侵害されたことが明らかであること
　「権利が侵害された」とは、不法行為を規定する民法 709 条の「権利又は法律上保護される利益を侵害した」と同趣旨であり、名誉毀損、プライバシー侵害、著作権侵害等、保護される法益の範囲に限定はない。しかし、問題とされる情報に違法性が認められる場合であっても、およそ人の権利利益との関連がなく、不法行為が成立する可能性がないような場合には、これに含まれない（プロバイダ責任制限法解説（総務省））。

②開示請求する者の損害賠償請求権の行使のために必要である場合その他開示を受けるべき正当な理由があること

○請求の方法

　　発信者情報開示を請求する方法等については、プロバイダ責任制限法に定めはないから、任意による開示を請求する場合は、それぞれの特定電気通信役務提供者が指定する方法に従って行う。

　　一般社団法人テレコムサービス協会のプロバイダ責任制限法ガイドライン等検討協議会が策定した書式である「発信者情報開示請求書」の利用を指定されることが多い。

【3-1-13　発信者情報開示請求後の手続き①】

○意見聴取の義務

　　発信者情報開示請求を受けたプロバイダ等は、侵害情報の発信者と連絡することができない場合その他特別な事情がある場合を除き、開示するかどうかについて発信者の意見を聴かなければならない（プロバイダ責任制限法4条2項）。

○意見聴取に際しての注意

　　開示請求をした者が、氏名その他の請求者の特定に資する情報を発信者に示して欲しくない旨を希望しているような場合には、氏名等の情報を発信者に示すべきではない（プロバイダ責任制限法解説（総務省））。

【3-1-14　発信者情報開示請求後の手続き②】

○意見聴取後の処理

　　発信者情報開示請求を受けたプロバイダ等が発信者の意見聴取を行った場合は、発信者の意見を尊重して行為をしなければならないので、次の対応をする（プロバイダ責任制限法解説）。

(1)　開示に同意する旨の意見を述べた場合には、開示請求に応じる。

(2)　開示に同意せず、開示請求に対し一応の根拠を示して異議が述べられたときは、「権利が侵害されたことが明らか」とはいえないから、その意見を尊重し、請求を拒絶しなければならない。

　　　もっとも、発信者の意見が強行法規や公序良俗に反するものであるような場合は、開示請求に応じることも可能と解される。

○開示請求を拒絶した場合

　プロバイダ等が開示請求を拒絶した場合は、開示請求者は、訴訟等の法的手続きによって開示を求めていくことになる。

　なお、プロバイダ等は、開示請求に応じないことにより開示請求者に生じた損害については、故意又は重大な過失がある場合でなければ、損害賠償責任を負わないとされているので（同法4条4項）、プロバイダ等は、意見聴取に手間取って任意の開示が遅延しても免責されるから、任意の開示までには相当の時間を要する場合も考えられる。

　もっとも、開示請求を認容する判決が確定した場合は、これに従わず開示に応じない行為については、一律故意又は重過失が認められるため、免責の対象とはなり得ない（プロバイダ責任制限法解説）。このため、確定判決後の開示が遅れたために、その間に発信者が行方不明や無資力になり、発信者に対する責任追及が無意味になった場合や、開示請求者の精神的苦痛が長引いた場合などには、プロバイダ等に対する損害賠償請求が認められる場合がある。

第4節　不正会計

【4-0-1　不正会計発覚の端緒】

不正会計発覚の端緒としては、次のものが考えられる。

1　企業内部での発覚

  (1)　内部通報

　　役職員等が不適切な会計処理を発見し、経営者、監査役、コンプライアンス担当部署等に通報する場合がある。

  (2)　監査

　　監査法人や内部監査部が連結財務諸表等の監査を行う過程で、不適切な会計処理を発見する場合がある。

  (3)　取引先からの情報

　　取引先が、業務遂行や取引の過程で、不適切な会計処理を発見し、経営者等に通報して発覚する場合もある。

2　企業外部からの発覚

  (1)　報道機関へのリーク

　　不適切な会計処理を発見した者が報道機関等に告発して発覚することもある。

  (2)　証券取引所へのリーク

　　不適切な会計処理を発見した者が証券取引所に情報をリークして発覚することもある。

  (3)　証券取引等監視委員会による開示検査等（内部告発含む）

　　内部告発等により証券取引等監視委員会（SESC）が不適切な会計処理を把握し、開示検査※を行う場合もある。

　　※開示検査：後述

　　証券取引等監視委員会は、投資家や市場関係者等から情報を収集するための情報提供窓口を設置しており、情報提供は、インターネットの他、電話・ファクシミリ・郵送でも受け付けている。

第1項　会社法

【4-1-1　会社法が定める会計に関する義務】

　会社の会計は、一般に公正妥当と認められる企業会計の慣行に従うものとされている（会社法431条）。

　会社は、適時に、正確な会計帳簿を作成し、保存しなければならない（同法432条）。

　また、会社は、各事業年度について、計算書類・事業報告・これらの附属明細書（「計算書類等」）を作成し、保存しなければならない（同法435条1項～4項）。

　作成された計算書類等は、監査等を経て（同法436条）、定時株主総会において株主に提供・報告し（同法437条～439条）、公告等する義務を負う（同法440条）※

　※有価証券報告書を提出している会社は、計算書類等の公告義務が適用されない（同法440条4項）。

【4-1-2　不正会計に関する会社法上の責任】

　会社が会計帳簿、貸借対照表、損益計算書、事業報告等に記載・記録すべき事項を記載・記録せず、または虚偽の記載・記録をした場合は、役員等は次の責任を負うことがある。

　①100万円以下の過料（同法976条7号）

　②任務懈怠責任（同法423条1項）

　③第三者責任（同法429条1項・2項1号ロ）

第2項　金融商品取引法

【4-2-1　開示（ディスクロージャー）制度】

　「開示（ディスクロージャー）制度」とは、有価証券の発行・流通市場において、投資者が十分に投資判断を行うことができるような資料を提供するため、金融商品取引法により、有価証券届出書、有価証券報告書等の各種開

示書類の提出を有価証券の発行者等に義務付け、これらを公衆縦覧に供することにより、有価証券の発行者の事業内容、財務内容等を正確、公平かつ迅速に開示し、もって投資者保護を図ろうとする制度である。

【4-2-2　有価証券報告書】

有価証券報告書とは、株式を発行する上場企業などが開示する企業情報をいうが、開示される情報は、企業の概況、事業の状況、財務諸表などである。企業外部の投資家に企業の状況を知ってもらい、投資判断が適切に行えることを目的としている。

以下の者は、金融商品取引法に基づき、内閣総理大臣へ有価証券報告書を提出しなければならない。

・金融商品取引所に上場された有価証券の発行者

・店頭登録されている有価証券

・募集または売出しにあたり有価証券届出書または発行登録追補書類を提出した有価証券

・所有者数が 1,000 人以上の株券または優先出資証券（ただし、資本金 5 億円未満の会社を除く。）、及び所有者数が 500 人以上のみなし有価証券（ただし、総出資金額が 1 億円未満のものを除く。）

内閣総理大臣への提出期限は、事業年度終了後の 3 か月以内である。たとえば 3 月決算の会社なら 6 月末日が提出期限となる。

【4-2-3　有価証券報告書等の虚偽記載等に関する行政上の責任】

金融商品取引法が定める有価証券報告書等に関する義務に違反した場合は、次のとおり、内閣総理大臣による処分の対象となる。

（1）訂正報告書の提出

有価証券報告書等に重要な虚偽記載や記載すべき重要な事実の不記載がある場合は、内閣総理大臣[※]から発行者に対し、訂正報告書の提出が命じられることがある（金融商品取引法24条の2第1項等・10条1項）。

※内閣総理大臣・金融庁長官から権限委任を受けた管轄財務局長が命令する。

(2) 課徴金制度

　有価証券報告書等に重要な虚偽記載や記載すべき重要な事実の不記載がある場合は、内閣総理大臣から発行者に対し、課徴金※の納付を命じる（同法172条の4）。

　課徴金制度は、証券市場の公正性・透明性を確保し、投資者の信頼が得られる市場を確立するために、金融商品取引法による規制の実効性を確保するための行政上の措置である。

　　※課徴金の金額水準
　　　・有価証券報告書の虚偽記載・重要事実不記載
　　　　600万円または時価総額の0.006％（10万分の6）のいずれか高い方（同法172条の4第1項）
　　　・四半報告書・半期報告書、臨時報告書、内部統制報告書の虚偽記載・重要事実不記載
　　　　300万円または時価総額の0.003％（有価証券報告書の場合の2分の1。同法172条の4第2項）

【4-2-4　有価証券報告書等の虚偽記載に関する刑事責任】

　金融商品取引法には、有価証券報告書等の虚偽記載に関して、次の刑事罰が定められている。

(1) 行為者の責任

①　有価証券報告書の重要な事項につき虚偽の記載のあるものを提出した者は、10年以下の懲役もしくは1,000万円以下の罰金に処し、またはこれを併科する（同法197条1項1号）。

②　四半期報告書・半期報告書、臨時報告書、内部統制報告書の重要な事項に付き虚偽の記載のあるものを提出した者は、5年以下の懲役もしくは500万円以下の罰金に処し、またはこれを併科する（同法197条の2第6号）。

(2) 発行会社の責任

①　代表者又は法人もしくは人の代理人、使用人その他の従業者が、その法人又は人の業務又は財産に関し、有価証券報告書の重要な事項につき虚偽記載のあるものを提出したとき（197条の違反行為）は、その

行為者を罰するほか、その法人に対して、7億円以下の罰金刑を科す（同法207条1項1号）。

② 代表者又は法人もしくは人の代理人、使用人その他の従業者が、その法人又は人の業務又は財産に関し、四半期報告書・半期報告書、臨時報告書、内部統制報告書の重要な事項に付き虚偽記載のあるものを提出したとき（197条の2の違反行為）は、その行為者を罰するほか、その法人に対して、5億円以下の罰金刑を科す（同法207条1項2号）。

【4-2-5　有価証券報告書等の虚偽記載等に関する民事責任】

(1) 虚偽記載等のある書類の提出者の投資家等に対する責任

　有価証券報告書、四半期報告書・半期報告書、臨時報告書、内部統制報告書等のうちに、重要な事項について虚偽の記載があり、又は記載すべき重要な事項若しくは誤解を生じさせないために必要な重要な事実の記載が欠けているとき（虚偽記載等）は、当該書類の提出者は、当該書類が公衆の縦覧に供されている間に当該書類の提出者等とする者が発行者である有価証券を募集若しくは売出しによらないで取得した者又は処分した者に対し、同法19条1項の規定の例により算出した額を超えない限度において、虚偽記載等により生じた損害を賠償する責任を負う（同法21条の2第1項）。

　但し、当該書類の提出者が、当該書類の虚偽記載等について故意又は過失がなかったことを証明したときは、免責される（同法21条の2第2項）。

　また、当該書類の虚偽記載等の事実の公表がされたときは、公表日前1年以内に当該有価証券を取得し、当該公表日において引き続き当該有価証券を所有する者は、当該公表日前1か月間の当該有価証券の市場価額（市場価額がないときは、処分推定価額）の平均額から当該公表日後1か月間の当該有価証券の市場価額の平均額を控除した額を、当該書類の虚偽記載等により生じた損害の額とすることができる（推定損害額。同法21条の2第3項）。

(2) 虚偽記載等のある書類の提出会社の役員等の賠償責任

　有価証券報告書、四半期報告書・半期報告書、臨時報告書、内部統制報告書等のうちに、重要な事項について虚偽記載等があるときは、提出

会社の役員等は、当該記載が虚偽であり、又は欠けていることを知らないで、当該有価証券届出書の届出者が発行者である有価証券を取得した者又は処分した者に対し、記載が虚偽であり、又は欠けていることにより生じた損害を賠償する責任を負う（同法24条の4・24条の4の6・24条の4の7第4項・24条の5第5項，22条1項）。

　但し、役員等が、当該書類の虚偽記載等について故意又は過失がなかったことを証明したときは、免責される（同法24条の4・24条の4の6・24条の4の7第4項・24条の5第5項，22条2項）。

【4-2-6　開示検査】

　開示（ディスクロージャー）制度の実効性を確保するため、金融商品取引法において、内閣総理大臣は、必要かつ適当であると認めるときは、有価証券届出書の届出者、発行登録書の提出者、公開買付者、大量保有報告書の提出者等に対し、報告、資料の提出を命じ、又は帳簿書類その他の物件の検査（「開示検査」）を行うことができるとされている。

　この開示検査の権限は、内閣総理大臣及び金融庁長官から証券取引等監視委員会に委任されている。

　証券取引等監視委員会は、開示検査の結果、開示書類の重要な事項についての虚偽記載等が認められた場合には、行政処分その他の措置について内閣総理大臣及び金融庁長官に勧告する（課徴金納付命令勧告や、当該開示書類の訂正報告書等が提出されない場合には、必要に応じて訂正報告書等の提出命令勧告を行う等）。

【4-2-7　有価証券報告書等の虚偽記載の対応窓口】

(1)　管轄財務局

　　有価証券報告書等の金融商品取引法に基づく開示書類の提出先は管轄財務局であるから、有価証券報告書等の虚偽記載等に関する窓口は、基本的には管轄財務局である。

　　ただし、有価証券報告書等の開示書類の提出者等に対し報告の徴取及び検査（開示検査）を行う権限や、有価証券報告書虚偽記載などの犯則事件の調査（犯則調査）を行う権限は、証券取引等監視委員会の事務と

されているため、証券取引等監視委員会が開示検査や犯則調査を行っている場合の窓口は、証券取引等監視委員会となる。

第3項　適時開示等

【4-3-1　適時開示制度】

　「適時開示制度」は、金融商品取引所（証券取引所）の規則により、重要な会社情報を上場会社から投資者に提供する制度である。

　これに対し、金融商品取引法に基づく有価証券届出書、有価証券報告書、四半期報告書などの開示制度（前述）は「法定開示制度」という。

　法定開示制度と適時開示制度によって、有価証券について投資家に適切な投資判断材料が提供され、金融商品市場の公正性と健全性に対する投資者の信頼が確保される。

　適時開示による情報提供は金融商品市場における売買に大きな影響を及ぼすから、投資者にとって、適時開示は非常に重要なものとなっている。

　報道等がなされる前に不正会計を会社が把握した場合に、最初に公表されるのは、証券取引所における適時開示になる。

【4-3-2　不正会計と証券取引所】

　有価証券報告書等の虚偽記載が判明すると、証券取引所との関係では、次の問題が生ずる（東京証券取引所の場合について述べる）。

① 上場廃止基準に該当する場合がある

　　上場会社が有価証券報告書等に虚偽記載を行った場合であって、直ちに上場を廃止しなければ市場の秩序を維持することが困難であることが明らかであると取引所が認めるときは、その上場を廃止するものとされている（東京証券取引所有価証券上場規程601条11号）。

② 改善報告書の提出を求められる場合がある

　　上場会社が会社情報の適時開示等の規定（同上場規程第4章第2節）に違反したと取引所が認めた場合において、取引所が改善の必要性が高いと認めるときは、当該上場会社に対して、その経緯及び改善措置を記載した報告書（改善報告書）の提出を求めることができ（同上場規程502

条1項)。

　また、上場会社が有価証券報告書等に虚偽記載を行った場合であって、かつ、取引所が当該上場会社の内部管理体制等について改善の必要性が高いと認めるときは、当該上場会社が発行者である上場株券等を特設注意市場銘柄に指定することができる（同上場規程501条1項）。

　改善報告書は公衆の縦覧に供され（同上場規程502条4項）、特設注意市場銘柄に指定された銘柄は特設注意市場において通常の取引銘柄と区別された売買取引が行われるから、不正会計等に関する事実が市場に周知されてしまう。

【4-3-3　インサイダー取引】

　インサイダー取引とは、規制の対象者が会社の重要事実を知りながらその情報が公表される前にその会社の株券や新株予約権証券などを売買することをいう。

1．インサイダー規制の対象者

(1)　会社の内部者

　会社の内部者とは、上場企業の役員や従業員（アルバイト、パート労働者なども含む。）などのことをいうが、これらの人たちが退職後1年以内の場合も含まれる。さらに、大株主や顧問弁護士など会社と契約を締結している人や企業も対象となり得る。

(2)　情報受領者

　情報受領者とは、会社の内部者から直接に重要事実を伝え聞いた人（第一情報受領者）をいう。情報受領者は大きく分けて2つに分類されており、重要事実を伝えられた人と、その人から資料を閲覧させてもらった者を第一次情報受領者と呼び、第一情報受領者から重要事実を伝達されたという人は第二次情報受領者と呼ばれるが、第二次情報受領者はインサイダー取引の規制対象ではない。

2．インサイダー取引の違反事項

　インサイダー取引において最も重要な違反事項は、公表されていない株価に影響を与える重要事実を知ったうえで、株式などの特定有価証券の売

買を行う点にあり、インサイダー取引で利益を得たかどうかで判断されるものではない。

3．インサイダー取引の罰則等

インサイダー取引規制に違反した者は、5年以下の懲役もしくは500万円以下の罰金に処せられ、または、これらが併科される（法197条の2第13号〜15号）。

また、法人の代表者、代理人、使用人その他の従業者が、法人の財産に関してインサイダー取引規制違反を犯した場合には、行為者の処罰とともに、法人に対しても5億円以下の罰金が科される（法207条1項2号）。

そのためマネジメントとしては、会社内部の人間によるインサイダー取引規制違反を防止するため、適切な社内対策を講ずることが重要である。

4．インサイダー取引の未然防止

インサイダー取引を未然に防止するためには、上場会社において、

- 投資判断に重大な影響を与える会社情報の適時開示に積極的に対応すること（適時適切な開示）
- 未公表の会社情報が他に漏れたり不正に利用されたりすることのないよう社内体制を整備すること（適切な情報の管理等）
- インサイダー取引規制の意義や内容について役職員等に周知徹底を図ること（規制の正しい理解）

の3つを徹底することが重要である。

役職員によるインサイダー取引は、市場における自社の株式への信頼を損ない、かつ、深刻な会社のイメージダウンにつながるため、これらは上場会社のコンプライアンス上も極めて重要な問題であることを十分に認識する必要がある。

第5節　特別背任

【5-1-1　特別背任罪】

　「特別背任罪」とは、取締役等が、自己もしくは第三者の利益を図りまたは株式会社に損害を加える目的で、その任務に背く行為をし、当該株式会社に財産上の損害を加えた場合の背任罪である（会社法960条）。

　特別背任罪は、取締役等の身分にある者※が株式会社に対して行う背任罪であり、背任罪（刑法247条）の特別規定である。

　背任罪（他人のためにその事務を処理する者が、自己もしくは第三者の利益を図りまたは本人に損害を加える目的で、その任務に背く行為をし、本人に財産上の損害を加える罪）の法定刑は5年以下の懲役または50万円以下の罰金であるのに対し、特別背任罪の法定刑は10年以下の懲役もしくは1000万円以下の罰金（または併科）である。

　※特別背任罪の行為者となりうる者は、以下の者である。
　　①発起人
　　②設立時取締役または設立時監査役
　　③取締役、会計参与、監査役または執行役
　　④民事保全法の仮処分命令により選任された取締役、監査役または執行役の職務を代行する者
　　⑤欠員を生じた場合に選任された一時取締役等
　　⑥支配人
　　⑦事業に関するある種類又は特定の事項の委任を受けた使用人
　　⑧検査役

【5-1-2　特別背任の類型】

　特別背任罪に該当する行為には、主に以下の類型がある。
　　①不正融資
　　　　回収の見込みがない会社への貸付や、法令・定款・内規等に反した不当な貸付など

②仮装契約に基づく代金・報酬等の支払い

　　仮装のコンサル契約に基づいて、コンサル業務をしていないのにもかかわらずコンサル報酬を支払うなど

③不当に高額または不当に低額での契約締結

　　代表取締役が経営する別会社に利益を得させるために、別会社の長期在庫品を高額で買い取らせるなど

【5-1-3　特別背任が発覚する端緒】

特別背任が発覚する端緒としては、主に次のものが考えられる。

1　企業内部での発覚

(1)　内部通報

　　行為者の部下などの関係者による内部通報による特別背任の発覚は多い。

(2)　日常的なチェック

　　日常業務の過程で不正な取引等に従業員等が気づいて上司に報告して発覚することも多い。

(3)　外部監査

　　監査法人が監査の際に発見することもある。

2　企業外部からの発覚

(1)　報道

　　報道機関への内部告発等により報道されて発覚するケースも多い。

【5-1-4　特別背任に関する取締役の民事責任－①利益相反取引の場合】

　特別背任に該当する行為は、自己もしくは第三者の利益を図りまたは株式会社に損害を加える目的で、その任務に背く行為であるから、行為者が取締役の場合は、「利益相反取引」に該当することがある。

○利益相反取引

　「利益相反取引」とは、①取締役が自己又は第三者のために会社とする取引（会社法356条1項2号。「直接取引」）および②会社が取締役の債務を保証することその他取締役以外の者との間において、会社と取締役との利益が相反する取引（同項3号。「間接取引」）である。

○利益相反取引の手続き

　　取締役は、利益相反取引をする場合には、取締役会等において、当該取引につき重要な事実を開示し、その承認を受けなければならず（会社法356条1項・365条1項）、取締役会設置会社においては、当該取引後、遅滞なく、当該取引についての重要な事実を取締役会に報告しなければならない（同法365条2項）。

○任務懈怠責任

　取締役は善良な管理者の注意をもって職務執行する義務（善管注意義務）を負い（会社法330条・民法644条）、また、会社のため忠実にその職務を行う義務（忠実義務）を負っている（会社法355条）。これら善管注意義務・忠実義務に違反した場合は、取締役は、会社に対し、損害を賠償する責任（任務懈怠責任）を負う（会社法423条）。

　従って、利益相反取引によって会社に損害が生じた場合は、取締役会の承認等の手続きを経ているか否かにかかわらず、利益相反取引をした取締役やその他の取締役に任務懈怠が認められれば、損害賠償責任を負う（会社法423条1項）。

　利益相反取引が取締役会の承認等の手続きを経ずに行われた場合は、利益相反取引をした取締役には任務懈怠が認められるから、当該取締役は損害賠償責任を負うことになる。

　しかも、利益相反取引によって会社に損害が生じた場合は、利益相反取引をした取締役や承認決議に賛成した取締役等は、その任務を怠ったものと推定すると定められているので（会社法423条3項）、利益相反取引によって会

社に損害が生じた場合には、利益相反取引を行った取締役や取締役会での承認決議に賛成した取締役等は、自らに落ち度がなかったことを証明できなければ、任務懈怠責任を負うことになる。

　なお、自己のために直接取引（前述①）をした取締役については、自らに落ち度がないことを証明したとしても、任務懈怠責任を免れないとされている（会社法428条）。

　また、任務懈怠責任は、総株主の同意で免除することができ（同法424条）、株主総会の特別決議で責任の一部免除ができる（同法425条）。しかし、自己のために直接取引をした取締役については、責任の一部免除はできない（同法428条）。

【5-1-5　特別背任に関する取締役の民事責任－②違法行為の場合】

　特別背任が疑われる行為が法令違反行為である場合には、行為者である取締役には善管注意義務違反が認められるから、会社に損害が生じた場合は、当該取締役は任務懈怠責任（会社法423条1項）を負う。

【5-1-6　特別背任に関する取締役の民事責任－③経営判断の原則】

　「経営判断の原則」とは、経営判断については取締役に広い裁量が認められ、結果的に会社が損害を被ったとしても、判断の過程・内容に著しく不合理な点がない限り、取締役としての善管注意義務に違反するものではなく、取締役は任務懈怠責任を負わないとするルールであり、最高裁判所も採用しているとされる。

　企業経営はリスクを伴う判断が不可避であるから、結果として会社に損害が生じた場合に善管注意義務に違反したとして取締役に損害賠償責任を負わせることにすると、取締役が萎縮してしまいかねないことから、経営判断の原則が認められている。

　特別背任が疑われる行為が利益相反行為には該当しない場合でも、会社に損害が生じ、取締役に善管注意義務違反が認められれば、取締役は任務懈怠責任（会社法423条）を負うことになる。ただし、経営判断の原則により判断されるので、取締役の任務懈怠責任は容易には認められない。

【5-1-7　特別背任に対する対応】

特別背任が疑われる場合には、事実調査を行い、不正行為の程度、企業の損害の程度および行為者の責任の程度等に応じて、次のような対応をする。

①監査役等への報告

取締役は、会社に著しい損害を及ぼすおそれのある事実があることを発見したときは、直ちに、当該事実を監査役等に報告しなければならない（会社法357条）。

②社内処分

重大な不正行為であり、企業の損害も多額、行為者の責任も重大で、特別背任罪の成立の可能性が濃厚といえるような場合は、まずは辞任を求めるが、辞任に応じない場合は解任することになる。

③民事責任の追及

企業に損害が生じた場合は、行為者や関与者に対し、損害賠償を求め、賠償に応じない場合には、任務懈怠責任等に基づく損害賠償請求の民事訴訟の提起等を検討する。

④刑事告訴

事実調査の結果、特別背任罪の成立の可能性が濃厚といえるような場合は、刑事告訴を検討する。

なお、民事責任の場合は過失（注意義務違反）でも責任が認められるが、刑事責任（特別背任罪）の場合には故意がなければならないので、より慎重な事実調査が必要である。

⑤公表

事案の重大性、事案が公になる可能性、レピュテーションリスクなどの諸事情を考慮し、場合によっては事案の公表に踏み切るべきときもある。

上場会社の場合は、「適時開示制度」（前述）により損害発生等について開示しなければならない場合もある。

第 6 節　業務上過失致死傷

第 1 項　業務上過失致死傷罪による処罰

【6-1-1　業務上過失致死傷罪（刑法 211 条）】

　刑法 211 条は、「業務上必要な注意を怠り、よって人を死傷させた者は、五年以下の懲役若しくは禁錮又は百万円以下の罰金に処する。重大な過失により人を死傷させた者も、同様とする。」と定めている。

【6-1-2　業務上過失致死傷罪における「業務上」の行為】

　業務上過失致死傷罪における「業務上」の行為とは、人が社会生活上の地位に基づき反復・継続して行う行為であり、他人の生命・身体に危害を加えるおそれのあるものでなければならないとされている。

　このような行為であれば、職業上の行為だけでなく、私的な自動車の運転のように、私生活における行為も含まれる。

【6-1-3　業務上過失致死傷罪の主体】

　業務上過失致死傷罪の主体は自然人であり、法人は業務上過失致死傷罪の主体にならない（法人は業務上過失致死傷罪で処罰できない）。

　自然人であれば、業務上過失致死傷の直接行為者（事故を起こした従業員など）だけでなく、管理・監督の責任（6-1-5）を負う従業員や役員も同罪の主体として処罰できる場合がある。

　なお、刑法は個々の行為者の特定された行為とその結果に対する個人的責任の追及を根本原理としているため、「両罰規定」（6-1-4）がない。このため、直接行為者に業務上過失致死傷罪が成立し、業務上過失致死傷罪の行為が法人雇用主の業務に関連して行われた場合であっても、当該法人を業務上過失致死傷罪で処罰することはできない。

【6-1-4　両罰規定】

　両罰規定とは、法人に所属する役員や従業員らが法人の業務に関連して違法な行為をした場合に、個人だけでなく、法人も併せて罰せられると定める規定である。

　例えば、有価証券報告書の虚偽記載罪の場合、行為者には 10 年以下の懲役もしくは1千万円以下の罰金またはその両方を科すと規定されている（金融商品取引法 197 条1項1号）。そして、同法 207 条は、法人（法人でない団体で代表者又は管理人の定めのあるものを含む）の代表者又は法人若しくは人の代理人、使用人その他の従業者が、その法人又は人の業務又は財産に関し、次の各号に掲げる規定の違反行為をしたときは、その行為者を罰するほか、その法人に対しては法が定める罰金刑を、その人に対しては直接行為者と同じ罰金刑を科すると定めている。そして、有価証券報告書の虚偽記載罪の場合の法人の罰則は、7億円以下の罰金と定められている（同法 207 条1項1号）。

　有価証券報告書の虚偽記載罪の両罰規定が適用された事例としては、債務超過なのに資産超過などと記載した事例（カネボウ事件-2005 年）や損失隠しのために純資産を水増し記載するなどした事例（オリンパス事件-2012 年）がある。

【6-1-5　管理・監督過失】

　管理・監督過失とは、大規模火災事故のような重大事故により業務上過失致死傷罪に該当する事態が生じた場合に、安全な物的・人的予防体制（危機管理体制）を構築することを怠った過失（管理過失）と、業務上過失致死傷の過失行為を行った直接行為者を指導・指揮・監督する立場にあった監督者の過失（監督過失）をいう。

　管理・監督過失が認められた事例としては、大規模火災事故において、消防法上の管理権原者である代表取締役等の経営の最高責任者や、防火管理者であった上級管理者に対して、業務上過失致死傷罪の成立を認めた裁判例がある（最決 H2.11.16・川治プリンスホテル事件，最決 H2.11.29・千日デパート事件）。

第2項　安全配慮義務

【6-2-1　民事上の責任−安全配慮義務と損害賠償責任】

　「安全配慮義務」とは、労働者がその生命、身体等の安全を確保しつつ労働することができるよう必要な配慮をする使用者の義務である。

　労働契約法5条は「使用者は、労働契約に伴い、労働者がその生命、身体等の安全を確保しつつ労働することができるよう、必要な配慮をする」と定め、使用者の安全配慮義務を明らかにしている。

　このため、従業員の死傷事故に対し、事故防止のために必要な物的・人的措置を怠った使用者は、従業員やその遺族に対し、安全配慮義務違反による損害賠償責任を負うことがある。

　安全配慮義務の内容は、「労働者の職種、労務内容、労務提供場所等安全配慮義務が問題となる当該具体的状況等によって異なる」とされている（最判S59.4.10 宿直員殺害事故事件）。

　具体的な安全配慮義務の内容として、物的施設（設備）の管理を十全に行う義務の例として、次のものが考えられる。

- ・安全装置（転落防止用ネット、手すり等）を施す。
- ・機械等の整備点検を十分に行う。
- ・防犯設備を施す。

　人的組織（設備）の管理を十全に行う義務の例として、次のものが考えられる。

- ・ある事項に関する安全教育を十分に行う。
- ・労働者の不安全行動に対する適切な注意・指導を行う。
- ・労働者の労働時間（過重労働になっていないか等）を把握する。
- ・有資格者や安全監視員を配置する。

【6-2-2　契約関係がない場合の安全配慮義務】

　裁判例では、安全配慮義務は「ある法律関係に基づいて特別な社会的接触の関係に入った当事者間において・・・信義則条上負う義務」（最判S50.2.25・陸上自衛隊八戸車両整備工場事件）とされており、雇用関係にある場合に限らず、被害者と一定の社会的接触関係にある事業者に対して安全配慮義務が

認められている。

　例えば、元請企業と下請企業の労働者との間や、派遣先企業と派遣労働者との間でも、特別な社会的接触の関係に入ったものといえる場合には、元請企業や派遣先企業は、信義則上、当該労働者に対して安全配慮義務を負い、死傷事故について損害賠償責任を問われる（最判 S55.12.18・大石塗装・鹿島建設事件、最判 H3.4.11・三菱重工業神戸造船所事件，浦和地判 H5.5.28・三広梱包事件、東京高判 H21.7.28・アテスト（ニコン熊谷製作所）事件、広島高判 H26.9.24・三菱重工業（下関造船所・じん肺）事件）。

第3項　労働安全衛生法による処罰

【6-3-1　労働安全衛生法の義務違反による処罰】

　労働安全衛生法は、事業主に対し、労働者の危険または健康障害を防止するための措置を講じる義務を課している（労働安全衛生法 20 条～25 条の2）。

　義務に違反した事業主は、6か月以下の懲役または 50 万円以下の罰金に処せられる（同法 119 条 1 号。ただし、25 条の2第 2 項違反の場合は 50 万円以下の罰金）。

（参考：労働安全衛生法が定める防止措置の対象と事業主が講ずべき措置）

事業主が講ずべき防止措置の対象となる危険や健康障害	
20 条	• 機械、器具その他の設備（以下「機械等」という。）による危険 • 爆発性の物、発火性の物、引火性の物等による危険 • 電気、熱その他のエネルギーによる危険
21 条	• 掘削、採石、荷役、伐木等の業務における作業方法から生ずる危険 • 労働者が墜落するおそれのある場所、土砂等が崩壊するおそれのある場所等にかかる危険
22 条	• 原材料、ガス、蒸気、粉じん、酸素欠乏空気、病原体等による健康障害 • 放射線、高温、低温、超音波、騒音、振動、異常気圧等による健康障害 • 計器監視、精密工作等の作業による健康障害 • 排気、排液又は残さい物による健康障害

事業主が講ずべき措置	
23条	• 労働者を就業させる建設物その他の作業場について、通路、床面、階段等の保全並びに換気、採光、照明、保温、防湿、休養、避難及び清潔に必要な措置その他労働者の健康、風紀及び生命の保持のため必要な措置
24条	• 労働者の作業行動から生ずる労働災害を防止するため必要な措置
25条	• 労働災害発生の急迫した危険があるときは、直ちに作業を中止し、労働者を作業場から退避させる等必要な措置
25条の2	[建設業等の事業の場合] • 労働者の救護に関し必要な機械等の備付け及び管理を行うこと • 労働者の救護に関し必要な事項についての訓練を行うこと • 爆発、火災等に備えて、労働者の救護に関し必要な事項を行うこと

第4項　事故の報告等

【6-4-1　事故の報告等】

　事業者は、死傷事故が発生した場合、法令の定めにより、監督官庁等に一定の報告等をしなければならない場合がある（労働安全衛生規則96条1項、消防法31条・32条、高圧ガス保安法63条、金融商品取引法24条の5第4項等）。

【労働安全衛生規則96条1項】

　事業者は、次の場合は、遅滞なく、・・・報告書を所轄労働基準監督署長に提出しなければならない。
一　事業場又はその附属建設物内で、次の事故が発生したとき
　イ　火災又は爆発の事故（次号の事故を除く。）
　ロ　遠心機械、研削といしその他高速回転体の破裂の事故
　ハ　機械集材装置、巻上げ機又は索道の鎖又は索の切断の事故
　ニ　建設物、附属建設物又は機械集材装置、煙突、高架そう等の倒壊の事故
二　令第1条第三号のボイラー（小型ボイラーを除く。）の破裂、煙道ガスの爆発又はこれらに準ずる事故が発生したとき　　（以下略）

【消防法31条・32条1項】

　消防長又は消防署長は、消火活動をなすとともに火災の原因並びに火災及び消火のために受けた損害の調査に着手しなければならない。（31条）

　消防長又は消防署長は、前条の規定により調査をするため必要があるときは、関係のある者に対して質問し、又は火災の原因である疑いがあると認められる製品を製造し若しくは輸入した者に対して必要な資料の提出を命じ若しくは報告を求めることができる。（32条1項）

【高圧ガス保安法63条】

　第一種製造者、第二種製造者、販売業者、液化石油ガス法第6条の液化石油ガス販売事業者、高圧ガスを貯蔵し、又は消費する者、容器製造業者、容器の輸入をした者その他高圧ガス又は容器を取り扱う者は、次に掲げる場合は、遅滞なく、その旨を都道府県知事又は警察官に届け出なければならない。

一　その所有し、又は占有する高圧ガスについて災害が発生したとき。

二　その所有し、又は占有する高圧ガス又は容器を喪失し、又は盗まれたとき。

【金融商品取引法24条の5第4項】

　第24条第1項（同条第5項において準用する場合を含む。）の規定による有価証券報告書を提出しなければならない会社は、その会社が発行者である有価証券の募集又は売出しが外国において行われるとき、その他公益又は投資者保護のため必要かつ適当なものとして内閣府令で定める場合に該当することとなったときは、内閣府令で定めるところにより、その内容を記載した報告書（以下「臨時報告書」という。）を、遅滞なく、内閣総理大臣に提出しなければならない。

【6-4-2　消費者安全調査委員会（消費者事故調）】

　消費者安全調査委員会は、消費者安全法に基づいて消費者庁に置かれる委員会であり、消費生活上の生命・身体に係る事故（生命身体事故等）の原因及び生命身体事故等による被害の原因を究明するための事故原因調査等を行い、再発防止と被害軽減策を講ずることを目的としている。「消費者事故調」と通称される。

　消費者事故調は、生命身体事故等の事故原因調査等を行い、被害の拡大や再発防止のために講ずるべき施策や措置について内閣総理大臣への勧告や関係行政機関への提言を行なう。

　消費者事故調による事故原因調査等の調査対象は、身近な製品や施設の使用に起因する事故や食品による健康被害など、国土交通省の運輸安全委員会で扱われる航空・鉄道・船舶事故を除くすべての分野に及ぶ。

　消費者事故調は、関係者への聞き取りや現場への立入検査などの権限を有し、所管官庁や法規制が曖昧な事案にも対応する。

　なお、「何人も、生命身体被害の発生又は拡大の防止を図るために事故等原因調査等が必要であると思料するときは、調査委員会に対し、その旨を申し出て、事故等原因調査等を行うよう求めることができる」という事故等原因調査の申出制度がある（消費者安全法 28 条）。

　なお、消費者事故調は、事故の原因を究明し、将来において同じような事故が起こらないように提言することを目的としており、個別的な被害の救済は目的としておらず、刑事告発も行わない。

第 7 節　情報漏えい

【7-1-1　情報漏えいに関連する法令等】

情報漏えいに関連する法令等には、次のものがある。

(1)　個人情報保護法

　　個人情報保護法（個人情報の保護に関する法律）では、個人情報を取り扱う事業者の遵守すべき義務等が定められており、その実効性を担保するために、罰則のほか、個人情報保護委員会による勧告等の監督権限が定められている。

(2)　マイナンバー法（番号利用法）

　　マイナンバー法（行政手続における特定の個人を識別するための番号の利用等に関する法律）は、個人情報保護法の特別法として、個人番号・特定個人情報（個人番号をその内容に含む個人情報）を取り扱う事業者の遵守すべき義務等を定めており、その実効性を担保するために、罰則のほか、個人情報保護委員会による勧告等の監督権限を定めている。

(3)　個人情報に関するガイドライン

　　個人情報保護委員会より「個人情報の保護に関する法律についてのガイドライン」（個人情報保護法ガイドライン）が公表されている。

　　個人情報保護法ガイドラインは、全ての分野に共通して適用されるガイドラインである。そこで、個別分野において、より事業者の理解を深めるために、事業所管大臣等が事例集やQ＆A、解説等を公表している場合もある。例えば、金融分野（金融庁が所管する分野）においては、個人情報保護委員会及び金融庁により「金融関連分野における個人情報保護に関するガイドライン」が、医療関連分野（医療介護分野及び医療保険分野）においては、個人情報保護委員会及び厚生労働省により「医療・介護関係事業者における個人情報の適切な取扱いのためのガイダンス」や「医療保険分野：健康保険組合等における個人情報の適切な取扱いのためのガイダンス」等が策定されている。

(4)　マイナンバーに関するガイドライン

　　個人情報保護委員会より、「特定個人情報の適正な取扱いに関するガイドライン（事業者編）」が公表されている。

【7-1-2　情報漏えい事案が発生した場合に講ずべき措置】

　個人情報保護委員会は、個人情報の漏えい及び個人番号（特定個人情報）の漏えいに関し、「個人データの漏えい等の事案が発生した場合等の対応について」および「事業者における特定個人情報の漏えい事案等が発生した場合の対応について」を策定・公表し、次の措置を講ずべきとしている。

(1)　事業者内部における報告及び被害の拡大防止

　　責任ある立場の者に直ちに報告するとともに、漏えい等事案による被害が発覚時よりも拡大しないよう必要な措置を講ずる。

(2)　事実関係の調査及び原因の究明

　　漏えい等事案の事実関係の調査及び原因の究明に必要な措置を講ずる。

(3)　影響範囲の特定

　　上記(2)で把握した事実関係による影響の範囲を特定する。

(4)　再発防止策の検討及び実施

　　上記(2)の結果を踏まえ、漏えい等事案の再発防止策の検討及び実施に必要な措置を速やかに講ずる。

(5)　影響を受ける可能性のある本人への連絡等

　　漏えい等事案の内容等に応じて、二次被害の防止、類似事案の発生防止等の観点から、事実関係等について、速やかに本人へ連絡し、又は本人が容易に知り得る状態に置く。

(6)　事実関係及び再発防止策等の公表

　　漏えい等事案の内容等に応じて、二次被害の防止、類似事案の発生防止等の観点から、事実関係及び再発防止策等について、速やかに公表する。

【7-1-3　情報漏えい事案が発生した場合の対応モデル】

　情報漏えい事案が発生した場合に講ずべき措置に即した具体的対応の例としては、次のものが考えられる。

① 事故の可能性の把握と初期対応
- 役員会等で当面の処置を決定する（システム休止等）。
- 事故対策本部（役員等社内人員で構成）を設置する。
- 外部専門家（コンサル会社，調査会社等）に調査依頼する。

② 事案の公表と対応
- 事故調査委員会（役員や外部専門家＝コンサル会社・弁護士等で構成）を設置する。
- お問い合わせ窓口を設置する。
- 警察に相談する。
- 漏えいが疑われる情報の本人に連絡・お詫びをする。
- 二次被害防止策を講ずる（名簿業者に警告・回収，掲示板等への削除要請，クレジットカード等不正利用のモニタリング依頼等）。

③ 中間報告
- 調査結果を受けて対応策の検討をする。
- 関係機関への報告を行う。
- 安全管理措置の見直し・改善をする。
- 警察等に被害届，刑事告訴をする。
- 漏洩した顧客への被害弁償の対応をする（金券交付，無償サービス提供等）。
- 社内処分（懲戒処分，役員の減給等）をする。
- 検証委員会（社外取締役，外部専門家等で構成）を設置

④ 最終報告
- クレーム，訴訟への対応も行う。

【7-1-4　情報漏えい事案が発生した場合の個人情報保護委員会への対応】

　情報漏えい事案が発生した場合、事業者は、以下の個人情報保護委員会の権限行使等に対応する必要がある。

(1)　報告および立入検査

　　　個人情報保護委員会には、個人情報保護法やマイナンバー法が定める事業者の義務に関する規定等の施行に必要な限度において、事業者に対し必要な報告・資料の提出を求める権限と職員を事業者の事務所その他必要な場所に立ち入らせ、個人情報等の取扱いに関し質問させ、もしくは帳簿書類その他の物件を検査させることができる権限が認められている（個人情報保護法143条等）。

(2)　指導及び助言

　　　個人情報保護委員会は、個人情報保護法やマイナンバー法が定める事業者の義務に関する規定等の施行に必要な限度において、事業者に対し、個人情報等の取扱いに関し必要な指導及び助言をすることができる（個人情報保護法144条等）。

(3)　勧告及び命令

　　　個人情報保護委員会は、義務規定の違反行為について、事業者に対し、一定の要件のもと、当該違反行為の中止その他違反を是正するために必要な措置をとるべき旨につき、勧告や命令を行うことができる（個人情報保護法145条等）。

【7-1-5　漏えいと従業員の社内処分】

　漏えい事故が生じた場合に、事実確認の結果、関係者の不注意や故意による漏えい行為等が確認できた場合の社内処分としては、次のものが考えられる。

(1)　人事異動等

　　　使用者は、労働契約に基づいて人事権を有し、配置、異動、人事考課、昇進、昇格、降格、解雇などの権限を有する。

　　　もっとも、権利の濫用は禁止されているため（労働契約法3条5項）、不注意や漏えい行為の内容・程度に対し過剰な人事権の行使といえる場合（解雇等）は、権利の濫用となる可能性がある。

(2)　懲戒処分

　　　「懲戒処分」とは、使用者が労働者の企業秩序違反行為に対して課す制裁罰である。ただし、あらかじめ就業規則において懲戒の種別と懲戒事由

を定めておかなければならないとされており、また、懲戒事由に該当する労働者の行為の重大さとの関係で、懲戒処分の内容が不相当に重い場合には、当該懲戒処分は懲戒権の濫用として無効となる（労働契約法15条）。

　したがって、就業規則その他の職場における服務規律等を定めた文書において、個人情報・個人番号等の情報の取扱いに関する規定を明確に定めておくべきである。

【7-1-6　懲戒処分の種別と処分例】

　事業者が就業規則で定める懲戒処分の種別は事業者ごとに異なるが、以下の懲戒処分を定める例が多い。

　① 戒告・けん責

　　最も軽い懲戒処分の類型である。

　　戒告は口頭による注意である。けん責は始末書を提出させて将来を戒める処分である。

　　けん責処分の例として、次のものがある。

　　・クレジットカード会員のカード番号，氏名，住所，電話番号，性別，生年月日等の個人情報約92万件が流出し、会員に回収業者を名乗る者から架空請求があり、被害総額は合計約400万円に及んだが、漏えい元の特定はできなかった事例で、社員5人をけん責処分とした（報道）。

　　・生命保険会社の業務委託先（中国）の従業員が、業務遂行のためのアクセス権（日常的に担当者間で使い回ししていた）を用いて、（中国から）ホストコンピューター（米国）に不正アクセスし、保険料支払いに用いるクレジットカード番号・有効期限等の顧客情報約3万2000件を持ち出したが実行者が特定できなかったという事案で、関係部門の責任者等の従業員4名をけん責処分とした（報道）。

　② 減給

　　賃金を減額する処分である。

　　減給の制裁を定める場合は、減給は、1回の額が平均賃金の1日分の半額を超えてはならず、総額が一賃金支払期における賃金の総額の10分の1以下でなければならない（労働基準法91条）。

減給に関する事例には次のものがみられる。

- ・証券会社のシステム部社員がサーバーに不正アクセスして約149万人分の顧客情報を取得して約5万人分を名簿業者3社に約33万円で売却し、流出した顧客情報が100社近い業者に転売され、未公開株購入，投資用マンション購入等の勧誘に利用された事案では、システム部社員が懲戒解雇となったほか、直属の上司ら5名に注意と減給をともなうけん責処分が行われたという例がある（報道）。
- ・通信事業者の顧客の氏名，住所，連絡先，電話番号（一部の顧客は性別，生年月日，メールアドレス）等の約40万人分の個人情報が、派遣社員の持ち出しにより漏えいした事案において、担当部長を10%減額1ヶ月とした（報道）。

③　出勤停止

出勤を停止し、その間の賃金は支給しない処分である。

ノーワーク・ノーペイの原則により、出勤停止中の賃金を支払わないのが一般である。

出勤停止10年といったあまりに長期な処分は、公序良俗（民法90条）に反し許されない。

④　降格

人事上の処分として降格がなされることもあるが、懲戒処分として降格がなされることもある。

⑤　諭旨解雇（または諭旨退職）

労働者に退職を勧告し、労働者本人の願い出により退職させる処分である。

退職金が全部または一部支払われる点で懲戒解雇より一段軽い処分であると位置付けられるのが一般である。

⑥　懲戒解雇

懲戒処分として行う解雇である。

懲戒処分の中で最も重い処分である。一般に、即時に（解雇予告無しで）、退職金を支給せずになされる旨が就業規則に定められている。

懲戒解雇や退職金不支給については、次の事例がある。

・勤務先のコンピュータ内の顧客データを競合他社に移動、消去、別データを混入させるなどしていた事実が退職後に発覚し、退職金を支払わなかったことに対して、労働者が退職金請求した事案で、当該行為は懲戒解雇事由に該当・匹敵し、かつ背信性は重大であるから退職金請求は権利濫用にあたるとして請求を棄却した裁判例がある（東京地裁H.12.12.18判決）。

・氏名、住所、電話番号、生年月日、職種等の顧客情報約62万件を不正取得し、インターネットを介して名簿業者に売却し、顧客に電話勧誘などが相次いだという事案で、情報を漏洩した従業員を懲戒解雇した（報道）。

【7-1-7　漏えいと役員の社内処分】

　情報の大量漏えい事故が生じた場合には、会社のトップや情報セキュリティ担当の役員が辞任したり報酬減額等の処分を受けることも多い。
　次のような事例がある。

・クレジットカード会員のカード番号、氏名、住所、電話番号、性別、生年月日等の個人情報約92万件が流出し、会員に回収業者を名乗る者から架空請求があり、被害総額は合計約400万円に及んだが、漏えい元の特定はできなかった事例で、関係役員5名を減俸3か月とした（報道）。

・テーマパークの顧客の氏名、住所、電話番号、生年月日、性別、有効期限、年間パスポート番号等の個人情報約12万人分が名簿業者に流出し、このうち2人が振り込め詐欺の被害に遭い、約300人に不審なダイレクトメールが届いたが、漏えい元を特定できなかったという事案で、代表取締役の月額報酬10%の減額3か月とした（報道）。

・通信事業者の顧客の氏名、住所、連絡先、電話番号（一部の顧客は性別、生年月日、メールアドレス）等の約40万人分の個人情報が、派遣社員の持ち出しにより漏えいした事案において、代表取締役（社長）は月例報酬20%返上3か月、副社長は10%返上3か月とした（報道）。

・生命保険会社の業務委託先（中国）の従業員が、業務遂行のためのアクセス権（日常的に担当者間で使い回ししていた）を用いて、（中国から）ホストコンピューター（米国）に不正アクセスし、保険料支払いに用いるク

レジットカード番号・有効期限等の顧客情報約3万2000件を持ち出したが実行者が特定できなかったという事案で、代表者が月例報酬30%返上を4か月間、個人情報保護法施行時の代表者ほか関係役員5名が月例報酬の20〜30%返上を1〜3か月間とした。

【7-1-8　漏えいに対する事業者の民事責任】

　情報漏えいに関し、事業者自身に過失があると認められる場合は、事業者は、被害者である本人に対し、プライバシー侵害等の不法行為による損害賠償責任を負う（民法709条）。

　また、従業員や情報処理等の委託先の故意・過失による情報漏えいの場合には、事業者は、民法715条による使用者責任による損害賠償責任を負う。

　情報漏えいに関しては、約450万人分の氏名，住所，電話番号，メールアドレス等の顧客データが漏えいした事案で、事業者は被害者に500円相当の金券を送付してお詫びしていたが、6,000円（慰謝料5,000円と弁護士費用1,000円）の賠償責任を認めた裁判例がある（大阪高裁H.19.6.21判決）。

【7-1-9　事業者の漏えい行為者に対する損害賠償請求】

　漏えい行為者が従業員である場合は、使用者から従業員に対し、債務不履行（民法415条）又は不法行為（民法709条）に基づく損害賠償請求が認められる場合もある（長崎地裁佐世保支部H.20.5.15判決）。この場合に、使用者側にも落ち度がある等の事情から、過失相殺（民法418条・722条）により賠償額が減額されることがある。

　また、漏えい元が業務委託先であった場合も、委託元の事業者は委託先に対して、債務不履行（民法415条）又は不法行為（民法709条）に基づく損害賠償請求が認められる場合がある。この場合も過失相殺はありうるところであり、情報管理が委託先任せであったことなどから、委託元に4割の過失を認定して過失相殺をして、6割の限度で損害賠償請求を認めた裁判例がある（山口地裁H.21.6.4判決）。

【7-1-10　漏えい行為者の民事責任】

　漏えい行為者は、漏洩した個人情報等の本人に対するプライバシー等の権

利侵害があれば、本人に対し、不法行為に基づく損害賠償責任を負う（民法709条）。

　また使用者からの債務不履行（民法415条）又は不法行為（民法709条）に基づく損害賠償請求が認められる場合もある（前述）。

【7-1-11　漏えい行為者の刑事責任】

　漏えい行為者は、漏えいの客体（財物か情報か）、対象となる情報の種類、漏えい行為の態様により、次の罪に問われる可能性がある。

漏えい行為者に成立しうる犯罪

対象	罪名	要件	刑罰	規定
財物	窃盗罪	窃取	10年以下の懲役又は50万円以下の罰金	刑法235条
	業務上横領罪	横領	10年以下の懲役	刑法253条
情報	秘密漏示罪	所定の職業に従事する(していた)者が、正当な理由がないのに、その業務上取り扱ったことについて知り得た人の秘密を漏らす	6月以下の懲役又は10万円以下の罰金	刑法134条
	不正アクセス禁止法違反	不正アクセス行為	3年以下の懲役又は100万円以下の罰金	不正アクセス禁止法11条
	営業秘密侵奪罪	営業秘密　不正取得、図利加害目的での使用・開示行為等	10年以下の懲役又は2000万円以下の罰金(併科)	不正競争防止法21条1項
	個人情報データベース等提供罪	個人情報データベース等　不正な利益を図る目的で提供・盗用	1年以下の懲役又は50万円以下の罰金	個人情報保護法173条
	特定個人情報ファイル提供罪	特定個人情報ファイル　正当な理由なく提供	4年以下の懲役又は200万円以下の罰金(併科)	番号利用法48条
	個人番号提供盗用罪	個人番号　不正な利益を図る目的で提供・盗用	3年以下の懲役又は150万円以下の罰金(併科)	番号利用法49条
	管理者の管理を害する行為による個人番号取得罪	個人番号　人を欺き、人に暴行を加え、若しくは人を脅迫する行為により、又は財物の窃取、施設への侵入、不正アクセス行為その他の個人番号を保有する者の管理を害する行為により取得	3年以下の懲役又は150万円以下の罰金	番号利用法51条

第8節　従業員・アルバイトによる犯罪行為等

【8-0-1　従業員・アルバイトによる犯罪行為のリスク】

　従業員やアルバイト等の労働者が行う犯罪行為は、例えば、以下のようなものが考えられる（カッコ内は成立する可能性のある犯罪）。

- 勤務先の財産を不正に取得する（窃盗罪、業務上横領罪、詐欺罪など）
- 勤務先が管理する顧客の財産を不正に取得する（業務上横領罪や詐欺罪など）
- 権限を濫用して勤務先に損失を与える（背任罪や特別背任罪）
- 勤務先の営業秘密を不正取得し外部に漏えいする（不正アクセス禁止法違反の罪や不正競争防止法の営業秘密侵奪罪など）
- 勤務先の顧客情報を漏えいする（不正アクセス禁止法違反の罪、不正競争防止法の営業秘密侵奪罪、個人情報保護法違反の罪など）
- 勤務先の信用を害する虚偽の噂を流したり（信用棄損罪や名誉棄損罪）、それにより勤務先がクレーム対応に追われて業務運営が阻害されるようにする（偽計業務妨害罪）
- 勤務先に嫌がらせをするなどして勤務先の業務を阻害する（威力業務妨害罪）
- 勤務先が管理しているデータを削除して業務を阻害する（電子計算機損壊等業務妨害罪）

　いわゆる「バイトテロ」（8-4-1）も、業務妨害罪などの犯罪行為に該当する場合がある。

　なお、従業員が私生活上で犯罪行為をした場合も、企業として対応しなければならない場合がある。（8-5-1）

　このような労働者の犯罪行為による企業のリスクとしては、企業が被害者として直接的な経済的損失を被ることのほか、顧客等が被害者であれば企業が使用者として損害賠償責任を追及されることが考えられる。また、企業の従業員管理の甘さが報道されるなどすることで、企業の評判・評価が低下するレピュテーションリスクも無視できない。

　従業員による犯罪行為のリスクマネジメントとしては、就業規則等の社内

規程によって厳格な処分（懲戒処分等）を明確にするとともに業務マニュアルなどを整備して不正をしにくいルール作りと管理体制の構築に努めるとともに、定期的な従業員教育による従業員の職業倫理の向上、定期的な不正のチェック、実際に不正が発覚した場合に迅速に対応するための組織体制の整備などが考えられる。企業の規模や知名度によっては、レピュテーションリスクに対応するために報道対応の準備をしておくことが望ましい。

第1項　刑法上の犯罪行為

【8-1-1　従業員による窃盗罪】

窃盗罪は刑法235条に規定されている犯罪である。

【刑法235条　窃盗】
他人の財物を窃取した者は、窃盗の罪とし、10年以下の懲役又は50万円以下の罰金に処する。

（従業員による窃盗の例）
　会社の備品や在庫、重要書類、金銭の管理者ではない従業員が、これらの物を勝手に持ち出して着服する行為は、窃盗罪が成立する可能性がある。

【8-1-2　従業員による業務上横領罪】

業務上横領罪は刑法253条に規定されている犯罪である。

【刑法253条　業務上横領】
業務上自己の占有する他人の物を横領した者は、10年以下の懲役に処する。

（従業員による業務上横領の例）
　例えば、次の行為は業務上横領罪が成立する可能性がある。
- 会社の備品や在庫を管理している従業員が、これらの物を勝手に持ち出して着服する行為
- 重要書類の管理権限を有する従業員が業務上の理由なく当該書類を持ち出す行為
- 経理担当者の従業員が、その管理する金庫内の金銭や管理している会社

の口座の金銭を着服する行為

・経費として支出するために預かっている金銭を私用に流用する行為

【8-1-3　窃盗罪と業務上横領罪の区別】

　窃盗罪は、他人の占有（管理）下にある他人の財物（物）を領得する罪であり、業務上横領罪は、自己の占有（管理）下にある他人の財物（物）を領得する罪である。

（窃盗行為と横領行為の違い）

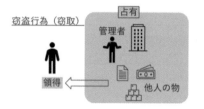

　○　労働者による次の行為は、他人の占有（管理）下にある他人の財物を領得する行為として、窃盗罪が成立する可能性がある。

・社外への持ち出しが禁止されている社内文書を、その保管権限を有していない従業員が無断で持ち出した

・会社の営業秘密に該当し、社外への漏えいが禁止されているデータについて、その管理権限を有していない従業員が、そのデータを会社のプリンターで打ち出して、データの記載されている書類を会社に無断で持ち出した。

・会社の営業秘密に該当し、社外への漏えいが禁止されているデータについて、その管理権限を有していない従業員が、そのデータを会社が管理するUSBメモリに保存して、そのUSBメモリを無断で持ち出した。

　　☞　営業秘密が記録されたUSBメモリの窃盗となる。

　○　労働者による次の行為は、自己の占有（管理）下にある他人の物を領得する行為として、業務上横領罪が成立する可能性がある。

・会社の営業秘密に該当し、社外への持ち出しが禁止されている情報が記載された文書を、その保管権限を有する従業員が、会社に無断で持ち出

した。

・経理担当者が、自ら管理している会社の現金を領得した。

☞ 営業秘密が記載された文書や経理担当者が自ら管理している現金は、保
　　　管権限を有する従業員の占有下にあるから、窃盗罪ではなく業務上横
　　　領罪となる。

【8-1-4　「情報」だけを持ち出した場合】

　機密情報を持ち出したが会社の財物は持ち出していない場合（機密情報を
暗記して持ち出す、自分で用意した USB メモリに機密情報を保存して持ち
出すなど）は、窃盗罪や業務用横領罪は成立しない。窃盗罪や業務上横領罪
は「他人の財物（物)」を領得する行為を処罰する罪として規定されており、
機密情報等のデータは「財物（物)」ではないため、データを不正に持ち出し
ても窃盗罪や業務上横領罪の犯罪構成要件に該当しないからである（従業員
の USB にデータを記録して持ち出す行為は「自分の」財物（物）を持ち出
したに過ぎないから、窃盗罪や業務上横領罪の犯罪構成要件に該当しない)。

　しかし、機密情報の持ち出しを処罰できないというわけではない。

　当該情報が不正競争防止法の「営業秘密」といえる場合は、その不正取得
や不正使用、外部への開示を営業秘密侵害罪として処罰できる場合がある
（8-3-1)。

　また、情報を不正に取得する過程で立ち入ることのできない場所に立ち
入っていれば建造物侵入罪（刑法 130 条）が成立する可能性があり、情報を
不正に取得する方法が不正アクセス行為に該当すれば、不正アクセス禁止法
違反の罪（8-3-2）が成立する可能性がある。

【8-1-5　従業員による詐欺罪】

　詐欺罪は、刑法 246 条に規定されている犯罪である。

【刑法 246 条　詐欺】
1 項　人を欺いて財物を交付させた者は、10 年以下の懲役に処する。
2 項　前項の方法により、財産上不法の利益を得、又は他人にこれを得させた者も、同項と同様とする。

（従業員による詐欺の例）
- 私的な旅行の交通費や宿泊費を出張と偽って経費申請して会社から金銭を受領する行為
- 個人の遊興費を顧客の接待費であるかのようにみせかけて経費申請して会社から金銭を受領する行為

詐欺罪には、コンピュータなど人以外を欺くことを処罰する電子計算機使用詐欺罪（刑法246条の2）もある。

【刑法246条の2　電子計算機使用詐欺】

前条に規定するもののほか、人の事務処理に使用する電子計算機に虚偽の情報若しくは不正な指令を与えて財産権の得喪若しくは変更に係る不実の電磁的記録を作り、又は財産権の得喪若しくは変更に係る虚偽の電磁的記録を人の事務処理の用に供して、財産上不法の利益を得、又は他人にこれを得させた者は、10年以下の懲役に処する。

（従業員による電子計算機使用詐欺の例）
- 銀行の従業員が不正入手した顧客の預金口座のパスワードを使用して、職場のパソコンを使って顧客の預金口座から自分の管理する口座に不正に送金した。

【8-1-6　従業員による背任罪】

背任罪は、刑法247条に規定されている犯罪である。

【刑法247条　背任】

他人のためにその事務を処理する者が、自己若しくは第三者の利益を図り又は本人に損害を加える目的で、その任務に背く行為をし、本人に財産上の損害を加えたときは、5年以下の懲役又は50万円以下の罰金に処する。

（従業員による背任の例）
- 取引額や支払の決定権限を有している従業員が、その権限を濫用して、取引先に取引額を水増しした見積りを作成させて水増しした請求金額を会社に支払わせ、水増し分をリベートとして取引先から受領する行為は、背任罪が成立する可能性がある。

【8-1-7　従業員による信用及び業務に対する罪】

(1)　信用棄損罪と業務妨害罪

信用毀損罪と業務妨害罪は、刑法 233 条に規定されている犯罪である。

【刑法 233 条　信用毀損及び業務妨害】
虚偽の風説を流布し、又は偽計を用いて、人の信用を毀損し、又はその業務を妨害した者は、3 年以下の懲役又は 50 万円以下の罰金に処する。

①　信用棄損罪

信用毀損罪における「信用」は、基本的には、支払能力や資産などの経済的な信用を意味するが、それに限定されず、商品やサービスの品質に対する信用も含まれると解されている。

また、被害者たる「人」は個人（自然人）に限らず、法人・団体も含まれるとされているので、会社や団体に対する信用棄損罪が成立しうる（業務妨害罪も同様）。

（従業員による信用棄損の例）

・「あの会社はもうすぐ倒産しそうだ」とか「うちの会社は取引先への代金を支払えない状態にある」というように、勤務先の支払能力や支払意思についての信頼を害する虚偽情報を SNS に書き込む行為は、信用毀損罪が成立する可能性がある。

・「あの店は腐りかけの食材を使って料理を提供している」と虚偽の噂を流して、勤務先の商品やサービスの品質についての信頼を害する行為も、信用毀損罪が成立する可能性がある。

なお、信用毀損罪は、「虚偽の風説」や「偽計」を用いて他者の信用を毀損する場合に成立する犯罪であるから、流布した情報が被害者の信用を傷つけるものであっても、当該情報が真実である場合には、信用毀損罪は成立しない。

ただし、流布した風説が虚偽ではないが、人の社会的評価を落とす可能性がある場合には、名誉棄損罪（刑法 230 条）が成立する可能性がある。名誉棄損罪は「その事実の有無にかかわらず」成立する犯罪だからである。

【刑法 230 条　名誉毀損】

　公然と事実を摘示し、人の名誉を毀損した者は、その事実の有無にかかわらず、3 年以下の懲役若しくは禁錮又は 50 万円以下の罰金に処する。

②　偽計業務妨害罪

　虚偽の風説を流布し、又は偽計を用いて、人の業務を妨害した場合は、いわゆる偽計業務妨害罪が成立する（刑法 233 条）。

　業務妨害罪における「業務」は、社会生活上占める一定の地位に基づいて営む活動一般を指し、業務上過失致死罪のような限定（他人の生命・身体に危害を加えるおそれのあるものでなければならない）はない。経済的活動だけでなく、宗教儀式などの宗教活動も「業務」に含まれる。

（従業員による偽計業務妨害の例）

- ・部長が大半の部員を誘って退職させ、一緒に引き連れて独立した場合は、「偽計」を用いて元勤務先の業務を妨害したとして、業務妨害罪が成立する可能性がある。
- ・SNS に企業の商品の品質を貶めるような虚偽の書き込みをして、被害企業の信用が毀損されただけでなく、被害企業がクレーム電話対応に追われるなどしてその正常な業務運営が阻害された場合は、信用棄損罪のほかに偽計業務妨害罪の両罪が成立する可能性がある（同時に両罪が成立しても法定刑は同じである）。

(2)　威力業務妨害罪

　威力業務妨害罪は、刑法 234 条に規定される犯罪である。

【刑法 234 条　威力業務妨害】

　威力を用いて人の業務を妨害した者も、前条の例による。

　威力業務妨害罪における「威力」とは、人の意思を制圧するに足りる勢力を示すことをいうとされている。暴行や脅迫を用いる場合だけでなく、社会的地位を利用したり、集団的勢力を示したりする場合も含まれる。

（従業員による威力業務妨害の例）

- ・勤務先の株主総会中に大声で怒鳴り続ける行為や、勤務先の支店長の机の中に鼠の死骸を入れて嫌がらせをする行為は、威力により被害企業の正常な業務運営が阻害されたとして、威力業務妨害罪が成立する可能性

がある。

　なお、従業員らの知らない間に職場の設備を破壊して業務を妨害したり、虚偽の出前を注文して職場に嫌がらせをする場合は、人の意思を制圧するに足りる勢力を示して業務を妨害したとはいえないから、威力業務妨害罪に該当しない。ただし、偽計業務妨害罪が成立する可能性がある。

(3)　電子計算機損壊等業務妨害罪

　電子計算機損壊等業務妨害罪は刑法234条の2が規定する犯罪である。

【刑法234条の2　電子計算機損壊等業務妨害】

1項　人の業務に使用する電子計算機若しくはその用に供する電磁的記録を損壊し、若しくは人の業務に使用する電子計算機に虚偽の情報若しくは不正な指令を与え、又はその他の方法により、電子計算機に使用目的に沿うべき動作をさせず、又は使用目的に反する動作をさせて、人の業務を妨害した者は、5年以下の懲役又は100万円以下の罰金に処する。

2項　前項の罪の未遂は、罰する。

（従業員による電子計算機損壊等業務妨害の例）

・勤務先に不満を抱くシステム管理者が、パソコンを使用して、勤務先のサーバーに記録された業務に関する契約書や顧客情報、設計図などのデータファイルを消去して取引業務を妨害する行為は、電子計算機損壊等業務妨害罪が成立する可能性がある。

第2項　会社法上の犯罪行為

【8-2-1　特別背任罪】

　会社法960条に規定されている特別背任罪は、背任罪の特別な類型の犯罪であり、株式会社の取締役、支配人などの会社から大きな権限を与えられた役員等に主体が限定されているため、一般の従業員・アルバイトには適用されない。

【会社法960条　取締役等の特別背任罪】

　次に掲げる者が、自己若しくは第三者の利益を図り又は株式会社に損害を加える目的で、その任務に背く行為をし、当該株式会社に財産上の損害を加えたとき

は、10年以下の懲役若しくは1,000万円以下の罰金に処し、又はこれを併科する。
一　（略）
二　（略）
三　取締役、会計参与、監査役又は執行役
四　（略）
五　（略）
六　支配人
七　事業に関するある種類又は特定の事項の委任を受けた使用人
八　（略）

第3項　不正競争防止法上の犯罪行為

【8-3-1　不正競争防止法の営業秘密侵害罪】

　営業秘密侵害罪は、不正競争防止法21条1項各号に規定されている犯罪である。

【不正競争防止法21条1項】

　次の各号のいずれかに該当する者は、10年以下の懲役若しくは2000万円以下の罰金に処し、又はこれを併科する。
一【不正取得罪】　不正の利益を得る目的で、又はその営業秘密保有者に損害を加える目的で、詐欺等行為（人を欺き、人に暴行を加え、又は人を脅迫する行為）又は管理侵害行為（財物の窃取、施設への侵入、不正アクセス行為（不正アクセス行為の禁止等に関する法律第2条第4項に規定する不正アクセス行為）その他の営業秘密保有者の管理を害する行為）により、営業秘密を取得した者
二【不正取得後不正使用・開示罪】　詐欺等行為又は管理侵害行為により取得した営業秘密を、不正の利益を得る目的で、又はその営業秘密保有者に損害を加える目的で、使用し、又は開示した者
三【領得罪】　営業秘密を営業秘密保有者から示された者であって、不正の利益を得る目的で、又はその営業秘密保有者に損害を加える目的で、その営業秘密の管理に係る任務に背き、次のいずれかに掲げる方法でその営業秘密を領得した者
　イ　営業秘密記録媒体等（営業秘密が記載され、又は記録された文書、図画又は記録媒体）又は営業秘密が化体された物件を横領すること。
　ロ　営業秘密記録媒体等の記載若しくは記録について、又は営業秘密が化体さ

れた物件について、その複製を作成すること。
　　ハ　営業秘密記録媒体等の記載又は記録であって、消去すべきものを消去せず、
　　かつ、当該記載又は記録を消去したように仮装すること。
四【領得後不正使用・開示罪】　営業秘密を営業秘密保有者から示された者であっ
　て、その営業秘密の管理に係る任務に背いて前号イからハまでに掲げる方法によ
　り領得した営業秘密を、不正の利益を得る目的で、又はその営業秘密保有者に損
　害を加える目的で、その営業秘密の管理に係る任務に背き、使用し、又は開示し
　た者
五【在職者不正開示罪】　営業秘密を営業秘密保有者から示されたその役員（理
　事、取締役、執行役、業務を執行する社員、監事若しくは監査役又はこれらに準
　ずる者）又は従業者であって、不正の利益を得る目的で、又はその営業秘密保有
　者に損害を加える目的で、その営業秘密の管理に係る任務に背き、その営業秘密
　を使用し、又は開示した者（前号に掲げる者を除く。）
六【退職者不正開示罪】　営業秘密を営業秘密保有者から示されたその役員又は
　従業者であった者であって、不正の利益を得る目的で、又はその営業秘密保有者
　に損害を加える目的で、その在職中に、その営業秘密の管理に係る任務に背いて
　その営業秘密の開示の申込みをし、又はその営業秘密の使用若しくは開示につい
　て請託を受けて、その営業秘密をその職を退いた後に使用し、又は開示した者（第
　四号に掲げる者を除く。）
七【二次取得者不正使用・開示罪】　不正の利益を得る目的で、又はその営業秘
　密保有者に損害を加える目的で、第二号若しくは前三号の罪又は第3項第二号の
　罪（第二号及び前三号の罪に当たる開示に係る部分に限る。）に当たる開示によっ
　て営業秘密を取得して、その営業秘密を使用し、又は開示した者
八【営業秘密侵害品譲渡等罪】　不正の利益を得る目的で、又はその営業秘密保
　有者に損害を加える目的で、第二号若しくは第四号から前号までの罪又は第3項
　第二号の罪（第二号及び第四号から前号までの罪に当たる開示に係る部分に限
　る。）に当たる開示が介在したことを知って営業秘密を取得して、その営業秘密
　を使用し、又は開示した者
九【三次取得者不正使用・開示罪】　不正の利益を得る目的で、又はその営業秘
　密保有者に損害を加える目的で、自己又は他人の第二号若しくは第四号から前号
　まで又は第3項第三号の罪に当たる行為（技術上の秘密を使用する行為に限る。
　以下「違法使用行為」という。）により生じた物を譲渡し、引き渡し、譲渡若し
　くは引渡しのために展示し、輸出し、輸入し、又は電気通信回線を通じて提供し

> た者（当該物が違法使用行為により生じた物であることの情を知らないで譲り受け、当該物を譲渡し、引き渡し、譲渡若しくは引渡しのために展示し、輸出し、輸入し、又は電気通信回線を通じて提供した者を除く。）

【8-3-2　営業秘密侵害罪の類型】

不正競争防止法が定める営業秘密侵害罪は、以下の(1)～(4)の類型に分けることができる。

なお、営業秘密侵害罪の主観的要件として、不正の利益を得る目的、または保有者に損害を加える目的を有していることが必要であり、これを「図利加害目的」という。

(1)　不正取得罪と不正取得後不正使用・開示罪

不正取得罪（不正競争防止法 21 条 1 項 1 号）は、図利加害目的で、詐欺等行為（暴行、詐欺または強迫）または管理侵害行為（窃取、施設侵入、不正アクセス行為その他の営業秘密保持者の管理を害する行為）により営業秘密を取得する行為である。

不正取得（詐欺等行為・管理侵害行為により取得）

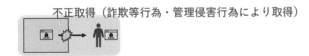

☞ 従業員が、会社のサーバーに同僚の ID・パスワードを使用して不正アクセスし、保存されていた顧客情報を USB メモリに保存して持ち出し、退職後に、自ら設立して代表者を務める会社Aの営業活動に使用した行為は、営業秘密である顧客情報を不正に持ち出した点が不正取得罪に該当する可能性がある。

不正取得後不正使用・開示罪（同項 2 号）は、詐欺等行為または管理侵害行為により取得した営業秘密を、図利加害目的で、使用し、または開示する行為である。

不正取得

☞ 従業員が、会社のサーバーに同僚の ID・パスワードを使用して不正アク

セスし、保存されていた顧客情報を USB メモリに保存して持ち出し、退職後に、自ら設立して代表者を務める会社Ａの営業活動に使用した行為は、従業員が、顧客情報をＡ社に開示した点が不正取得後不正開示罪に該当する可能性がある（従業員の行為は不正取得罪と不正取得後不正開示罪に該当する）。

☞ 製品開発に携わっていた技術者が、権限なく勤務先のデータベースから製品開発にかかる営業秘密データを USB メモリに保存して、これを持ち出して競合他社に開示する行為も、不正取得罪と不正取得後不正開示罪が成立する可能性がある。

なお、上記行為はデータを領得する行為であり、財物（物）を領得する行為ではないため、刑法上の窃盗罪や業務上横領罪では処罰できない。

(2)　領得罪と不正使用・開示罪

①　領得罪

領得罪（同法 21 条 1 項 3 号）は、保有者から営業秘密を示された者が、図利加害目的で、その営業秘密の管理にかかる任務に背いて、以下イロハのいずれかの方法で営業秘密を領得する行為である。

イ　営業秘密記録媒体等または営業秘密が化体された物件を横領する。

ロ　営業秘密記録媒体等の記載もしくは記録について、または営業秘密が化体された物件について、その複製を作成する。

ハ　営業秘密記録媒体等の記載または記録であって、消去すべきものを消去せず、かつ、当該記載または記録を消去したように仮装する。

正当に取得○

☞ 顧客情報へのアクセスや使用が許されている従業員が、会社のサーバー内に保存されていた顧客情報にアクセスして USB メモリに保存して不正に持ち出し、退職後に、自ら設立して代表者を務める会社Ａの営業活動に使用した行為は、営業秘密である顧客情報を不正に持ち出して領得した点が領得罪に該当する可能性がある。

② 領得後不正使用・開示罪

　領得後不正使用・開示罪（同法 21 条 1 項 4 号）は、領得罪に当たる行為により領得した営業秘密を、図利加害目的で、その営業秘密の管理にかかる任務に背いて、使用・開示する行為である。

　☞ 顧客情報へのアクセスや使用が許されている従業員が、会社のサーバー内に保存されていた顧客情報にアクセスして USB メモリに保存して不正に持ち出し、退職後に、自ら設立して代表者を務める会社Aの営業活動に使用した行為は、顧客情報をA社に開示した点が領得後不正開示罪に該当する可能性がある（従業員の行為は領得罪と不正開示罪に該当する）。

③ 在職者不正使用・開示罪

　在職者不正使用・開示罪（同法 21 条 1 項 5 号）は、営業秘密を保有者から示された現職の役員または従業員が、図利加害目的で、その営業秘密の管理にかかる任務に背いて、その営業秘密を使用・開示する行為である。

　なお、前述した領得後不正使用・開示罪（同法 21 条 1 項 4 号）に該当する者については、在職者不正使用・開示罪の適用対象から除かれる。

④ 退職者不正使用・開示罪

　退職者不正使用・開示罪（同法 21 条 1 項 6 号）は、営業秘密を保有者から示された役員または従業員であった者が、図利加害目的で、在職中に、その営業秘密にかかる任務に背いて、その営業秘密の開示の申込みをし、またはその営業秘密の使用もしくは開示について請託を受けて、退職後にその営業秘密を使用・開示する行為である。

　なお、在職者不正使用・開示罪と同じく、領得後不正使用・開示罪に該当する者については、退職者不正使用・開示罪の適用対象から除かれる。

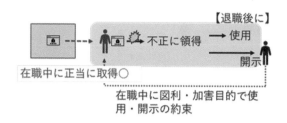

(3)　二次取得者・三次取得者の不正使用・開示罪

①　二次取得者不正使用・開示罪

二次取得者不正使用・開示罪（同法 21 条 1 項 7 号）は、以下の開示により営業秘密を取得した者が、図利加害目的で、取得した営業秘密を不正に使用・開示する行為である。

・不正取得後不正開示罪（同法 21 条 1 項 2 号）
・領得後不正開示罪（同法 21 条 1 項 4 号）
・在職者不正開示罪（同法 21 条 1 項 5 号）
・退職者不正開示罪（同法 21 条 1 項 6 号）

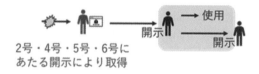

②　三次取得者不正使用・開示罪

三次取得者不正使用・開示罪（同法 21 条 1 項 8 号）は、以下の開示が介在したことを知って営業秘密を取得した者が、図利加害目的で、その営業秘密を使用・開示する行為である。

・不正取得後不正開示罪（同法 21 条 1 項 2 号）
・領得後不正開示罪（同法 21 条 1 項 4 号）
・在職者不正開示罪（同法 21 条 1 項 5 号）
・退職者不正開示罪（同法 21 条 1 項 6 号）
・二次取得者不正開示罪（同法 21 条 1 項 7 号）

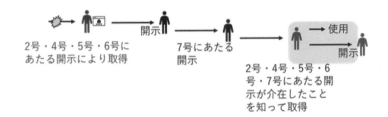

(4)　営業秘密侵害品譲渡等罪

　営業秘密侵害品譲渡等罪（同法 21 条 1 項 9 号）は、以下の使用行為のうち、技術上の秘密を使用する行為（違法使用行為）によって生産された物であることを知って取得した者が、図利加害目的で、その物を譲渡する行為、引き渡す行為、譲渡もしくは引渡しのために展示、輸出、輸入、または電気通信回線を通じて提供する行為である。

- ・不正取得後不正使用罪（同法 21 条 1 項 2 号）
- ・領得後不正使用罪（同法 21 条 1 項 4 号）
- ・在職者不正使用罪（同法 21 条 1 項 5 号）
- ・退職者不正使用罪（同法 21 条 1 項 6 号）
- ・二次取得者不正使用罪（同法 21 条 1 項 7 号）
- ・三次取得者不正使用罪（同法 21 条 1 項 8 号）

第 4 項　バイトテロ

【8-4-1　バイトテロ】

　「バイトテロ」とは、飲食店や小売店等の従業員が、勤務先の商品・材料や什器・備品を使用して悪ふざけをしている画像や動画を撮影して SNS（ソーシャル・ネットワーキング・サービス）に投稿することによって「炎上」(8-4-2) する現象である。飲食店や小売店が休業や閉店に追い込まれるなどの被害や多額の損害を招くことがあることから、「アルバイトによるテロ行為」として「バイトテロ」と呼ばれる。

　バイトテロは、発生した店舗だけでなく、本社にまで苦情が殺到したり、さらには企業グループや同業者全体に対する社会的なイメージダウンを引き

起こす場合もある。

　発生した店舗では、顧客への返金や商品の返品・交換への対応や、什器・備品の消毒といった対応を強いられる。営業が困難となった店舗が沈静化するまで休業せざるを得なくなる場合や、閉店に追い込まれてしまったケースもある。フランチャイズ店でバイトテロが発生した場合は、当該店舗のフランチャイズ契約が解除されてしまうケースも考えられる。悪質なバイトテロでは、行為者が偽計業務妨害罪で書類送検されたと報道されたケースもある。

　行為者は、解雇や退職となるだけでなく、投稿にかかわった者の氏名や所属大学などの個人情報が特定されて非難にさらされ、退学に追い込まれたり就職活動に影響が出たケースもあるとのことである。損害を被った使用者が行為者に対して損害賠償請求の訴訟を提起する事例もみられる。

【8-4-2　炎上】

　「炎上」は、SNS等に投稿された情報が短時間で不特定多数の人に「拡散」し、非難や揶揄の投稿が殺到したり、関係者の個人情報が明らかにされるなどして収拾がつかなくなる状態をいう。

　Twitterなどの SNS が社会に浸透してからは、IT リテラシーが低くネットに不慣れな者が悪ふざけで反社会的行為を SNS に投稿し、写真や動画から確認できるわずかな情報から投稿者に関する情報が特定されて炎上するケースが増加し、2013 年頃には社会問題化した。

　従業員が職場における反社会的行動を SNS に投稿したところ、勤務先が特定されて勤務先企業が非難にさらされる「バイトテロ」も、典型的な炎上事例である。

【8-4-3　バイトテロのリスクマネジメント】

　従業員の犯罪行為やバイトテロのリスクマネジメントにおいては、就業規則等の社内規程において厳格な処分を明確にするとともに、業務マニュアルなどを整備して不正をしにくいルール作りや管理体制の構築に努める必要がある。さらに、従業員の定期的な研修によって、規律や倫理観を共有することも重要である。

　特にバイトテロの場合は、行為者が学生など若年で IT リテラシーも低いことなどから軽い気持ちで重大行為をしてしまうことがあるため、炎上によ

り勤務先や自分自身が受ける多大な影響の理解を促す教育が必要である。また、従業員が守るべき SNS での振る舞いをルール化して（ソーシャルメディアポリシーや SNS ガイドラインなど）、周知することも大切である。

　なお、ソーシャルメディアへの投稿は、労働者の私生活上の行為として行われることが多く、表現の自由（憲法 21 条）の領域でもあることから、使用者が労働者によるソーシャルメディアの利用・投稿を一般的に禁止することはできないとされる（SNS への投稿が勤務時間中に行われれば、業務上の非違行為として懲戒処分等の対象とすることはできる）。そこで、ソーシャルメディアの利用・投稿は禁止しないものの、次のような条項を就業規則の服務規律に定めたり、個別に労働者から誓約書を取り付けて、労働者のソーシャルメディアリテラシーを高めるよう努めることが考えられる。

（条項の例）

・SNS の利用に際しては法令や就業規則を遵守しなければならない。
・勤務時間中に私的に SNS を利用しない。
・SNS の利用により会社の名誉・信用等を害することのないように留意する。
・SNS を利用して業務上の秘密を漏洩しない。
・SNS を利用して顧客の悪口を公開しない。
・SNS のモニタリングに同意する。

第5項　私生活上の犯罪行為

【8-5-1　従業員・アルバイトの私生活上の犯罪行為】

　従業員・アルバイトが、勤務から離れた私生活において、痴漢行為・盗撮（迷惑防止条例違反）、住居侵入、暴力事件（暴行・傷害）、飲酒運転（道交法違反）などの犯罪行為に及ぶことがある。前述したバイトテロも、SNS への投稿が勤務時間外に行われれば、私生活上の行為であるという面がある。

　労働者の私生活上の行為について、会社が、「犯罪に該当する行為」「著しく不都合な行為」「会社の名誉・信用を著しく毀損する行為」等として規制することがある（懲戒事由に定めることが多い）。

　しかし、労働者の私生活上の行為は労働者の自己決定に委ねられるべきで

あるから、就業規則や労働契約によって労働者の私生活上の行為を過度に規制することがあってはならない。他方で、労働者は、労働契約の存続中は、労働契約に付随する信義則上の義務として、使用者の名誉・信用を棄損しないなど誠実に行動することが要請されると解されている（誠実義務）。

　そこで、従業員の私生活上の行為については、企業の事業活動に直接関連するものや企業の社会的価値の毀損をもたらすものなど企業秩序に関係するものに限り、懲戒の対象となると解されている。

（懲戒処分を有効と判断した裁判例）

- ・痴漢撲滅に取り組む鉄道会社の従業員が、休日に他社の鉄道車両内で女子高生の臀部を触る痴漢行為（迷惑防止条例違反）で逮捕された件で、以前にも数回、同様の事件で逮捕されていたことがわかったことから会社が懲戒解雇した処分を有効とした（東京高判 H15.12.11・小田急電鉄事件）。
- ・貨物自動車運送事業のセールスドライバーとして勤務していた労働者の酒気帯び運転について懲戒解雇を有効とした（東京地判 H19.8.27・ヤマト運輸〔懲戒解雇〕事件）。
- ・郵便事業社で勤務する労働者の酒気帯び運転、物損事故、不申告での立ち去りにつき、懲戒解雇を有効とした（東京地判 H25.3.26・日本郵便〔酒気帯び運転・懲戒解雇〕事件）。

（懲戒処分を無効と判断した裁判例）

- ・企業外の政治活動に参加して逮捕・起訴され、罰金刑（2,000 円）を受けた労働者を懲戒解雇した事例で、懲戒解雇または諭旨解雇の事由とするにはなお不十分であるとして、懲戒解雇を無効とした（最判 S49.3.15・日本鋼管事件）。

第9節　不当表示

【9-0-1　不当表示の規制】

　食品の原産地や品質を偽る表示や、商品の品質を実際のものよりも優れたものとして宣伝する表示のように、事業者がその商品やサービスに関する表示を偽って不正に利益を得ようとする不当表示(偽装表示)が社会問題となっている。

　このような不当表示を規制する法律としては、景品表示法（景表法）、不正競争防止法がある。食品の不当表示については、特に食品表示法による規制にも服する。

第1項　景品表示法

【9-1-1　景品表示法（景表法）】

　景品表示法（「不当景品類及び不当表示防止法」）は、商品及び役務（サービス）の取引に関連する不当な景品類及び表示による顧客の誘引を防止するため、一般消費者による自主的かつ合理的な選択を阻害するおそれのある行為の制限及び禁止について定めることにより、一般消費者の利益を保護することを目的とする法律である（景表法1条）。

　商品・サービスについて、実際よりも良く見せかける表示（不当表示）が行われたり、過大な景品類の提供（不当景品）が行われたりすると、それらにつられて消費者が実際には質の良くない商品・サービスを購入するなどして不利益を被るおそれがある。このような不当表示や不当景品（あわせて「不当な顧客誘引」という。）から一般消費者の利益を保護するための法律が景品表示法（景表法）である。

　景品表示法は、2009年（平成21年）の消費者庁創設に伴い、従来公正取引委員会の所管であったものが、消費者庁の所管とされている。

　景品表示法は、主に、商品・サービスの品質、内容、価格等を偽って表示を行うことを禁止する（不当表示の禁止）とともに、過大な景品類の提供を防ぐために景品類の最高額等を制限する（景品類の制限及び禁止）という「不当な顧客誘引の禁止」により、一般消費者がより良い商品・サービスを自主

的かつ合理的に選べる環境を守っている。そして、不当表示や不当景品の規制の実効性を確保するために、「事業者が講ずべき景品類の提供及び表示の管理上の措置」と業界の自主的ルールである「公正競争規約」の定めもある。

　なお、2013 年（平成 25 年）に、ホテルが提供する料理等のメニュー表示に関して、表示と異なる食材が使用されていた事実が次々と明らかとなった、いわゆる「食品表示等問題」が発生し社会問題化した。この問題を受けて、2014 年に景品表示法の大改正が行われ、以下の制度が導入された。

- ・「事業者が講ずべき景品類の提供及び表示の管理上の措置」が定められた。
- ・都道府県知事に措置命令権限等が付与され、さらに事業所管大臣等に調査権限を委任することができるようになったことによって行政の監視指導態勢の強化が図られた。
- ・課徴金制度が導入された。

（景品表示法の概要）

消費者庁ほか	不当な顧客誘引の禁止

不当表示の禁止 ・優良誤認表示の禁止 ・有利誤認表示の禁止 ・その他 誤認されるおそれがある表示の禁止	景品類の制限及び禁止 ・一般懸賞による景品類の提供制限 ・共同懸賞による景品類の提供制限 ・総付景品の提供制限

事業者	事業者が講ずべき景品類の提供及び表示の管理上の措置

・景品表示法の考え方の周知・啓発 ・法令遵守の方針等の明確化 ・表示等に関する情報の確認 ・表示等に関する情報の共有	・表示等を管理するための担当者等（表示等管理担当者）を定めること ・表示等の根拠となる情報を事後的に確認するために必要な措置を採ること ・不当な表示等が明らかになった場合における迅速かつ適切な対応

事業者・事業者団体	公正競争規約

【9-1-2　不当表示の禁止】

　品質や価格などは、消費者が商品・サービスを選ぶ重要な基準となるから、商品・サービスの品質や価格について実際よりも著しく優良又は有利と見せかける表示が行われると、消費者の適切な商品・サービスの選択が妨げられ

てしまう。このため、景品表示法では、一般消費者に商品・サービスの品質や価格について、実際のもの等より著しく優良又は有利であると誤認される表示（不当表示）を禁止している。

　景品表示法に違反する不当表示については、事業者側に故意・過失がなかったとしても、景品表示法に基づく措置命令が行われることとなる（景品表示法 7 条 1 項）。

　「不当表示」には、大きく分けて以下の 3 つの種類がある。

　① 　優良誤認表示（景表法 5 条 1 号）

　　　商品・サービスの品質、規格、その他の内容についての不当表示

　② 　有利誤認表示（景表法 5 条 2 号）

　　　商品・サービスの価格、その他の取引条件についての不当表示

　③ 　その他誤認されるおそれのある表示（景表法 5 条 3 号）

　　　一般消費者に誤認されるおそれがあるとして内閣総理大臣が指定する不当表示

【9-1-3　表示】

　不当表示における「表示」とは、顧客を誘引するための手段として、事業者が自己の供給する商品又は役務（サービス）の内容又は取引条件その他これらの取引に関する事項について行う広告その他の表示であって、内閣総理大臣が指定するものである（景表法 2 条 4 項）。

　「内閣総理大臣が指定するもの」の範囲は広範で、事業者が顧客を誘引する際に利用すると思われるものはすべて含まれるといわれる。

　（表示の例）

　・チラシ・パンフレット、カタログ

　・容器、パッケージ、ラベル

　・ダイレクトメール、ファクシミリ広告

　・ディスプレイ（陳列）、実演広告

　・新聞、雑誌、出版物、テレビ・ラジオCM

　・ポスター、看板

　・セールストーク（訪問・電話）

　・インターネット上の広告、メール

【9-1-4　優良誤認表示の禁止】

「優良誤認表示」とは、品質、規格その他の内容について、一般消費者に対し、①実際のものよりも著しく優良であると示すもの，②事実に相違して競争関係にある事業者に係るものよりも著しく優良であると示すものであって、不当に顧客を誘引し、一般消費者による自主的かつ合理的な選択を阻害するおそれがあると認められる表示（景表法 5 条 1 号）として、禁止されているものである。

優良誤認表示は、「これはとても良い品質（規格・内容）だ。」と消費者に思わせておいて、実際にはそうではない表示であるといえる。

優良誤認表示に当たるか否かは、商品の性質、一般消費者の知識水準、取引の実態、表示の方法、表示の対象となる内容などを基に、表示全体から判断される。

○　品質

「品質」とは、商品に関する成分や属性を指し、「成分」には原材料、純度、添加物などが、「属性」には性能、効果、鮮度などが含まれる。

○　規格

「規格」とは、国、公的機関、民間団体などが定めた一定の要件を満たすことで自動的に又は認証などを経て表示することができる等級などをいう。

○　その他の内容

「その他の内容」には、商品・サービスの品質や規格に間接的に影響を及ぼすものも含まれる。例えば、原産地、製造方法、受賞の有無、有効期限などをいう。

○　著しく

「著しく」とは、誇張・誇大の程度が社会一般に許容されている程度を超えていることを指す。

誇張・誇大が社会一般に許容される程度を超えるものであるか否かは、当該表示を誤認して顧客が誘引されるか否かで判断され、その誤認がなければ顧客が誘引されることが通常ないであろうと認められる程度に達する誇大表示であれば「著しく優良であると一般消費者に誤認される」表示にあたる。

（実際のものよりも著しく優良であると示す優良誤認表示の例）

- ・実際には、国産有名ブランド牛ではない国産牛肉であるにもかかわらず、あたかも「国産有名ブランド牛の肉」であるかのように表示する。
- ・実際には、10 万 km 走行した中古車であるにもかかわらず、あたかも「走行距離 3 万 km」であるかのように表示する。
- ・LED電球の明るさについて、実際には、全光束（光源が全ての方向に放出する光束の総和）が日本工業規格に定められた白熱電球 60 ワット形の全光束を大きく下回っているにもかかわらず、あたかも「白熱電球 60 ワット相当」の明るさであるかのように表示する。
- ・実際には、コピー用紙の原材料に用いられた古紙パルプの割合（古紙配合率）が 50％程度であるにもかかわらず、あたかも「古紙 100％」であるかのように表示する。
- ・宅配便の配達日数について、「翌日配達」と表示していたが、実際には一部の地域にしか翌日に届いていなかった。

（競争事業者のものよりも著しく優良であると示す優良誤認表示の例）

- ・予備校の合格実績広告において、実際には、他校と異なる方法で数値化し、適正な比較をしていないにもかかわらず、あたかも「大学合格実績Ｎｏ．１」であるかのように表示する。
- ・「この機能はこのスマートフォンだけの新機能」と表示していたが、実際には他社のスマートフォンにも同じ機能が搭載されていた。
- ・健康食品に「栄養成分が他社の２倍」と表示しているが、実際には同じ量しか入っていなかった。

【9-1-5　優良誤認表示の禁止：不実証広告規制】

　消費者庁は、優良誤認表示に当たるかどうかを判断するため必要があると認めるときは、表示の裏付けとなる合理的な根拠を示す資料の提出を事業者に求めることができ、その結果、当該資料が提出されないときは不当表示とみなされる（景表法 7 条 2 項）。これを「不実証広告規制」という。

　○　資料の提出期間

　　原則として、消費者庁長官が資料の提出を求める文書を交付した日から 15 日を経過するまでの期間に、資料を提出しなければならない。

○　「合理的な根拠」の判断基準

　　「合理的な根拠」は、以下の判断基準に照らして判断される。

(1)　提出資料が客観的に実証された内容のものであること

　　　「客観的に実証された内容のもの」とは、次のいずれかに該当するものをいう。

　　ア　試験・調査によって得られた結果であること

　　　　関連する学術界又は産業界において一般的に認められた方法又は関連分野の専門家多数が認める方法により実施された試験・調査によって得られた結果でなければならない。関連する学術界又は産業界において一般的に認められた方法又は関連分野の専門家多数が認める方法が存在しない場合は、社会通念上及び経験則上妥当と認められる方法で実施する必要がある。

　　イ　専門家、専門家団体若しくは専門機関の見解又は学術文献による実証

　　　　見解・学術文献は、専門家等が客観的に評価した見解又は学術文献で、当該専門分野で一般的に認められているものが求められる。

(2)　表示された効果、性能と提出資料によって実証された内容が適切に対応していること

　　　提出資料がそれ自体として客観的に実証された内容のものであることに加え、表示された効果、性能が提出資料によって実証された内容と適切に対応していなければならない。

（不実証広告規制により不当表示とみなされた例）

・ダイエット食品について、食事制限をすることなく痩せられるかのように表示していたが、実際には、当該表示の裏付けとなる合理的な根拠を示す資料はなかった。

・空間除菌グッズについて、あたかも、商品を使用するだけで、商品に含まれる化学物質の効果により、身の回りのウイルスを除去するなど、周辺の空間を除菌等するかのように表示をしていたが、実際には、当該表示の裏付けとなる合理的な根拠を示す資料はなかった。

・小顔矯正について、あたかも、施術を受けることで、直ちに小顔になり、かつ、それが持続するかのように表示をしていたが、実際には、当該表示の裏付けとなる合理的な根拠を示す資料はなかった。

　・家庭用医療機器について、あたかも、機器を継続して使用することで、頭痛等が緩解するだけでなく治癒するかのように、また、高血圧等の特定の疾病若しくは症状も緩解又は治癒するかのように表示をしていたが、実際には、当該表示の裏付けとなる合理的な根拠を示す資料はなかった。

【9-1-6　有利誤認表示の禁止】

　「有利誤認表示」とは、価格その他の取引条件について、一般消費者に対し、①実際のものよりも取引の相手方に著しく有利であると一般消費者に誤認されるもの、②競争事業者に係るものよりも取引の相手方に著しく有利であると一般消費者に誤認されるものであって、不当に顧客を誘引し、一般消費者による自主的かつ合理的な選択を阻害するおそれがあると認められる表示（景表法5条2号）として禁止されているものである。

　有利誤認表示は、「これはとてもお得だ。」と消費者に思わせておいて、実際にはそうではない表示であるといえる。

　〇　取引条件

　　　「取引条件」とは、数量、アフターサービス、保証期間、支払条件などである。

（実際のものよりも著しく有利であると誤認される有利誤認表示の例）

　・住宅用太陽光発電システムについて、実際には、電力会社による電力の買取価格は、電力会社に余剰電力の買取の申込みを行う時期によって異なり、また、発電電力量も、季節や天候等の条件によって変動するにもかかわらず、あたかも「月々〇〇円」の売却益を毎月安定的に得られるかのように表示する。

　・歯列矯正について、実際には、別途、矯正装置の費用が必要であるにもかかわらず、あたかも、初診料や検査診断料などとして記載された「〇〇円」だけを支払えば歯列矯正のサービスを利用できるかのように表示する。

　・土産物の菓子について、内容物の保護として許容される限度を超えて過大な包装を行った。

（競争事業者のものよりも著しく有利であると誤認される有利誤認表示の例）

- ・携帯電話通信の料金について、実際には、自社に不利となる他社の割引サービスを除外した料金比較であるにもかかわらず、あたかも「自社が最も安い」かのように表示する。
- ・食品について、実際には、他社と同程度の内容量しかないにもかかわらず、あたかも「他社商品の 2 倍の内容量」であるかのように表示する。
- ・他社の売価を調査せずに「地域最安値」と表示したが、実際には近隣の店よりも割高な価格だった。

【9-1-7　有利誤認表示の禁止：二重価格表示】

　事業者が自己の販売価格に当該販売価格よりも高い他の価格（「比較対照価格」）を併記して表示することを「二重価格表示」という。

　二重価格表示は、その内容が適正な場合には、一般消費者の適正な商品選択に資する面があるが、比較対照価格の内容について適正な表示が行われていない場合には、有利誤認表示に該当するおそれがある。特に価格表示は、消費者にとって商品・サービスの選択上最も重要な情報の一つであることから、消費者庁は、価格表示に関する違反行為の未然防止と適正化を図るため、どのような価格表示が一般消費者に誤認を与え、景品表示法に違反するおそれがあるかについて「不当な価格表示についての景品表示法上の考え方」（価格表示ガイドライン）を公表し、価格表示を行う場合の考え方や、どのような表示が不当表示に該当するおそれがあるかを列挙し、価格表示を行う際の注意点を示している。

（価格表示ガイドラインが示す二重価格表示についての基本的な考え方）

- （1）　次のような二重価格表示は不当表示に該当するおそれがある。
  - ・同一ではない商品の価格を比較対照価格に用いて表示を行う場合
  - ・比較対照価格に用いる価格について実際と異なる表示やあいまいな表示を行う場合
- （2）　「当店通常価格」や「セール前価格」といった過去の販売価格を比較対照価格とする二重価格表示について
  - ・同一の商品について「最近相当期間にわたって販売されていた価

格」を比較対照価格とする場合には、不当表示に該当するおそれ
はない。
- ・同一の商品について「最近相当期間にわたって販売されていた価格」とはいえない価格を比較対照価格に用いる場合には、当該価格がいつの時点でどの程度の期間販売されていた価格であるかなどその内容を正確に表示しない限り、不当表示に該当するおそれがある。
(3)　将来の販売価格を比較対照価格とする二重価格表示
　　　表示された将来の販売価格が十分な根拠のあるものでないとき（実際の販売することのない価格であったり、ごく短期間のみ当該価格で販売するにすぎないなど）には、不当表示に該当するおそれがある。
(4)　希望小売価格を比較対照価格とする二重価格表示について
　　　製造業者等により設定されあらかじめカタログ等により公表されているとはいえない価格を希望小売価格と称して比較対照価格に用いる場合には、不当表示に該当するおそれがある。
(5)　競争事業者の販売価格を価格対照価格とする二重価格表示について
- ・消費者が同一の商品について代替的に購入し得る事業者の最近時の販売価格とはいえない価格を比較対照価格に用いる場合には、不当表示に該当するおそれがある。
- ・市価を比較対照価格とする二重価格表示については、競争関係にある相当数の事業者の実際の販売価格を正確に調査することなく表示する場合には、不当表示に該当するおそれがある。

（不当な二重価格表示の例：有利誤認表示に該当する）

- ・家電量販店において、家電製品の店頭価格について、競合店の平均価格から値引すると表示しながら、その平均価格を実際よりも高い価格に設定し、そこから値引きを行っていた。
- ・メガネ店において、フレーム＋レンズ一式で「メーカー希望価格の半額」と表示したが、実際には、メーカー希望価格は設定されていなかった。

【9-1-8　その他誤認されるおそれのある表示】

　景品表示法では、事業者は、優良誤認表示及び有利誤認表示以外にも、自己の供給する商品又はサービスの取引について、商品又はサービスの取引に関する事項について一般消費者に誤認されるおそれがあるとして内閣総理大臣が指定する不当表示を行ってはならないとされている（「その他誤認されるおそれのある表示」。景表法 5 条 3 項）。

　そして、内閣総理大臣が指定する不当表示として、以下の告示が定められている。

(1) 　無果汁の清涼飲料水等についての表示（S48.3.20 公正取引委員会告示第 4 号）

(2) 　商品の原産国に関する不当な表示（S48.10.16 公正取引委員会告示第 34 号）

(3) 　消費者信用の融資費用に関する不当な表示（S55.4.12 公正取引委員会告示第 13 号）

(4) 　不動産のおとり広告に関する表示（S55.4.12 公正取引委員会告示第 14 号）

(5) 　おとり広告に関する表示（H5.4.28 公正取引委員会告示第 17 号）

　（おとり広告の例）

　　・売り出しセールのチラシに「超特価商品 10 点限り」と表示しているにもかかわらず、実際には当該商品を表示した量より少ない量しか用意していない。

(6) 　有料老人ホームに関する不当な表示（H16.4.2 公正取引委員会告示第 3 号）

【9-1-9　景品類の制限及び禁止】

　景品表示法4条は、過大な景品類の提供を禁止するため、景品類の価格や種類、提供の方法等を制限できることなどを定めている。

【景品表示法4条　景品類の制限及び禁止】

　内閣総理大臣は、不当な顧客の誘引を防止し、一般消費者による自主的かつ合理的な選択を確保するため必要があると認めるときは、景品類の価額の最高額若しくは総額、種類若しくは提供の方法その他景品類の提供に関する事項を制限し、又は景品類の提供を禁止することができる。

○　景品類

　　「景品類」とは、顧客を誘引するための手段として、その方法が直接的であるか間接的であるかを問わず、くじの方法によるかどうかを問わず、事業者が自己の供給する商品又は役務（サービス）の取引（不動産に関する取引を含む）に付随して相手方に提供する物品、金銭その他の経済上の利益であって、内閣総理大臣が指定するものである（景表法2条3項）。

○　経済上の利益

（経済上の利益の例）

・物品及び土地、建物その他の工作物

・金銭、金券、預金証書、当せん金附証票及び公社債、株券、商品券その他の有価証券

・きょう応（映画、演劇、スポーツ、旅行その他の催物等への招待又は優待を含む。）

・便益、労務その他の役務

　　事業者が、そのための特段の出費を要しないで提供できる物品や市販されていない物品等であっても、提供を受ける者の側からみて、通常、経済的対価を支払って取得すると認められるものは、「経済上の利益」に含まれる。

　　他方で、経済的対価を支払って取得すると認められないもの（例：表彰状などのように相手方の名誉を表するもの）は、「経済上の利益」に含まれない。

　なお、正常な商慣習に照らして値引又はアフターサービスと認められ
る経済上の利益及び正常な商慣習に照らして当該取引に係る商品又は役
務（サービス）に附属すると認められる経済上の利益は、「景品類」に含
まない（S37.6.30 公正取引委員会告示第 3 号）。

○　一般懸賞・共同懸賞・総付景品の規制

　消費者が景品に惑わされて質の良くないものや割高なものを買わされ
てしまうことは、消費者にとって不利益になるものである。また、景品
による競争がエスカレートすると、事業者は商品・サービスの内容での
競争に力を入れなくなり、これが消費者の不利益につながっていくとい
う悪循環を生むおそれがある。

　そこで、景品表示法 4 条とそれに基づいて消費者庁が定めた告示に
よって、景品類の最高額、総額等を規制することで、一般消費者の利益
を保護するとともに、合理的な商品選択を妨げることを防いでいる。

　規制は、景品類の提供の方法に応じて、「一般懸賞」、「共同懸賞」及び
「総付景品」の定めがある（景品表示法 4 条及び告示）。また、事業者
が講ずべき景品類の提供及び表示の管理上の措置の定めもある（景表法
26 条）。

【9-1-10　景品類の制限及び禁止：一般懸賞における景品類の限度額】

　「一般懸賞」は、商品・サービスの利用者に対し、くじ等の偶然性、特定
行為の優劣等によって景品類を提供することである。

（一般懸賞の例）

　　・抽選券、じゃんけんによって景品類を提供する。

　　・一部の商品にのみ景品類を添付して外観上判断できないようにする。

　　・パズル・クイズの回答の正誤により景品類を提供する。

　　・競技・遊戯の優劣等で景品類を提供する。

　一般懸賞の場合は、懸賞による取引価額が 5,000 円未満か 5,000 円以上か
で分けて、景品類の額が最高額と総額の両方の次の限度内でなければならな
いとされている。

懸賞による取引価額	景品類限度額	
	最高額	総額
5,000 円未満	取引価額の 20 倍	懸賞に係る売上予定総額の 2%
5,000 円以上	10 万円	

【9-1-11　景品類の制限及び禁止：共同懸賞における景品類の限度額】

　「共同懸賞」は、商品・サービスの利用者に対し、一定の地域や業界の事業者が共同して景品類を提供することである。

　（共同懸賞の例）

- ・中元・歳末セール等の時期に、商店街（これに準ずるショッピングビル等を含む。）が実施する懸賞
- ・「電気まつり」等、一定の地域（市町村等）の同業者の相当多数が共同で実施する懸賞
- ・一定の地域（市町村等）の小売業者又はサービス業者の相当多数が共同で実施する懸賞

共同懸賞の最高額・総額は以下のとおりである。

景品類限度額	
最高額	総額
取引価額にかかわらず 30 万円	懸賞に係る売上予定総額の 3%

【9-1-12　景品類の制限及び禁止：総付景品における景品類の限度額】

　「総付景品（そうづけけいひん）」は、懸賞によらず、商品・サービスを利用したり、来店したりした一般消費者に、もれなく景品類を提供することである。

　（総付景品の例）

- ・商品・サービスの購入者全員に景品類を提供する。
- ・来店者全員に景品類を提供する。

・申込み又は入店の先着順に景品類を提供する。

ただし、以下のものについては、正常な商慣習に照らし適当と認められるものであれば、総付景品規制の適用が除外される。

（規制が適用されないものの例）

・商品の販売・使用及びサービスの提供に必要な物品

・見本及び宣伝用の物品

・自店・自他共通で使用できる割引券、開店披露や創業記念などで提供される記念品

総付景品の最高額・総額は以下のとおりである。

取引価額	景品類の最高額
1,000 円未満	200 円
1,000 円以上	取引価額の 10 分の 2

【9-1-13　景品類の制限及び禁止：コンプガチャの全面禁止】

オンラインゲームにおいて、ゲーム利用者に対し、有料ガチャ（「ガチャ」とは、オンラインゲームの中で、偶然性を利用して、ゲームの利用者に対してアイテム等を供給する仕組みのことを指す）によって絵柄の付いたアイテム等を販売し、異なる絵柄の特定の組合せを揃えた利用者に対し、特別なアイテム等を提供するものを「コンプガチャ」と呼ぶ。

コンプガチャは、いわゆる「カード合わせの方法」（※）を用いた懸賞による景品類の提供として、一般懸賞や共同懸賞の方法で提供できる景品類の最高額や総額を定めた「懸賞による景品類の提供に関する事項の制限」（昭和52 年 3 月 1 日公正取引委員会告示第 3 号）において、全面的に禁止されている。

※カード合わせ

「カード合わせの方法」とは、「二以上の種類の文字、絵、符号等を表示した符票のうち、異なる種類の符票の特定の組合せを提示させる方法」である（同告示）。

【9-1-14　事業者が講ずべき景品類の提供及び表示の管理上の措置】

　2013 年（平成 25 年）に、ホテルが提供する料理等のメニュー表示に関して、表示と異なる食材が使用されていた事実が次々と明らかとなった、いわゆる「食品表示等問題」が社会問題化した。この問題を受けて、2014 年に景品表示法の大改正が行われ、「事業者が講ずべき景品類の提供及び表示の管理上の措置」が定められた。

　不当表示等を未然に防止するため、事業者は、景品表示法に違反することがないよう、景品類の提供の措置及び表示に関する事項を適正に管理するために必要な措置を講じなければならない（景表法 26 条 1 項）。

【景品表示法 26 条 1 項　事業者が講ずべき措置】

　事業者は、自己の供給する商品又は役務の取引について、景品類の提供又は表示により不当に顧客を誘引し、一般消費者による自主的かつ合理的な選択を阻害することのないよう、景品類の価額の最高額、総額その他の景品類の提供に関する事項及び商品又は役務の品質、規格その他の内容に係る表示に関する事項を適正に管理するために必要な体制の整備その他の必要な措置を講じなければならない。

○　指針

　　消費者庁は、事業者が講ずべき景品類の提供及び表示の管理上の措置に関して、その適切かつ有効な実施を図るために指針を定めている（「事業者が講ずべき景品類の提供及び表示の管理上の措置についての指針」（H26.11.14 内閣府告示第 276 号）。

　　指針には、事業者が講ずべき措置の事項の基本的な考え方のほか、7 つの事項に沿った具体的事例などが示されている。

（7 つの事項）

①　景品表示法の考え方の周知・啓発

　　景品表示法の考え方について、表示等に関係している役員や従業員にその職務に応じた周知・啓発を行う。

②　法令遵守の方針等の明確化

　　景品表示法を含む法令遵守の方針や法令遵守のためにとるべき手順等を明確化する。

③　表示等に関する情報の確認

　　景品類を提供しようとする場合、違法とならない景品類の価額の最高額等を、とりわけ、商品又はサービスの長所や要点を一般消費者に訴求するためにその内容等について積極的に表示を行う場合には、当該表示の根拠となる情報を確認する。

④　表示等に関する情報の共有

　　③で確認した情報を、当該表示等に関係する各組織部門が必要に応じて共有し確認できるようにする。

⑤　表示等を管理するための担当者等（表示等管理担当者）を定めること

　　表示等に関する事項を適正に管理するため、表示等を管理する担当者又は担当部門をあらかじめ定める。

⑥　表示等の根拠となる情報を事後的に確認するために必要な措置をとること

　　③で確認した表示等に関する情報を、表示等の対象となる商品又はサービスが一般消費者に供給され得ると合理的に考えられる期間、事後的に確認するために、例えば、資料の保管等必要な措置をとる。

⑦不当な表示等が明らかになった場合における迅速かつ適切な対応

　　特定の商品又はサービスに景品表示法違反又はそのおそれがある事案が発生した場合、事実関係の迅速かつ正確な確認、迅速かつ適正な一般消費者の誤認排除、再発防止に向けた措置を行う。

○　消費者庁による指導・助言・勧告

　　消費者庁は、事業者が講ずべき措置に関して、その適切かつ有効な実施を図るため必要があると認めるときは、当該事業者に対し、その措置について必要な指導及び助言をすることができる（景表法 27 条）。

　　事業者が正当な理由がなくて講ずべき措置を講じていないと認めるときは、消費者庁は、当該事業者に対し、景品類の提供又は表示の管理上必要な措置を講ずべき旨の勧告をすることができる（景表法 28 条 1 項）。さらに、当該事業者が勧告に従わない場合には、その旨を公表することができる（景表法 28 条 2 項）。

【9-1-15　公正競争規約】

　「公正競争規約」は、景品表示法の規定により、事業者又は事業者団体が、消費者庁長官及び公正取引委員会の認定を受けて、表示又は景品類に関する事項について自主的に設定する業界のルールである。

　事業者が公正競争規約を遵守することで、表示等の自主的な改善が促されるほか、コンプライアンスがより一層図られる。したがって、公正競争規約には、一般消費者が適正な商品選択を行うことができるようになるという側面だけでなく、業界全体に対する信頼の向上や公正な競争の確保にもつながるという側面もあり、一般消費者と事業者双方にとって有益なものであるといえる。

　また、公正競争規約は、消費者庁長官及び公正取引委員会によって認定されたものであるため、通常はこれを遵守していれば景品表示法に違反することはない。

　公正競争規約には、表示に関する「表示規約」と景品に関する「景品規約」があり、業界の特徴を反映して設定されており、特に、表示規約は多様な事項を定めている。

　（食品に関する表示規約が定める事項）
　　・必要表示事項
　　　商品の名称、原材料名、内容量、賞味期限、保存方法、原産国名、製造業者名等を容器・包装に表示すること。
　　・特定事項の表示基準の例
　　　牛乳の表示規約の場合は、成分の特徴を表す「特濃」、「濃厚」の用語を用いる場合の基準を定めている。

　　　不動産の表示規約では、駅からの距離を徒歩〇分と記載する場合の基準を定めている。
　○　公正マークと会員証
　　公正マークや会員証は、安心して商品を購入できる目印である。
　　「公正マーク」は、公正競争規約に従い適正な表示をしていると認められる商品に表示されるマークである。

（公正マークの例）

（飲用牛乳）　　　（ハム・ソーセージ類）

　「会員証」とは、公正競争規約に参加している会員の店頭に表示されるマークである。

（会員証の例）

（食肉）　　　　　（不動産）

【9-1-16　措置命令】

　景品表示法に違反する行為が行われている疑いがある場合、消費者庁は、関連資料の収集、事業者への事情聴取などの調査を実施する。消費者庁は、調査の結果、違反行為が認められると、事業者に弁明の機会を付与した上で、違反行為の差止めなど必要に応じた「措置命令」を行う（景表法7条1項）。

　（措置命令の内容の例）

- ・違反したことを一般消費者に周知徹底すること
- ・再発防止策を講ずること
- ・その違反行為を将来繰り返さないこと

　なお、消費者庁は、措置命令に関し、優良誤認表示（景表法5条1号）に当たるかどうかを判断するため必要があると認めるときは、表示の裏付けとなる合理的な根拠を示す資料の提出を事業者に求めることができ、その結果、

当該資料が提出されないときは不当表示とみなされる（景表法 7 条 2 項）。これを「不実証広告規制」という（前述した）。

【9-1-17　課徴金制度】

　消費者庁は、違反行為の中でも、「課徴金対象行為」をした事業者に対しては、事業者に弁明の機会を付与した上で、金銭的な不利益を課す「課徴金納付命令」を行う（景表法 8 条 1 項）。

　課徴金対象行為は、商品・サービスの取引について、優良誤認表示（景表法 5 条 1 号）又は有利誤認表示（景表法 5 条 2 号）をする行為である。

　なお、消費者庁は、追徴金納付命令に関し、優良誤認表示（景表法 5 条 1 号）に当たるかどうかを判断するため必要があると認めるときは、表示の裏付けとなる合理的な根拠を示す資料の提出を事業者に求めることができ、その結果、当該資料が提出されないときは不当表示と推定される（景表法 8 条 3 項）。措置命令における「不実証広告規制」同じ要件の不実証広告規制であるが、追徴金命令の場合は「みなす」ではなく「推定する」にとどまる。

　○　課徴金額の算定方法

　　　課徴金対象行為に係る商品・サービスの「売上額」に 3%を乗じた金額が課徴金額となる（景表法 8 条 1 項本文）。

　　　ただし、当該事業者が表示の根拠となる情報を確認するなど、正常な商慣習に照らし必要とされる注意をしていたため「相当の注意を怠った者でない」と認められるときや、課徴金額が 150 万円未満（＝事業者が課徴金対象行為をした商品・サービスの「売上額」が 5000 万円未満）であるときは、事業者は課徴金の納付を命じられない（景表法 8 条 1 項但書）。

　○　報告による課徴金額の減額

　　　課徴金対象行為に該当する事実を自主的に消費者庁長官に報告した事業者について、所定の要件を満たす場合には、課徴金額の 2 分の 1 が減額される（景表法 9 条）。

　○　返金措置の実施による課徴金額の減額等

　　　事業者が、返金措置の実施に関する計画を作成し、消費者庁長官の認定を受ける等、所定の手続に従って消費者に対して返金措置（課徴金の

対象となる期間に事業者が課徴金対象行為をした商品・サービスの取引
をしたことが特定される一般消費者からの申出があった場合に、申出を
した一般消費者の購入額に 3%を乗じた額以上の機先を交付すること）
を行った場合には、消費者庁は、返金相当額を課徴金額から減額するか、
返金相当額が課徴金額以上の場合にはその納付を命じない。

第 2 項　食品表示法

【9-2-1　食品表示法】

　食品表示法は、食品を摂取する際の安全性及び一般消費者の自主的かつ合
理的な食品選択の機会を確保するため、食品衛生法（衛生）、JAS 法（品質）
及び健康増進法（保健）に分散して定められていた食品の表示に関する規定
を統合して、食品の表示に関する包括的かつ一元的な制度を創設するために
2013 年（平成 25 年）に公布された法律である。
　具体的な表示ルールは、食品表示法に基づいて「食品表示基準」（平成 27
年内閣府令第 10 号）が策定されており、食品関連事業者等に対しては、食
品表示基準の遵守が義務付けられている（食品表示法 5 条）。

> 【食品表示法 5 条　食品表示基準の遵守】
>
> 　食品関連事業者等は、食品表示基準に従った表示がされていない食品の販売を
> してはならない。

【9-2-2　食品】

　「食品」とは、すべての飲食物から、医薬品、医療部外品および再生医療
等製品を除いたものであり、添加物を含むものである（食品表示法 2 条 1 項）。
　配合飼料は飲食物ではないから、「食品」ではない。

【9-2-3　食品関連事業者】

　「食品関連事業者」とは、食品の製造、加工（調整及び選別を含む。）もし
くは輸入を業とする者（当該食品の販売をしない者を除く。）又は食品の販売
を業とする者である（食品表示法 2 条 3 項 1 号）。

【9-2-4　食品関連事業者等】

　「食品関連事業者等」とは、食品関連事業者のほか、食品の販売をする者である（食品表示法 2 条 3 項）。

　「食品の販売をする者」（食品関連事業者以外の販売者）は、反復継続性がなく、販売を業としない者をいう。

　（食品関連事業者以外の販売者の例）

- ・小学校のバザーで袋詰めのクッキーを販売する保護者
- ・町内会の祭りで瓶詰めの手作りジャムを販売する町内会の役員

【9-2-5　食品表示基準】

　食品表示基準（平成 27 年内閣府令第 10 号）は、食品表示法に基づいて策定された食品の表示に関する具体的な表示ルールである。

　食品表示基準には、消費者等に販売される全ての食品に食品表示が義務付けられており、加工食品、生鮮食品及び添加物に分類して、食品関連事業者及び食品関連事業者以外の食品の販売をする者が遵守すべき表示の基準が定められている。

　（生鮮食品の表示概要）

- ・農産物の表示事項

　　「名称」、「原産地」等

- ・畜産物の表示事項

　　「名称」、「原産地」等

- ・水産物の表示事項

　　「名称」、「原産地」等

- ・玄米及び精米の表示事項

　　「名称」、「原料玄米」、「内容量」、「調製時期、精米時期又は輸入時期」、「食品関連事業者の氏名又は名称、住所及び電話番号」

- ・加工食品の表示事項

　　「名称」、「保存の方法」、「消費期限又は賞味期限」、「原材料名」、「添加物」、「原料原産地名」、「内容量又は固形量及び内容総量」、「栄養成分の量及び熱量」、「食品関連事業者の氏名又は名称及び住所」、「製造所又は加工

所の所在地及び製造者又は加工者の氏名又は名称」等

（特定保健用食品の表示概要）

・表示事項

　「特定保健用食品である旨」、「許可等を受けた表示の内容」、「一日当たりの摂取目安量」等

（機能性表示食品の表示概要）

・表示事項

　「機能性表示食品である旨」、「科学的根拠を基にした機能性について、消費者庁長官に届け出た内容」、「届出番号」、「一日当たりの摂取目安量当たりの機能性関与成分の含有量」、「機能性及び安全性について国による評価を受けたものではない旨」、「疾病の診断、治療、予防を目的としたものではない旨」等

○　飲食店は原則として適用対象外

　食品表示基準は、食品の容器包装の表示に関する規制であり、基本的には、調理した料理を包装せずにそのまま提供する飲食店は対象外とされている。

　もっとも、飲食店が調理した料理のテイクアウトやデリバリー、作り置きした料理を容器包装に入れて販売する場合は、食品表示基準の対象となる。

【9-2-6　アレルギー表示】

　食物アレルギーを持つ者が増えており、食物アレルギーは場合によっては重篤な症状を呈し、命も落とすこともあることから、アレルギー表示は、消費期限とともに最も重要な表示の一つとされている。

　食品表示基準では、重篤なアレルギーになりやすい特定原材料（アレルゲン）として、乳、そば、たまご、エビ、カニ、落花生、小麦の7品目を指定し、容器包装への表示義務を課している（3条2項（別表第14））。

　これに違反した食品を販売した事業者に対しては、罰則を科すことができる（18条、22条1項2号）。

【9-2-7　当局による調査等】

　内閣総理大臣、農林水産大臣、財務大臣等は、表示の適正を確保するため必要があると認めるときは、立入検査、報告徴収、物件提出、収去を行うことができる（食品表示法8条）。

【9-2-8　食品表示基準違反に対する措置】

　食品表示基準に違反した場合は、行政による措置命令（第6条）や公表（第7条）、罰則などの定めがある。

　（食品表示基準違反に関する定め）

- 内閣総理大臣等による指示

　　内閣総理大臣（食品全般）、農林水産大臣（酒類以外）、財務大臣（酒類）、都道府県知事等（原則として食品全般）は、食品関連事業者に対して、表示事項を表示し、又は遵守事項を遵守すべき旨を指示することができる（食品表示法6条1項、2項、3項及び4項）。

　　なお、指示した旨を公表しなければならない（同法7条）。

- 指示に従うべきことの命令

　　正当な理由なく上記指示に従わない場合は、内閣総理大臣又は都道府県知事が指示に従うべきことを命令することができる（同第6条5項）。なお、命令した旨を公表しなければならない（同法7条）。

　　指示に従うべきことの命令に違反した場合、行為者は、1年以下の懲役又は100万円以下の罰金（同法20条）、法人は、1億円以下の罰金（同法22条1項2号）に処せられる。

- 食品回収や業務停止の命令

　　食品関連事業者等が、アレルゲン、消費期限等、食品を摂取する際の安全性に重要な影響を及ぼす事項として内閣府令で定めるものについて食品表示基準に従った表示がされていない食品を販売し、又は販売しようとする場合において、消費者の生命又は身体に対する危害の発生又は拡大の防止を図るため緊急の必要があると認めるときは、内閣総理大臣又は都道府県知事は、食品の回収その他必要な措置命令又は業務停止命令をすることができる（同法6条8項）。

　　なお、命令した旨は公表しなければならない（同7条）。

　　食品の回収その他措置命令又は業務停止命令（法第 6 条第 8 項）に違
　反した場合には、行為者は、3 年以下の懲役もしくは 300 万円以下の
　罰金に処せられ、又はこれを併科され（同法 17 条）、法人は、3 億円
　以下の罰金（同法 22 条 1 項 1 号）に処せられる。
・食品表示基準違反の表示の食品の販売の罰則
　　アレルゲン、消費期限等、食品を摂取する際の安全性に重要な影響を
　及ぼす事項として内閣府令で定める事項について、食品表示基準に従っ
　た表示がされていない食品を販売した場合には、行為者は、2 年以下の
　懲役もしくは 200 万円以下の罰金に処せられ、又はこれを併科され（同
　法 18 条）、法人は、1 億円以下の罰金（同法 22 条 1 項 2 号）に処せら
　れる。
・原産地について虚偽の表示がされた食品の販売の罰則
　　食品表示基準において表示されるべきこととされている原産地（原材
　料の原産地を含む）について虚偽の表示がされた食品の販売をした場合
　には、行為者は、2 年以下の懲役又は 200 万円以下の罰金（同法 19 条）、
　法人は、1 億円以下の罰金（同法 22 条 1 項 2 号）に処せられる。

第 3 項　不正競争防止法

【9-3-1　不正競争防止法】

　不正競争防止法は、事業者間の公正な競争を確保することにより、国民経
済の健全な発展に寄与することを目的とした法律である（同法 1 条）。
　不正競争防止法では、事業者間の公正な競争を阻害する行為を「不正競争」
として類型化し、このような行為によって営業上の利益を侵害された者に差
止請求権、損害賠償等を認め、また不正競争行為によっては、行為者に対し
て刑事罰を科している。
　不正競争防止法は、事業者間の公正な競争を確保するための法律であり、
消費者を保護することを目的とする法律ではないが、「表示規制」も定めてお
り、その性質上、事業者を保護するとともに、消費者をも保護する側面も持っ
ている。

【9-3-2　不正競争防止法の表示規制】

　不正競争防止法は、商品の原産地、品質、内容、製造方法等や、役務（サービス）の質、内容、用途、数量等について誤認させるような表示をする行為やそのような表示をした商品を譲渡等する行為を、不正競争行為（「誤認惹起行為」）として規制している（同法2条1項20号）。

　不正競争防止法の誤認惹起行為規制は、あらゆる商品やあらゆる役務(サービス)での誤認表示や虚偽表示を対象としている。

　誤認惹起行為に該当する行為があった場合には、この行為によって営業上の利益を侵害された者は差止・損害賠償請求ができる。また違反行為に対して刑事罰が科される場合もある。

　（誤認惹起行為の例）

- 外国から輸入したメロンを、北海道の地形と夕張メロンの果肉の写真を印刷した包装箱に入れ、特に原産地を表示しないまま夕張メロンを彷彿とさせるような形で販売した（原産地を誤認させる表示）。
- 中国で製造されたバッグに「made in Paris」と表示し、フランス製であるかのようにして販売した。
- 陶器製茶碗の広告において、京都で生産された茶碗でないにもかかわらず、「清水寺」の写真やイラストを表示して、実際の原産地を明記しないで販売した。
- 店頭で売れ残ったお菓子を回収して再包装し、新たな製造年月日や新たな消費期限を偽って再表示し、改めて店頭で販売した（商品の品質を誤認させる表示）。
- 食肉加工業者が鶏や豚などを混ぜて製造したミンチ肉に「牛 100%」などと表示し、取引先に出荷した（品質を誤認させる表示）。
- 実際には「牛乳」ではなく生乳にクリーム、脱脂粉乳、水等が混入された「加工乳」であるにもかかわらず、「種類別牛乳」「成分無調整」と表示した（品質を誤認させる表示）。
- 原石はベルギー産ではなく、加工のみをベルギーで行ったダイヤモンドについて、「原石ベルギー直輸入」と表示し、しかも、市価販売価格があたかも高額であるかのように表示した上で、「全商品市価の半額」などと表示した（原産地を誤認させる表示ではないが、品質を誤認さ

せる表示）。

- 国産ぶどうで製造した発泡性ワインに、目立つように「シャンパン」と表示し、その横に小さく「タイプ」と表示して、一見してシャンパンであるかのように表示して販売した。
- 建築基準法上の耐震基準を満たしていないにも関わらず、基準を満たしているかのように偽装した設計図を用いて、耐震基準を満たさない建造物を建築して「耐震構造万全」と広告し販売した。
- カシミヤ以外の毛が含まれているマフラーに「カシミヤ100%」と表示して販売した。
- 再生紙の古紙配合率が、実際には50%であるのに「古紙100%」として販売した。
- 旅行代理店が、「格安温泉ツアー」「今だけ先着50名様に、2万円でズワイガニ食べ放題」という宣伝文句でツアー募集したが、実際にはだれでも申し込むことができ、ズワイガニ食べ放題のサービスはついていなかった。

【9-3-3　不正競争防止法違反に対する民事上の救済】

誤認惹起行為があった場合には、誤認惹起行為により営業上の利益を侵害された者又はそのおそれのある者は、その誤認惹起行為の差止、侵害予防行為等を請求することができる（不正競争防止法3条）。

故意または過失による誤認惹起行為によって営業上の利益を侵害された者は、行為者に対して、損害賠償の請求をすることができる（同法4条）。

> 【不正競争防止法3条　差止請求権】
>
> 1. 不正競争によって営業上の利益を侵害され、又は侵害されるおそれがある者は、その営業上の利益を侵害する者又は侵害するおそれがある者に対し、その侵害の停止又は予防を請求することができる。
> 2. 不正競争によって営業上の利益を侵害され、又は侵害されるおそれがある者は、前項の規定による請求をするに際し、侵害の行為を組成した物（侵害の行為により生じた物を含む。）の廃棄、侵害の行為に供した設備の除却その他の侵害の停止又は予防に必要な行為を請求することができる。

【不正競争防止法4条　損害賠償】

　故意又は過失により不正競争を行って他人の営業上の利益を侵害した者は、これによって生じた損害を賠償する責めに任ずる。

（民事裁判の例）

- 説明書に「世界のヘアピンコレクション」等と記載し、かつ、ヘアピンの箱に各国の国旗を貼り付けて、それらのヘアピンが貼り付けられた国旗の国で製造されたかのように表示したことは、商品の原産地を誤認させるものであるとされ、当該商品の販売差止が認められた（H8.9.26 大阪地判・世界のヘアピン事件）。

- 本みりんではない調味料に、「本みりん」「タイプ」「調味料」と表示し、「本みりん」が強調された表示をしていたことは、商品の品質を誤認させるものであるとされ、当該商品の販売差止と約260万円の損害賠償が認められた（H2.4.25 京都地判・本みりんタイプ事件）。

- 京都で製造加工されたものでも、原料が京都で産出されたものではない茶を、「京の柿茶」という名称で販売したことは、商品の原産地、品質を誤認させるものであるとされ、当該商品の販売差止が認められた（H6.11.30 東京地判・京の柿茶事件）。

- 販売するろうそくに、「燃焼時に発生するすすの量が 90%減少している、火を消したときに生じるにおいも 50%減少している」との表示をしたが、実験の結果、そのような効果は認められず、当該表示は商品の品質を誤認させるものとされ、約710万円の損害賠償が認められた（H17.4.28 大阪地判・ろうそく事件）。

○　営業上の利益の侵害

　「営業上の利益を侵害した」とは、たとえば、競業他社などが誤認惹起表示をすることで商品の売上を伸ばし、その結果、自己の商品の売上が減少したり、本来であれば売れたはずの商品が売れなくなったりした場合をいう。

　したがって、一般的には、誤認惹起行為によって差止請求や損害賠償請求ができるのは、競業関係などにある事業者に限定される。

　一般消費者が、誤認惹起表示によって不利益を被ったとしても、そのような不利益は営業上の利益の侵害にはあたらないと考えられているた

め、誤認惹起表示をした事業者に対して、一般消費者が、差止請求や損害賠償請求をすることはできない。

【9-3-4　不正競争防止法違反に対する処罰】

　不正の目的で誤認惹起行為を行った者及び虚偽表示により誤認惹起行為を行った者は、5 年以下の懲役又は 500 万円以下の罰金（若しくはこれらの併科）に処される（不正競争防止法 21 条 2 項 1 号、5 号）。

　誤認惹起行為が法人の業務に関して行われた場合には、その法人に対して 3 億円以下の罰金刑が科せられる（同法 22 条）。

第 10 節　セクハラ・パワハラ

第 1 項　セクシュアルハラスメント

【10-1-1　セクシュアルハラスメント（セクハラ）】

　職場における「セクシュアルハラスメント（セクハラ）」とは、職場において行われる性的な言動に対するその雇用する労働者の対応により当該労働者がその労働条件につき不利益を受け、又は当該性的な言動により当該労働者の就業環境が害されることである（男女雇用機会均等法11条1項）。

　厚生労働省の指針※では、セクハラを次の2類型に分けている。

　　① 対価型セクシュアルハラスメント

　　　　職場において行われる労働者の意に反する性的な言動に対する労働者の対応により、当該労働者が解雇、降格、減給等の不利益を受けること

　　② 環境型セクシュアルハラスメント

　　　　職場において行われる労働者の意に反する性的な言動により労働者の就業環境が不快なものとなったため、能力の発揮に重大な悪影響が生じる等当該労働者が就業する上で看過できない程度の支障が生じること

　　※厚生労働省の指針：「事業主が職場における性的な言動に起因する問題に関して雇用管理上講ずべき措置についての指針」（セクハラ指針　☞391ページ掲載）

【10-1-2　セクハラが企業にもたらす損失】

　企業がセクハラ対策に取り組まなければならない直接の理由は、男女雇用機会均等法11条（後述）であるが、セクハラが企業にとって次のような問題を引き起こすことを忘れてはならない。

　(1) 職場環境の悪化

　　　　セクハラに甘い職場は、職場環境が悪化していき、労働者が円滑で快適な人間関係を築くことができなくなる。

(2) モチベーションの低下

　　セクハラにより、職場環境が悪化するとともに、労働者のモチベーションが低下し、作業効率の悪化やミスの増加を招き、製品の品質や顧客へのサービス等にも悪影響を及ぼすことになる。

(3) 人材流出

　　セクハラによる職場環境の悪化により、労働者の定着率が低下し、ひいては優秀な人材の流出を招くことになる。

(4) レピュテーションリスク

　　厚生労働大臣は職場における性的な言動に起因する問題に関する雇用管理上の措置を講ずる義務に違反し、是正勧告に応じない事業主についてその旨を、公表することができる（男女雇用機会均等法30条）。また、セクハラの事実がマスコミにより報道されたり、SNS等インターネットにより情報拡散することもありうる。これにより、企業の評判・評価（レピュテーション，イメージ）が低下することになる。

(5) 法的責任追及

　　セクシュアルハラスメントが不法行為となる場合は、加害者である上司や同僚だけでなく、使用者も法的責任を問われることがある（後述）。

【10-1-3　セクシュアルハラスメントの要件－①職場】

　男女雇用機会均等法が規定するセクシュアルハラスメントは、「職場において行われる」性的な言動によるものである。

　「職場」は、事業主が雇用する労働者が業務を遂行する場所を指す。

　労働者が通常就業している場所以外の場所であっても、取引先の事務所や顧客の自宅、出張先等、労働者が業務を遂行する場所であれば「職場」に含まれる（セクハラ指針）。

　　［「職場」に該当する場合の例］

　　・取引先の事務所

　　・取引先と打合せをするための飲食店

　　・顧客の自宅等であるが、当該労働者が業務を遂行する場所

　なお、勤務時間外の「宴会」などであっても、実質上職務の延長と考えられるものは「職場」に該当するが、その判断に当たっては、職務との関連性、参加者の範囲、参加が強制的か任意かといったことを考慮して個別に行う必要がある。

【10-1-4　セクシュアルハラスメントの要件－②性的な言動】

　男女雇用機会均等法が規定するセクシュアルハラスメントは、職場において行われる「性的な言動」によるものである。
　「性的な言動」とは、性的な内容の発言及び性的な行動を指す。

○性的な内容の発言
　「性的な内容の発言」には、性的な事実関係を尋ねること、性的な内容の情報を意図的に流布すること等が含まれる（セクハラ指針）。

　［例］
　　・「スリーサイズはいくつ？」「恋人はいるの？」などと執拗に尋ねる。
　　・恋愛経験を執拗に尋ねる。
　　・性的な発言をしばしば口にする。
　　・執拗に性的な内容のメールを送信する。

○性的な行動の内容
　「性的な行動」には、性的な関係を強要すること、必要なく身体に触ること、わいせつな図画を配布すること等が含まれる（セクハラ指針）。

○被害労働者が拒否していなくても「性的な言動」に該当しうる
　職場におけるセクハラ行為については、被害者が内心でこれに著しい不快感や嫌悪感等を抱きながらも、職場の人間関係の悪化等を懸念して、加害者に対する抗議や抵抗ないし会社に対する被害の申告を差し控えたり躊躇したりすることが少なくない。
　従って、被害者が拒否の姿勢を明確にしていなくても、セクハラに該当しうるし、そのことを行為者に有利な事情として斟酌するべきではない（最高裁H.27.2.26判決）。

【10-1-5　セクシュアルハラスメントの要件－③労働者】

　男女雇用機会均等法が規定するセクシュアルハラスメントの対象である「労働者」は、事業主が雇用する労働者のすべてをいい、いわゆる非正規労働者も含む（セクハラ指針）。

　派遣労働者については、派遣元事業主のみならず、労働者派遣の役務の提供を受ける者（派遣先事業主）も、その指揮命令の下に労働させる派遣労働者を雇用する事業主とみなされるため（労働者派遣法47条の2）、自ら雇用する労働者と同様に、セクシュアルハラスメントに関し事業主が雇用管理上講ずべき措置を講ずる必要がある。

　なお、セクハラの対象となる「労働者」は女性に限らないから、女性だけでなく男性も対象となり、同性に対するものも含まれる。従って、例えば、宴会で男性に裸踊りをさせることもセクハラとなりうる。

【10-1-6　セクシュアルハラスメントの要件－④就業環境が害される】

　「就業環境を害される」の判断に当たっては、労働者の主観を重視しつつも、一定の客観性が必要であり、「平均的な女性労働者の感じ方」又は「平均的な男性労働者の感じ方」を基準とすることが適当であるとされている。

［例］

・意に反する身体的接触によって強い精神的苦痛を被る場合には、1回でも就業環境を害するといえるのが一般である。

・上記以外は、継続性または繰り返しを要することが多いが、「明確に抗議しているにもかかわらず放置された状態」または「心身に重大な影響を受けていることが明らかな場合」には、就業環境が害されていると判断し得る。

【10-1-7　対価型セクシュアルハラスメントの例】

　「対価型セクシュアルハラスメント」は、職場において行われる労働者の意に反する性的な言動に対する労働者の対応により、当該労働者が解雇、降格、減給等の不利益を受けることである。

　　対価型セクシュアルハラスメントの状況は多様であるが、典型的な例として、次のものがあげられる（セクハラ指針）。

　①　事務所内において事業主が労働者に対して性的な関係を要求したが、拒否されたため、当該労働者を解雇すること

　②　出張中の車中において上司が労働者の腰、胸等に触ったが、抵抗されたため、当該労働者について不利益な配置転換をすること

　③　営業所内において事業主が日頃から労働者に係る性的な事柄について公然と発言していたが、抗議されたため、当該労働者を降格すること

【10-1-8　環境型セクシュアルハラスメントの例】

　　環境型セクシュアルハラスメントは、職場において行われる労働者の意に反する性的な言動により労働者の就業環境が不快なものとなったため、能力の発揮に重大な悪影響が生じる等当該労働者が就業する上で看過できない程度の支障が生じることである。

　　環境型セクシュアルハラスメントの状況も多様であるが、典型的な例として、次のものがあげられる（セクハラ指針）。

　①　事務所内において上司が労働者の腰、胸等に度々触ったため、当該労働者が苦痛に感じてその就業意欲が低下していること

　②　同僚が取引先において労働者に係る性的な内容の情報を意図的かつ継続的に流布したため、当該労働者が苦痛に感じて仕事が手につかないこと

　③　労働者が抗議をしているにもかかわらず、事務所内にヌードポスターを掲示しているため、当該労働者が苦痛に感じて業務に専念できないこと

【10-1-9　セクシュアルハラスメントに関連する法制度（男女雇用機会均等法）】

　　男女雇用機会均等法には、セクハラに関し、次の制度の定めがある。

　①　職場における性的な言動に起因する問題に関する雇用管理上の措置（11条）

　事業主は、職場において行われる性的な言動に対するその雇用する労働者の対応により当該労働者がその労働条件につき不利益を受け、又は当該性的な言動により当該労働者の就業環境が害されることのないよう、当該労働者からの相談に応じ、適切に対応するために必要な体制の整備その他の雇用管理上必要な措置を講じなければならない（11条）。

②　苦情の自主的解決（15条）

　事業主は、「性別を理由とする差別」「婚姻、妊娠、出産等を理由とする不利益取扱い」「妊娠中及び出産後の健康管理」（労働者の募集及び採用に係るものを除く。）に関し、労働者から苦情の申出を受けたときは、事業主を代表する者及び当該事業場の労働者を代表する者を構成員とする当該事業場の労働者の苦情を処理するための「苦情処理機関」に対し当該苦情の処理をゆだねる等その自主的な解決を図るように努めなければならない（15条）。

③　紛争解決の援助（17条）

　「性別を理由とする差別」「婚姻、妊娠、出産等を理由とする不利益取扱い」「職場における性的な言動に起因する問題」「職場における妊娠、出産等に関する言動に起因する問題」「妊娠中及び出産後の健康管理」を起因とする労働者と事業主間の紛争に関し、当該紛争の当事者の双方又は一方は、都道府県労働局長に対し、その解決につき援助を求めることができる（17条1項）。都道府県労働局長は、援助の求めがあったときは、当事者双方の意見を聴取し、問題解決に必要な具体策の提示（助言・指導・勧告）をし、紛争の解決を図る。

　なお、事業主は、労働者が17条1項の援助を求めたことを理由として、当該労働者に対して解雇その他不利益な取扱いをしてはならない（17条2項）。

　紛争解決の援助は、簡単な手続きで、迅速に、行政機関の援助により紛争解決を図る制度であるといえる。

④　調停会議による調停（18条）

　「性別を理由とする差別」「婚姻、妊娠、出産等を理由とする不利益取扱い」「職場における性的な言動に起因する問題」「職場における妊娠、出産等に関する言動に起因する問題」「妊娠中及び出産後の健康管理」についての労働者と事業主との間の紛争（労働者の募集及び採用につい

ての紛争を除く）に関し、当該紛争の当事者（「関係当事者」）は、都道府県労働局に調停の申請ができる（18条1項）。

　事業主は、労働者が18条1項の調停申請をしたことを理由として、当該労働者に対して解雇その他不利益な取扱いをしてはならない（18条2項）。

　調停は、弁護士や大学教授、家庭裁判所家事調停委員、社会保険労務士等の労働問題の専門家3人で構成される調停委員が行い、機会均等調停会議（非公開）を開催して、関係当事者からの意見聴取等を行い、調停案の作成や調停案の受諾勧告等をし、紛争の解決を図る。

　調停会議による調停は、公平、中立性の高い第三者機関の援助により、紛争解決を図る制度であるといえる。

【10-1-10　事業主がセクハラに関し雇用管理上講ずべき措置の内容】

　男女雇用機会均等法11条により事業主が職場における性的な言動に起因する問題に関し雇用管理上講ずべき措置として、事業主が、セクシュアルハラスメントを防止するため、雇用管理上講じなければならない措置については、セクハラ指針により、次のように定められている。

セクハラ指針が定める雇用管理上講じなければならない措置

⑴ 事業主の方針等の明確化及びその周知・啓発

　事業主は、職場におけるセクシュアルハラスメントに関する方針の明確化、労働者に対するその方針の周知・啓発として、次の措置を講じなければならない。

　なお、周知・啓発をするに当たっては、職場におけるセクシュアルハラスメントの防止の効果を高めるため、その発生の原因や背景について労働者の理解を深めることが重要である。その際、セクシュアルハラスメントの発生の原因や背景には、性別役割分担意識に基づく言動もあると考えられ、こうした言動をなくしていくことがセクシュアルハラスメントの防止の効果を高める上で重要であることに留意することが必要である。

イ　職場におけるセクシュアルハラスメントの内容・セクシュアルハラスメントを行ってはならない旨の方針を明確化し、管理監督者を含む労働者に周知・啓発すること。	（事業主の方針を明確化し、労働者に周知・啓発していると認められる例） ①就業規則その他の職場における服務規律等を定めた文書において、職場におけるセクシュアルハラスメントがあってはならない旨の方針を規定し、当該規定と併せて、職場におけるセクシュアルハラスメントの内容及び性別役割分担意識に基づく言動がセクシュアルハラスメントの発生の原因や背景となり得ることを、労働者に周知・啓発すること。 ②社内報、パンフレット、社内ホームページ等広報又は啓発のための資料等に職場におけるセクシュアルハラスメントの内容及び性別役割分担意識に基づく言動がセクシュアルハラスメントの発生の原因や背景となり得ること並びに職場におけるセクシュアルハラスメントを行ってはならない旨の方針を記載し、配布等すること。 ③職場におけるセクシュアルハラスメントの内容及び性別役割分担意識に基づく言動がセクシュアルハラスメントの発生の原因や背景となり得ること並びに職場におけるセクシュアルハラスメントを行ってはならない旨の方針を労働者に対して周知・啓発するための研修、講習等を実施すること。
ロ　職場におけるセクシュアルハラスメントに係る性的な言動を行った者については、厳正に対処する旨の方針及び対処の内容を就業規則その他の職場における服務規律等を定めた文書に規定し、管理監督者を含む労働者に周知・啓発すること。	（対処方針を定め、労働者に周知・啓発していると認められる例） ①就業規則その他の職場における服務規律等を定めた文書において、職場におけるセクシュアルハラスメントに係る性的な言動を行った者に対する懲戒規定を定め、その内容を労働者に周知・啓発すること。 ②職場におけるセクシュアルハラスメントに係る性的な言動を行った者は、現行の就業規則その他の職場における服務規律等を定めた文書にお

	いて定められている懲戒規定の適用の対象となる旨を明確化し、これを労働者に周知・啓発すること。
(2) 相談（苦情を含む。以下同じ。）に応じ、適切に対応するために必要な体制の整備 　　事業主は、労働者からの相談に対し、その内容や状況に応じ適切かつ柔軟に対応するために必要な体制の整備として、次の措置を講じなければならない。	
イ　相談への対応のための窓口（以下「相談窓口」という。）をあらかじめ定め、労働者に周知すること。	(相談窓口をあらかじめ定めていると認められる例) ①相談に対応する担当者をあらかじめ定めること。 ②相談に対応するための制度を設けること。 ③外部の機関に相談への対応を委託すること。
ロ　イの相談窓口の担当者が、相談に対し、その内容や状況に応じ適切に対応できるようにすること。 また、相談窓口においては、被害を受けた労働者が萎縮するなどして相談を躊躇する例もあること等も踏まえ、相談者の心身の状況や当該言動が行われた際の受け止めなどその認識にも配慮しながら、職場におけるセクシュアルハラスメントが現実に生じている場合だけでなく、その発生のおそれがある場合や、職場におけるセクシュアルハラ	(相談窓口の担当者が適切に対応することができるようにしていると認められる例) ①相談窓口の担当者が相談を受けた場合、その内容や状況に応じて、相談窓口の担当者と人事部門とが連携を図ることができる仕組みとすること。 ②相談窓口の担当者が相談を受けた場合、あらかじめ作成した留意点などを記載したマニュアルに基づき対応すること。 ③相談窓口の担当者に対し、相談を受けた場合の対応についての研修を行うこと。

スメントに該当するか否か微妙な場合であっても、広く相談に対応し、適切な対応を行うようにすること。例えば、放置すれば就業環境を害するおそれがある場合や、性別役割分担意識に基づく言動が原因や背景となってセクシュアルハラスメントが生じるおそれがある場合等が考えられる。	

(3)　職場におけるセクシュアルハラスメントに係る事後の迅速かつ適切な対応

　　事業主は、職場におけるセクシュアルハラスメントに係る相談の申出があった場合において、その事案に係る事実関係の迅速かつ正確な確認及び適正な対処として、次の措置を講じなければならない。

イ　事案に係る事実関係を迅速かつ正確に確認すること。	（事案に係る事実関係を迅速かつ正確に確認していると認められる例） 　　①相談窓口の担当者、人事部門又は専門の委員会等が、相談を行った労働者（以下「相談者」という。）及び行為者の双方から事実関係を確認すること。 　　その際、相談者の心身の状況や当該言動が行われた際の受け止めなどその認識にも適切に配慮すること。 　　また、相談者と行為者との間で事実関係に関する主張に不一致があり、事実の確認が十分にできないと認められる場合には、第三者からも事実関係を聴取する等の措置を講ずること。
なお、セクシュアルハラスメントに係る性的な言動の行為者とされる者（以下「行為者」という。）が、他の事業主が雇用する労働者又は他の事業主（その者が法人である場合にあっては、その役員）である場合には、必要に応じて、他の事業主に事実関係の確認への協力を求めることも含まれる。	

189

	②事実関係を迅速かつ正確に確認しようとしたが、確認が困難な場合などにおいて、男女雇用機会均等法（以下、「法」という。）第18条に基づく調停の申請を行うことその他中立な第三者機関に紛争処理を委ねること。
ロ　イにより、職場におけるセクシュアルハラスメントが生じた事実が確認できた場合においては、速やかに被害を受けた労働者（以下「被害者」という。）に対する配慮のための措置を適正に行うこと。	（措置を適正に行っていると認められる例） ①事案の内容や状況に応じ、被害者と行為者の間の関係改善に向けての援助、被害者と行為者を引き離すための配置転換、行為者の謝罪、被害者の労働条件上の不利益の回復、管理監督者又は事業場内産業保健スタッフ等による被害者のメンタルヘルス不調への相談対応等の措置を講ずること。 ②法第18条に基づく調停その他中立な第三者期間の紛争解決案に従った措置を被害者に対して講ずること。
ハ　イにより、職場におけるセクシュアルハラスメントが生じた事実が確認できた場合においては、行為者に対する措置を適正に行うこと。	（措置を適正に行っていると認められる例） ①就業規則その他の職場における服務規律等を定めた文書における職場におけるセクシュアルハラスメントに関する規定等に基づき、行為者に対して必要な懲戒その他の措置を講ずること。あわせて、事案の内容や状況に応じ、被害者と行為者の間の関係改善に向けての援助、被害者と行為者を引き離すための配置転換、行為者の謝罪等の措置を講ずること。 ②法第18条に基づく調停その他中立な第三者機関の紛争解決案に従った措置を行為者に対して講ずること。
ニ　改めて職場におけるセクシュアルハラスメントに関する方針を周知・啓発する等の再発防止に向けた措置を講ずること。	（再発防止に向けた措置を適正に行っていると認められる例） ①職場におけるセクシュアルハラスメントを行ってはならない旨の方針及び職場におけるセクシュアルハラスメントに係る性的な言動を行った者について厳正に対処する旨の方針を、社内報、

なお、セクシュアルハラスメントに係る性的な言動の行為者が、他の事業主が雇用する労働者又は他の事業主（その者が法人である場合にあっては、その役員）である場合には、必要に応じて、他の事業主に再発防止に向けた措置への協力を求めることも含まれる。
また、職場におけるセクシュアルハラスメントが生じた事実が確認できなかった場合においても、同様の措置を講ずること。

パンフレット、社内ホームページ等広報又は啓発のための資料等に改めて掲載し、配布等すること。
②労働者に対して職場におけるセクシュアルハラスメントに関する意識を啓発するための研修、講習等を改めて実施すること。

(4)　(1) から(3) までの措置と併せて講ずべき措置

　(1)から(3)までの措置を講ずるに際しては、併せて次の措置を講じなければならない。

イ　職場におけるセクシュアルハラスメントに係る相談者・行為者等の情報は当該相談者・行為者等のプライバシーに属するものであることから、相談への対応又は当該セクシュアルハラスメントに係る事後の対応に当たっては、相談者・行為者等のプライバシーを保護するために必要な措置を講ずるとともに、その旨を労働者に対して周知すること。

（相談者・行為者等のプライバシーを保護するために必要な措置を講じていると認められる例）
①相談者・行為者等のプライバシーの保護のために必要な事項をあらかじめマニュアルに定め、相談窓口の担当者が相談を受けた際には、当該マニュアルに基づき対応するものとすること。
②相談者・行為者等のプライバシーの保護のために、相談窓口の担当者に必要な研修を行うこと。
③相談窓口においては相談者・行為者等のプライバシーを保護するために必要な措置を講じていることを、社内報、パンフレット、社内ホームページ等広報又は啓発のための資料等に掲載し、配布等すること。

ロ　法第11条第2項、第17条第2項及び第18条第2項の規定を踏まえ、労働者が職場におけるセクシュアルハラスメントに関し相談をしたこと若しくは事実関係の確認等の事業主の雇用管理上講ずべき措置に協力したこと、都道府県労働局に対して相談、紛争解決の援助の求め若しくは調停の申請を行ったこと又は調停の出頭の求めに応じたこと（以下「セクシュアルハラスメントの相談等」という。）を理由として、解雇その他不利益な取扱いをされない旨を定め、労働者に周知・啓発すること。	（不利益な取扱いをされない旨を定め、労働者にその周知・啓発することについて措置を講じていると認められる例） ①就業規則その他の職場における服務規律等を定めた文書において、セクシュアルハラスメントの相談等を理由として、当該労働者が解雇等の不利益な取扱いをされない旨を規定し、労働者に周知・啓発をすること。 ②社内報、パンフレット、社内ホームページ等広報又は啓発のための資料等に、セクシュアルハラスメントの相談等を理由として、当該労働者が解雇等の不利益な取扱いをされない旨を記載し、労働者に配布等すること。

【10-1-11　セクシュアルハラスメントに関連する法制度（損害賠償）】

　セクハラを直接禁じた法律はないが、セクハラに該当する行為が不法行為となる場合は、加害者である上司や同僚等は、被害労働者に対し、身体・名誉感情、人格権などの侵害による不法行為責任を負い、損害賠償義務（民法709条）・慰謝料支払義務（民法710条）を負う。

　この場合に、使用者も次の損害賠償責任を負うことがある。

（1）　使用者責任（民法715条）

　　「ある事業のために他人を使用する者は、被用者がその事業の執行について第三者に加えた損害を賠償する責任を負う」（民法715条本文）。この責任を「使用者責任」という。

（2）　債務不履行責任

　　使用者は、労働者の安全に配慮する義務（「安全配慮義務」。労働契約

法5条）や、労働者が働きやすい職場環境を保つように配慮すべき義務
（「職場環境配慮義務」）を負っているとされている。

　これらの義務を怠った場合には、使用者は、被害労働者に対し、債務
不履行責任として、損害賠償義務を負う。

［損害賠償を認めた裁判例］

・会社主催の懇親会の三次会の終了後（午前1時ころ）に、X（女性）と
取締役Yがタクシーに同乗して帰途についた。車内で、YがXの体を押
さえ付け、執拗にキスし、「エッチしよう」と発言した。タクシー下車後、
Xは直属の上司に電話でセクハラを訴え、精神的ショックから欠勤する
ようになり、半年後に退職し、Yと会社に対し、慰謝料等の損害賠償を
請求した。

東京地裁H.15.6.6判決は、Xの人格権を侵害するとしてYの不法行為責
任（民法709条）を認めた（治療費約1万円、退職による逸失利益120万
円（手取り月給約20万円だったが再就職までに6か月要した）、慰謝料150
万円、弁護士費用20万円の合計約291万円）。

会社についても、①一次会は会社主催であったこと、②二次会は一次会
の最高責任者である取締役Yの発案で開催され、一次会参加者全員が参
加していること、③XがYに三次会への参加の声掛けをしていること、
④三次会も参加者はいずれも会社の従業員であり、職務についての話が
されていることなどを挙げ、Yによるセクハラ行為は、会社の業務に近
接して、その延長において、上司としての地位を利用して行われたもの
であり、会社の職務と密接な関連性があり、会社の事業の執行につき行
われたというべきであるとして、会社の使用者責任（民法715条）を認
めた。

・営業所長ら3名（男性）が、営業所職員の忘年会で、女性職員7名に対
して、カニばさみ、背後からの抱き付き、抱き付いた姿勢で撮影をした
り、Xを床に押し倒してその上に乗りかかるなどした。女性職員もその
場では営業所長らの行為を咎めることなく、嬌声をあげて騒ぎたて、営
業所長を押し倒すなどしていた。3か月後に女性職員が会社に申告（営
業所長らは更迭等の処分、朝礼で女性職員に謝罪、会社も女性職員に謝
罪）。しかし女性職員5名は営業所長ら3名と会社に対し、損害賠償を請
求した。

広島地裁H.19.3.13判決は、営業所長らの行為は女性職員らの身体的自由、性的自由及び人格権を侵害するものとして、不法行為責任を認めた。

会社についても、忘年会が会社の営業日で、勤務時間内に行われたことや、慰労を兼ねたものであったことなどから、少なくとも業務に密接に関連する行為として行われたと認められ、営業所長らの不法行為は会社の事業の執行につき行われたものといえるとして、会社の使用者責任を認めた。

ただし、女性職員の多くが人生経験を経た中高年に達するものであり、営業所長らの行き過ぎた行動をたしなめるべきであったところ、嬌声をあげて騒ぎたて、営業所長を押し倒すなどしていた女性職員らの態度が営業所長らのセクハラ行為を煽る結果となったと推認されるとして、過失相殺（被害者の落ち度を認める）して、損害賠償額（慰謝料）が2割減額された（原告のうち2名は220万円と132万円、3名は各70万円が認容された）。

【10-1-12　ハラスメント行為者の社内処分】

セクシュアルハラスメント等のハラスメントが生じた事実が確認できた場合の行為者に対する社内処分としては、次のものが考えられる。

(1)　人事異動等

使用者は、労働契約に基づいて人事権を有し、配置、異動、人事考課、昇進、昇格、降格、解雇などの権限を有する。

そこで、ハラスメントの行為者に対し、人事異動として配置転換を命じ、被害者と行為者を引き離すのは有効な方法である（配置転換とともに懲戒処分をすることも多い）。

もっとも、権利の濫用は禁止されているため（労働契約法3条5項）、ハラスメントの内容・程度に対し過剰な人事権の行使といえる場合（解雇等）は、権利の濫用となる可能性がある。

(2)　懲戒処分

「懲戒処分」とは、使用者が労働者の企業秩序違反行為に対して課す制裁罰である。ただし、あらかじめ就業規則において懲戒の種別と懲戒事由を定めておかなければならないとされており、また、懲戒事由に該当する

労働者の行為の重大さとの関係で、懲戒処分の内容が不相当に重い場合には、当該懲戒処分は懲戒権の濫用として無効となる（労働契約法15条）。

　したがって、就業規則その他の職場における服務規律等を定めた文書において、セクシュアルハラスメントに関する規定を明確に定めておくべきである。

［懲戒の種別例］

① 戒告・けん責

　　最も軽い懲戒処分の類型である。

　　戒告は口頭による注意である。けん責は始末書を提出させて将来を戒める処分である。

② 減給

　　賃金を減額する処分である。

　　減給の制裁を定める場合は、減給は、1 回の額が平均賃金の 1 日分の半額を超えてはならず、総額が一賃金支払期における賃金の総額の10分の 1 以下でなければならない（労働基準法91条）。

③ 出勤停止

　　出勤を停止し、その間の賃金は支給しない処分である。

　　ノーワーク・ノーペイの原則により、出勤停止中の賃金を支払わないのが一般である。

　　出勤停止10年といったあまりに長期な処分は、公序良俗（民法90条）に反し許されない。

　　なお、1 年余りにわたる職場内でのセクハラ発言に対する30日間の出勤停止処分が有効と判断された裁判例がある（最高裁H.27.2.26判決）。

④ 降格

　　人事上の処分として降格がなされることもあるが、懲戒処分として降格がなされることもある。

⑤ 諭旨解雇（または諭旨退職）

　　労働者に退職を勧告し、労働者本人の願い出により退職させる処分である。

　　退職金が全部または一部支払われる点で懲戒解雇より一段軽い処分であると位置付けられるのが一般である。

⑥　懲戒解雇

懲戒処分として行う解雇である。

懲戒処分の中で最も重い処分である。一般に、即時に（解雇予告無しで）、退職金を支給せずになされる旨が就業規則に定められている。

(3)　その他の処置

事案の内容や状況に応じ、被害者と行為者の間の関係改善に向けての援助、行為者の謝罪等の措置を講ずることは、望ましいことである。

【10-1-13　セクシュアルハラスメントに関連する法制度（刑事責任）】

セクハラに該当する行為を犯罪とする法律はないが、加害者である上司や同僚等の被害労働者に対しする行為が次の犯罪行為に該当する場合がある。

①　公然わいせつ罪（刑法174条）

公然とわいせつな行為をした者は、6月以下の懲役もしくは30万円以下の罰金又は拘留もしくは科料に処する。

②　強制わいせつ罪（刑法176条）

13歳以上の者に対し、暴行又は脅迫を用いてわいせつな行為をした者は、6月以上10年以下の懲役に処する。

13歳未満の者に対し、わいせつな行為をした者も、同様とする。

③　強制性交等罪（刑法177条）

13歳以上の者に対し、暴行又は脅迫を用いて性交、肛門性交又は口腔性交（以下「性交等」という。）をした者は、強制性交等の罪とし、5年以上の有期懲役に処する。

13歳未満の者に対し、性交等をした者も、同様とする。

④　準強制わいせつ罪（刑法178条）

人の心神喪失もしくは抗拒不能に乗じ、又は心神を喪失させ、もしくは抗拒不能にさせて、わいせつな行為をした者は、第176条（強制わいせつ）の例による。

人の心神喪失もしくは抗拒不能に乗じ、又は心神を喪失させ、もしくは抗拒不能にさせて、性交等をした者は、前条（強制性交等）の例による。

⑤　名誉毀損罪（刑法230条）

公然と事実を摘示し、人の名誉を毀損した者は、その事実の有無にかかわらず、3年以下の懲役もしくは禁錮又は50万円以下の罰金に処する。

⑥　侮辱罪（刑法231条）

事実を摘示しなくても、公然と人を侮辱した者は、拘留又は科料に処する。

【10-1-14　ジェンダーハラスメント】

「ジェンダーハラスメント」とは、「男らしさ」「女らしさ」という固定的な性差概念（ジェンダー）に基づいた性差別である。

ジェンダーハラスメントに関する法規制はないが、ジェンダーハラスメントを無意識に繰り返すことにより、セクシュアルハラスメントを引き起こしている場合もある。セクシュアルハラスメントはジェンダーハラスメントの延長線上にあるといえる。

［ジェンダーハラスメントの例］

・「男なんだから根性みせろよ。お客様が女性には任せられないというから、男である君に任せたんだぞ。」

・「（「いま手が離せないので」と上司の依頼を断ったところ）頼むよ。女の子はね、こういうときに気持ちよくやってくれると、いいなーってなるんだよ」

【10-1-15　ＬＧＢＴに対するハラスメント】

「LGBT」は、レズビアン、ゲイ、バイセクシャル、トランスジェンダー※などの性的マイノリティを総称する用語である。

近年、LGBTに対する人権保障の動きが世界的に広がっている。ヨーロッパでは多くの国が同性婚を認めている。

我が国では、現時点ではLGBTのパートナー関係を婚姻関係と同等に扱う法規定はないが、市区町村では、一定の要件を満たす同性カップルについて、公営住宅への入居や医療機関における面会や医療同意、職場における家族手当・慶弔休暇等についての待遇改善を認める動きもある。

厚労省のセクハラ指針は、2016年の改正時に、被害者の「性的指向※又は性自認※にかかわらず、当該者に対する職場におけるセクシュアルハラスメントも、本指針の対象となるものである」との一文が追加された。

　従って、企業は、職場において行われるLGBTに関する対価型・環境型のセクシュアルハラスメントについて、男女雇用機会均等法11条に基づく雇用管理上の措置等を講ずる必要がある。

　※「トランスジェンダー」：身体・戸籍上の性別と性自認（下記）とが一致しない者（性同一性障害者）

　※「性的指向（SexualOrientation）」：恋愛感情又は性的感情の対象となる性別についての指向

　※「性自認（GenderIdentity）」：自己の性別についての認識

第2項　マタニティハラスメント

【10-2-1　マタニティハラスメント（マタハラ）】

　「職場における妊娠、出産等に関するハラスメント（マタニティハラスメント）」とは、職場において行われるその雇用する<u>女性労働者</u>に対する当該女性労働者が妊娠したこと、出産したこと、産前産後休業その他の妊娠又は出産に関する制度又は措置を利用したことその他の<u>妊娠又は出産に関する事由</u>に関する言動により当該<u>女性労働者</u>の就業環境が害されることである（男女雇用機会均等法11条の3）。

　厚生労働省の指針[※]ではマタハラを次の2類型に分けている。

　① 制度等の利用への嫌がらせ型

　　雇用する女性労働者の産前産後休業（労働基準法65条1項）その他の妊娠又は出産に関する制度又は措置の利用に関する言動により就業環境が害されるもの

　② 状態への嫌がらせ型

　　雇用する女性労働者の妊娠又は出産に関する事由に関する言動により就業環境が害されるもの

　※厚生労働省の指針：「事業主が職場における妊娠、出産等に関する言動に起因する問題に関して雇用管理上講ずべき措置についての指針」（マタハラ指針☞403ページ掲載）

【10-2-2　マタニティハラスメントの要件－①職場】

　男女雇用機会均等法が規定するマタニティハラスメントは、「職場において行われる」性的な言動によるものである。

　「職場」は、事業主が雇用する労働者が業務を遂行する場所を指す。

　女性労働者が通常就業している場所以外の場所であっても、取引先の事務所や顧客の自宅、出張先等、女性労働者が業務を遂行する場所であれば「職場」に含まれる（マタハラ指針）。

【10-2-3　マタニティハラスメントの要件－②女性労働者】

　男女雇用機会均等法が規定するマタニティハラスメントの対象は、「女性」の労働者である。

　「労働者」は、事業主が雇用する労働者のすべてをいい、いわゆる非正規労働者も含む（マタハラ指針）。

　派遣労働者については、派遣元事業主のみならず、労働者派遣の役務の提供を受ける者（派遣先事業主）も、その指揮命令の下に労働させる派遣労働者を雇用する事業主とみなされるため（労働者派遣法47条の2）、自ら雇用する労働者と同様に、マタニティハラスメントに関し事業主が雇用管理上講ずべき措置を講ずる必要がある。

【10-2-4　マタニティハラスメントの要件－③妊娠又は出産に関する事由に関する言動】

　マタニティハラスメントは、妊娠又は出産に関する事由に関する言動によるものであること、すなわち、妊娠・出産と嫌がらせ等となる行為の間に因果関係があるものが該当する。

　なお、業務分担や安全配慮等の観点から、客観的にみて、業務上の必要性に基づく言動によるものはマタニティハラスメントには該当しない。

［例］
・ある程度調整が可能な休業等（定期的な妊婦健診の日時等）について、業務状況を考えて、その時期をずらすことが可能か労働者の意向を確認する（労働者の意をくまない一方的な通告・強要はハラスメントとなる）。
・上司が、長時間労働をしている妊婦に対して、「妊婦には長時間労働は負担

が大きいだろうから、業務分担の見直しを行い、あなたの残業量を減らそうと思うがどうか」と配慮する。

・上司・同僚が「妊婦には負担が大きいだろうから、もう少し楽な業務にかわってはどうか」と配慮する。

・上司・同僚が「つわりで体調が悪そうだが、少し休んだ方が良いのではないか」と配慮する。

【10-2-5　制度等の利用への嫌がらせ型における「制度等」】

制度等の利用への嫌がらせ型のマタニティハラスメントにおける「制度等」は、次のものである（マタハラ指針）。

(1)　妊娠中及び出産後の健康管理に関する措置（母性健康管理措置）（男女雇用機会均等法施行規則2条の3第3号関係）

(2)　坑内業務の就業制限及び危険有害業務の就業制限（同規則2条の3第4号関係）

(3)　産前休業（同規則2条の3第5号関係）

(4)　軽易な業務への転換（同規則2条の3第6号関係）

(5)　変形労働時間制がとられる場合における法定労働時間を超える労働時間の制限、時間外労働及び休日労働の制限並びに深夜業の制限（同規則2条の3第7号関係）

(6)　育児時間（同規則2条の3第8号関係）

【10-2-6　制度等の利用への嫌がらせ型の例】

制度等の利用への嫌がらせ型の状況は多様であるが、典型的な例として、次のものがあげられる（マタハラ指針）。

①　解雇その他不利益な取扱いを示唆するもの

女性労働者が、制度等の措置の求め、請求又は申出（「制度等の利用の請求等」）をしたい旨を上司に相談したこと、制度等の利用の請求等をしたこと、又は制度等の利用をしたことにより、上司が当該女性労働者に対し、解雇その他不利益な取扱いを示唆すること。

② 制度等の利用の請求等又は制度等の利用を阻害するもの

(イ) 女性労働者が制度等の利用の請求等をしたい旨を上司に相談したところ、上司が当該女性労働者に対し、当該請求等をしないよう言うこと。

※制度等の利用の請求等の阻害に関する上司の言動は、1回でもハラスメントに該当しうる。

(ロ) 女性労働者が制度等の利用の請求等をしたところ、上司が当該女性労働者に対し、当該請求等を取り下げるよう言うこと。

※同上

(ハ) 女性労働者が制度等の利用の請求等をしたい旨を同僚に伝えたところ、同僚が当該女性労働者に対し、繰り返し又は継続的に※当該請求等をしないよう言うこと(当該女性労働者がその意に反することを当該同僚に明示しているにもかかわらず、更に言うことを含む。)。

※制度等の利用の請求等の阻害に関する同僚の言動は、繰り返し又は継続的なものであることを要するが、当該労働者がその意に反することを当該同僚に明示しているにもかかわらず更にこのような言動が行われる場合は、更に繰り返し又は継続的に行われることは要しない。

(ニ) 女性労働者が制度等の利用の請求等をしたところ、同僚が当該女性労働者に対し、繰り返し又は継続的に当該請求等を取り下げるよう言うこと。

※同上

③ 制度等の利用をしたことにより嫌がらせ等をするもの

・ 女性労働者が制度等の利用をしたことにより、上司又は同僚が当該女性労働者に対し、繰り返し又は継続的に嫌がらせ等(嫌がらせ的な言動、業務に従事させないこと又は専ら雑務に従事させることをいう。)をすること。

※嫌がらせ関する上司・同僚の言動は、繰り返し又は継続的なものであることを要するが、当該労働者がその意に反することを上司・同僚に明示

しているにもかかわらず更にこのような言動が行われる場合は、更に繰り返し又は継続的に行われることは要しない。

【10-2-7　状態への嫌がらせ型における言動】

妊娠又は出産に関する事由に関する言動が「状態への嫌がらせ型」となるための、「妊娠又は出産に関する事由」は、次のものである（マタハラ指針）。

(1)　妊娠したこと（男女雇用機会均等法施行規則2条の3第1号関係）

(2)　出産したこと（同規則2条の3第2号関係）

(3)　坑内業務の就業制限若しくは危険有害業務の就業制限の規定により業務に就くことができないこと又はこれらの業務に従事しなかったこと（同規則2条の3第4号関係）

(4)　就業制限の規定により就業できず、又は産後休業をしたこと（同規則2条の3第5号関係）

(5)　妊娠又は出産に起因する症状により労務の提供ができないこと若しくはできなかったこと又は労働能率が低下したこと（同規則2条の3第9号関係）

「妊娠又は出産に起因する症状」とは、つわり、妊娠悪阻、切迫流産、出産後の回復不全等、妊娠又は出産をしたことに起因して妊産婦に生じる症状をいう。

【10-2-8　状態への嫌がらせ型の例】

状態への嫌がらせ型の状況も多様であるが、典型的な例として、次のものがあげられる（マタハラ指針）。

①　解雇その他不利益な取扱いを示唆するもの

女性労働者が妊娠等したことにより、上司が当該女性労働者に対し、解雇その他不利益な取扱いを示唆※すること。

※1回の言動でも該当しうる。

　［例］上司に妊娠を報告したところ、「代わりの人を雇うから、早めに辞めてもらうしかない。」と言われた。

② 妊娠等したことにより嫌がらせ等をするもの

　女性労働者が妊娠等したことにより、上司又は同僚が当該女性労働者に対し、繰り返し又は継続的に嫌がらせ等をすること。

※嫌がらせ関する上司・同僚の言動は、繰り返し又は継続的なものであることを要するが、当該労働者がその意に反することを上司・同僚に明示しているにもかかわらず更にこのような言動が行われる場合は、更に繰り返し又は継続的に行われることは要しない。

【10-2-9　マタニティハラスメントに関連する法制度（男女雇用機会均等法）】

男女雇用機会均等法には、マタハラに関し、次の制度の定めがある。

① 職場における妊娠、出産等に関する言動に起因する問題に関する雇用管理上の措置（11条の2）

　　事業主は、職場において行われるその雇用する女性労働者に対する当該女性労働者が妊娠したこと、出産したこと、産前産後休業その他の妊娠又は出産に関する制度又は措置を利用したことその他の妊娠又は出産に関する事由に関する言動により当該女性労働者の就業環境が害されることのないよう、当該労働者からの相談に応じ、適切に対応するために必要な体制の整備その他の雇用管理上必要な措置を講じなければならない（11条の3）。

② 苦情の自主的解決（15条）

　　事業主は、「性別を理由とする差別」「婚姻、妊娠、出産等を理由とする不利益取扱い」「妊娠中及び出産後の健康管理」（労働者の募集及び採用に係るものを除く。）に関し、労働者から苦情の申出を受けたときは、事業主を代表する者及び当該事業場の労働者を代表する者を構成員とする当該事業場の労働者の苦情を処理するための「苦情処理機関」に対し当該苦情の処理をゆだねる等その自主的な解決を図るように努めなければならない（15条）。

③ 紛争解決の援助（17条）

　　「性別を理由とする差別」「婚姻、妊娠、出産等を理由とする不利益取扱い」「職場における性的な言動に起因する問題」「職場における妊娠、

　出産等に関する言動に起因する問題」「妊娠中及び出産後の健康管理」を起因とする労働者と事業主間の紛争に関し、当該紛争の当事者の双方又は一方は、都道府県労働局長に対し、その解決につき援助を求めることができる（17条1項）。都道府県労働局長は、援助の求めがあったときは、当事者双方の意見を聴取し、問題解決に必要な具体策の提示（助言・指導・勧告）をし、紛争の解決を図る。

　　事業主は、労働者が17条1項の援助を求めたことを理由として、当該労働者に対して解雇その他不利益な取扱いをしてはならない（17条2項）。

④　調停会議による調停（18条）

　　「性別を理由とする差別」「婚姻、妊娠、出産等を理由とする不利益取扱い」「職場における性的な言動に起因する問題」「職場における妊娠、出産等に関する言動に起因する問題」「妊娠中及び出産後の健康管理」についての労働者と事業主との間の紛争（労働者の募集及び採用についての紛争を除く）に関し、当該紛争の当事者（「関係当事者」）は、都道府県労働局に調停の申請ができる（18条1項）。

　　事業主は、労働者が18条1項の調停申請をしたことを理由として、当該労働者に対して解雇その他不利益な取扱いをしてはならない（18条2項）。

　　調停は、弁護士や大学教授、家庭裁判所家事調停委員、社会保険労務士等の労働問題の専門家3人で構成される調停委員が行い、機会均等調停会議（非公開）を開催して、関係当事者からの意見聴取等を行い、調停案の作成や調停案の受諾勧告等をし、紛争の解決を図る。

【10-2-10　事業主がマタハラに関し雇用管理上講ずべき措置の内容】

　男女雇用機会均等法11条の2により事業主が職場における妊娠、出産等に関する言動に起因する問題に関し雇用管理上講ずべき措置として、事業主が、マタニティハラスメントを防止するため、雇用管理上講じなければならない措置については、マタハラ指針により、次のように定められている。

マタハラ指針が定める雇用管理上講じなければならない措置

⑴　事業主の方針等の明確化及びその周知・啓発

　事業主は、職場における職場における妊娠、出産等に関する方針の明確化、労働者に対するその方針の周知・啓発として、次の措置を講じなければならない。

　なお、周知・啓発をするに当たっては、職場における妊娠、出産等に関するハラスメントの防止の効果を高めるため、その発生の原因や背景について労働者の理解を深めることが重要である。その際、職場における妊娠、出産等に関するハラスメントの発生の原因や背景には、（ⅰ）妊娠、出産等に関する否定的な言動（他の女性労働者の妊娠、出産等の否定につながる言動（不妊治療に対する否定的な言動を含め、当該女性労働者に直接行わない言動も含む。）をいい、単なる自らの意思の表明を除く。以下同じ。）が頻繁に行われるなど制度等の利用又は制度等の利用の請求等をしにくい職場風土や、（ⅱ）制度等の利用ができることの職場における周知が不十分であることなどもあると考えられる。そのため、これらを解消していくことが職場における妊娠、出産等に関するハラスメントの防止の効果を高める上で重要であることに留意することが必要である。

イ　職場における妊娠、出産等に関するハラスメントの内容（以下「ハラスメントの内容」という。）及び妊娠、出産等に関する否定的な言動が職場における妊娠、出産等に関するハラスメントの発生の原因や背景となり得ること（以下「ハラスメントの背景等」という。）、職場における妊娠、出産等に関するハラスメントを行ってはならない旨の方針（以下「事業主の方針」という。）並びに制度等の利用ができる旨を明確化し、管理監督者を含む労働者に周知・啓発すること。

（事業主の方針等を明確化し、労働者に周知・啓発していると認められる例）

①就業規則その他の職場における服務規律等を定めた文書において、事業主の方針及び制度等の利用ができる旨について規定し、当該規定と併せて、ハラスメントの内容及びハラスメントの背景等を労働者に周知・啓発すること。

②社内報、パンフレット、社内ホームページ等広報又は啓発のための資料等にハラスメントの内容及びハラスメントの背景等、事業主の方針並びに制度等の利用ができる旨について記載し、配布等すること。

	③ハラスメントの内容及びハラスメントの背景等、事業主の方針並びに制度等の利用ができる旨を労働者に対して周知・啓発するための研修、講習等を実施すること。
ロ　職場における妊娠、出産等に関するハラスメントに係る言動を行った者については、厳正に対処する旨の方針及び対処の内容を就業規則その他の職場における服務規律等を定めた文書に規定し、管理監督者を含む労働者に周知・啓発すること。	（対処方針を定め、労働者に周知・啓発していると認められる例） ①就業規則その他の職場における服務規律等を定めた文書において、職場における妊娠、出産等に関するハラスメントに係る言動を行った者に対する懲戒規定を定め、その内容を労働者に周知・啓発すること。 ②職場における妊娠、出産等に関するハラスメントに係る言動を行った者は、現行の就業規則その他の職場における服務規律等を定めた文書において定められている懲戒規定の適用の対象となる旨を明確化し、これを労働者に周知・啓発すること。

(2)　相談（苦情を含む。以下同じ。）に応じ、適切に対応するために必要な体制の整備

　事業主は、労働者からの相談に対し、その内容や状況に応じ適切かつ柔軟に対応するために必要な体制の整備として、イ及びロの措置を講じなければならない。

イ　相談への対応のための窓口（以下「相談窓口」という。）をあらかじめ定め、労働者に周知すること。	（相談窓口をあらかじめ定めていると認められる例） ①相談に対応する担当者をあらかじめ定めること。 ②相談に対応するための制度を設けること。 ③外部の機関に相談への対応を委託すること。

ロ　イの相談窓口の担当者が、相談に対し、その内容や状況に応じ適切に対応できるようにすること。	（相談窓口の担当者が適切に対応することができるようにしていると認められる例）
また、相談窓口においては、被害を受けた労働者が萎縮するなどして相談を躊躇する例もあること等も踏まえ、相談者の心身の状況や当該言動が行われた際の受け止めなどその認識にも配慮しながら、職場における妊娠、出産等に関するハラスメントが現実に生じている場合だけでなく、その発生のおそれがある場合や、職場における妊娠、出産等に関するハラスメントに該当するか否か微妙な場合等であっても、広く相談に対応し、適切な対応を行うようにすること。例えば、放置すれば就業環境を害するおそれがある場合や、妊娠、出産等に関する否定的な言動が原因や背景となって職場における妊娠、出産等に関するハラスメントが生じるおそれがある場合等が考えられる。	①相談窓口の担当者が相談を受けた場合、その内容や状況に応じて、相談窓口の担当者と人事部門とが連携を図ることができる仕組みとすること。 ②相談窓口の担当者が相談を受けた場合、あらかじめ作成した留意点などを記載したマニュアルに基づき対応すること。 ③相談窓口の担当者に対し、相談を受けた場合の対応についての研修を行うこと。

⑶　職場における妊娠、出産等に関するハラスメントに係る事後の迅速かつ適切な対応

　事業主は、職場における妊娠、出産等に関するハラスメントに係る相談の申出があった場合において、その事案に係る事実関係の迅速かつ正確な確認及び適正な対処として、次の措置を講じなければならない。

イ　事案に係る事実関係を迅速かつ正確に確認すること。	（事案に係る事実関係を迅速かつ正確に確認していると認められる例） ①相談窓口の担当者、人事部門又は専門の委員会等が、相談を行った労働者（以下「相談者」という。）

	及び職場における妊娠、出産等に関するハラスメントに係る言動の行為者とされる者（以下「行為者」という。）の双方から事実関係を確認すること。　また、相談者と行為者との間で事実関係に関する主張に不一致があり、事実の確認が十分にできないと認められる場合には、第三者からも事実 関係を聴取する等の措置を講ずること。 ②事実関係を迅速かつ正確に確認しようとしたが、確認が困難な場合などにおいて、男女雇用機会均等法（以下、「法」という。）第18条に基づく調停の申請を行うことその他中立な第三者機関に紛争処理を委ねること。
ロ　イにより、職場における妊娠、出産等に関するハラスメントが生じた事実が確認できた場合においては、速やかに被害を受けた労働者（以下「被害者」という。）に対する配慮のための措置を適正に行うこと。	（措置を適正に行っていると認められる例） ①事案の内容や状況に応じ、被害者の職場環境の改善又は迅速な制度等の利用に向けての環境整備、被害者と行為者の間の関係改善に向けての援助、行為者の謝罪、管理監督者又は事業場内産業保健スタッフ等による被害者のメンタルヘルス不調への相談対応等の措置を講ずること。 ②法第18条に基づく調停その他中立な第三者期間の紛争解決案に従った措置を被害者に対して講ずること。

ハ　イにより、職場における妊娠、出産等に関するハラスメントが生じた事実が確認できた場合においては、行為者に対する措置を適正に行うこと。	（措置を適正に行っていると認められる例） ①就業規則その他の職場における服務規律等を定めた文書における職場における妊娠、出産等に関するハラスメントに関する規定等に基づき、行為者に対して必要な懲戒その他の措置を講ずること。あわせて、事案の内容や状況に応じ、被害者と行為者の間の関係改善に向けての援助、行為者の謝罪等の措置を講ずること。 ②法第18条に基づく調停その他中立な第三者機関の紛争解決案に従った措置を行為者に対して講ずること。
ニ　改めて職場における妊娠、出産等に関するハラスメントに関する方針を周知・啓発する等の再発防止に向けた措置を講ずること。	（再発防止に向けた措置を講じていると認められる例） ①事業主の方針、制度等の利用ができる旨の方針及び職場における妊娠、出産等に関するハラスメントに係る言動を行った者について厳正に対処する旨の方針を、社内報、パンフレット、社内ホームページ等広報又は啓発のための資料等に改めて掲載し、配布等すること。 ②労働者に対して職場における妊娠、出産等に関するハラスメントに関する意識を啓発するための研修、講習等を改めて実施すること。
なお、職場における妊娠、出産等に関するハラスメントが生じた事実が確認できなかった場合においても、同様の措置を講ずること。	

⑷　職場における妊娠、出産等に関するハラスメントの原因や背景となる要因を解消するための措置

　事業主は、職場における妊娠、出産等に関するハラスメントの原因や背景となる要因を解消するため、業務体制の整備など、事業主や妊娠等した労働者その他の労働者の実情に応じ、必要な措置を講じなければならない（派遣労働者にあっては、派遣元事業主に限る。）。

　なお、措置を講ずるに当たっては、
（ⅰ）職場における妊娠、出産等に関するハラスメントの背景には妊娠、出産等に関する否定的な言動もあるが、当該言動の要因の一つには、妊娠した労働者がつわりなどの体調不良のため労務の提供ができないことや労働能率が低下すること等により、周囲の労働者の業務負担が増大することもあることから、周囲の労働者の業務負担等にも配慮すること
（ⅱ）妊娠等した労働者の側においても、制度等の利用ができるという知識を持つことや、周囲と円滑なコミュニケーションを図りながら自身の体調等に応じて適切に業務を遂行していくという意識を持つことのいずれも重要であることに留意することが必要である（５⑵において同じ）。

（業務体制の整備など、必要な措置を講じていると認められる例）
①妊娠等した労働者の周囲の労働者への業務の偏りを軽減するよう、適切に業務分担の見直しを行うこと。
②業務の点検を行い、業務の効率化等を行うこと。

⑸　⑴から⑷までの措置と併せて講ずべき措置

　⑴から⑷までの措置を講ずるに際しては、併せて次の措置を講じなければならない。

イ　職場における妊娠、出産等に関するハラスメントに係る相談者・行為者等の情報は当該相談者・行為者等のプライバシーに属するものであることから、相談への対応又は当該妊娠、出産等に関するハラスメントに係る事後の対応に当たっては、相談者・行為者等のプライバシーを保護するために必要な措置を講ずるとともに、その旨を労働者に対して周知すること。	（相談者・行為者等のプライバシーを保護するために必要な措置を講じていると認められる例） ①相談者・行為者等のプライバシーの保護のために必要な事項をあらかじめマニュアルに定め、相談窓口の担当者が相談を受けた際には、当該マニュアルに基づき対応するものとすること。 ②相談者・行為者等のプライバシーの保護のために、相談窓口の担当者に必要な研修を行うこと。 ③相談窓口においては相談者・行為者等のプライバシーを保護するために必要な措置を講じていることを、社内報、パンフレット、社内ホームページ等広報又は啓発のための資料等に掲載し、配布等すること。
ロ　法第11条の3第2項、第17条第2項及び第18条第2項の規定を踏まえ、労働者が職場における妊娠、出産等に関するハラスメントに関し相談をしたこと若しくは事実関係の確認等の事業主の雇用管理上講ずべき措置に協力したこと、都道府県労働局に対して相談、紛争解決の援助の求め若しくは調停の申請を行ったこと又は調停の出頭の求めに応じたこと（以下「妊娠・出産等に関するハラスメントの相談等」という。）を理由として、解雇その他不利益な取扱いをされない旨を定め、労働者に周知・啓発すること。	（不利益な取扱いをされない旨を定め、労働者にその周知・啓発することについて措置を講じていると認められる例） ①就業規則その他の職場における職務規律等を定めた文書において、妊娠・出産等に関するハラスメントの相談等を理由として、当該労働者が解雇等の不利益な取扱いをされない旨を規定し、労働者に周知・啓発をすること。 ②社内報、パンフレット、社内ホームページ等広報又は啓発のための資料等に、妊娠・出産等に関するハラスメントの相談等を理由として、当該労働者が解雇等の不利益な取扱いをされない旨を記載し、労働者に配布等すること。

【10-2-11　婚姻、妊娠・出産等を理由とする不利益取扱いの禁止等】

　男女雇用機会均等法では、婚姻、妊娠・出産等に関する女性労働者の不利益取扱いについて、次の事項が規制されている（同法9条）。

①婚姻し、妊娠し、または出産したことを退職理由として予定する定めの禁止

②婚姻したことを理由として解雇することの禁止

③妊娠、出産、産休取得、その他妊娠または出産に関する事由であって厚生労働省令で定める理由による解雇その他不利益な取扱いの禁止

④妊娠中・出産後1年を経過しない女性労働者の解雇は、事業主が、妊娠等が理由でないことを証明しない限り無効

○不利益な取扱い

　「不利益」な取扱いの例としては、有期契約労働者について契約の更新をしないこと、正社員をパートタイム労働者とするような労働契約内容の変更を強要すること、就業環境を害すること、自宅待機を命ずること、労働者の希望する期間を超えて所定外労働の制限・時間外労働の制限等を実施すること、降格させること、減給すること、賞与において不利益な算定をすること、人事考課において不利益な評価を行うこと、不利益な配置変更を行うこと、派遣労働者について派遣先が派遣を拒むことなどが考えられる。

第 3 項　職場における育児休業・介護休業等に関するハラスメント

【10-3-1　職場における育児休業・介護休業等に関するハラスメント】

　「職場における育児休業・介護休業等に関するハラスメント」とは、職場において行われる、育児休業、介護休業その他子の養育または家族の介護に関する制度または措置の申出・利用に関する上司・同僚の言動により、労働者の就業環境が害されることである（育児介護休業法25条）。

　職場における育児休業・介護休業等に関するハラスメントには次の2類型がある。

(1) 制度等の利用への嫌がらせ型

　雇用する男女労働者による男女雇用機会均等法が対象とする制度・措置(産前休業、母性健康管理措置、育児時間等) 又は育児・介護休業法が対象とする制度・措置（育児休業、子の看護休暇、所定労働時間の制限等）の利用に関する言動により、就業環境が害されるものである。

(2) 状態への嫌がらせ型

　雇用する女性労働者の妊娠又は出産に関する事由に関する言動により就業環境が害されるもの

【10-3-2　職場における育児休業・介護休業等に関するハラスメントの要件－①労働者】

　育児介護休業法が規制する「職場における育児休業・介護休業等に関するハラスメント」の保護対象は、男女雇用機会均等法が規制するセクハラ・マタハラの保護対象（女性労働者）よりも広く、男女労働者である。

　「労働者」の範囲は、セクハラ・マタハラの保護対象である「労働者」（前述）と同じである。

【10-3-3　職場における育児休業・介護休業等に関するハラスメントの要件－②職場】

　「職場」は、労働者が業務を遂行する場所をいう。

　「職場」の意味も、セクハラ・マタハラにおける「職場」（前述）と同じである。

【10-3-4　職場における育児休業・介護休業等に関するハラスメントの要件－③育児・介護に関する制度の利用等に関する言動】

　職場における育児休業・介護休業等に関するハラスメントは、育児休業、介護休業その他子の養育または家族の介護に関する制度または措置の申出・利用に関する言動によるものであること、すなわち、育児・介護に関する制度の利用等と嫌がらせ等となる行為の間に因果関係があるものが該当する。

　なお、業務分担や安全配慮等の観点から、客観的にみて、業務上の必要性に基づく言動によるものは職場における育児休業・介護休業等に関するハラスメントには該当しない。

　［例］
・業務体制を見直すため、上司が育児休業をいつからいつまで取得するのか確認すること。
・同僚が自分の休暇との調整をする目的で休業の期間を尋ね、変更を相談すること（労働者の意をくまない一方的な通告・強要はハラスメントとなる）。

【10-3-5　職場における育児休業・介護休業等に関するハラスメントの要件－④制度等の利用等】

　職場における育児休業・介護休業等に関するハラスメントの対象となるのは、育児休業、介護休業その他子の養育または家族の介護に関する制度または措置の申出・利用である。

　マタニティハラスメント（男女雇用機会均等法）とは、対象となる制度又は措置が異なる。

対象となる制度又は措置の比較

男女雇用機会均等法	育児介護休業法
(1) 妊娠中及び出産後の健康管理に関する措置（母性健康管理措置） (2) 坑内業務の就業制限及び危険有害業務の就業制限 (3) 産前休業 (4) 軽易な業務への転換 (5) 変形労働時間制がとられる場合における法定労働時間を超える労働時間の制限、時間外労働及び休日労働の制限並びに深夜業の制限 (6) 育児時間	①育児休業 ②介護休業 ③子の看護休暇 ④介護休暇 ⑤育児・介護のための所定外労働の制限 ⑥育児・介護のための時間外労働の制限 ⑦育児・介護のための深夜業の制限 ⑧育児・介護のための所定労働時間の短縮措置（短時間勤務制度） ⑨育児・介護のために育児休業・介護休業制度に準ずる措置または始業時間変更等の措置

【10-3-6　職場における育児休業・介護休業等に関するハラスメントの例】

　職場における育児休業・介護休業等に関するハラスメントの状況は多様であるが、典型的な例として、次のものがあげられる。

① 解雇その他不利益な取扱いを示唆するもの

　　男女労働者が、制度・措置の申出・利用をしたい旨を上司に相談したこと、制度・措置の申出・利用をしたこと、又は制度・措置の申出・利用をしたことにより、上司が当該男女労働者に対し、解雇その他不利益な取扱いを示唆すること。

② 制度・措置の申出・利用を阻害するもの

　　（イ）男女労働者が制度・措置の申出・利用をしたい旨を上司に相談したところ、上司が当該労働者に対し、当該申出・利用をしないよう言うこと。

　　　［例］育児休業の取得について上司に相談したところ、「男のくせ
　　　　　に育休をとるなんてありえない。」と言われ、取得を諦めざる
　　　　　をえない状況になった。

(ロ)　男女労働者が制度・措置の申出・利用をしたところ、上司が当該
　　労働者に対し、申出・利用を取り下げるよう言うこと。

　　　※申出・利用の阻害に関する上司の言動は、1回でもハラスメン
　　　　トに該当しうる。

　　　※労働者の事情やキャリアを考慮して育児休業等からの早期の
　　　　職場復帰を促すこと自体は、申出・利用を阻害することには当
　　　　たらないのが通常だが、職場復帰のタイミングは労働者の選択
　　　　に委ねられなければならない。

(ハ)　男女労働者が制度・措置の申出・利用をしたい旨を同僚に伝えた
　　ところ、同僚が当該労働者に対し、繰り返し又は継続的に※申出・
　　利用をしないよう言うこと。

　　　※申出・利用の阻害に関する同僚の言動は、繰り返し又は継続的
　　　　なものであることを要するが、当該労働者がその意に反するこ
　　　　とを当該同僚に明示しているにもかかわらず更にこのような
　　　　言動が行われる場合は、更に繰り返し又は継続的に行われるこ
　　　　とは要しない。

　　　［例］育児休業を請求する旨を同僚に伝えたところ、「自分なら育
　　　　　休はとらない。自分だけとるべきではない。」と言われ、「でも
　　　　　自分は請求したい。」と伝えたのに更に同様のことを言われ、
　　　　　取得を諦めざるをえない状況になった。

(ニ)　男女労働者が制度・措置の申出・利用をしたところ、同僚が当該
　　労働者に対し、繰り返し又は継続的に※申出・利用を取り下げるよ
　　う言うこと。

　　　※同上

③　制度・措置の申出・利用をしたことにより嫌がらせ等をするもの

　・　男女労働者が制度・措置の申出・利用をしたことにより、上司又は
　　同僚が当該労働者に対し、繰り返し又は継続的に嫌がらせ等（嫌が

らせ的な言動、業務に従事させないこと又は専ら雑務に従事させる
ことをいう。）をすること。

※嫌がらせ関する上司・同僚の言動は、繰り返し又は継続的なも
のであることを要するが、当該労働者がその意に反することを
明示しているにもかかわらず更にこのような言動が行われる
場合は、更に繰り返し又は継続的に行われることは要しない。

【10-3-7　育児休業・介護休業等に関するハラスメントに関する法制度】

　事業主は、職場における育児休業・介護休業等に関するハラスメントがな
いよう、労働者からの相談に応じ、適切に対応するために必要な体制の整備
その他の雇用管理上必要な措置を講じなければならない（育児介護休業法25
条）。

【10-3-8　育児・介護支援措置の利用に関する不利益取扱いの禁止】

　育児介護休業法は、育児休業等※の申出・取得等を理由として、当該労働
者に対して解雇その他不利益な取扱いをしてはならないと定めている（同法
10条。16条の4・16条の7・16条の10・18条の2・20条の2・23条の2）。
　男女雇用機会均等法における不利益取扱いの禁止等（前述）は、女性労働
者のみを保護対象としているが、育児介護休業法の規制は、より広く、男女
労働者を保護対象としている。
　男女雇用機会均等法は、出産の時期までを規定しており、出産後の育児に
関わる規定は育児介護休業法が定めている（下記）。
○不利益取扱いの禁止の対象となる制度等
　育児介護休業法による育児・介護支援措置の利用に対する不利益取扱い
の禁止の対象となる制度等は次の制度である。
① 育児休業（同法10条）
② 介護休業（同法16条）
③ 子の看護休暇（同法16条の4）
④ 介護休暇（同法16条の7）
⑤ 育児・介護のための所定外労働の制限（同法16条の9及び16条の10）

⑥　育児・介護のための時間外労働の制限（同法18条及び18条の2）

⑦　育児・介護のための深夜業の制限（同法20条及び20条の2）

⑧　育児・介護のための所定労働時間の短縮措置（短時間勤務制度）（同法23条及び23条の2）

○「不利益」な取扱いの例

　育児・介護支援措置の利用に対する不利益取扱いの例としては、次のものがあげられる。

・有期契約労働者について契約の更新をしないこと

・正社員をパートタイム労働者とするような労働契約内容の変更を強要すること

・就業環境を害すること

・自宅待機を命ずること

・労働者の希望する期間を超えて所定外労働の制限・時間外労働の制限等を実施すること

・降格させること

・減給すること

・賞与において不利益な算定をすること

・人事考課において不利益な評価を行うこと

・不利益な配置変更を行うこと

・派遣労働者について派遣先が派遣を拒むこと

【10-3-9　育児・介護支援措置の利用に関する不利益取扱いの禁止の要件－育児休業等の申出・取得等を「理由として」】

　育児・介護支援措置の利用に関する不利益取扱いの判断の要件となっている、育児休業等の申出・取得等を「理由として」とは、妊娠・出産・育児休業等の事由と不利益取扱いの間に「因果関係」があることを指す。そして、妊娠・出産・育児休業等の事由を「契機として」不利益取扱いを行った場合は、原則として、「理由として」いると解され、法違反となる。例外的に、次の場合は、妊娠・出産・育児休業等の事由を「契機として」いても、「理由として」いるとは判断されない（ハラスメント対策パンフレット）。

［例外：「理由として」いるとは判断されない場合］

①業務上の必要性から不利益取扱いをせざるをえず、業務上の必要性が、当該不利益取扱いにより受ける影響を上回ると認められる特段の事情が存在するとき

②労働者が当該取扱いに同意している場合で、有利な影響が不利な影響の内容や程度を上回り、事業主から適切に説明がなされる等、一般的な労働者なら同意するような合理的な理由が客観的に存在するとき

第４項　パワーハラスメント

【10-4-1　パワーハラスメント（パワハラ）】

厚生労働省の指針では、パワハラを次のとおり６つに分類している。但し、これらの類型が職場のパワーハラスメントすべてを網羅するものではなく、これ以外は問題ないということではないことに留意が必要である。

※厚生労働省の指針：「事業主が職場における優越的な関係を背景とした言動に起因する問題に関して雇用管理上講ずべき措置等についての指針」（パワハラ指針）☞374ページ掲載

①身体的な攻撃（暴行・傷害）

　［例］

　・殴打、足蹴りを行うこと。

　・相手に物を投げつけること。

②精神的な攻撃（脅迫・名誉棄損・侮辱・ひどい暴言）

　［例］

　・人格を否定するような言動を行うこと。相手の性的指向・性自認に関する侮辱的な言動を行うことを含む。

　・業務の遂行に関する必要以上に長時間にわたる厳しい叱責を繰り返し行うこと。

　・他の労働者の面前における大声での威圧的な叱責を繰り返し行うこと。

　・相手の能力を否定し、罵倒するような内容の電子メール等を当該相手を含む複数の労働者宛てに送信すること。

③人間関係からの切り離し（隔離・仲間外し・無視）

　［例］

　・自身の意に沿わない労働者に対して、仕事を外し、長期間にわたり、別室に隔離したり、自宅研修させたりすること。

　・一人の労働者に対して同僚が集団で無視をし、職場で孤立させること。

④過大な要求（業務上明らかに不要なことや遂行不可能なことの強制・仕事の妨害）

　［例］

　・長期間にわたる、肉体的苦痛を伴う過酷な環境下での勤務に直接関係のない作業を命ずること。

　・新卒採用者に対し、必要な教育を行わないまま到底対応できないレベルの業績目標を課し、達成できなかったことに対し厳しく叱責すること。

　・労働者に業務とは関係のない私的な雑用の処理を強制的に行わせること。

⑤過小な要求（業務上の合理性なく能力や経験とかけ離れた程度の低い仕事を命じることや仕事を与えないこと）

　［例］

　・管理職である労働者を退職させるため、誰でも遂行可能な業務を行わせること。

　・気にいらない労働者に対して嫌がらせのために仕事を与えないこと。

⑥個の侵害（私的なことに過度に立ち入ること）

　［例］

　・労働者を職場外でも継続的に監視したり、私物の写真撮影をしたりすること。

　・労働者の性的指向・性自認や病歴、不妊治療等の機微な個人情報について、当該労働者の了解を得ずに他の労働者に暴露すること。

【10-4-2　パワハラが企業にもたらす損失】

パワハラは企業にとって次のような問題を引き起こす。

(1) 職場環境の悪化

　　パワハラが放置された職場は、職場環境が悪化していき、労働者が円滑で快適な人間関係を築くことができなくなる。

(2) モチベーションの低下

　　パワハラにより、職場環境が悪化するとともに、労働者のモチベーションが低下し、作業効率の悪化やミスの増加を招き、製品の品質や顧客へのサービス等にも悪影響を及ぼすことになる。

(3) 人材流出

　　パワハラによる職場環境の悪化により、労働者の定着率が低下し、ひいては優秀な人材の流出を招くことになる。

(4) レピュテーションリスク

　　パワハラの事実がマスコミにより報道されたり、SNS等インターネットにより情報拡散すること等により、企業の評判・評価（レピュテーション、イメージ）が低下することになる。

(5) 法的責任追及

　　パワハラが不法行為となる場合は、加害者である上司や同僚だけでなく、使用者も法的責任を問われることがある。

【10-4-3　パワーハラスメントの要件】

1．優越的な関係を背景とした言動

　職場におけるパワーハラスメントの要件である「優越的な関係を背景とした言動」とは、行為を受ける者が行為者に対して抵抗または拒絶できない蓋然性が高い関係に基づいて行われる言動である。

　「優越的な関係」は、業務上の地位のほか、人間関係や専門知識、経験などからくる様々な優位性が含まれる。従って、上司から部下に対する言動だけでなく、次のような同僚間の言動、部下から上司への言動、非正規社員から正社員への言動も、パワーハラスメントとなりうる。

［上司以外に職場内の優越的な関係が認められる場合の例］

・同僚または部下が業務上必要な知識・経験を有し、その者の協力を得なければ業務の円滑な遂行を行うことが困難である場合

・同僚または部下からの集団による言動で、これに抵抗又は拒絶することが困難である場合

［上司以外の者による言動のパワハラ該当例］

・初めて現場に移動してきた正社員が、経験豊富なパート社員たちに経験者でないと分からないことを質問したところ、パート社員たちが、「上司のあなたが知らないことを私達パートが知ってるわけないじゃない。」と言い続けて相手にしなかったために、正社員がストレスを受けて休職してしまった。

　なお、同僚同士で業務上関係のない喧嘩になったような場合は、特に優越的な関係はみられないから、事業主の防止のための措置義務の対象となる「職場におけるパワーハラスメント」には該当しない。もっとも、事業主は安全配慮義務（労働契約法 5 条）や労働者が働きやすい職場環境を整備し保つよう配慮すべき義務を負うとされるから、同僚同士の喧嘩であっても放置すべきではない場合もある。

２．業務上必要かつ相当な範囲を超えたもの

　職場におけるパワーハラスメントの要件である「業務上必要かつ相当な範囲を超えたもの」とは、社会通念に照らし、当該行為が明らかに業務上の必要性がない、またはその態様が相当でないものであることである。すなわち、その言動に客観的な業務上の必要性があり、態様が社会通念上相当であれば、受け手が不満を感じたとしても、事業主の防止のための措置義務の対象となるパワーハラスメントには該当しない。

［業務の適正な範囲を超えて行われる例］

・業務上明らかに必要のない行為

・業務の目的を大きく逸脱した行為、業務遂行の手段として不適当な行為

・行為の回数、行為者の数、態様・手段が社会通念に照らして許容される範囲を超える行為

［身体的な攻撃について］

・指示に従わない部下を殴打するような「身体的な攻撃」は、客観的な業務

上の必要性すら認められず、原則として「職場におけるパワーハラスメント」に該当する。

[精神的な攻撃について]

・部下の業務上のミス等を厳しく叱責することがあったとしても、人格否定・人格攻撃の内容を含んでいたり、名誉感情をいたずらに害したり恐怖を感じさせるような言動になったりしていなければ、その態様が社会通念上相当でないとまではいえないから、「職場におけるパワーハラスメント」には該当しない。

例えば、遅刻や服装の乱れなど社会的ルールやマナーを欠いた言動がみられ、再三注意してもそれが改善されない部下に対して上司が強く注意をすることや、不正経理の是正を指示したのに1年以上是正されなかったため上司が叱責することは、通常は「職場におけるパワーハラスメント」には該当しないといえる。

[人間関係からの切り離しについて]

・新入社員を育成するために短期間集中的に個室で研修等の教育を実施するという程度では、その態様が社会通念上相当でないとまではいえないから、「職場におけるパワーハラスメント」には該当しない。

・しかし、意に沿わない部下をプロジェクトから外し、長期間にわたり別室に隔離するといった態様は、社会通念上相当でないといえるから、「職場におけるパワーハラスメント」に該当する可能性が高い。

[過大な要求について]

・社員を育成するために現状よりも少し高いレベルの業務を任せる程度では、社会通念上相当でないとまではいえないから、「職場におけるパワーハラスメント」には該当しない。

・しかし、1年以上にわたり、他の従業員より高いノルマを課し、達成できないことに対して人前で叱責するような場合は、客観的な業務上の必要性が認められないか、またはその態様が社会通念上相当でないといえるから、「職場におけるパワーハラスメント」に該当する可能性が高い。

[過小な要求について]

・経営上の理由により、一時的に、能力に見合わない簡易な業務に就かせたり、管理職を権限のない役職に降格するような場合は、客観的な業務上の

必要性と社会通念上の相当性が認められ、「職場におけるパワーハラスメント」には該当しない場合が多い。

・しかし、管理職である部下を退職させるために誰でも遂行可能な受付業務を行わせる場合や、内部通報した社員を新入職員と同じ職務に配置転換する場合などは、客観的な業務上の必要性が認められないか、またはその態様が社会通念上相当でないといえるから、「職場におけるパワーハラスメント」に該当する可能性が高い。

［個の侵害について］

・社員の業務分担や時間外労働への配慮を目的として、社員の家族の状況等についてヒアリングを行うことは、客観的な業務上の必要性と社会通念上の相当性が認められ「職場におけるパワーハラスメント」には該当しない場合が多い。

・しかし、興味本位で出身校や家庭の事情等をしつこく聞き、受け手が抗議してもやめないような場合は、客観的な業務上の必要性が認められないか、またはその態様が社会通念上の相当でないといえるから、「職場におけるパワーハラスメント」に該当する可能性が高い。

3．就業環境が害されること

　職場におけるパワーハラスメントの要件である労働者の「就業環境が害される」とは、行為を受けた者が身体的もしくは精神的に圧力を加えられ負担と感じること、または行為を受けた者の職場環境が不快なものとなったため、能力の発揮に重大な悪影響が生じる等、当該労働者が就業する上で看過できない程度の支障が生じることである。

　「就業環境が害される」かの判断は、「平均的な労働者の感じ方」を基準とすることが適当であるとされる。

　例えば、部下に至急の業務を命令した上司が、自らは進捗を確認することなく、部下から進捗を報告しなかった旨を責めるメールを送信して帰宅したというような場合は、部下が強い不満・不快感を抱いたとしても、一般的にみて、それだけでは就業する上で看過できない程度の支障が生じたとまでは言い難い（「就業環境が害される」とまではいえない）から、「職場におけるパワーハラスメント」には該当しないといえる。

【10-4-4　グレーゾーンの問題】

　「職場におけるパワーハラスメント」に当たるかどうかの判断に迷う「グレーゾーン」にあるものには、行為者に明確なパワハラの認識がなく、「受け手に業務上のミスがあるのだからこれくらい言われても当然」等と考えている場合もある。

　しかし、グレーゾーンの問題を「パワハラとは断定できない」として会社が放置すると、行為者の歯止めが利かなくなって「職場におけるパワーハラスメント」に発展する場合がある。また、パワーハラスメントが問題となる事案には、受け手の側に注意・指導の対象となる原因があり、それが改善されないために、行為者が忍耐しながら注意・指導を続けてきたというケースがある。このようなケースを放置していると、やがて上司の我慢の限界（決壊点）を超えて「職場におけるパワーハラスメント」といえる言動に発展してしまう場合がある。上司の部下に対する叱責が日常化すると、職場環境が悪化していき、労働者が円滑で快適な人間関係を築くことができなくなっていくおそれもある。

　従って、「職場におけるパワーハラスメント」と断定できないグレーゾーンの言動であっても、「その職場を運営していく上であってはならない言動・状況」と判断できるのであれば、会社としては、行為者への注意・指導や席替え・配置転換の実施など、何らかの措置を講ずるべきである。

　グレーゾーンの問題については、行為者が無自覚な場合が特に多いので、注意・指導は行為者が問題点を意識できるように行う配慮が求められる（無自覚な行為者に頭ごなしに注意すると、行為者が受けいれることができず、問題が複雑化してしまうことがある）。また、何が問題なのかについて認識を揃えるための職場の取り組みや、問題があれば指摘できる職場の雰囲気の醸成といった、意識的なコミュニケーションも求められる。

【10-4-5　事業主がパワハラに関し雇用管理上講ずべき措置】

　セクハラやマタハラとは異なり、パワハラに関しては、事業主が雇用管理上講ずべき措置について定めた法の規定はなく、厚労省のセクハラ指針やマタハラ指針のような、事業主がパワハラに関し雇用管理上講ずべき措置の内容を説明した指針は出されていない。しかし、パワハラは、セクハラ・マタハラと同様に、労働者が働きにくい環境を生じさせるという点では同じであるから、事業主がパワハラ対策として一定の措置を講ずることは重要である。

　厚労省のパワハラ対策マニュアルは、「取組に際しては、セクシュアルハラスメント対策などの既存の枠組みを活用するなど、それぞれの職場に即した形で、できることから始めて充実させていくことが重要」としたうえで、セクハラ指針やマタハラ指針が雇用管理上講ずべき措置の内容として義務付ける項目を参考として掲げている。

　なお、厚労省のパワハラ対策ハンドブックでは、次の7つの取組が提示されており、パワハラ対策マニュアルでも7つの取組みについて詳細に解説されている。

○パワハラ対策の7つの取組み

　1　予防

　　①　トップのメッセージ

　　　　組織のトップが、職場のパワーハラスメントは職場からなくすべきであることを明確に示す。

　　②　ルールを決める

　　　　就業規則に関係規定を設ける、労使協定を締結する。

　　　　予防・解決についての方針やガイドラインを作成する。

　　③　実態を把握する

　　　　従業員アンケートを実施する。

　　④　教育する

　　　　研修を実施する。

　　⑤　周知する

　　　　組織の方針や取組について周知・啓発を実施する。

2　解決

⑥　相談や解決の場を設置する

企業内・外に相談窓口を設置する、職場の対応責任者を決める。
外部専門家と連携する。

⑦　再発防止のための取組

行為者に対する再発防止研修等を行う。

【10-4-6　他のハラスメントとの複合】

パワーハラスメントは、セクシュアルハラスメントやマタニティハラスメントなどの各種ハラスメントと複合的に行われることもある。

例えば、性的指向や性自認についての不理解を背景として、セクシュアルハラスメントだけでなく、「人間関係からの切り離し」などのパワーハラスメントにつながることがある。

従って、企業としては、各種のハラスメントに対し総合的な対策を講じるべきである。例えば、相談窓口は、セクシュアルハラスメント、マタニティハラスメント、育児休業等に関するハラスメントその他のハラスメントの相談窓口と一体的に相談窓口を設置し、一元的に相談に応じることのできる体制を整備することが望ましい（セクハラ指針、マタハラ指針）。

【10-4-7　パワーハラスメントに関連する法制度（損害賠償）】

　パワハラを直接禁じた法律はないが、パワハラに該当する行為が不法行為となる場合は、加害者である上司等は、被害労働者に対し、身体・名誉感情、人格権などの侵害による不法行為責任を負い、損害賠償義務（民法709条）・慰謝料支払義務（民法710条）を負う。

　この場合に、使用者も次の損害賠償責任を負うことがある。

(1)　使用者責任（民法715条）

　　「ある事業のために他人を使用する者は、被用者が<u>その事業の執行について</u>第三者に加えた損害を賠償する責任を負う」（民法715条本文）。この責任を「使用者責任」という。

(2)　債務不履行責任

　　使用者は、労働者の安全に配慮する義務（「安全配慮義務」。労働契約法5条）や、労働者が働きやすい職場環境を保つように配慮すべき義務（「職場環境配慮義務」）を負っているとされている。

　　これらの義務を怠った場合には、使用者は、被害労働者に対し、債務不履行責任として、損害賠償義務を負う。

［損害賠償を認めた裁判例］

・東京地裁H.22.1.29判決

　　①IT資産管理部の部長が、パソコン作業が必至の同部にパソコンに対する能力不足のまま配属された契約社員が派遣スタッフらとの人間関係がうまくいかず、業務について満足な指導を受けることができていないことを知りうる状況にありながら、契約社員に対し、会議の席上で、厳しく、仕事ぶりが稽古事のようであると揶揄し、金員を要求するような言動をしたり、退職を勧めるような言動をしたことについて、不法行為を構成するとした（民法709条）。②使用者については、従業員が業務について十分な指導を受けた上で就労できるよう職場環境を保つ労働契約上の付随義務違反が認められるとし、部長の不法行為は、勤務時間中に、職場で行われたものであるから、契約社員が被った損害は、部長が使用者の事業の執行について加えた損害にあたり、使用者責任（民法715条）を負うとした。

　　部長及び使用者は連帯して55万円（慰謝料50万円、弁護士費用5万円）の損害を賠償するよう判示。

・仙台高裁秋田支部H.4.12.25判決

　　鉄道会社勤務の労働者が労働組合のマークが入ったベルトを着用していたところ、上司が就業規則違反を理由に、就業規則全文の書き写しを命じ、手を休めると怒鳴ったり、用便に行くことも容易に認めず、湯茶を飲むことも許さず、腹痛により病院に行くこともしばらく聞き入れなかった。この上司の行為は、合理的・教育的意義を認め難く、人格を徒らに傷つけ健康状態に対する配慮を怠るものであったこと、教育訓練は見せしめを兼ねた懲罰的目的からなされたものと推認され、目的においても不当なもので、肉体的精神的苦痛を与えて労働者の人格権を侵害するものであり、教育訓練についての企業の裁量を逸脱、濫用した違法なものであるとした。

　　上司（民法709条）と使用者（民法715条）は連帯して25万円（慰謝料20万円、弁護士費用5万円）の損害を賠償するよう判示

・富山地裁H.17.2.23判決

　　勤務先の闇カルテルを新聞や公正取引委員会に告発した労働者に対し、使用者が転勤や昇格停止、長期間にわたる個室への配席等を行ったことについて、使用者の人事権行使が裁量を逸脱する違法なものであるとして、不法行為責任（民法709条）及び債務不履行責任（民法415条）を認めた。

　　使用者に対し、約1360万円（慰謝料200万円、財産的損害約1050万円、弁護士費用110万円）の損賠賠償をするよう判示

・さいたま地裁H.16.9.24判決

　　看護師が、先輩看護師から飲み会への参加強要や個人的用務の使い走り、何かあると「死ねよ」と告げたり、「殺す」などといった暴言等のいじめを受け、自殺した。この先輩看護師の行為について遺族に対する不法行為責任（民法709条）を認めた。勤務先の病院については、安全配慮義務の債務不履行責任（民法 415 条）を認めた。

　　先輩看護師が遺族に対し負うべき損害賠償額を1000万円とし、病院は先輩看護師と連帯して500万円の損害を賠償するように判示

・東京地裁八王子支部H.2.2.1判決

　　工場に勤務していた労働者の後片付けの不備、伝言による年休申請に対し、上司が、①注意し叱責するとともに、②反省文の提出や後片付けの再現等を求める注意指導を行ったことに対し、①は指導監督上必要な範囲内の行為と

した上で、②は、指導監督権の行使としては裁量の範囲を逸脱し違法性を帯び不法行為が成立するとした。

上司と使用者に対し、連帯して15万円の損害の賠償をするよう判示

【10-4-8　パワハラ行為者の社内処分】

パワーハラスメントが生じた事実が確認できた場合の行為者に対する社内処分については、他のハラスメントが生じた場合と基本的には同じである（内容については、【10-1-12　ハラスメント行為者の社内処分】を参照）。

【10-4-9　パワハラによる労災認定】

パワハラに起因する病気や障害は労災保険の対象となり得る。業務に起因する労災であるか否かについては、「心理的負荷による精神障害の認定基準」（令和2年8月21日付け基発0821第4号）に基づいて認定されている。

１．労災認定のポイント

パワハラなど、業務に起因して精神障害が発生したとして労災認定されるポイント

(1)　認定基準の対象となる精神障害（対象疾病）を発病していること
(2)　発病のおおむね6か月の間に、業務による強い心理的負荷が認められること
(3)　業務以外の心理的負荷及び個体側要因により対象疾病を発病したと認められないこと

２．心理的負荷の強度判断の具体例

具体的出来事	心理的負荷の総合評価の視点	心理的負荷の強度を「弱」「中」「強」と判断する具体例		
		弱	中	強
上司等から、身体的攻撃、精神的攻撃等のパワーハラスメントを受けた	①指導・叱責等の言動に至る経緯や状況 ②身体的攻撃、精神的攻撃の内容、程度等 ③反復・継続など執拗性の状況 ④就業環境を害する程度 ⑤会社の対応の有無及び内容、改善の状況 (注) 当該出来事の評価対象とならない対人関係のトラブルは、出来事の類型「対人関係」の各出来事で評価する。 (注)「上司等」には、職務上の地位が上位の者のほか、同僚又は部下であっても、業務上必要な知識や豊富な経験を有しており、その者の協力が得られなければ業務の円滑な遂行を行うことが困難な場合、同僚又は部下からの集団による行為でこれに抵抗又は拒絶することが困難である場合も含む。	【解説】 上司等による身体的攻撃、精神的攻撃等が「強」に至らない場合、心理的負荷の総合評価の視点を踏まえて「弱」又は「中」と評価 【「弱」になる例】 ●上司等による「中」に至らない程度の身体的攻撃、精神的攻撃等が行われた場合	【「中」になる例】 ●上司等による次のような身体的攻撃・精神的攻撃が行われ、行為が反復・継続していない場合 ◆治療を要さない程度の暴行による身体的攻撃 ●人格や人間性を否定するような、業務上明らかに必要性がない又は業務の目的を逸脱した精神的攻撃 ◆必要以上に長時間にわたる叱責、他の労働者の面前における威圧的な叱責など、態様や手段が社会通念に照らして許容される範囲を超える精神的攻撃	上司等から、身体的攻撃、精神的攻撃等のパワーハラスメントを受けた 【「強」である例】 ●上司等から、治療を要する程度の身体的攻撃を受けた場合 ●上司等から、暴行等の身体的攻撃を執拗に受けた場合 ●上司等による次のような精神的攻撃が執拗に行われた場合 ◆人格や人間性を否定するような、業務上明らかに必要性がない又は業務の目的を大きく逸脱した精神的攻撃 ◆必要以上に長時間にわたる厳しい叱責、他の労働者の面前における大声での威圧的な叱責など、態様や手段が社会通念に照らして許容される範囲を超える精神的攻撃 ●心理的負荷としては「中」程度の身体的攻撃、精神的攻撃等を受けた場合であって、会社に相談しても適切な対応がなく、改善されなかった場合
同僚等から、暴行又は(ひどい)いじめ・嫌がらせを受けた	①暴行又はいじめ・嫌がらせの内容、程度等 ②反復・継続など執拗性の状況 ③会社の対応の有無及び内容、改善の状況	【解説】 同僚等による暴行又はいじめ・嫌がらせが「強」の程度に至らない場合、心理的負荷の総合評価の視点を踏まえて「弱」又は「中」と評価 【「弱」になる例】 ●同僚等から、「中」に至らない程度の言動を受けた場合	【「中」になる例】 ●同僚等から、治療を要さない程度の暴行を受け、行為が反復・継続していない場合 ●同僚等から、人格や人間性を否定するような言動を受け、行為が反復・継続していない場合	同僚等から、暴行又はひどいいじめ・嫌がらせを受けた 【「強」である例】 ●同僚等から、治療を要する程度の暴行を受けた場合 ●同僚等から、暴行を執拗に受けた場合 ●同僚等から、人格や人間性を否定するような言動を執拗に受けた場合 ●心理的負荷としては「中」程度の暴行又はいじめ・嫌がらせを受けた場合であって、会社に相談しても適切な対応がなく、改善されなかった場合
達成困難なノルマが課された	①達成できなかったことによる経営上の影響度、ペナルティの程度等 ②事後対応の困難性等 (注) 期限に至っていない場合でも、達成が困難な状況が明らかになった場合にはこの項目で評価する。	【「弱」になる例】 ●ノルマが達成できなかったが、何ら事後対応は必要なく、会社から責任を問われること等もなかった ●業績目標が達成できなかったものの、当該目標の達成は、強く求められていたものではなかった	【「中」である例】 ●ノルマが達成できなかったことによりペナルティ（昇進の遅れを含む）があった	【「強」になる例】 ●経営に影響するようなノルマ（達成できなかったことにより倒産を招きかねないもの、大幅な業績悪化につながるもの、会社の信用を著しく傷つけるもの等）が達成できず、そのため、事後対応に多大な労力を費した（懲戒処分、降格、左遷、賠償責任の追及等重いペナルティを課された等を含む）
顧客や取引先からクレームを受けた	①顧客・取引先の重要性、会社に与えた損害の内容、程度等 ②事後対応の困難性等 (注) この項目は、本人に過失のないクレームについて評価する。	【「弱」になる例】 ●顧客等からクレームを受けたが、特に対応を求められるものではなく、取引関係や、業務内容・業務量に大きな変化もなかった	【「中」である例】 ●業務に関連して、顧客等からクレーム（納品物の不適合の指摘等その内容が妥当なもの）を受けた	【「強」になる例】 ●顧客や取引先から重大なクレーム（大口の顧客等の喪失を招きかねないもの、会社の信用を著しく傷つけるもの等）を受け、その解消のために他部門や別の取引先と困難な調整に当たった

厚生労働省「心理的負荷による精神障害の認定基準について」より

3．解雇の制限

　労災認定された労働者が、その疾病にかかわる療養のために休業する期間及びその後 30 日間は、例外的な場合を除いて解雇が法律によって禁止されている（労働基準法第 19 条）。

例外的に解雇が可能なケース

・会社が打切補償として1,200日分の給与を支払った場合
・従業員が労災から傷病補償年金の支払いを受けている場合
・やむを得ない事由のために事業の継続が不可能となった場合
・休業中に定年になったことによる定年退職の場合

第 11 節　過労死

【11-1-1　過労死】

「過労死」とは、以下のものである（過労死等防止対策推進法2条）。

- ・業務における過重な負荷による脳血管疾患・心臓疾患を原因とする死亡
- ・業務における強い心理的負荷による精神障害を原因とする自殺による死亡

なお、「過労死等」という場合は、これらに加えて、次の疾患・障害を含める（同条）。

- ・業務における過重な負荷による脳血管疾患・心臓疾患
- ・業務における強い心理的負荷による精神障害

【11-1-2　過労死に関連する事業主の責任】

過労死に関連する事業主等の責任は、次のものが考えられる。

① 事業主の損害賠償責任

事業主に安全配慮義務違反による債務不履行責任（民法415条）や不法行為責任（民法709条）が認められる場合には、事業主は、遺族に対し、損害賠償責任を負う。

なお、遺族は死亡が業務上の事由による場合（業務災害の場合）には、労働災害補償保険法に基づく労災保険給付の申請（労災申請）をして労災保険給付を受けることができる。この労災保険給付が行われた場合は、事業者は、労災保険給付の範囲で損害賠償責任を免れると解されている（労働基準法84条2項の類推適用）。

② 取締役の損害賠償責任

従業員の多数が長時間の時間外労働していることを認識していたにもかかわらず是正措置を講じなかったというような場合に、取締役に故意または重過失が認められれば、取締役は第三者に対する損害賠償責任（会社法429条）を負う。

　この場合は、取締役に故意または過失が認められれば、取締役は不法行為に基づく損害賠償責任（民法709条）を負う。

③　刑事責任

　労災事故を労働基準監督署に報告しなかったり虚偽の報告を行ったりした場合は、事業主は刑事責任が問われることがある。

　また、刑法上の業務上過失致死傷罪等に問われることもある。

④　労働基準監督署による処分

　労働基準法や労働安全衛生法などの法違反が認められる場合には、労働基準監督署が事業主に対し是正を指導する。度重なる指導にもかかわらず是正を行わない場合など、重大・悪質な事案については、労基署は、労基法などの違反事件として取調べ等の任意捜査や捜索・差押え、逮捕などの強制捜査を行い、検察庁に送検することもある。

【11-1-3　脳・心臓疾患の「業務上」認定】

　脳・心臓疾患は、「過労死」と関連づけられるが、動脈硬化・動脈瘤等の基礎疾患が、加齢・食生活・生活環境等の諸要因と影響しあって発症することから、業務上の有害因子の特定が容易ではない。

　そこで、脳・心臓疾患が「業務上」と認められるかの判断枠組みについては、厚生労働省より通達（「血管病変等を著しく増悪させる業務による脳血管疾患及び虚血性心疾患等の認定基準について」（令和3年9月14日付け基発0914第1号））が出されている。同通達の解説として、「脳・心臓疾患の労災認定－「過労死」と労災保険」も厚生労働省から公表されている。

　上記通達では、長期間の過重業務と脳・心臓疾患の関連性につき、労働時間に着目した場合について、次の指摘をしている。

①　発症前1か月～6か月間平均で、月45時間を超える時間外労働が認められない場合は、業務と発症との関連性が弱い。

②　月45時間を超えて時間外労働時間が長くなるほど、業務と発症との関連性が強まる。

③　発症前1か月間におおむね100時間または発症前2か月間～6か月間平均で、月おおむね80時間を超える時間外労働が認められる場合は、業務と発症との関連性が強い。

　これにより、長時間労働によって健康障害が発生するリスクが高まる目安となる「過労死ライン」は、時間外労働が1か月100時間、発症前2か月間ないし6か月間にわたって1か月おおむね80時間といわれている。

　また、「過労死ライン」の超過していない場合でも、その水準に近い時間数の労働であること、そして、一定の労働時間以外の負荷がある場合では、業務と発症との関連が強いと評価される。

　例えば、拘束時間の長い勤務や勤務間インターバルが短い勤務、夜間勤務が連続している場合は、身体的な負荷の要因となる。

【11-1-4　精神障害の「業務上」認定】

　業務における強い心理的負荷による精神障害を原因とする自殺（過労自殺）の労災認定における取扱いは、業務における心理的負荷による精神障害を発病した者が自殺を図った場合は、精神障害によって、正常な認識や行為選択能力、自殺行為を思いとどまる精神的な抑制力が著しく阻害されている状態に陥ったもの（故意の欠如）と推定され、原則としてその死亡は労災認定するとされている。

　そして、精神障害が「業務上」と認められるかの判断については、厚生労働省より通達（「心理的負荷による精神障害の認定基準」（令和2年8月21日付け基発0821第4号））が出されている。また、同通達の解説として、「精神障害の労災認定」が厚生労働省から公表されている。

　これによると、精神障害の労災認定基準は、次のとおりである。

①認定基準の対象となる精神障害を発病していること

②認定基準の対象となる精神障害の発病前おおむね6か月の間に、業務による強い心理的負荷が認められること

③業務以外の心理的負担や個体側要因により発病したとは認められないこと

【11-1-5　労災申請した場合の対応】

　過労死が疑われる事案で死亡した労働者の遺族が労災申請をした場合は、事業主は、労働基準監督署から、労災認定のための調査として、報告書や書類・資料の提出の依頼や関係者の聞き取り調査の協力要請を受けるのが通常

である。

　事業主が労働基準監督署に提出した書類・資料については、遺族から労基署に対し、行政機関個人情報保護法（行政機関の保有する個人情報の保護に関する法律）に基づいて、保有個人情報の開示請求（同法12条以下）として、事業主が労基署に提出している死亡した労働者に関する資料の開示を請求することがある。この場合は、一定の条件をみたせば、遺族に開示されている。

【11-1-6　遺族が事業主に資料の開示を求めた場合の対応】

　過労死が疑われる事案では、遺族から事業主に対し、労災申請の準備として、または損害賠償請求を検討するために、死亡した従業員の勤務状況等に関する資料の開示を求めてくることがある。

　この場合は、労災申請の準備に必要な資料等については、支障のない限り開示に応ずることが望ましい。営業秘密や第三者の個人情報を含んでいる場合には、不開示としたりマスキングを施して開示することが考えられる。また、関係者から聴取した記録・報告書や調査結果を検討した社内資料については、第三者の個人情報を含んでいることや、もっぱら社内での利用を目的として作成したものであることから、開示に応じないのが一般である。

　なお、遺族が裁判所に証拠保全を申し立てることもある。証拠保全は、あらかじめ証拠調べをしておかなければその証拠を使用することが困難となる事情があるときに認められる手続きである（民事訴訟法234条）。証拠保全決定が出た場合は、決定正本等の送達後1～2時間後に裁判官や申立代理人（弁護士）らが事業場を訪問し、決定正本に記載されている証拠の提示を求めて写真撮影という形で証拠調べが実施される。

第 12 節　反社会的勢力との関係

【12-1-1　反社会的勢力】

　「反社会的勢力」とは、暴力、威力と詐欺的手法を駆使して経済的利益を追求する集団又は個人である。

　「反社会的勢力」をとらえるに際しては、暴力団、暴力団関係企業、総会屋、社会運動標ぼうゴロ、政治活動標ぼうゴロ、特殊知能暴力集団等といった属性要件に着目するとともに、暴力的な要求行為、法的な責任を超えた不当な要求といった行為要件にも着目することが重要である（「企業が反社会的勢力による被害を防止するための指針」平成19年6月19日犯罪対策閣僚会議幹事会申合せ）。

【12-1-2　暴力団】

　「暴力団」とは、その団体の構成員（その団体の構成団体の構成員を含む。）が集団的に又は常習的に暴力的不法行為等を行うことを助長するおそれがある団体をいう（組織犯罪対策要綱）。

【12-1-3　暴力団関係企業】

　「暴力団関係企業」とは、暴力団員が実質的にその経営に関与している企業、準構成員若しくは元暴力団員が実質的に経営する企業であって暴力団に資金提供を行うなど暴力団の維持若しくは運営に積極的に協力し、若しくは関与するもの又は業務の遂行等において積極的に暴力団を利用し暴力団の維持若しくは運営に協力している企業をいう（組織犯罪対策要綱）。

【12-1-4　暴力団員、暴力団準構成員】

○暴力団員

　「暴力団員」とは、暴力団の構成員である（組織犯罪対策要綱）。

○暴力団準構成員（準構成員）

　「暴力団準構成員（準構成員）」とは、暴力団又は暴力団員の一定の統制の

下にあって、暴力団の威力を背景に暴力的不法行為等を行うおそれがある者又は暴力団若しくは暴力団員に対し資金、武器等の供給を行うなど暴力団の維持若しくは運営に協力する者のうち暴力団員以外のものをいう（組織犯罪対策要綱）。

【12-1-5　総会屋等】

「総会屋等」とは、総会屋、会社ゴロ等企業等を対象に不正な利益を求めて暴力的不法行為等を行うおそれがあり、市民生活の安全に脅威を与える者をいう（組織犯罪対策要綱）。

【12-1-6　社会運動等標ぼうゴロ】

「社会運動等標ぼうゴロ」とは、社会運動若しくは政治活動を仮装し、又は標ぼうして、不正な利益を求めて暴力的不法行為等を行うおそれがあり、市民生活の安全に脅威を与える者をいう（組織犯罪対策要綱）。

【12-1-7　特殊知能暴力集団等】

「特殊知能暴力集団等」とは、暴力団、暴力団員、暴力団準構成員、暴力団関係企業、総会屋等および社会運動等誹ぼうゴロ以外のものであって、暴力団との関係を背景に、その威力を用い、又は暴力団と資金的なつながりを有し、構造的な不正の中核となっている集団又は個人をいう（組織犯罪対策要綱）。

【12-1-8　暴力団と共生する者（共生者）】

「暴力団と共生する者（共生者）」とは、暴力団に資金を提供し、又は暴力団から提供を受けた資金を運用した利益を暴力団に還元するなどして、暴力団の資金獲得活動に協力し、又は関与する個人やグループである。

共生者は、表面的には暴力団との関係を隠しながら、その裏で暴力団の資金獲得活動に乗じ、又は暴力団の威力、情報力、資金力等を利用することによって自らの利益拡大を図っているだけでなく、表面上は関係を隠しつつ暴力団に資金を提供するなど、最近における暴力団の資金獲得活動の不透明化の主な要因の一つとなっている。

【12-1-9　反社会的勢力対策に関連する法令等】

反社会的勢力対策に関連する法令等には、次のものがある。

(1)　企業が反社会的勢力による被害を防止するための指針（平成19年6月19日犯罪対策閣僚会議幹事会申合せ）。

　　　政府の犯罪対策閣僚会議の下に設置された暴力団資金源等総合対策ワーキングチームにおける検討を経て、企業が反社会的勢力による被害を防止するための基本的な理念や具体的な対応について取りまとめられた指針である。

(2)　暴力団排除条例

　　　暴力団排除条例は、都道府県、市町村ごとに制定されている。

　　　その具体的な内容は各条例によって異なるが、事業者の暴力団等に対する利益供与の禁止や、違反した場合の勧告、公表、罰則、取引開始時の事前審査や契約書への暴力団排除条項の導入義務付け、暴力団を利用する取引や暴力団の活動を助長する取引の禁止等の規定があることが多い。

(3)　監督官庁の指針

　　　各省庁が、所管する分野において、指針やマニュアル等を策定している。

　　　例えば、金融庁は、「主要行等向けの総合的な監督指針」において「反社会的勢力による被害の防止」の項を設けている。

(4)　業界の自主的な取組み

　　　例えば、全国銀行協会は「行動憲章」において、反社会的勢力との関係者団の項を設けている。

　　　また、全国宅地建物取引業協会連合会等の不動産関係団体では、宅地建物取引業者が自主的に不動産取引から反社会的勢力を排除していく姿勢を示すために、売買契約、媒介契約、賃貸住宅契約等のモデル条項を策定している。

【12-1-10　不当要求の類型】

反社会的勢力による不当要求の手口として、「接近型」と「攻撃型」の2種類がある。

(1)　接近型

　反社会的勢力が、機関誌の購読要求、物品の購入要求、寄付金や賛助金の要求、下請け契約の要求を行うなど、「一方的なお願い」あるいは「勧誘」という形で近づいてくるものである。

　接近型の不当要求に対しては、契約自由の原則に基づき、「当社としてはお断り申し上げます」「申し訳ありませんが、お断り申し上げます」等と理由を付けずに断ることが重要である。理由をつけることは、相手側に攻撃の口実を与えるのみであり、妥当ではない（「企業が反社会的勢力による被害を防止するための指針に関する解説」）。

(2)　攻撃型

　反社会的勢力が、企業のミスや役員のスキャンダルを攻撃材料として公開質問状を出したり、街宣車による街宣活動をしたりして金銭を要求する場合や、商品の欠陥や従業員の対応の悪さを材料としてクレームをつけ、金銭を要求する場合である。

　攻撃型の不当要求に対しては、反社会的勢力対応部署の要請を受けて、不祥事案を担当する部署が速やかに事実関係を調査し、仮に、反社会的勢力の指摘が虚偽であると判明した場合には、その旨を理由として不当要求を拒絶する。また、仮に真実であると判明した場合でも、不当要求自体は拒絶し、不祥事案の問題については、別途、当該事実関係の適切な開示や再発防止策の徹底等により対応する（「企業が反社会的勢力による被害を防止するための指針に関する解説」）。

【12-1-11　反社会的勢力による被害を防止するための対応】

　政府の「企業が反社会的勢力による被害を防止するための指針」にまとめられた反社会的勢力による被害を防止するための具体的な対応は、次のとおりである。

反社会的勢力による被害を防止するための具体的な対応

1 反社会的勢力による被害を防止するための基本原則
○　組織としての対応 ○　外部専門機関との連携 ○　取引を含めた一切の関係遮断 ○　有事における民事と刑事の法的対応 ○　裏取引や資金提供の禁止

2　基本原則に基づく対応	
(1)　反社会的勢力による被害を防止するための基本的な考え方	○　反社会的勢力による不当要求は、人の心に不安感や恐怖感を与えるものであり、何らかの行動基準等を設けないままに担当者や担当部署だけで対応した場合、要求に応じざるを得ない状況に陥ることもあり得るため、企業の倫理規程、行動規範、社内規則等に明文の根拠を設け、担当者や担当部署だけに任せずに、代表取締役等の経営トップ以下、組織全体として対応する。 ○　反社会的勢力による不当要求に対応する従業員の安全を確保する。 ○　反社会的勢力による不当要求に備えて、平素から、警察、暴力追放運動推進センター、弁護士等の外部の専門機関（以下「外部専門機関」という。）と緊密な連携関係を構築する。 ○　反社会的勢力とは、取引関係を含めて、一切の関係をもたない。また、反社会的勢力による不当要求は拒絶する。 ○　反社会的勢力による不当要求に対しては、民事と刑事の両面から法的対応を行う。 ○　反社会的勢力による不当要求が、事業活動上の不祥事や従業員の不祥事を理由とする場合であっても、事案を隠ぺいするための裏取引を絶対に行わない。 ○　反社会的勢力への資金提供は、絶対に行わない。
(2)　平素からの対応	○　代表取締役等の経営トップは、(1)の内容を基本方針として社内外に宣言し、その宣言を実現するための社内体制の整備、従業員の安全確保、外部専門機関との連携等の一連の取組みを行い、その結果を取締役会等に報告する。

241

	○　反社会的勢力による不当要求が発生した場合の対応を統括する部署（以下「反社会的勢力対応部署」という。）を整備する。反社会的勢力対応部署は、反社会的勢力に関する情報を一元的に管理・蓄積し、反社会的勢力との関係を遮断するための取組みを支援するとともに、社内体制の整備、研修活動の実施、対応マニュアルの整備、外部専門機関との連携等を行う。 ○　反社会的勢力とは、一切の関係をもたない。そのため、相手方が反社会的勢力であるかどうかについて、常に、通常必要と思われる注意を払うとともに、反社会的勢力とは知らずに何らかの関係を有してしまった場合には、相手方が反社会的勢力であると判明した時点や反社会的勢力であるとの疑いが生じた時点で、速やかに関係を解消する。 ○　反社会的勢力が取引先や株主となって、不当要求を行う場合の被害を防止するため、契約書や取引約款に暴力団排除条項を導入するとともに、可能な範囲内で自社株の取引状況を確認する。 ○　取引先の審査や株主の属性判断等を行うことにより、反社会的勢力による被害を防止するため、反社会的勢力の情報を集約したデータベースを構築する。同データベースは、暴力追放運動推進センターや他企業等の情報を活用して逐次更新する。 ○　外部専門機関の連絡先や担当者を確認し、平素から担当者同士で意思疎通を行い、緊密な連携関係を構築する。暴力追放運動推進センター、企業防衛協議会、各種の暴力団排除協議会等が行う地域や職域の暴力団排除活動に参加する。
(3)　有事の対応（不当要求への対応）	○　反社会的勢力による不当要求がなされた場合には、当該情報を、速やかに反社会的勢力対応部署へ報告・相談し、さらに、速やかに当該部署から担当取締役等に報告する。
	○　反社会的勢力から不当要求がなされた場合には、積極的に、外部専門機関に相談するとともに、その対応に当たっては、暴力追放運動推進センター等が示している不当要求対応要領等に従って対応する。要求が正当なものであるときは、法律に照らして相当な範囲で責任を負う。

○　反社会的勢力による不当要求がなされた場合には、担当者や担当部署だけに任せずに、不当要求防止責任者を関与させ、代表取締役等の経営トップ以下、組織全体として対応する。その際には、あらゆる民事上の法的対抗手段を講ずるとともに、刑事事件化を躊躇（ちゅうちょ）しない。特に、刑事事件化については、被害が生じた場合に、泣き寝入りすることなく、不当要求に屈しない姿勢を反社会的勢力に対して鮮明にし、更なる不当要求による被害を防止する意味からも、積極的に被害届を提出する。

○　反社会的勢力による不当要求が、事業活動上の不祥事や従業員の不祥事を理由とする場合には、反社会的勢力対応部署の要請を受けて、不祥事案を担当する部署が速やかに事実関係を調査する。調査の結果、反社会的勢力の指摘が虚偽であると判明した場合には、その旨を理由として不当要求を拒絶する。また、真実であると判明した場合でも、不当要求自体は拒絶し、不祥事案の問題については、別途、当該事実関係の適切な開示や再発防止策の徹底等により対応する。

○　反社会的勢力への資金提供は、反社会的勢力に資金を提供したという弱みにつけこまれた不当要求につながり、被害の更なる拡大を招くとともに、暴力団の犯罪行為等を助長し、暴力団の存続や勢力拡大を下支えするものであるため、絶対に行わない。

3　内部統制システムと反社会的勢力による被害防止との関係

会社法上の大会社や委員会設置会社の取締役会は、健全な会社経営のために会社が営む事業の規模、特性等に応じた法令等の遵守体制・リスク管理体制（いわゆる内部統制システム）の整備を決定する義務を負い、また、ある程度以上の規模の株式会社の取締役は、善管注意義務として、事業の規模、特性等に応じた内部統制システムを構築し、運用する義務があると解されている。

　反社会的勢力による不当要求には、企業幹部、従業員、関係会社を対象とするものが含まれる。また、不祥事を理由とする場合には、企業の中に、事案を隠ぺいしようとする力が働きかねない。このため、反社会的勢力による被害の防止は、業務の適正を確保するために必要な法令等遵守・リスク管理事項として、内部統制システムに明確に位置付けることが必要である。

【12-1-12　反社会的勢力との一切の関係遮断】

　反社会的勢力による被害を防止するためには、反社会的勢力であると完全に判明した段階のみならず、反社会的勢力であるとの疑いを生じた段階においても、関係遮断を図ることが大切である。

　企業の対処としては、反社会的勢力の疑いの程度によって、次のものが考えられる。

① 　直ちに契約等を解消する

② 　契約等の解消に向けた措置を講じる

③ 　関心を持って継続的に相手を監視する（＝将来における契約等の解消に備える）

　なお、金融機関が行った融資等、取引の相手方が反社会的勢力であると判明した時点で、契約上、相手方に期限の利益がある場合、企業の対応としては、関係の解消までに一定の期間を要することもあるが、不当要求には毅然と対応しつつ、可能な限り速やかに関係を解消することが大切である（「企業が反社会的勢力による被害を防止するための指針に関する解説」）。

【12-1-13　暴力団排除条項】

　「暴力団排除条項（暴排条項）」とは、私人間の取引において、契約書や契約約款の中に、①暴力団を始めとする反社会的勢力が、当該取引の相手方となることを拒絶する旨や、②当該取引が開始された後に、相手方が暴力団を始めとする反社会的勢力であると判明した場合や相手方が不当要求を行った場合に、契約を解除してその相手方を取引から排除できる旨を盛り込んでおくことである。

　暴力団排除条項の活用にあたっては、反社会的勢力であるかどうかという属性要件のみならず、反社会的勢力であることを隠して契約を締結することや、契約締結後違法・不当な行為を行うことという行為要件の双方を組み合わせることが適切であると考えられる（「企業が反社会的勢力による被害を防止するための指針に関する解説」）。

暴力団排除条項の例

（反社会的勢力の排除）

第●条　甲および乙は，現在，暴力団，暴力団員，暴力団準構成員，暴力団関係企業，総会屋，社会運動等標榜ゴロまたは特殊知能暴力集団等，その他これに準ずる者(以下，「反社会的勢力」という)のいずれでもなく，また，反社会的勢力が経営に実質的に関与している法人等に属する者ではないことを表明し，かつ将来にわたっても該当しないことを確約する。
2　甲または乙は，相手方が次の各号のいずれかに該当する場合，何らの催告をすることなく契約を解除することができ，相手方に損害が生じてもこれを賠償することを要しない。
　①　反社会的勢力に該当すると認められるとき
　②　相手方の経営に反社会的勢力が実質的に関与していると認められるとき
　③　相手方が反社会的勢力を利用していると認められるとき
　④　相手方が反社会的勢力に対して資金等を提供し，または便宜を供与するなどの関与をしていると認められるとき
　⑤　相手方または相手方の役員もしくは相手方の経営に実質的に関与している者が反社会的勢力と社会的に非難されるべき関係を有しているとき
　⑥　自らまたは第三者を利用して，暴力的な要求行為，法的な責任を超えた不当な要求行為，脅迫的な言動，暴力および風説の流布・偽計・威力を用いた信用棄損・業務妨害その他これらに準ずる行為に及んだとき

【12-1-14　不実の告知に着目した契約解除】

　暴力団排除条項と組み合わせることにより、有効な反社会的勢力の排除方策として、不実の告知に着目した契約解除という考え方がある。これは、契約の相手方に対して、あらかじめ、「自分が反社会的勢力でない」ということの申告を求める条項を設けておくものである（上表『暴力団排除条項の例』

245

を参照)。

この条項を設けることにより、以下の効果が期待できる。

○　相手方が反社会的勢力であると表明した場合には、暴力団排除条項に基づき、契約を締結しないことができる。

○　相手方が反社会的勢力であることについて明確な回答をしない場合には、契約自由の原則に基づき、契約を締結しないことができる。

○　相手方が反社会的勢力であることについて明確に否定した場合で、後に、その申告が虚偽であることが判明した場合には、暴力団排除条項及び虚偽の申告を理由として契約を解除することができる。

【12-1-15　反社データベース】

「反社データベース」とは、反社会的勢力に関する情報を集約したデータベースである。

反社データベースは、各企業が構築するもののほかに、各業界ごとに、反社会的勢力に関する公開情報及び各企業からの情報を集約・蓄積し、加盟企業が情報照会を行うデータベースを構築する場合もある。

【12-1-16　暴力追放運動推進センター（暴追センター）】

「暴力追放運動推進センター（暴追センター）」とは、「暴力団員による不当な行為の防止等に関する法律」（暴力団対策法）により、暴力団員による不当な行為の防止とこれによる被害の救済に寄与することを目的として、国家公安委員会または各都道府県公安委員会が指定する市民の暴力団排除活動を支援する組織である。

企業は、警察署の暴力担当課の担当者や、暴力追放運動推進センターの担当者と、暴排協議会等を通じて、平素から意思疎通を行い、反社会的勢力による不当要求が行われた有事の際に、躊躇することなく、連絡や相談ができるような人間関係を構築することが重要である。

また、暴力追放運動推進センターが行っている不当要求防止責任者に対する講習等を通じて、不当要求に対する対応要領等を把握することも重要である。

第 13 節　製品・食品事故

第 1 項　製品事故に関連する法令等

【13-1-1　製品事故のリスク】

製品に不具合がある場合に企業に生じる可能性のある損害としては、以下のものが考えられる。

(1)　直接損害

① 　クレーム初期対応費用

② 　原因究明費用

③ 　対応協議費用

社内対応のほか、事故の態様に応じて、行政対応、販売店対応、エンドユーザー対応、調達先対応などのための人件費

④ 　不具合製品の売買契約解除による損失

⑤ 　代替製品手配に関する損失

設計変更や、製造、納入に関する費用

⑥ 　広報対策費用

社告の費用、記者会見・取材対応の費用、ユーザーへの通知費用、広告宣伝費用など

⑦ 　製品回収費用

製品代、工賃、臨時代替品、コールセンター増設などの費用

⑧ 　追加措置に関わる費用

マーケットリサーチ費用、追加広報費用、イメージ回復キャンペーン費用など

⑨ 　再発防止策の検討、実践に関する費用

設計プロセスの見直し、製造工程や検査手法の見直しに関する費用

(2)　民事、行政、刑事の責任

① 　PL・品質クレーム、訴訟に関する費用

填補的賠償金、懲罰的賠償金、担保提供、原因究明費用、弁護士費用、訴訟費用など

② 　役員個人の賠償責任

　　　　株主代表訴訟など
　③　行政による過料、措置に関する費用や損失
　④　刑事責任の追及による損失
　　　　会社、役員・従業員に関し、科料などの損失のほか、人材喪失
（3）　その他の損失
　①　取引停止、利益率削減などのペナルティによる売上減少
　②　取引先における売上減少
　③　他の PL・品質クレームの再燃
　④　株価下落
　⑤　役員辞任
　⑥　会社経営戦略への影響
　　　　共同開発計画、M＆A、新規ビジネス進出などへの負の影響

　特に、リコールによるリスクは、経済的な損害にとどまらず、レピュテーションリスク（企業の評判・評価が下がるリスク）も大きく、企業経営に与えるダメージが長期間にわたり、事業の安定的な発展の支障となりかねない。価格競争力や採算性の確保は重要であるが、安全性の確保を怠った場合のリスクを考えると、製品の安全性を追求し、流通後も安全性を検証し続けることが得策である。

　なお、製品の安全に関する法令や強制規格に適合していることのみをもって、製品事故に関する民事上の損害賠償責任を免れるものではない。製品を流通においた時点において法令や強制規格に適合していても、通常有すべき安全性を欠いているとして欠陥が認められて製造物責任を負うことや、製品事故の予見可能性・結果回避可能性の観点から注意義務違反が認められて不法行為責任を負うことがあり得る。

　このような事情も踏まえ、製品事故防止に向けて、しかるべき製品安全レベルを設定し、リスクマネジメントに取り組むことが必要である。

【13-1-2　製品事故のリスクマネジメント】

　製品事故のリスクを低減するために、企業が法令や強制規格により要求される基準を遵守すべきであることはいうまでもない。
　更に、企業の社会的責任の見地からは、製品事故のない社会づくりのために、様々なステークホルダー（利害関係人）の期待にバランスよく配慮して、

安全・安心な製品を市場に供給し、流通後も安全性を検証し続けることも求められる。

　安全性の確保に際しては、法令等により定められた技術基準に適合することが不可欠であるが、技術基準は社会的要請を常に先取りして定められるものではないため、技術基準に適合すればあらゆるリスクが回避可能となり安全が保証されるというわけではない。

　従って、安全性の確保に関するリスクマネジメントして、次のような取組みを実施するべきである。

- ・　法令等により要求される技術基準への適合を確認する。
- ・　任意の規格基準を参照する。
- ・　海外におけるより優れた安全基準を参照する。
- ・　業界団体における安全ガイドラインを参照する。
- ・　自社で蓄積した安全技術に関するノウハウをレビューすることにより当該製品の安全性を確保するための技術基準を棚卸して適用を試みる。

　これらと同時に、リスクアセスメントの取り組み、すなわち、予防策として、当該製品固有の使用環境に照らして、安全性に関するリスクの洗い出しと評価を行い、そのリスクが社会的に許容可能な大きさ（想定される予想発生頻度と予想発生危害程度の組み合わせ）となるまでリスクを低減させるための対策を講じることが望ましい。

　わが国において消費生活用製品を製造・販売するに際して、リスクアセスメントを実施する法的義務はない。しかし、事業の継続性・安定的な発展性を高める観点からは、製品欠陥に関するリスクについて、単に既存の法令に基づく技術基準を満たすだけではなく、相応のリスクアセスメントを実施し、適切な対策によりリスクを低減することが必要である。

【13-1-3　製品の安全や責任に関する法令】

　製品の安全や責任に関する主な法令には、以下のものがある。

- ・　消費生活用製品安全法（消安法）
- ・　電気用品安全法（電安法）
- ・　家庭用品品質表示法
- ・　製造物責任法

【13-1-4　製品安全に関するガイドライン等】

製品の安全確保に関する公的な解説には、以下のものがある。

○「消費生活用製品向けリスクアセスメントのハンドブック（第一版）」
　及び「リスクアセスメント・ハンドブック　実務編」（経済産業省）

　　消費生活用製品を対象として、リスクアセスメントの考え方と実践方法を紹介する解説書である。これらの手引書としての「消費生活用製品向けリスクアセスメントのハンドブック（第一版）　リスクアセスメント・ハンドブック（実務編）　【手引き】」も公表されている。

○「製品安全に関する事業者ハンドブック」および「製品安全に関する事業者ハンドブック【手引き】」（経済産業省）

　　製品安全確保に関する主要な推奨事項を列挙し、推奨事項の解説を加えた上で、実施事例を紹介した解説書である。

○「製品安全自主行動計画策定のためのガイドライン」（経済産業省）

　　製品安全の確保に向けた事業者自らの取組みを促すため、企業トップの意識の明確化や体制整備及び取組み等の製品安全に関する基本的な考え方や行動のあり方を示した解説書である。

○「消費生活用製品のリコールハンドブック」（経済産業省）

　　製品事故やリコールのための取組み・対応について解説されている。

○「JIS S 0104:2008 消費生活用製品のリコール社告の記載項目及び作成方法」

　　主に消費生活用製品について製造業者などがリコールを実施する際のリコール社告の記載項目及びその作成方法について規定されている。

【13-1-5　製品事故のリスクアセスメントの実施手順】

製品事故のリスクアセスメントは、製品を企画・設計する段階で、それらが製品として使用される状況を想定することで発生が予想される危険源や危険な状態を特定し、その影響の重大さを評価し、それに応じた対策を事前に設計に盛り込むことで、製品の安全性を高める活動である。

リスクアセスメントは、以下の5つの手順を踏まえて実施する（「消費生活用製品向けリスクアセスメントのハンドブック（第一版）　リスクアセスメント・ハンドブック（実務編）　【手引き】」より）。

(1)　意図される使用（使用条件）及び合理的に予見可能な誤使用の明確化

(2)　ハザード（危険源・危険状態）の特定

(3)　リスクの見積もり

(4)　リスクの評価

(5)　リスクの低減

以下、各手順の概要をみていく。

(1)　意図される使用（使用条件）及び合理的に予見可能な誤使用の明確化

　　対象となる使用者や触れることが予見されるものを特定し、意図される使用を特定して、予見可能な誤使用を見積もる。

(2)　ハザード（危険源・危険状態）の特定

　　使用の全段階・全条件で発生するハザード（危険状態および危険事象を含む）を特定する。

　　評価対象製品に関連するハザードを特定する方法には、「危害シナリオ」、「FMEA」、「FTA」、「ETA」、「ハザード・マトリックス」、「評価対象製品に関連する安全規格の要求事項からの抽出」、「事故事例からの抽出」など様々なものがある。これらの方法から適切な方法を選択して、ハザードを特定する。

(3)　リスクの見積もり

　　特定されたハザードが引き起こすリスク（危害や損害）を見積もる。

(4)　リスクの評価

　　リスク（危害や損害）が許容可能であるかどうかを判断する。

　　リスクの見積もりと評価においては、特定されたハザードに対して、危害の重大性と発生頻度の2本の軸でリスクの大きさを評価する。

　　　　・危害の重大性…　製品に不具合が発生した場合、どれだけ重篤な被害につながるかという評価軸

　　　　・　発生頻度　…　事故が発生する確率

　　許容可能な基準を上回るリスクが発見された場合、リスク低減策を行うことにより、予測される事故の発生頻度や危害の重大性を下げて、許容可能な水準までリスクを低下させる。

　　さらに、許容できないリスクが残り、そのリスクが技術や経費の関係で低減できない場合には、その製品の開発自体を回避するということになる

（リスクの回避）。

(5)　リスクの低減

　リスクの見積・評価の結果として評価されたリスクの程度に応じて、リスクを低減する対策を行う。

　リスク低減対策として、3つのステップでリスクを低減し、安全性確保の対策を行う「スリーステップメソッド」という考え方がある。

（スリーステップメソッド）

　　①　本質的な安全設計（第1ステップ）

　　　　本質的な安全設計により本質安全化を図る。危険事象の基になることを除去して、製品として成り立つかを考える。

　　②　安全防護（第2ステップ）

　　　　防護を設定して、製品使用者の安全を確保する対策を検討する。

　　　　本質的安全設計を実現しようとすると、製品の機能・特性が損なわれてしまうなど製品として成り立たなくなる場合がある。その場合には、安全防護策を取り入れる。

　　③　使用上の情報の作成（第3ステップ）

　　　　製品を使用するにあたって知っておくことが必要とされる情報を作成し、製品ユーザーが理解できるように示すことで、第2ステップまでの対策では低減しきれなかったリスクを低減させる。

【13-1-6　リスクアセスメント導入の留意点】

　製品事故におけるリスクアセスメントの導入にあたっての留意点については、「消費生活用製品向けリスクアセスメントのハンドブック（第一版）リスクアセスメント・ハンドブック（実務編）【手引き】」に詳説されている。

　①　リスクアセスメントの本格的導入に関する経営判断

　　　品質マネジメントシステムおよび製品の安全性に関するパフォーマンスレベルの現状認識を行い、適切な資源（ひと・モノ・金・情報）を投入する意思決定を行うことが経営トップに求められる。

　②　品質マネジメントシステムへの組み込み

　　　企画開発段階におけるリスクアセスメントにより残留リスクが許容されるレベルまで低減されない限りは、設計段階に移行できない。試作

設計段階におけるリスクアセスメントにより残留リスクが許容される
レベルまで低減されない限りは、量産設計段階に移行できない。このよ
うなプロセス管理を原則とし、例外は厳格に管理されなければならない。

③　リスクアセスメントの参画者

　リスクアセスメントには、しかるべき経歴・ノウハウを有した関連部
門の役職者が参画することが求められる。

④　リスクアセスメントの実施時期・実施回数

　設計上の欠陥を防止する観点からは、製造に移行する前段階までにリ
スクアセスメントを実施し、より安全な設計を確実なものとすることが
最低限の要件となる。

　実際に効果的・効率的にリスクアセスメントを実施するには、企画開
発段階・設計段階・量産設計段階の各段階においてセーフティデザイン
レビューを実施し、手戻りを回避することが不可欠である。

　流通に置いた後も、自社製品に関する事故情報、ヒヤリ・ハット事例、
苦情等の申し出、故障修理の依頼、他社類似製品の不具合事例など、市
場における不具合情報を積極的に収集し、当初想定したリスクの大きさ
（予想発生頻度・予想発生危害程度）と現状・今後想定されるリスク実
態にギャップが生じていないか、検証し続けなければならない。

⑤　リスクアセスメント手法の選択

　効果的・効率的なリスクアセスメントの実施の観点からは、様々な使
用環境を想定したハザードマトリックスにより、危険源や危害シナリオ
を洗い出し、重要な特定の項目について FTA や ETA により詳細な分
析を行うことが考えられる。

　リスクの発見には、同種製品に限らず過去の事故事例を参考とするこ
とや、ユーザー行動を検証するためにモニターテストを行うことも有効
である。

　使用環境の設定に際しては、合理的に予見可能な誤使用を幅広く含む
ことが重要である。また、マイノリティ（高齢者や乳幼児、障がい者な
ど）へは特段の配慮を要する。

　当該リスクが社会的に許容可能なレベルであるか否かを評価する際
には、一定の基準に基づき定量的に判断することが得策である。

　また、代表的な手法である R-Map を活用し、原則となる判断基準を

定めておくことは最も有効な選択の一つといえる。ただし、個別具体的な事情を踏まえ、自社の製品安全方針・品質方針に鑑み、時代の変遷に伴う価値観の変化や様々なステークホルダーの期待も勘案した上で、最終的な経営判断をしなければならないことに注意が必要である。

⑥　教育研修

役職別研修、業務分掌別研修において、可能な限り早期から多数回の製品安全研修を実施することが得策である。

リスクアセスメントの実務研修を通じて、安全を作り込むことの重要性や基本的な考え方を認識することが必要である。

⑦　自社以外の関係者におけるリスクアセスメント

バリューチェーン全体（サプライチェーン＋供給先・卸売事業者・販売業者など）におけるリスクアセスメントの妥当性評価が重要であると認識する必要がある。

⑧　リスク評価者（リスクアセッサー）

客観的かつ公正なリスクアセスメントを実施するためには、当該製品の事業部門に属さない専門的知見を有したリスクアセッサーにより、当該事業部門のリスクアセスメントのプロセスと結果を検証できるようにしておくことが理想的である。

⑨　リスクアセスメントの本格的導入の手順

従前の設計製造を含む一連の品質管理システムを抜本的に変更することは現実的ではない。多種類の製品群を扱う製造業者等が、製品群に関わらず一律的にアセスメント手法を導入することも混乱を招きかねない。

企業の製品安全方針に基づいて盛り込む必要のある共通則を峻別しつつ、段階的に導入することが重要といえる。

⑩　予防原則の理解

リスクアセスメントを実施する上で、危害発生の科学的証明が十分でないことを理由にして、ある危害を評価対象から除外したり、安易にリスクを小さく見積もることのないように留意する必要がある。

【13-1-7　消費生活用製品安全法】

　「消費生活用製品安全法（消安法）」は、消費生活用製品による一般消費者の生命又は身体に対する危害の防止を図るため、特定製品の製造及び販売を規制するとともに、特定保守製品の適切な保守を促進し、併せて製品事故に関する情報の収集及び提供等の措置を講じ、もって一般消費者の利益を保護することを目的とする法律である（消安法 1 条）。

　消費生活用製品安全法には、「製品事故情報報告・公表制度」や「PSC マーク制度」などの規制が定められている。

【13-1-8　消費生活用製品】

　「消費生活用製品」とは、主として一般消費者の生活の用に供される製品をいう（消安法 2 条 1 項）。

　消費生活用製品安全法の対象となる「消費生活用製品」は、他の法令で個別に安全規制が設けられている製品を除き、主として一般消費者の生活の用に供されるあらゆる製品がこれに該当する。

　　☞　消費生活用製品安全法の別表に限定的に列挙されている船舶、消火器具等、食品、毒物・劇物、自動車・原動機付自転車などの道路運送車両、高圧ガス容器、医薬品・医薬部外品・化粧品・医療機器などの製品は、他の規制法によって個別に安全規制が設けられていることから、「消費生活用製品」から除外されている。別表に掲げられた製品で重大事故が発生した場合には、消費生活用製品安全法に基づく事故報告の義務は発生せず、個別の法令に従って対処することになる。

　消費生活用製品安全法では、消費生活用製品そのものを限定せず、別表において消費生活用製品から除外される製品を限定列挙する「ネガティブリスト方式」を採用している。これは、技術革新等によって新製品が次々と出る度に、消費生活用製品として追加していくことは事実上困難であることから、一般消費者の安全の確保に支障を来たすことがないようにするための配慮である。

【13-1-9　主として一般消費者の生活の用に供される】

　「消費生活用製品」の要件となる「主として一般消費者の生活の用に供される」とは、事業者又は労働者が、その事業又は労働を行う際に使用する場合以外のすべての場合をいう。

　消費生活用製品に該当する製品をたまたま業務用として用いた場合であっても、これらの製品が消安法の対象外となることはなく、消安法の適用を受ける。
（たまたま業務用として用いた場合の例）

- 「パソコン」を会社のオフィスで使用する場合
- 「石油ストーブ」を作業場で使用する場合
- 「ソファー」をホテルの客室で使用する場合

　製造事業者等が「業務用」として製造又は輸入している製品は、原則として消費生活用製品に該当しない。しかし、業務用製品として販売されていても、その製品の仕様や販路等から判断して、例えば、一般消費者がホームセンター等の店舗や、カタログやインターネットによる通信販売等で容易に購入が可能で、一般家庭でも広く使用できるような製品は、消費生活用製品となる場合がある。

（例）

- 　農業機械を一般消費者がホームセンター等で購入して、家庭菜園で使用し、足を挟んで重傷を負った場合は、「消費生活用製品」による重大事故である。
- 　農家が、農業用機械を農業のために購入し、事故にあった場合には、業務用製品による業務事故である（消費生活用製品による事故ではない）。

　業務用として販売されている製品が、インターネット等で中古品として販売されている場合は、「通常、市場で一般消費者に販売されている製品」といえれば、中古品でも消費生活用製品に該当する。ただし、事業者でない個人が行うネットオークションなどは、一般消費者が購入していても直ちに消費生活用製品に該当することにはならない。

【13-1-10　製品】

　消費生活用製品における「製品」とは、工業的プロセスを経た物であって、独自に価値を有し、一般消費者の生活の用に供される目的で、通常、市場で

一般消費者に販売されるものをいう。

　そのため、建築物、構築物（遊園地のメリーゴーランド等）、鉄道車両、一次産品（原油、鉄鉱石、石綿（アスベスト）等）等のように一般消費者の生活の用に供される目的で販売されるものでない物は、消費生活用製品ではない。（「消費生活用製品」による製品事故とは言えない例）

　　・古いガス管の破裂から漏れたガスに着火して火災が発生した。

【13-1-11　部品】

　部品は、事業者が使用者であることが多く、また、製品に組み込まれて使用され、一般消費者が市場で購入するようなものではないこと等から、通常は、部品単独では「消費生活用製品」に含まれない。

　ただし、消費生活用製品に組み込まれて使用されるものの、市場で一般消費者に販売されている乾電池、カッターの替え刃、スキーのビンディング等は、もはや部品ではなく、これ自体が製品とみなされていることから、消費生活用製品に該当する。

【13-1-12　製品事故情報報告・公表制度】

　消費生活用製品安全法に基づく「製品事故情報報告・公表制度」は、事業者と国の行政機関が一体となって、製品事故発生の防止に取り組むために創設された制度である。

　「製品事故情報報告・公表制度」は、以下のものを含む。

　　・　製品事故情報の収集・提供に関する事業者の責務（消安法34条）
　　・　事業者による重大製品事故の報告義務（消安法35条）
　　・　内閣総理大臣による重大製品事故の公表（消安法36条）
　　・　内閣総理大臣による体制整備命令（消安法37条）
　　・　事業者による事故原因の究明と再発防止対策（消安法38条）
　　・　主務大臣による危害防止命令（消安法39条）

　製品事故情報報告・公表制度においては、重大製品事故の報告受理及び公表業務は消費者庁、重大製品事故の事故原因究明・分析は消費者庁及び経済産業省が共同して行い、独立行政法人製品評価技術基盤機構（NITE）への調査指示及び再発防止策の実施は経済産業省が行うこととなっている。

（製品事故情報報告・公表制度の流れ）

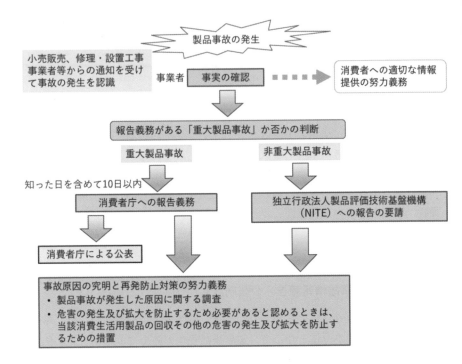

【13-1-13　製品事故情報の収集・提供に関する事業者の責務】

　消費生活用製品の製造、輸入又は小売販売の事業を行う者は、その製造、輸入又は小売販売に係る消費生活用製品について生じた製品事故に関する情報を収集し、当該情報を一般消費者に対し適切に提供するよう努めなければならない（消安法 34 条 1 項）。

　消費生活用製品の小売販売、修理又は設置工事の事業を行う者は、その小売販売、修理又は設置工事に係る消費生活用製品について重大製品事故が生じたことを知ったときは、その旨を当該消費生活用製品の製造又は輸入の事業を行う者に通知するよう努めなければならない（消安法 34 条 2 項）。

【13-1-14　重大製品事故の報告義務】

　消費生活用製品の製造又は輸入の事業を行う者（製造事業者又は輸入事業者）は、その製造又は輸入に係る消費生活用製品について重大製品事故が生じたことを知ったときは、「知った日を含めて 10 日以内に」、当該消費生活用製品の名称及び型式、事故の内容並びに当該消費生活用製品を製造し、又は輸入した数量及び販売した数量を、所定の様式の事故情報報告書によって消費者庁消費者安全課に報告しなければならない（消安法 35 条 1 項・2 項、重大事故報告等に関する内閣府令 3 条）。

　重大製品事故の報告義務は、企業規模あるいは企業形態を問わず、国内にあるすべての消費生活用製品の製造事業者又は輸入事業者が負う。

　また、重大製品事故の報告は、重大製品事故の発生を「知った日を含めて 10 日以内」という短期間にしなければならないので、注意を要する。

　報告された重大製品事故については、消費者庁により公表されるとともに（消安法 36 条 1 項）、経済産業省の指示により独立行政法人製品評価技術基盤機構（NITE）が事故原因の調査を行うことにより（消安法 36 条 4 項）、同種事故の再発防止のための検討が行われる。

【13-1-15　製造事業者】

　重大製品事故の報告義務を負う「製造事業者」（消費生活用品の製造の事業を行う者）は、消費生活用製品の製造行為を実質的に反復継続している者である。

　アセンブリメーカー（部品を購入して完成品を組み立てるメーカー）も製造事業者に含まれる。

　OEM（相手先ブランド製造）については、単に製造行為のみを外注している場合は、基本的に委託元が製造事業者とみなされる。

（OEM の例）

・委託元が自ら設計して製造を外注し、完成品の検査を自己の責任において行う場合は、原則として、委託元が製造事業者とされる。

【13-1-16　輸入事業者】

　重大製品事故の報告義務を負う「輸入事業者」（消費生活用品の輸入の事業を行う者）は、実質的に消費生活用製品の輸入を反復継続的に行っている者である。

　輸入代行事業者が介在している場合には、輸入に際しての委託契約等から「輸入事業者」を判断する。

【13-1-17　製品事故】

　消費生活用製品安全法における「製品事故」とは、消費生活用製品の使用に伴い生じた事故のうち、(1)または(2)のいずれかに該当するものであって、「消費生活用製品の欠陥によって生じたものでないことが明らかな事故以外のもの」である（消安法2条5項）。

(1)　一般消費者の生命又は身体に対する危害が発生した事故

(2)　消費生活用製品が滅失し、又は、き損した事故であって、一般消費者の生命又は身体に対する危害が発生するおそれのあるもの

　「消費生活用製品の欠陥によって生じたものでないことが明らかな事故以外のもの」には、「製品の欠陥によって生じた事故か不明なもの」も含まれているので注意が必要である。

　「消費生活用製品の欠陥によって生じたものでないことが明らかな事故」であり消費生活用製品安全法における「製品事故」に該当しないのは、以下の①〜③の例のように、誰の目から見ても製品の欠陥によって生じた事故でないことが明らかな事故である。

　　①　包丁という消費生活用製品を使用して、故意に人体に危害を加えたような場合（誤った使用形態であることが明らか）

　　②　自転車で走行中、背後から来た自動車に追突され転倒し大けがを負ったような場合（使用している消費生活用製品は健全に機能しているが、当該製品とは関係ない原因で事故が誘発された場合）

　　③　火災の場合で、消防等公的機関により、出火元及び当該製品からの出火でないことが明確にされ、当該製品の調査が終了とされている場合

（「消費生活用製品の欠陥によって生じたものでないことが明らかな事故」とまでは言えず「製品事故」に該当すると判断された例）

- 　安価なシュレッダーが家庭で使用されることが増えていたところ、製品の仕様について業務上の仕様を改めることなく、子供などがいる家庭での使用を考慮した設計・製造の変更をせずにシュレッダーの販売を続けた。その結果、家庭で親が目を離している間に、投入口が幅広で、刃の位置も子供の手が十分に届く位置にあるなどの状態のシュレッダーで子供が手指を切断する事故が発生した。この事故は、単なる使用者の誤使用ではなく、「製品の欠陥でないことが明らか」とは必ずしも言えない。
- 　食器乾燥機において、経年劣化により電線コードが断線し、そこから発火して火災になった事故の場合、一般に、「経年劣化」によって重大製品事故が発生した場合には、それが「製品の欠陥でないことが明らか」とはいえない。
- 　「交換時期」を取扱説明書等に明記している部品について、その時期を越えて使用された場合に、経年劣化で重大製品事故が発生した事案で、取扱説明書等に交換時期が明記してあっても、その仕方や内容が適切なのかを個別に判断する必要があることから、「製品の欠陥によって生じたものでないことが明らか」とはいえない。
- 　製品の設置の際の電気配線のミスで火災が発生した事故については、製品を設置した事業者が、当該製品の製造又は輸入事業者の指揮監督下になく、当該火災の出火原因が、設置事業者のミスであると消防等公的機関により明確にされ、当該製品の調査が終了となっている場合を除いて、「製品の欠陥によって生じたものでないことが明らか」とはいえない。
- 　ジョギングシューズを履いてジョギングをしていたところ、突然、滑って転んで全治 30 日以上の怪我をした事故について、ジョギングシューズが原因か、人の動作が原因か、路面の状態が原因か、又はそれらの複合的な原因が組み合わさったことによるものなのかなど、判断がつかない場合は、「製品の欠陥によって生じたものでないことが明らか」とはいえない。

（「消費生活用製品の欠陥によって生じたものでないことが明らかな事故」であり「製品事故」とは判断されない例）
- 　使用する際に口にしない製品を子供が口にくわえて誤飲したことが明確である窒息死の事故

- ・　ジョギングシューズを履いてジョギングをしていたところ、突然、滑って転んで全治 30 日以上の怪我をしたが、「製品の欠陥によるものでない」として、公的機関等で判断されている場合
- ・　天ぷら鍋を自動消火装置のついていないガスコンロにかけたまま、その場を離れ、火災事故が発生した事故について、消防等の公的機関により、「一般消費者の不注意として起きた事故であることが明らかである」との判断が出され、かつ、当該製品の調査も終了している場合

【13-1-18　欠陥】

　消費生活用製品安全法における「消費生活用製品の欠陥」とは、製品の不具合が生じた時点において、当該製品が通常有すべき安全性を欠いていることである。

　製品の「欠陥」の類型には、以下のものが含まれる。
　　①　製造上の欠陥

　　　製品の製造過程で粗悪な材料が混入したり、製品の組立に誤りがあったなどの原因により、製品が設計・仕様どおりに作られず安全性を欠くような場合

　　②　設計上の欠陥

　　　製品の設計段階で十分に安全性に配慮していなかったために、結果として製造された製品全てが安全性に欠けるような場合

　　③　表示・警告上の欠陥

　　　有用性ないし効用との関係で除去し得ない危険性が存在する製品について、その危険性の発現による事故を消費者側で防止・回避するために適切な情報を製造事業者等が分かりやすい方法で与えなかったような場合

【13-1-19　食中毒等の場合】

　食品用の器具や容器包装等の消費生活用製品の使用に伴い生じた事故のうち、食中毒等の、食品衛生法に規定する器具、容器包装又はおもちゃに起因する「食品衛生上の危害」については、食品衛生法の枠組みの中で対処することとされているので、消費生活用製品安全法における「製品事故」には該当しない（消安法 2 条 5 項）。

【13-1-20　重大製品事故】

　消費生活用製品の製造事業者又は輸入事業者は、その製造又は輸入に係る消費生活用製品について「重大製品事故」が生じたことを知ったときは、「知った日を含めて 10 日以内に」、当該消費生活用製品の情報と事故の内容、製造・輸入した数量及び販売した数量を、消費者庁消費者安全課に報告しなければならない（消安法 35 条 1 項・2 項、重大事故報告等に関する内閣府令 3 条）。

　「重大製品事故」とは、「製品事故のうち、発生し、又は発生するおそれがある危害が重大であるものとして、当該危害の内容又は事故の態様に関し政令で定める要件に該当するものである（消安法 2 条 6 項）。

　具体的に、以下の①及び②に示される危害が発生するような製品事故が、重大製品事故と判断される（消安法施行令 5 条）。

　①　一般消費者の生命又は身体に対し、次のいずれかの危害が発生したこと
　　・　死亡
　　・　重傷病（負傷又は疾病であって、治療に要する期間が 30 日以上のもの）
　　・　後遺障害（負傷又は疾病であって、治癒（症状固定を含む）したときにおいて一定の身体の障害が存するもの。なお、「身体の障害」については、「消費生活用製品安全法の規定に基づく重大事故報告等に関する内閣府令」に定められている。）
　　・　一酸化炭素中毒
　②　火災が発生したこと（消防が火災認定したもの）
（重大製品事故の例）
　　・　パソコンのキーボードに含まれる化学物質によって、消費者がアレルギー性疾患になり、30 日以上治療を要した。
　　・　プロジェクターの電源コード部及び周辺を焼損する火災が発生した。

【13-1-21　重大製品事故の報告と民事上・刑事上の責任】

　製造事業者や輸入事業者が、消費生活用製品安全法 35 条が定める重大製品事故の報告を行った事実をもって、直ちに製品欠陥があることを認めたことにはならないから、事業者は、同法に基づく事故報告の義務を履行したこ

とをもって、直ちに民事上又は刑事上の責任を負うことにはならない。

　なお、製造物責任法（PL 法）では、被害者等が損害及び加害者を知った時から 3 年間、損害賠償請求権を行使しないとき及び製造業者が製品を引き渡したときから 10 年間を経過したときには、同法 3 条に規定する損害賠償請求権が時効によって消滅すると定められている（同法 5 条）。

　しかし、消費生活用製品安全法に基づく重大製品事故の報告義務には消滅時効は定められていないから、事業者は、自ら製造又は輸入した製品については、当該製品が存在する限り、重大製品事故の報告義務を免れない。

【13-1-22　非重大製品事故のＮＩＴＥへの報告】

　消費生活用製品安全法に基づく事故情報報告・公表制度の対象となる事故は、消費生活用製品の「重大製品事故」に限定されている。

　このため、重大製品事故に該当しない製品事故（非重大製品事故）については、消費生活用製品の製造事業者又は輸入事業者であっても、事故の報告義務を負わない。

　しかし、重大製品事故を未然に防止するためには、重大製品事故に至る前に発生している軽微な事故や「ヒヤリ・ハット」事例を網羅的に収集し、これを丹念に分析することが重要である。

　そこで、経済産業省は、独立行政法人製品評価技術基盤機構（NITE）と協力して、消費生活用製品安全法に基づく事故情報報告・公表制度を補完する制度として、同法の制度の対象とならない「ヒヤリ・ハット」を含む軽微な事故（非重大製品事故）については、NITE の事故情報収集制度の中で情報収集することとしている。

　すなわち、経済産業省は、事業者に対し、事業者が非重大製品事故を知った場合の NITE への報告を要請するとともに、事業者が自ら行った事故原因調査の結果の NITE への報告を要請している（「消費生活用製品等による事故等に関する情報提供の要請について」（H23.3.3 商局第 1 号））。

【13-1-23　重大製品事故の公表】

　消費者庁は、消費生活用製品安全法 35 条 1 項の規定による重大製品事故の報告を受けた場合その他重大製品事故が生じたことを知った場合において、当該重大製品事故に係る消費生活用製品による一般消費者の生命又は身体に

対する重大な危害の発生及び拡大を防止するため必要があると認めるときは、原則として、当該重大製品事故に係る消費生活用製品の名称及び型式、事故の内容その他当該消費生活用製品の使用に伴う危険の回避に資する事項を公表する（消安法 36 条 1 項）。

【13-1-24　体制整備命令】

　消費者庁は、消費生活用製品の製造又は輸入の事業を行う者が消費生活用製品安全法 35 条 1 項の規定に違反して報告を怠り、又は虚偽の報告をした場合において、その製造又は輸入に係る消費生活用製品の安全性を確保するため必要があると認めるときは、当該消費生活用製品の製造又は輸入の事業を行う者に対し、その製造又は輸入に係る消費生活用製品について生じた重大製品事故に関する情報を収集し、かつ、これを適切に管理し、及び提供するために必要な体制の整備を命ずることができる（消安法 37 条）。

【13-1-25　製品安全自主行動計画策定のためのガイドライン】

　消費生活用製品安全法に基づく事故情報の報告・公表制度は、いわば守るべき最低限のルールである。また、こうしたルールに適切に対応するためには、事業者の日頃からの取組みが重要になる。こうした観点から、経済産業省では、製品安全の確保に向けた事業者自らの取組みを促すために、企業トップの意識の明確化や製品事故に対する対応等について示した「製品安全自主行動計画策定のためのガイドライン」を公表している。

　事業者が当該ガイドラインを参考にして製品安全に係る自主行動計画を策定することで、社内の製品安全に係る体制を適切に整備することができる。

【13-1-26　ＰＳＣマーク制度】

　「PSC マーク」とは、消費生活用製品安全法に基づき、消費者の生命・身体に対して特に危害を及ぼすおそれが多い製品（特定製品）について、国の定めた技術上の基準に適合したことを証明するマークである。

　　※　「PSC」は、Product Safety of Consumer Products を略したものである（Product Safety＝製品安全、Consumer＝消費者）。

　　※　「特定製品」とは、消費生活用製品のうち、構造、材質、使用状況等

からみて一般消費者の生命又は身体に対して特に危害を及ぼすおそれが多いと認められる製品をいう（消安法2条2項）。現在、10の製品が特定製品に指定されている（消安法施行令1条別表第1）。

PSCマークがないと「特定製品」を販売できず、マークのない製品が市中に出回った時は、国は製造事業者等に回収等の措置を命ずることができる（消安法32条）。

特定製品には、自己確認が義務づけられる「特定製品」と、その中でさらに第三者機関の検査まで義務付けられる「特別特定製品」がある。

（PSCマーク）

特別特定製品	特別特定製品以外の「特定製品」
対象品目	
乳幼児用ベッド 携帯用レーザー応用装置 浴槽用温水循環器 ライター	家庭用の圧力なべ及び圧力がま 乗車用ヘルメット 登山用ロープ 石油給湯機 石油ふろがま 石油ストーブ

第2項　リコールと製品事故のリスクマネジメント

【13-2-1　リコール】

「リコール」とは、消費生活用製品による事故の発生及び拡大可能性を最小限にすることを目的とした、事業者による以下の対応である。
① 製造、流通及び販売の停止／流通及び販売段階からの回収
② 消費者に対するリスクについての適切な情報提供
③ 類似の製品事故等未然防止のために必要な使用上の注意等の情報提供を含む消費者への注意喚起

④　消費者の保有する製品の交換、改修（点検、修理、部品の交換等）又は引取り

　事業者にとって、消費者に安全な製品を提供することは、基本的な責務である。製品事故等の発生を完全に防止することはできないから、「製品事故は起こり得る」という前提でリコールに備える準備を行い、製品事故等の発生又は兆候を発見した段階で、迅速かつ的確なリコールを自主的に実施することが必要不可欠である。

【13-2-2　リコールに関して参考にできる情報】

　製品事故が発生した場合に、原因究明、リコール等に向けて対応する際に参考にできる情報には、以下のものがある。

　　○「消費生活用製品のリコールハンドブック」（経済産業省）

　　　　製品事故やリコールのための取組み・対応について解説されている。

　　○「JIS S 0104:2008 消費生活用製品のリコール社告の記載項目及び作成方法」

　　　　主に消費生活用製品について製造業者などがリコールを実施する際のリコール社告の記載項目及びその作成方法について規定されている。

　　○「製品安全に関する事業者ハンドブック」および「製品安全に関する事業者ハンドブック【手引き】」（経済産業省）

　　　　製品安全確保に関する主要な推奨事項を列挙し、推奨事項の解説を加えた上で、実施事例を紹介した解説書である。「第３章　製品不具合発生時の対応」に、製品不具合が発生した際の対応や原因究明、リコールについて解説されている。

【13-2-3　製造事業者・輸入事業者によるリコール実施への努力義務】

　消費生活用製品の製造事業者及び輸入事業者は、その製造又は輸入に係る消費生活用製品について製品事故が生じた場合には、当該製品事故が発生した原因に関する調査を行い、危害の発生及び拡大を防止するため必要があると認めるときは、当該消費生活用製品の回収その他の危害の発生及び拡大を防止するための措置をとるよう努めなければならない（消安法38条１項）。

　製造事業者・輸入事業者は、製品の設計・製造・加工・組立や輸入行為等

を通じて、製品事故の原因を結果的に生ぜしめる者であるから、消費者への人的危害が発生・拡大する可能性がある製品事故が発生した場合には、速やかにリコールを行うことが求められている。

【13-2-4　販売事業者によるリコールへの協力に関する努力義務】

　消費生活用製品の販売事業者は、製造事業者又は輸入事業者がとろうとする消費生活用製品の回収その他の危害の発生及び拡大を防止するための措置に協力するよう努めなければならない（消安法 38 条 2 項）。

　従って、消費生活用製品の販売事業者は、重大製品事故の発生を知ったときは、その旨を該当製品の製造事業者又は輸入事業者に通知するよう努めなければならない。

　特に、消費者の生命・身体の安全に関わる重大な危害が問題となる場合、これを認識できる立場にある関係事業者は、取締規定がなすべき対応を直接定めていない場合にも、回収を含む適切なリコール対応を迅速に行なうことが要請される場合もある。

　なお、販売事業者、流通事業者においてプライベートブランド（ＰＢ）製品を製造・販売している場合には、製造事業者や輸入事業者と同様の対応が求められる（「消費生活用製品のリコールハンドブック」）。

　販売事業者の具体的な協力としては、以下のものが挙げられる。

- ・　リコール対象となっている消費生活用製品の販売停止
- ・　製造又は輸入事業者への在庫情報や顧客情報の提供
- ・　店頭での一般消費者へのリコール情報の提供

　なお、製造事業者や輸入事業者のリコールに協力するために、小売販売事業者が保有している顧客リストを製造事業者又は輸入事業者に提供することは、「人の生命、身体又は財産の保護のために必要がある場合であって、本人の同意を得ることが困難であるとき」（個人情報保護法 18 条 3 項 2 号及び 27 条 1 項 2 号）に該当するから、提供に際して本人の同意を得る必要はない。

【13-2-5　修理事業者・設置事業者によるリコールへの協力に関する努力義務】

　修理事業者・設置事業者は、修理や設置に係る消費生活用製品について重大製品事故が生じたことを知ったときは、その旨を当該消費生活用製品の製

造事業者又は輸入事業者に通知するよう努めなければならない（消安法 34
条 2 項）。

【13-2-6　部品・原材料製造事業者の位置づけ】

　部品・原材料製造事業者に外注した部品の不具合が原因で製品事故が発生
した場合であっても、リコールは完成品について実施されるものであること
から、リコールを実施する事業者は原則として完成品の製造事業者である
（「消費生活用製品のリコールハンドブック」）。

　部品・原材料製造事業者は、その納品した製品が原因で最終完成品に製品
事故等が発生した場合は、直ちに納入先の事業者に報告する必要がある（同
ハンドブック）。

【13-2-7　リコールの措置の内容】

　販売後の製品による製品事故から消費者を保護するための措置は、「日頃か
ら求められる取組み」（狭義のリスクマネジメント）と、製品事故等の発生後
の緊急安全対策としての「製品事故等への速やかな対応」（危機対応）に大き
く分けられる。

【13-2-8　リコール：日頃から求められる取組み】

　事業者は、製品事故等が発生しないよう日頃から安全な製品の供給に努め
なければならない。製品事故等の発生又は製品事故等を予見させる兆候を発
見した場合に、迅速かつ的確にリコールを実施するためには、日頃からの取
組み（協議のリスクマネジメント）が大切である。

　そこで、安全な製品の開発、設計、製造及び供給努力の基本姿勢のもと、
以下の日頃からの取組みが求められる（「消費生活用製品のリコールハンド
ブック」）。

　1　日頃からの心構えの徹底
　（1）リコールに背を向けない企業姿勢
　　　経営者がリコールに背を向けない企業姿勢の意識を持ち、社内外に
　　示すことが重要である。
　　　発生した製品事故等に対しては、消費者への情報周知を含め、消費

者の安全・安心を第一に考えた行動を実行することにより、消費者の信頼をいち早く回復することが可能になる。事業者は、製品事故等の発生や製品事故等を予見させる兆候に関する社内外からの情報を真摯に受け止め、これを速やかに周知するとともに、事実関係等を分析・把握し、誠実かつ前向きに対応することが不可欠である。

(2)　経営者を含む全ての役員・従業員の意識向上のための教育・研修

製品事故等に迅速かつ正確な対応を取っていくためには、システムやマニュアルの整備だけでなく、経営者を含む全ての役員・従業員の危機管理に対する意識の定着・向上に努める必要がある。また、社内の円滑な情報の伝達と共有が極めて重要である。

2　未然防止のための措置

未然防止のための措置には、製品事故等を発生させないための日頃からの取組みが重要である。具体的には、以下の4点がある。

①　安全基準・安全規則等の遵守
②　リスクアセスメントの実施
③　製品事故等・クレーム情報等の収集体制の整備及び製品へのフィードバック
④　安全な製品使用のための消費者啓発・情報提供

3　速やかなリコール実施のための日頃からの準備措置

製品事故等の未然防止に向けた取組みに加えて、日頃から、いざリコールというときに慌てず、速やかにリコールを実行できるようにするための対応マニュアルの準備が必要である。具体的には、(1)～(4)の準備をする。

(1)　製品のトレーサビリティ把握のための体制

製造段階、流通段階の各段階においてトレーサビリティを確保するための情報収集が必要である。

(2)　対応マニュアルの作成

対応マニュアルに必要な基本事項は、次の4点である。

①　基本方針の明示
②　情報伝達システム及び意思決定体制の整備
③　報告等を要する機関等の確認
④　リコール実施の判断基準の策定

(3)　リコールを円滑にするためのサポート機関への相談

(4)　リコールに要する費用の確認・確保

【13-2-9　食品事故予防のためのリスクマネジメント】

　食品事故を予防・防止するためのリスクマネジメントについては、食品衛生法 51 条において、食品等の製造・輸入・加工・調理等を業とする事業者（営業者）に対し、「衛生管理」の実施が義務付けられている。

　☞　「第 5 項　食品事故」で説明する。

【13-2-10　製品事故等への速やかな対応】

　製品事故等の発生又は発生を予見させる兆候を発見した場合から後の対応（危機対応）の流れは、以下のとおりである（「消費生活用製品のリコールハンドブック」）。

　○　アクション 1　事実関係の把握等
　○　アクション 2　リコールを実施するか否かの判断
　○　アクション 3　対策本部等の実施母体の設置
　○　アクション 4　リコールプランの策定
　○　アクション 5　社告等の情報提供方法の選択
　○　アクション 6　関係機関等への連絡と協力要請

【13-2-11　製品事故等への速やかな対応：アクション 1　事実関係の把握等】

　リコール実施の判断を行う前提として、事実関係の正確な把握や原因究明が求められる。また、製品事故に関する行政等への報告が当該時点において求められる。

　「消費生活用製品のリコールハンドブック」は、この段階の対応として、以下の対応を求めている。

　(1)　事実関係の把握、内容の整理、行政等への報告

　(2)　原因の究明

　(3)　被害者への対応

　以下、(1)～(3)の各対応について、同ハンドブックによる説明の概要を掲記する。

(1)　事実関係の把握、内容の整理、行政等への報告

　　　事実関係の把握、内容の整理等は下記の事項に整理できる。

　　　①　製品事故等の内容の整理、国への報告

　　　②　製品のトレーサビリティ把握と整理

　　　③　製品事故等の兆候に関する情報の整理等

　　　④　周辺情報の把握と整理

　消費者の安全確保の観点から、緊急を要するものであれば、全ての情報を確認するのを待つのではなく、まず判明している事実関係を整理し、部門内の関係者、関連部門へ報告、法律に基づく国（消費者庁）への事故内容の報告、又は、製品事故情報収集制度等に基づく関係行政機関等への報告を行い、次のアクションへの準備に入る。

　　　①　製品事故等の内容の整理、国への報告

　　ⅰ）　製品事故等の内容の整理

　　　　全ての情報を確認するのを待つのではなく、まず判明している事実関係を整理し、部門内の関係者、関係部門に報告する。

　　ⅱ）　重大製品事故の判断

　　　　収集した事実をもとに、消費生活用製品安全法における「重大製品事故」に該当するか否かを判断する。

　　　ア　重大製品事故の場合の対応

　　　　　当該事案が重大製品事故に該当すると判断した場合、事故を知った時から 10 日以内に消費者庁に報告しなければならない（消安法 35 条 2 項、重大事故報告等に関する内閣府令 3 条）。

　　　☞　「重大製品事故」については、「第 1 項　製品事故に関連する法令等」で説明した。

　　　イ　非重大製品事故の場合の対応

　　　　　当該事案が非重大製品事故に該当すると判断した場合、事故を知った時から 10 日以内を目安に独立行政法人製品評価技術基盤機構（NITE）に報告する（任意）。

　　　ウ　報告にあたっての留意点

　　　　　重大製品事故・非重大製品事故の発生においては、速やか

な報告が何よりも重要である。詳細な情報を収集することは重要だが、詳細な情報収集や原因究明に注力するあまり、事故発生の事実を公表することが遅れ、結果的に事故が再発することはもっとも避けなければならない。

（重大製品事故該当性の判断フロー）

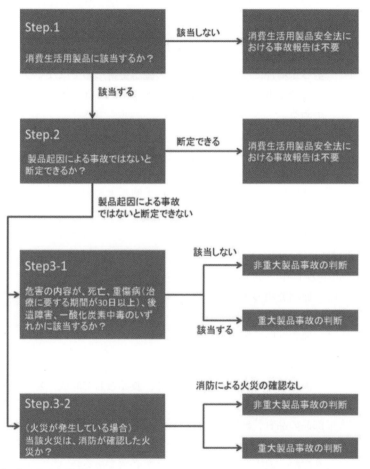

［出典：「消費生活用製品のリコールハンドブック 2019」（経済産業省）の「図４」］

②　製品のトレーサビリティ把握と整理

事実関係の把握において、対象製品の特定、製品の販売経路、追跡情報の整理が必要である。

③　製品事故等の兆候に関する情報の整理等

社内外から製品事故等の発生の予兆に関する情報が得られた場合には、その情報の整理及び結果の予測を行う。このとき、製品事故等の情報を一元管理する部門において、当該製品のモニタリング（製品事故等の発生状況の継続的監視）を行う。

重大製品事故が発生する可能性が高まり、緊急を要する情報に至った場合には、全ての情報の確認を待つのではなく、まず判明している事実関係を整理し、経営者、関係部門等に報告する必要がある。

④　周辺情報の把握や整理

製品事故等の多発・拡大可能性等について、自社内だけでは明確に判断できない場合があり得るため、専門家の意見、内外の関連技術情報の確認・把握、同様の製品事故等の確認などの、周辺情報の把握や整理が必要になる。

(2)　原因の究明

事実関係の把握とともに、原因究明のための速やかな対応が必要である。以下の事項について、留意すべき点がある。

①　原因究明の主体
②　原因究明の手順
③　原因究明に要する期間と再発防止策

①　原因究明の主体

国産品の場合は、原則として、製品として完成させた製造事業者が原因究明の責任者として実施すべきである。ただし、個別の部品の品質管理問題や材料特性が事故原因に関わることが多いため、部品の製造事業者からの協力は非常に重要だから、連携を図りながら原因究明を進めることが必要である。

OEM やプライベートブランド（PB）など生産委託製品の場合は、生産委託契約の中で原因究明の実施主体を明確にしておくこ

とで、原因究明の実施主体や責任主体の決定に混乱を生じさせずに原因究明を進めることができる。

　輸入品の場合は、国内では原則として輸入事業者が原因究明の責任者となる。

　なお、原因究明機関を利用する場合、「原因究明機関ネットワークデータベース」（NITE のサイトに掲載）を利用できる。このデータベースは、製品関連事故の原因究明依頼があった場合に、依頼者の費用負担のもとで原因究明を実施することが可能である各種機関を、事故内容や原因究明試験内容に応じて適切に紹介・斡旋することを目的として作成されたものである。

② 　原因究明の手順

　収集した情報を踏まえて、設計起因（素材、構造、強度等の妥当性等）、製造起因（生産設備の不調、人為的ミス等）、使用上の情報提供の不備（取扱説明書の内容や警告表示が不明確等）等、考えられるあらゆる側面より、原因究明を行う。

　なお、原因究明の手順と留意点の詳細は、「製品安全に関する事業者向けハンドブック」の「第3章　製品不具合発生時の対応」に解説されている。

（「製品安全に関する事業者向けハンドブック」より）

　　ⅰ　準備段階

　　　・　事故状況（外部要因）を正しく把握する。

　　　・　内部要因の調査に必要な社内関係書類やデータ等の準備をする。

　　　・　原因究明方法を検討する（社外専門家への相談・専門機関への依頼、検査・実験の必要性の検討）。

　　　・　原因究明手順を検討する。

　　ⅱ　リスクアセスメント結果のレビュー

　　　・　原因究明にあたっては、当該製品のリスクアセスメント結果をレビューする（リスクアセスメントの実施記録を確認するとともに、必要に応じて関係者に対するヒアリング等により、各プロセスの実施内容、対策内容の妥当性を確認する）。

　　　　　ⅲ　検査・実験による検証段階

　　　　　　　・　検査・実験の目的、対象、方法を明確化した上で実施する。

　　　　　　　・　被害が発生し、賠償責任の発生する可能性がある場合等は、第三者への検査委託等により客観性を確保する。

　　　　　　　・　当該製品に対応する JIS 規格、ISO/IEC 等の国際規格がある場合は、規格において規定されている試験（規格適合試験）も踏まえた検査・実験を行うことにより客観性を確保する。

　　③　原因究明に要する期間と再発防止策

　　　　原因究明に時間を要することが予め予想される場合は、判明している事実関係をもとに事故の再発防止策を実施する等、必要な対応を行う必要がある。

　　　　原因究明とともに、早期の告知等、事故の再発・拡大防止に努めることが肝要であり、特に、製品起因による重篤な事故の可能性が高く、多発・拡大被害が予見される場合には、原因究明と並行的にリコールの実施や、注意喚起等の暫定対応の実施についても検討を行う必要がある。

(3)　被害者への対応

　　当該製品事故等で被害が発生している場合、被害者への対応は最優先事項の 1 つとなる。被害者対応における留意点は次のとおりである。

　　　・　法律上の責任を判断する上で前提となる、事実・原因の究明に最善を尽くす。

　　　・　被害者に対する道義的責任の範囲は、法的責任の有無や程度に立脚して判断する。

【13-2-12　製品事故等への速やかな対応：アクション２　リコールを実施するか否かの判断】

　直ちにリコールを実施するか、暫定対応だけでもまず実施すべきか等の意思決定は、経営者が行うことが重要である。
　「消費生活用製品のリコールハンドブック」は、(1) 意思決定にあたっての判断要素と(2) 暫定対応の必要性について、次の概要の解説をしている。

(1)　意思決定にあたっての判断要素
　○　被害の質・重大さ
　　①　人への被害はあるか、人的被害が無くともその可能性があるか
　　　　死亡等の重篤な人的被害が発生する場合は、特に迅速にリコールの実施を決定する必要がある。
　　　　結果が物的損害のみであっても、間接的に人的被害の可能性がある場合は、人への被害があり得ると判断しなければならない。
　　　　人的被害（又はその可能性）でも、乳幼児、子ども、高齢者、障がい者等が被害を受ける場合には、特に注意が払わなければならない。
　　②　軽微な物的損害への対応
　　　　人的被害がない又はその可能性がない場合、あるいは安全に直接関係のない品質や性能に関する不具合等は、基本的にはリコールの対象ではない。
　　　　ただし、軽微な物損しか生じていなくても、人的被害のおそれ、多発可能性や拡大可能性が認められる場合は、リコール対応を検討することが適切である。
　○　事故（被害）の性格
　　③　多発・拡大の可能性があるか
　　　　同様の製品事故等が発生する可能性がある場合(明らかに単品不良と断定できない場合）は、多発・拡大の可能性があると判断する。
　　④　単品不良として個別対応
　　　　人への被害又は人への被害の可能性はあるが、多発可能性がなく、単品不良と考えられる場合であっても、改修、修理等による被害者への個別対応は必要である。

○　事故原因との関係

⑤　製品欠陥かどうか

　　リコールを実施するか否かの判断をする時点においては、事故等が製品の欠陥によるものか否かを明確にすることよりも、企業の社会的責任として、まず消費者の安全確保を優先し、事故の再発・拡大防止を図るための迅速な対応を検討する必要がある。

⑥　消費者の誤使用か

　　誤使用等や不注意による事故を防止するためにも、誤使用や不注意により発生した事故の全てが、消費者の責任であるとの判断をせず、以下の様な観点から同様の事故が発生する可能性について検討する必要がある。

- ・　製品が誤使用や不注意による事故を発生しやすい構造あるいは設計であるか
- ・　予想される誤使用に対する防止措置が設計上十分に講じられているか
- ・　警告表示等の注意事項等は十分か

　　特に、乳幼児、子ども、高齢者、障がい者等は、製品事故の被害を受けやすい消費者でもあり、当該消費者の生命・身体の安全確保の観点を重視した判断が求められる。

⑦　修理や設置工事ミスによる製品事故等への対応

　　修理や設置工事等においてミスが発生し、製品事故等につながった場合であっても、製造事業者・輸入事業者として、修理や工事ミスが起きやすい製品構造や設置マニュアルになっていないか、ミスに対する警告が十分かを確認することが求められる。特定のミスが集中して起こる場合には、修理事業者・設置事業者だけでなく、製造事業者・輸入事業者自らも、周知、改修の必要がないか等、事故の再発防止の観点からとりうる対応を検討し、実施する必要がある。

⑧　改造による製品事故等への対応

　　改造で製品事故等につながった場合であっても、その改造が容易に可能であったのではないかとの認識に立って、消費者への周知を行うとともに、事故再発防止の観点から取り得る対応を検討し、実施する必要がある。

⑨　経年劣化の問題

　　製品事故等の原因が経年劣化によるものであっても、それらの製品が実際に使用されていて消費者に危害を及ぼすおそれがある以上、事業者は安全確保のために迅速に対応することが必要である。

(2)　暫定対応の必要性

　　対処方法を決定しても直ちにその対応が取れない場合であっても、事故の多発可能性や拡大可能性がある場合は、速やかに暫定対応を実施する必要がある。

　　暫定対応には、製造、流通及び販売の一時停止、社告等による使用の停止の呼びかけ、注意喚起等の情報提供等がある。

　　その際には、製品安全の専門的第三者機関である NITE や経済産業省又は消費者庁にとるべき措置等を相談することは有用である。

【13-2-13　製品事故等への速やかな対応：アクション3　対策本部等の実施母体の設置】

　　リコールを実施する場合は、経営者のもと、各関係部門の長が中心となった対策本部又は同等の実施母体が責任をもって、主に次の取組みを行う。

①　リコールプランの策定
②　迅速かつ的確なリコールの実施
③　リコールの実施状況のモニタリング

【13-2-14　製品事故等への速やかな対応：アクション4　リコールプランの策定】

　　「リコールプラン」は、対策本部等が策定し、リコールを実施するにあたっての対応方針を決定し、社内外に対する姿勢を明確にするものである。

　　リコールプランの策定にあたっての基本原則は、以下のとおりである（「消費生活用製品のリコールハンドブック」）。

（基本原則）

①　確実に消費者に伝わる告知方法を捜す

　　リコールの目的は、消費者への製品危害の拡大防止につながる告知を行って、被害の未然防止に努めることにある。新聞広告やホームページ

　　への社告は、告知方法の 1 つであり、自社のホームページに掲載してい
　　るから良いであろうというのではなく、いかに確実に製品の安全情報を
　　伝える告知方法となっているかが重要である。
②　死亡や、重傷な被害の危険がある場合は、徹底的に周知する方策をと
　　る
③　関係事業者、関係機関との連携や協力体制を考える
　　販売店、親会社、公共機関、監督官庁、業界団体等と連携・協力して、
　　自社だけでは対応が困難な部分をカバーする方策を考える。
　　　これらの関係者とどのように連携をとるか、情報の流れや、主体とな
　　る責任母体や責任分担を明確にすることも重要である。
④　効果が上がらなければ、繰り返すか、別の方法を捜すことを検討する
　　ためのタイミングと評価手法を定める
⑤　費用対効果も考慮する
⑥　コンサルティングやコールセンターサービス等のアウトソーシング
　　の活用を選択肢の 1 つとして考える

　アウトソーシングを活用することも選択肢の 1 つであるが、リコールの責
任実施母体は、あくまでも当事者である実施事業者である。リコールの終了
等の重要な意思決定は、責任をもって実施事業者が判断する必要がある。
　リコールプランの策定にあたっての留意点は、以下のとおりである（「消費
生活用製品のリコールハンドブック」）。

(1)　リコール実施の目的
　　　リコール実施の目的は、販売後の製品による製品事故から消費者を保
　　護することであり、製品事故による消費者への被害の拡大防止を図るこ
　　とである。

(2)　リコール方法の種類
　　　次の方法から、それぞれの方法を採用した場合にどの程度のリスクの
　　低減効果を期待できるかを検討し、リスク低減に向けてとるべき手法を
　　検討する。
　　　一般的には、複数の方法を同時又は時間差をつけて導入する。
　　（リコールの方法の種類）
①　製造、流通及び販売の停止／流通及び販売段階からの回収

② 消費者に対するリスクについての適切な情報提供

③ 類似事故未然防止のために必要な使用上の注意等の情報提供を含む消費者への注意喚起

④ 消費者の保有製品の交換、改修（点検、修理、部品の交換等）又は引取り

　製品事故の拡大可能性がある旨の適切な情報は、消費者だけでなく、販売事業者、流通事業者、修理事業者、設置事業者等の当該製品に関係のある事業者に広く情報提供することが、関係者の理解や協力を得る上で極めて重要である。

　他社も使用する共用部品や共用材料に関する場合の対応は、自社だけの問題とはせず、関連会社へ連絡し、リコールの種類を決定する必要がある。

(3) リコール対象数・ターゲットとなる対象者の特定

○ リコール対象数の特定

　基本的には、リコール製品の全出荷量がリコール対象数として設定されることが望まれる。

○ ターゲットとなる対象者の特定

　自社が保有している所有者情報や販売事業者から購入者情報の提供を受けるなどして、市場に流通している対象製品のトレーサビリティを確認できるところまでは確認し、消費者又は出荷先を最終的に特定する。

　消費者又は出荷先を特定できる状況に応じて、リコール実施にあたって効果的な告知手法やリコール方法を検討する。

(4) リコール実施率の目標設定と評価基準の検討

　リコール実施の際に採用するそれぞれの方法をいつまで実施し、どのくらいの期間でどの程度の実施率（対象台数に対して回収等の実行が確認された割合）が達成されるか、といった目標の設定と評価基準を検討する。

(5) 販売・流通事業者等への情報提供及び協力の依頼

　有効なリコールを実行する上で、特に販売事業者、流通事業者等への説明や協力の依頼は重要であり、製品の販売中止や店頭の製品の回収協力を得る必要もある。さらには、修理事業者、設置事業者の協力が重要となる場合がある。

こうした事業者には、リコールの公表前に、十分な説明を行う等の対応が必要になる。

(6)　リコール実施のための経営資源の検討

決定したリコール実施方法の実現に必要な経営資源の内容を明らかにして、調達すべき人的資源、物的資源、金銭的資源、情報資源の質・量の見積もりを行う。

経営資源の調達・投入にあたっては、内製化するか、外製化するかを区別することが重要である。

【13-2-15　製品事故等への速やかな対応：アクション5　社告等の情報提供方法の選択】

以下の事項に留意して社告等の情報提供方法（告知方法）を決定する。

(1)　情報提供する対象は誰か

(2)　どのような情報提供方法及び媒体を用いたら良いか

(3)　何を伝えたら良いか

(4)　個別に配慮する事項はないか

各事項のポイントは、次のとおりである（「消費生活用製品のリコールハンドブック」）。

(1)　情報提供する対象者は誰か

情報提供する対象者は、購入者か、使用者か、保有者（家主、民宿経営者等）か、使用者の保護者か、使用管理者（器具を管理する学校、保育所、病院や施設等）かを確認する。

(2)　どのような情報提供方法及び媒体を用いたら良いか

消費者にいかに確実にリコールメッセージを伝えるか、最適方法は何かを考え、最も効果的で効率的な方法を決定する。

なお、高齢者や外国人などの対象者の属性を勘案して、確実にリコール情報を伝達し、事業者の求める行動をとってもらうためには、果たしてどのような情報媒体を使用し、どのような情報提供を行うべきか十分に考え、対応していくことも重要である。

①　顧客情報がわかる場合

顧客情報が特定できる場合は、流通・販売事業者や、通信販売事業

者の協力を得ながら、ダイレクトメール等で直接伝達する方法を考える。

ア　ダイレクトメール

　　例えば、「大切なお知らせ」と明示するなどして、通常のダイレクトメールとは異なるものであることを強調・差別化することが望まれる。

イ　電話、ファックス

ウ　電子メール

エ　直接訪問

オ　販売事業者・流通事業者等を通じての連絡

・　直接的な製品供給事業者（販売店、専業配送会社等）

　　リコール対象製品を販売した顧客に対しダイレクトメール、電話、メール等によって連絡することを依頼する。

・　レンタル事業者

　　リコール対象製品をレンタルした顧客に対しダイレクトメール、電話、メール等によって連絡することを依頼する。

・　通信販売事業者

　　製品の購入記録等によりリコール対象製品を購入した消費者を抽出し、ダイレクトメール、電話、メール等により連絡することを依頼する。

　　ホームページ上にリコール告知を掲載することを依頼する。

・　修理事業者、設置事業者

　　修理や設置記録によりリコール対象製品の所有者を抽出し、ダイレクトメール、電話、メール等によって連絡することを依頼する。

　　設置や修理のために顧客を訪問する際に、顧客の住居等にリコール対象製品があるか否かの確認をするよう依頼する、あるいはチラシの配布を依頼する。

②　顧客情報がわからない場合

　　顧客情報が特定できない場合は、新聞社告等の不特定多数の者に情報伝達する方法を考えることになる。1つだけの媒体を使うのではなく、効果的な媒体を複数採用し実行することが有効である。

　また、想定する使用者（子どもや高齢者、性別や年齢層等）、使用
場所や使用する季節、専門性が限定されている製品であれば、そのよ
うな使用者が興味を持つ媒体や集まる場所等に注目して情報提供媒
体を選定するとよい。

　不特定多数の者に情報伝達する方法と留意点は、以下のとおりであ
る。

ア　報道機関に対する発表（リリース）

　情報提供活動として、リコール内容を報道用資料として報道機関
に配布し、記事化をするよう求める。

　報道機関の発表が行われる際には、消費者からの問い合わせが殺
到するなど、その後の対応に関して経営資源が十分に手当てされて
いるか確認しておくことが重要である。

イ　新聞社告・広告

　新聞社告の場合、冗長な「お詫び」の表現よりも、限られたスペー
スに極力明確かつ簡潔にリコールの実施内容を表記しなければな
らない。

　新聞等として考えられるのは、全国紙、ブロック紙、地方紙、製
品特性に応じた業界紙及び該当ユーザーのみに配布される情報紙
などがあり、競技団体による選手や関係者向けの情報紙、登録ユー
ザー向けの製品情報やバージョン情報等が掲載されている情報紙
などもある。

ウ　ホームページ／WEB サイト

　一般的に自社又は販売事業者の WEB サイトを利用して社告を
掲載する。その場合、トップページにわかりやすい形で、長期間（リ
コール対象製品にもよるが、最低 36 か月以上）、社告のページへ
のリンク等を掲載する。

　ホームページに掲載する際には、検索性を高め、注意／危険／警
告等の危険度レベルに応じた情報提供を行うことが必要である。そ
の他インターネットの検索サイト上の検索アイテムの傍らに各種
広告を使って関連するリコール告知を表記する方法もある。

　パソコンのソフトのアップデートのタイミングや携帯音楽機器
をパソコンに接続するタイミングで、対象製品や持っているユー

ザーに対し、リコール情報を告知する方法もある。

エ　公的機関におけるパブリックスペース

　　・　公的な機関の掲示板等

　　　　自治体、消費生活センター、保健所等に協力を依頼し、掲示板や広報紙等の公的な施設や設備を利用する。

　　・　公的な機関のウェブサイト

　　　　経済産業省の「製品安全ガイド_リコール情報」、消費者庁の「消費者安全」、独立行政法人製品評価技術基盤機構（NITE）の「製品安全」や「リコールの検索サイト」、独立行政法人国民生活センターの「商品テスト結果」や「回収・無償修理の情報」、財団法人製品安全協会の「SG 製品のリコール情報」、東京都の「東京くらし WEB」、「くらしの安全」などへの協力依頼等をする。

オ　民間等のパブリックスペース

　　ニュースサイト、ポータルサイト等のインターネット上のパブリックスペースへの協力依頼や、広くニュースを扱うホームページ、検索用のホームページ、特定の製品ユーザーが共有するホームページ、WEB 上の百貨店的な役割のホームページ等へのバナー広告をする。

カ　雑誌、リビング誌等

　　一般消費者が読むリビング誌以外にも、対象製品の利用者がよく読む可能性がある専門誌や関係する特集記事がある雑誌の場合等を含む。

キ　折り込みチラシ

　　新聞用の折り込みチラシに限らず、販売店等の折り込みチラシに部分的に掲載させてもらう、ガス会社や電気会社と連携して料金の郵便受けへの投函と合わせてチラシを投函してもらうなどの方式も考えられる。

ク　総合カタログ

　　作成元に協力依頼をし、販売店用や通信販売用のカタログ、学校等に配布される総合卸業者によるカタログに掲載してもらう。

　　製品のカタログを請求された際に、リコールチラシを同封する方法もある。

ケ　配達地域指定郵便等

コ　テレビ CM／ラジオ CM

　　高齢者に対しては、ラジオの聴取率が高いこともあり、ラジオ CM でのリコールの告知には一定の効果が見込まれる。

サ　電車内ポスター、駅ポスター

シ　地方等の公共機関の情報紙への掲載の要望

ス　消費者センター等への情報提供とチラシ送付

　　全国都道府県の消費者センター、保健所、公民館、市・区等の役所窓口に置いてもらう依頼をする。

　　消費者センター等の消費者への情報提供・相談窓口の人に情報提供し、関連講座や情報公表の場等で配布してもらえるよう協力要請する。

セ　直接投函

ソ　販売事業者、流通事業者への協力依頼

　　店頭告知を依頼する。

　　顧客情報と販売履歴をもとに抽出されたリコール対象製品を販売した消費者に対してダイレクトメールの発送を依頼する。

タ　関連機関協力

　　ガス用品ではガス会社、電機関連用品では電力会社等、玩具や子ども用の製品に関しては幼稚園・保育園というように、関連機関に告知を依頼する方法がある。

チ　配送、保守・点検・修理事業者への協力依頼

ツ　ネットニュース

　　ネットニュースを配信している事業者に安全関連情報をリンクしやすい環境を提供し、類似製品をネット販売等で利用する購入層にアクセスしやすいようにする等、直接リコール情報をネットワーク配信する方法もある。

　　独立行政法人製品評価技術基盤機構（NITE）の「製品安全情報マガジン」（メールマガジン）に掲載してもらう方法もある。

テ　リコール情報の検索サービスへの登録

ト　その他、IT 技術等を使った新しい方法

ソーシャル・ネットワーキング・サービス（SNS）を利用して
リコールや注意喚起等の情報発信を行う。

なお、SNS の活用の際には、以下に留意する必要がある。

- （ア）SNS では、事業者は柔軟かつ素早い応答が求められるた
  め、消費者からの照会に対する事業者からの回答や対応の
  遅さにより苦情等に発展するおそれがあること
- （イ）　意図的か否かに関わらず、消費者がリスクを過大に伝え
  るなど風評被害が発生するおそれがあること
- （ウ）　情報の一部のみが取り上げられ誤った解釈がなされるな
  ど、情報が発信者の意図と異なる使われ方がされるおそれ
  のあること

(3)　何を伝えたら良いか

社告等によって消費者に伝えるべき情報（メッセージ）には、以下の
全てが網羅されていることが必要である。

（通知すべき事項）

- リコール対象製品あるいは対象製品群、販売期間
- リコール実施主体
- リコール実施に至った経緯
- 製品事故が発生している場合にはその事故概要と事故原因
  製品事故が発生していない場合には、社内調査により事故発生の
  可能性が判明した旨
- 危害の内容
- 危害が発生した場合のその程度
- リコール対象製品を使用していることが想定される使用者
- 消費者に対する注意喚起、危険回避方法
- 事業者側の対応
  リコール実施主体においてのどのような活動を実施していくか。
- 対象者（使用者）がリコール実施主体とコミュニケーションをと
  る方法
  リコール対象製品を保有していることを確認できた消費者に対
  する、事業者からの回収等の要請に応答し、明示された所に連絡す
  る要請等のメッセージ

　なお、暫定的な措置として、注意喚起だけを行う場合もある。その場合も、危険性の有無、製品を特定するための情報及びどんな注意をしなければいけないかの情報を的確に伝えることが必要である。
　社告を掲載する際の基本事項及び記載上の留意点については、「**JIS S 0104:2008 消費生活用製品のリコール社告の記載項目及び作成方法**」が参考になる（後述する【リコール社告の記載内容】を参照）。

(4)　個別に配慮する事項はないか
　　リコールの実施に際しては、次の点に配慮する。
- 専門機関、助言機関等（行政機関、業界団体、関係ＰＬセンター、広報の専門アドバイス機関、法律事務所、保険会社等）と必要に応じ、連絡をとりながらリコールを実施する。
- 高齢者を考慮した大きめの文字や、わかりやすい表現方法を用いる。
- 宣伝と誤解されない体裁とする。
- 情報提供は１回行えば良いというものではなく、目標を達成するまで、継続的に実施し続ける。
- 情報提供について、目標を達成するための最適方法を模索し続ける。

【13-2-16　製品事故等への速やかな対応：アクション６　関係機関等への連絡と協力要請】

　リコールを実施する際は、被害者や被害の可能性がある消費者に対して必要な情報を発信することが重要である。また、リコール実施を開始した時だけではなく目標が達成されるまでは継続的に必要な情報を発信し続ける必要がある。
　これらに加えて、関係機関等についてもリコール情報の内容を報告し、目標の達成に向けた協力の要請を行う等の対応も必要である。

（「消費生活用製品のリコールハンドブック」が挙げる「関係機関等」）
(1)　全ての役員・従業員
　　全ての役員・従業員が必要な情報を共有することにより、無用な混乱や不安を回避し、誤った情報の流出を防ぐことができる。

(2)　取引先（販売事業者、流通事業者等を含む）

　消費者への情報伝達のために、該当製品に関連した販売事業者、流通事業者、設置事業者、修理事業者等への情報提供及び協力要請が必要不可欠である。

　リコール実施後の信頼回復、取引きの再開ができるよう、リコールの原因、リコールの実施状況、結果、改善内容等を正しく連絡し、理解を得る姿勢が重要である。

(3)　業界

　業界としての再発防止策が実施されることが望ましいため、業界団体等への情報提供が望まれる。特に、他の事業者も使用する共用部品や共用材料に起因する事故であれば複数の事業者によるリコールの実施が考えられるため、業界団体等への情報提供は必要不可欠である。

　該当製品が認証取得関連製品である場合は、認証基準への影響もあり得るため、関係認証機関への報告も行う。

(4)　ユーザー団体等

　例えば、スポーツ用品であれば、競技団体や競技の振興団体のように、常に情報提供を行っている関連ユーザー団体や使用者への情報提供等を行っている団体がある。そのような団体があれば、事故等の発生時及びリコールの実施決定時にはこれらの団体に速やかに連絡し、協力要請等を行う。

　消費者団体等へも必要に応じて情報提供を行い、支援を求める。

(5)　関係行政機関等

　各地の消費生活センターや関係行政機関等へリコールプラン等の報告を行い、協力して事故の未然防止、再発防止に取り組んで行く必要がある。

(6)　弁護士又は法律の専門家

　法的責任の判断が必要になる場合もあることから、速やかに事実関係を連絡し、相談することが望まれる。

(7)　保険会社

　製品事故等発生時（リコール中の事故やリコール漏れによる事故を含む）には、迅速な被害者の救済のために、生産物賠償責任保険（PL 保

険)や生産物回収費用保険(リコール保険)の円滑な適用が必要である。

　　実際に被害者がいたとしても適切にリコールを実施しなかった場合や再発防止のための工程、製品改良等を行わない場合、保険金が支払われない場合があるため、事故の情報を入手した後の対応は、迅速かつ適切に行う必要がある。

(8)　マスコミ

　　新聞、テレビ等のマスコミへの対応は、迅速かつ的確にリコールを実施するために重要である。

　　例えば記者会見は、リコール問題に対する企業姿勢の社会への表明の場であり、広く社会の理解を得るためにも、重要なコミュニケーションの場となる。

　　情報提供活動として、リコール内容に準じた報道用資料をマスコミ各社に配布し、記事化を求めることも有用である。

【13-2-17　リコール社告の方法】

　「JIS S 0104:2008 消費生活用製品のリコール社告の記載項目及び作成方法」には、リコール社告の方法について、以下の解説がある。

・　リコール社告は、新聞によるリコール社告だけではなく、流通業者・販売業者など該当製品に関連する機関への通知、雑誌、店頭でのポスターなどの媒体、ホームページ、テレビ・ラジオ放送などを活用し、可能な限り効果的に行うことが望ましい。

　　なお、ホームページは、そこに必要な情報が掲載されていることを知っている人が見に来る所であり、特定されない製品使用者に積極的に情報発信を行おうとする場合には、ホームページへの掲載だけでは不十分である。

・　新聞によるリコール社告の掲載の大きさは、必要な情報を網羅できるように文字の大きさ及び表記方法を考慮し、製品及びロットの特定方法について識別しやすいイラスト表記などを使用することが望ましい。

・　新聞によるリコール社告の掲載にあたっては、読んでもらいたい消費者にできるだけ目につきやすい箇所が望ましく、一般の広告と誤解されない紙面及び掲載表現を用いるのがよい。

- リコール社告の内容は、消費者が理解しやすいよう、簡潔・明瞭、正確で、かつ、矛盾がない表現とする。
- リコール社告は、高齢者及び障害のある人々にも配慮して実施すべきである。
- リコール社告の目的は、消費者への緊急の知らせである。例えば、子供が使用することを目的とした製品であるにもかかわらず、"子供の誤使用によって事故が発生した"、"取引先が勝手にやった"、"不正なことをした関係者がいた"などのような、責任を回避するような説明は、リコール社告の実施母体としての責任を放棄しているようにもとられるため不適切である。
- 関係者間の情報の共有に配慮する。

【13-2-18　リコール社告の記載内容】

「JIS S 0104:2008 消費生活用製品のリコール社告の記載項目及び作成方法」には、リコール社告の記載項目として、以下の項目を挙げている。

a）リコールタイトル
b）危険性、事故の状況及びその原因
c）消費者が取るべき対応策
d）回収、点検・修理など、消費者への要請
e）製品の特定方法
f）連絡先
g）リコール社告の回数及びこれまでの回収率
h）ホームページアドレス
i）日付
j）その他必要な事項

「JIS S 0104:2008 消費生活用製品のリコール社告の記載項目及び作成方法」はリコール社告の記載項目に応じて、以下の要領で内容を記載することを推奨している。

a）リコールタイトル

　一般の社告との区別を付けるため"リコール社告"と表記する。

　主タイトルとして、「会社名，製品名，製品の種類」を記載する。会

291

社名は、正式な名称としなくてもコマーシャルなどで用いられている呼称、ブランド名などの認知度が高い呼称でもよい。

　括弧付きで副タイトルを設け、「回収」又は「商品回収」、「交換」、「無償交換」又は「部品交換」、「点検・修理」又は「無償点検・修理」、「代金返還」、「注意喚起」などを記載する。

　「リコール社告」の表記、主タイトル、副タイトルは、文字を反転させたり、枠で囲んだり、又は太い文字を用いたりして、できるだけ認知されやすいよう表記する。「お願い」、「お客様各位」、「お知らせ」、「謹告」などは、緊急の告知事項なのかどうかがよく分からないため、望ましくない。

b）危険性、事故の状況及びその原因

　危険性がある場合には、その旨を明確に示す。

　消費者が直感的に危険情報を認知しやすくするため、該当製品のイラスト、写真などを伴って、どの箇所にどのような危険性及び不良があるのかを示すことが望ましい。

　「危険性はないが、万が一のことを考えて」という表現のように、消費者にどうしてほしいのか、何を伝えたいのか分からない表現は避ける。

　誌面が限られているリコール社告では原因を長々と記載すると、肝心の危険回避情報が伝わらなくなる。

　リコール社告は、緊急の危険告知であるため、原因究明に時間がかかる場合は、後日、2回目以降のリコール社告など別の機会で、又はホームページで詳細に説明することが望ましい。

c）消費者が取るべき対応策

　消費者に対して、まず該当する製品かどうかを確かめ、すぐに使用を中止すべきか、又は注意して使用すべきかという初期対応を伝える。

　消費者に安全確認、危険回避のための作業をしてもらう必要がある場合には、イラスト、写真などで説明するのがよい。

d）回収、点検・修理など、消費者への要請

　該当する製品に対して消費者に求める対応を明確に示す。

e）製品の特定方法

　製品のイラスト、写真などによって製品の概要を示す。

　新聞社告は、製品の名称、形式番号などの文字情報だけでは消費者に

分かりづらいときもあるため、できるだけイラストなどを用いるのがよい。

該当製品の特定のために、該当する形式番号及びロット番号（シリアル番号などを含む。）、並びにそれらの製品のどこに表示されているかを示す。表示箇所を示す方法として、イラスト、写真などを使用するのがよい。

製品の販売数、販売時期及び販売先・販売方法を特定できる場合はそれを記載する。

f）連絡先

連絡先の記載内容としては、住所、電話番号、ファクシミリ番号などを複数記載しなければならない。

g）リコール社告の回数及びこれまでの回収率

1回の社告で、十分な有効性が図れなかった場合には、継続的に実施する複数回の社告が必要である。2回目以降の場合はその旨及びそれまでの回収率を付記することが望ましい。

h）ホームページアドレス

ホームページでリコール社告を掲載する場合は、"リコール社告"と表記し、必ずトップページから直接アクセスできるようにすべきである。

"アフターサービス"などのタイトルは誤解を与えるので望ましくない。また、ホームページでのリコール社告は、製品実耐用年数が完全に過ぎ、ほとんどが交換又は廃棄されたと思われるまで消去すべきではない。

i）日付

リコールの実施日を記載する。

j）その他必要な事項

行政命令などに基づく経緯の説明、リコール社告を実施することになった経緯の説明、製造業者などからのおわびなどがある。

ただし、経緯の説明として、リコール社告が遅れた理由などは、弁解であるため適切ではない。

【13-2-19　リコールの実施状況の継続的監視・評価（モニタリング）】

　リコールがどの程度有効に機能しているかを把握するために、リコールの実施状況の継続的監視・評価（モニタリング）が必要である。

　モニタリングを適正に行うことで、実施中のリコール方法の妥当性が評価できるとともに、リコール方法を改善することが可能になる。しかも、モニタリング活動が、リコール実施事業者並びに関係者の信頼回復や以降の製品安全管理体制の充実に結びついていく。

　リコールの実施状況のモニタリングの方法等については、「消費生活用製品のリコールハンドブック」（第Ⅳ章）に詳しく解説されている。

【13-2-20　製品事故の行政上の責任】

（1）　危害防止命令

　　「危害防止命令」には、消費生活用製品安全法 39 条 1 項に基づく危害防止命令（消費生活用製品）と、同法 32 条に基づく危害防止命令（特定製品）がある。

　i）消安法 39 条 1 項に基づく危害防止命令（消費生活用製品）

　　　主務大臣は、消費生活用製品の欠陥により、重大製品事故が生じた場合や、その他一般消費者の生命又は身体について重大な危害が発生し、又は発生する急迫した危険がある場合において、当該危害の発生及び拡大を防止するため特に必要があると認めるときは、製造又は輸入事業者に当該消費生活用製品の回収を図ることなどの必要な措置をとるよう命ずることができる。

　ii）消安法 32 条に基づく危害防止命令（特定製品）

　　　主務大臣は、①または②の事由により一般消費者の生命又は身体について危害が発生するおそれがあると認める場合において、当該危害の発生及び拡大を防止するため特に必要があると認めるときは、販売した特定製品の回収を図ることその他当該特定製品による一般消費者の生命又は身体に対する危害の発生及び拡大を防止するために必要な措置をとるべきことを命ずることができる。

　　　①　特定製品の製造、輸入又は販売の事業を行う者が、特定製品のPSC マークを付さずに（消安法 4 条 1 項に違反して）特定製品を

　　販売したこと。
　②　届出事業者がその届出に係る型式の特定製品で技術基準に適合
　　しないものを製造し、輸入し、又は販売したこと。
　なお、消安法 32 条に基づく危害防止命令（特定製品）と同様の制度
は、電気用品安全法（電安法 42 条の 5）、ガス事業法（ガス事業法 157
条）及び液化石油ガス法（液石法 65 条）にもある。
　危害防止命令に違反した者は、1 年以下の懲役若しくは 100 万円以
下の罰金に処し、又はこれを併科する（消安法 58 条 4 号）。
　法人による違反の場合は、行為者本人を罰するほか、法人に対しても
罰金刑が科せられ、違反した法人は、1 億円以下の罰金が科される（法
人重課。消安法 60 条 1 号）。

(2)　体制整備命令等
　消費者庁長官は、重大製品事故が発生したにもかかわらず、当該製品の
製造又は輸入事業者が、重大製品事故の報告義務を怠っていたり、虚偽の
報告をした場合には、当該事業者に対して事実確認を行うとともに、必要
があると認めるときは、以下の措置をとる。
　①　重大製品事故に係る製品名、事業者名、機種・型式名、事故の内
　　容（事故発生日、事故発生場所、被害状況等）、事故原因等につい
　　て記者発表を行うとともに、消費者庁のウェブサイトで公表する。
　②　当該事業者に対し、事故情報を収集、管理及び提供するために必
　　要な社内の体制を整備するように命令（体制整備命令）を発動する
　　（消安法 37 条）。
　製造又は輸入事業者が、体制整備命令に違反した場合には、1 年以下
の懲役若しくは 100 万円以下の罰金に処し、又はこれを併科する（消
安法 58 条 5 号）。
　法人による違反の場合は、行為者本人を罰するほか、法人に対しても
罰金刑が科せられ、違反した法人は、100 万以下の罰金刑が科される（消
安法 60 条 2 号）。

【13-2-21　製品事故の民事上の責任】

　製品事故により損害を被った者は、債務不履行責任（民法 415 項）又は不

法行為責任（民法 709 条）に基づき、加害者に対して損害賠償を請求することができる。

　損害賠償責任を負う者（加害者）は、製造事業者や輸入事業者についてはもちろん、販売事業者、流通事業者、修理事業者、設置事業者等も該当しうる。

　なお、製造物責任法では、民法の不法行為法の特別法として、加害者の過失の有無は問わず、製品の欠陥と損害の発生、両者の間の因果関係を証明すれば損害賠償が認められており、被害者側の立証責任が緩和されている。

　　☞　製造物責任の要件などついては、後述する「第4項　製造物責任」で説明する。

【13-2-22　製品事故の刑事上の責任】

　製品事故等が発生し、消費者の生命身体への侵害が認められる場合に、事業者の役員または従業員は、業務上過失致死傷罪に問われるおそれがある。

> 【刑法 211 条 1 項前段　業務上過失致死傷罪】
>
> 　業務上必要な注意を怠り、よって人を死傷させた者は、5 年以下の懲役若しくは禁錮又は 100 万円以下の罰金に処する。

第3項　製品の安全等に関するその他の法令

【13-3-1　電気用品安全法】

　「電気用品安全法（電安法）」は、電気用品の製造、輸入、販売等を規制するとともに、電気用品の安全性の確保につき民間事業者の自主的な活動を促進することにより、電気用品による危険及び障害の発生を防止することを目的とする法律である（電安法 1 条）。

　電気用品安全法には、製品流通前の措置や製品流通後の措置に関する規定が定められており、規制の対象となる「電気用品」は 450 品目以上が指定されている。

【13-3-2　電気用品安全法：ＰＳＥマーク制度：ＰＳＥマーク】

　「PSE マーク」とは、電気用品安全法に基づき、電気用品の安全性確保について、国の定めた技術上の基準に適合したことを証明するマークである。

　※　「PSE」は、Product Safety of Electrical Appliances & Materials を略したものである。

（PSE マーク）

特定電気用品	特定電気用品以外の電気用品
(PSE マーク・ひし形)	(PSE マーク・円形)
対象品目（2022.4 時点）	
電気温水器 電熱式・電動式おもちゃ 電気ポンプ 電気マッサージ器 自動販売機 直流電源装置 など全116 品目	電気こたつ 電気がま 電気冷蔵庫 電気歯ブラシ 電気かみそり 白熱電灯器具 電気スタンド テレビジョン受信機 音響機器 リチウムイオン蓄電池 など全341 品目

【13-3-3　電気用品安全法：事業届出】

　電気用品の製造又は輸入の事業を行う者は、電気用品の区分（電気用品安全法施行規則　別表第一）に従い、事業開始の日から 30 日以内に、経済産業大臣に届け出なければならない（電安法 3 条）。

【13-3-4　電気用品安全法：基準適合義務】

　届出事業者(電気用品の製造又は輸入の事業を行うことを届け出た事業者)

は、届出の型式の電気用品を製造し、又は輸入する場合においては、技術上の基準に適合するようにしなければならない（電安法 8 条 1 項）。また、これらの電気用品について（自主）検査を行い、検査記録を作成し、保存しなければならない（電安法 8 条 2 項）。

　届出事業者は、製造又は輸入に係る電気用品が「特定電気用品」である場合には、その販売するときまでに登録検査機関の技術基準適合性検査を受け、適合性証明書の交付を受け、これを保存しなければならない（電安法 9 条）。

【13-3-5　電気用品安全法：PSE マークの表示】

　届出事業者は、事業届出の義務と基準適合義務を履行したときは、当該電気用品に省令で定める方式による表示を付することができる（電安法 10 条）。

　上記以外の場合、何人も電気用品にこれらの表示又はこれと紛らわしい表示をしてはならない（電安法 10 条 2 項）。

【13-3-6　電気用品安全法：電気用品の販売の制限】

　電気用品の製造、輸入又は販売の事業を行う者は、PSE マーク等の表示が付されているものでなければ、電気用品を販売し、又は販売の目的で陳列してはならない（電安法 27 条）。

【13-3-7　電気用品安全法：製品流通後の措置】

　電気用品の流通後も、次の規制が行われている。

- ・　報告の徴収

　　経済産業大臣は、電安法の施行に必要な限度において、電気用品の製造、輸入、販売の各事業を行う者等に対し、その業務に関し報告をさせることができる（電安法 45 条）。

- ・　立入検査等

　　経済産業大臣は、電安法の施行に必要な限度において、その職員に、電気用品の製造、輸入若しくは販売の事業を行う者等の事務所、工場、事業場、店舗又は倉庫に立ち入り、電気用品、帳簿、書類その他の物件を検査させ、又は関係者に質問させることができる（電安法 46 条）。

　このうち、販売事業を行う者に関するものは、事務所、事業場、店舗又は倉庫の所在地を管轄する都道府県知事等が行う（電気用品安全法施行令5条）。

- 改善命令

　経済産業大臣は、届出事業者が基準適合義務等に違反していると認める場合には、届出事業者に対し、電気用品の製造、輸入又は検査の方法その他の業務の方法の改善に関し必要な措置をとるべきことを命ずることができる（電安法11条）。

- 表示の禁止

　経済産業大臣は、

  - 基準不適合な電気用品を製造又は輸入した場合においては危険又は障害の発生を防止するために特に必要があると認めるとき
  - 検査記録の作成・保存義務や特定電気用品製造・輸入に係る認定・承認検査機関の技術基準適合性検査の受検義務を履行しなかったとき

等において、届出事業者に対し、1年以内の期間を定めて届出に係る型式の電気用品に表示を付することを禁止することができる（電安法12条）。

- 危険等防止命令

　経済産業大臣は、届出事業者等による無表示品の販売、基準不適合品の製造、輸入、販売により危険又は障害が発生するおそれがあると認める場合において、当該危険又は障害の拡大を防止するため特に必要があると認めるときは、届出事業者等に対して、販売した当該電気用品の回収を図ることその他当該電気用品による危険及び障害の拡大を防止するために必要な措置をとるべきことを命ずることができる（電安法42条の5）。

【13-3-8　家庭用品品質表示法】

　「家庭用品品質表示法」は、家庭用品の品質に関する表示の適正化を図り、一般消費者の利益を保護することを目的とする法律である（同法1条）。

【13-3-9　家庭用品品質表示法の対象品目】

　一般消費者の通常生活に使用されている繊維製品、合成樹脂加工品、電気機械器具及び雑貨工業品のうち、一般消費者がその購入に際し品質を識別することが著しく困難で、特に品質を識別する必要性の高いものが、「品質表示の必要な家庭用品」として政令によって指定されている（家庭用品品質表示法2条1項）。

　業務用のみに使用することを目的とした商品は、対象とならない。

　「品質表示の必要な家庭用品」として指定されている家庭用品は幅広い。

（指定されている対象品目の例）

　　○　繊維製品

　　　　糸、衣料品など38品目、合成樹脂加工品（食事用・食卓用又は台所用の器具、バケツ・洗面器及び浴室用の器具など）8品目

　　○　電気機械器具

　　　　エアコン、テレビ受信機、ジャー炊飯器、電子レンジ、換気扇、電気洗濯機、電気掃除機、電気かみそりなど17品目

　　○　雑貨工業品

　　　　ティッシュペーパー及びトイレットペーパー、衣料用・台所用又は住宅用の漂白剤、洋傘、靴、机及びテーブル、歯ブラシ、哺乳用具、合成洗剤並びに洗濯用又は台所用の石けん及び住宅用又は家具用の洗浄剤、接着剤など30品目

【13-3-10　家庭用品品質表示法：表示を行う者と表示の標準】

　家庭用品品質表示法の対象品目について表示を行う者は、製造業者、販売業者又はこれらから表示の委託を受けて行う表示業者のいずれかである（同法2条2項）。

　対象品目として指定されたものには、統一した表示のあり方（表示の標準）が定められている（家庭用品品質表示法3条）。

　具体的には、成分、性能、用途、取扱い上の注意など品質に関して表示すべき事項（表示事項）と、その表示事項を表示する上で表示を行う者が守らなければならない事項（遵守事項）が、対象品目ごとに詳細に定められている。

【13-3-11　家庭用品品質表示法：指示・公表】

内閣総理大臣又は経済産業大臣は、表示事項を表示しなかったり、表示の標準通りの表示をしない事業者があった場合、決められた表示をするよう指示することができる（家庭用品品質表示法4条1項）。

この指示に従わない場合は、その事業者の名称と表示を行っていない事実や不適正な表示を行っている事実を一般に公表することができる（同法4条3項）。

【13-3-12　家庭用品品質表示法：表示命令】

内閣総理大臣は、家庭用品の品質に関する表示の適正化を図るため特に必要があると認めるときは、製造業者、販売業者又は表示業者に対し、当該家庭用品に係る表示事項について表示をする場合には、当該表示事項に係る遵守事項に従ってすべきことを命ずることができる(家庭用品品質表示法5条)。これを、「適正表示命令」という。

さらに、内閣総理大臣は、生活必需品又はその原料若しくは材料たる家庭用品について、表示事項が表示されていないものが広く販売されており、これを放置しては一般消費者の利益を著しく害すると認めるときは、製造業者又は販売業者に対し、当該家庭用品に係る表示事項を表示したものでなければ販売し、又は販売のために陳列してはならないことを命ずることができる（同法6条）。これを「強制表示命令」という。

適正表示命令や強制表示命令に違反した者は、20万円以下の罰金に処される（同法25条）。

【13-3-13　家庭用品品質表示法：監督指導】

家庭用品品質表示法の徹底を図るため、内閣総理大臣又は経済産業大臣は、事業者に対し、報告徴収や立入検査などを行うことができる（同法19条1項・2項）。

第 4 項　製造物責任

【13-4-1　製造物責任】

　製造業者等は、その製造、加工、輸入等をした製造物であって、その引き渡したものの欠陥により他人の生命、身体又は財産を侵害したときは、これによって生じた損害を賠償する責めに任ずる（製造物責任法 3 条本文）。

　したがって、製造物によって損害を被った消費者は、製造物責任の要件を満たす場合には、製品保証の有無や過失（不注意）の有無にかかわらず、製造業者等に対して損害賠償を請求することができる。

　ただし、その損害が当該製造物についてのみ生じたときは、製造業者等は賠償の責を負わない（同法 3 条但書）。

　また、免責事由として、製造業者等が以下のいずれかを立証することで、賠償責任が免責される（同法 4 条）

①　開発危険の抗弁（1 号）

　　当該製造物をその製造業者等が引き渡した時における科学又は技術に関する知見によっては、当該製造物にその欠陥があることを認識することができなかったこと。

②　部品・原材料製造業者の抗弁（2 号）

　　当該製造物が他の製造物の部品又は原材料として使用された場合において、その欠陥が専ら当該他の製造物の製造業者が行った設計に関する指示に従ったことにより生じ、かつ、その欠陥が生じたことにつき過失がないこと。

【13-4-2　製造物】

　製造物責任法（PL 法）の対象となる「製造物」は、製造又は加工された動産をいう（同法 2 条 1 項）。

　機械などの工業製品だけでなく、食品も「製造又は加工された」ものである限り、「製造物」に含まれ、製造物責任が生じうる。

　これに対し、「製造又は加工」されていない動産である未加工農林畜水産物については、製造物責任は生じない。

　中古品も、「製造又は加工された動産」に該当する以上は「製造物」であり、

製造業者等が製造物たる中古品を引き渡したときに存在した欠陥と相当因果関係のある損害については、製造業者等に製造物責任が発生する。

　また、不動産や、無体物である電気やソフトウェア、修理や配送などのサービス（役務）は、「動産」ではないから、製造物責任は生じない。もっとも、ソフトウェアの不具合が原因で、ソフトウェアを組み込んだ製造物による事故が発生した場合は、ソフトウェアの不具合がその製造物自体の欠陥と解されることがあり、この場合は、その欠陥と損害との間に因果関係が認められるときには、その製造物の製造業者等に製造物責任が生じる。

【13-4-3　欠陥】

　製造物責任法における「欠陥」とは、当該製造物の特性、その通常予見される使用形態、その製造業者等が当該製造物を引き渡した時期その他当該製造物に係る事情を考慮して、当該製造物が通常有すべき安全性を欠いていることをいう(同法2条2項)。

　このため、「安全性」に関わらない単なる品質上の不具合は、「欠陥」には当たらず、製造物責任の問題にはならない。

（欠陥に当たる場合の例）

　　○　製造上の欠陥

　　　　製造物の製造過程で粗悪な材料が混入したり、製造物の組立てに誤りがあったりしたなどの原因により、製造物が設計・仕様どおりに作られず安全性を欠く場合

　　○　設計上の欠陥

　　　　製造物の設計段階で十分に安全性に配慮しなかったために、製造物が安全性に欠ける結果となった場合

　　○　指示・警告上の欠陥

　　　　有用性ないし効用との関係で除去し得ない危険性が存在する製造物について、その危険性の発現による事故を消費者側で防止・回避するに適切な情報を製造者が与えなかった場合

【13-4-4　製造物についての注意表示】

　製造物責任法には、製造物等について何らかの表示を義務付ける規定はなく、注意表示に関する規定もない。

　しかし、指示・警告上の欠陥が製造物の「欠陥」に当たると判断される場合があるので、製造物の特性や想定される誤使用なども考慮して、使用者が安全に製品を使用できるように、明確かつ平易な注意表示をすることが望ましい。

【13-4-5　製造物責任を負う者】

　製造物責任を負う対象となる者は「製造業者等」であり（同法2条3項）、「製造業者等」とは、次のいずれかに該当する者である。

　　① 　製造業者（1号）

　　　　製造物を業として製造、加工又は輸入した者

　　② 　表示製造業者（2号）

　　　　自ら当該製造物の製造業者として当該製造物にその氏名、商号、商標その他の表示（氏名等の表示）をした者又は当該製造物にその製造業者と誤認させるような氏名等の表示をした者

　　③ 　表示製造業者（3号）

　　　　当該製造物の製造、加工、輸入又は販売に係る形態その他の事情からみて、当該製造物にその実質的な製造業者と認めることができる氏名等の表示をした者

　製品の設置や修理に関する製品の不適切な取扱いによって欠陥が生じた場合については、製品を流通させた後の問題であることから、設置・修理業者は、基本的には、製造物責任を負う対象にならない。

　また、「業として」とは、同種の行為を反復継続して行うことと解されているので、同種の行為が反復継続して行われていれば、営利を目的として行われることは必要ではなく、当初から無償で配布することを予定している製造物であっても、無償であることのみを理由に製造物責任法の対象外となるわけではない。同様に、公益を目的とした行為であっても、同種の行為が反復継続して行われていれば、「業として」に当たるものと解される。

【13-4-6　販売業者と製造物責任】

　販売業者は、基本的には製造物責任法の対象とされていない。

　ただし、販売業者であっても、輸入業者や、表示製造業者（製造物責任法2条3項2号又は3号）に該当する場合は、製造物責任を負う対象となる。

　従って、他の製造業者に生産を委託したプライベートブランド商品の販売業者についても、製造業者と誤認させるような氏名等の表示をすれば、表示製造業者（同法2条3項2号）として製造物責任を負う対象となるし、販売業者等の経営の多角化の実態、製造物の設計、構造、デザイン等に係る当該販売業者の関与の状況からみて、当該販売業者がその製品の製造に実質的に関与しているとみられる場合も、表示製造業者（同法2条3項3号）として製造物責任を負う対象となる。

【13-4-7　ＯＥＭと製造物責任】

　自社で生産した製品に相手先企業の商標をつけて供給する生産形態であるOEM（相手先商標製品の供給）において、自社のブランドを付して製造させた事業者は、ブランドを付すことにより製造業者としての表示をしたとみなされる場合（製造物責任法2条3項2号）や、当該製造物の実質的な製造業者とみなされる場合（同法2条3項3号）には、いわゆる表示製造業者に該当し、製造物責任を負う対象となる。

【13-4-8　製造物の部品に欠陥があった場合】

　製造業者は、当該製造物を「業として製造」した場合に製造物責任を負うこととされている（製造物責任法2条3項1号、3条）。

　したがって、完成品として引渡しを受けた製造物の部品に欠陥があって損害が生じた場合は、部品の製造業者と完成品の製造業者の両者が製造物責任を負う可能性がある。

　この場合に、部品の製造業者（Ａ）と完成品の製造業者（Ｂ）との間の契約で、「完成品による被害が発生した場合はＢが責任を持って対応する」という特約（免責特約）がある場合は、ＡＢ間では特約によりＢ社が被害者に対応しなければならない。しかし、特約の効力は契約の相手方に対して及ぶだけであり、第三者である被害者にまでは及ばないから、被害者との関係では、

Aが製造物責任を免れることはない。

【13-4-9　損害が製造物についてのみ生じたとき】

製造物の欠陥により損害が発生した場合でも、その損害が当該製造物についてのみ生じたときは、製造業者等は賠償の責を負わない（製造物責任法 3 条但書）。

例えば、走行中の自動二輪車から煙が上がって走行不能となったが、当該自動二輪車以外には人的・物的被害が生じなかった場合は、製造業者等は製造物責任を負わない。

この場合には、被害を受けた消費者は、民法の不法行為責任（民法 709 条以下）や契約不適合責任（民法 562 条以下）又は債務不履行責任（民法 415 条以下）の要件を満たす場合には、製造業者等に対してそれぞれの責任を追及することができる。

【13-4-10　損害賠償請求権の消滅時効】

製造物責任法による損害賠償の請求権は、次に掲げる場合には、時効によって消滅する（同法 5 条 1 項）。

①　被害者又はその法定代理人が損害及び賠償義務者を知った時から 3 年間行使しないとき（短期の消滅時効期間：1 号）。

②　製造業者等が当該製造物を引き渡した時から 10 年を経過したとき（長期の消滅時効期間：2 号）。

人の生命又は身体を侵害した場合は、短期の消滅時効期間（①）は「5 年間」となる（同法 5 条 2 項）。

また、長期の消滅時効期間（②）は、身体に蓄積した場合に人の健康を害することとなる物質による損害又は一定の潜伏期間が経過した後に症状が現れる損害については、「その損害が生じた時」から起算する（同法 5 条 3 項）。

【13-4-11　長期の消滅時効期間の起算点の留意点】

製造物責任の長期の消滅時効期間（10 年）の起算点は、「製造業者等が当該製造物を引き渡した時」である。

従って、長期の消滅時効期間は、製造業者等が製造物を流通させた時から

起算するのであり、当該製造物が消費者の手に渡ったときから起算するのではない。

【13-4-12　製造物責任に関するリスクマネジメント】

　製造物責任は、製造物の安全に係る責任であり、「製品事故」の一類型であるといえる。そこで、製造物責任に関するリスクマネジメントは、製品事故のリスクマネジメントを実施することになる。

　　☞　リスクマネジメントについては、「第 2 項　リコールと製品事故のリスクマネジメント」で説明した。

　なお、製造物責任は、製造業者等が「開発危険の抗弁」や「部品・原材料製造業者の抗弁」の立証に成功しない限り、過失（不注意）の有無を問わずに発生する責任であり、無過失責任と言われている。

　このため、製造物責任に関しては、リスクの防止（制御・低減）によるリスク対応では十分とはいえず、リスクの移転（リスクファイナンス）による対応も重要となる。リスクの移転の代表的な方法が、「PL 保険」である。

【13-4-13　ＰＬ保険】

　「PL 保険」は、製造物責任等に伴う損害等を補償する事業者向けの保険である。

　　※「PL」は、Product Liability（製造物責任）を略したものである。

　製造物責任法には PL 保険への加入を義務付ける規定はなく、我が国では、「生産物賠償責任保険」等の名称で、保険商品・共助制度として運営されている。

　PL 保険は、一般的に、製品を製造もしくは販売した商品などの財物を他人に引き渡した後、または仕事を行い終了した後、その財物の欠陥や仕事の結果に伴って生じた偶然な事故により、他人の身体または財物に損害を与え、法律上の損害賠償責任を負うことによって被る損害に対して保険金が支払われる内容となっている。

　PL 保険の補償内容として、以下の損害に対して保険金が支払われるのが一般である。製品自体の損害や製品を回収するための費用、修理・交換に対応するための費用は、多くの PL 保険の基本補償には含まれていない。

- ・　法律上の損害賠償金
- ・　賠償責任に関する争訟費用（訴訟費用・弁護士費用等）
- ・　権利保全行使費用（求償権保全・行使費用）
- ・　緊急措置費用（事故発生時の応急手当費用・護送費用など）
- ・　保険会社の要求による協力費用（情報収集や調査行為などの費用）

第 5 項　食品事故

【13-5-1　食品の安全や責任に関する法令】

食品の安全や責任に関する主な法令には、以下のものがある。
- ・　食品衛生法　　　・　製造物責任法

【13-5-2　食品衛生法】

「食品衛生法」は、食品の安全性の確保のために公衆衛生の見地から必要な規制その他の措置を講ずることにより、飲食に起因する衛生上の危害の発生を防止し、もって国民の健康の保護を図ることを目的とする法律である(同法 1 条)。

食をとりまく環境変化や国際化等に対応し、食品の安全を確保するため、2018 年(平成 30 年)に食品衛生法等の一部を改正する法律が公布されている。

【13-5-3　食品】

食品衛生法における「食品」は、全ての飲食物をいうが、医薬品、医薬部外品及び再生医療等製品は除かれる（食品衛生法 4 条 1 項)。

【13-5-4　添加物】

「添加物」とは、食品の製造の過程において又は食品の加工若しくは保存の目的で、食品に添加、混和、浸潤その他の方法によって使用する物をいう（食品衛生法 4 条 2 項)。

保存料、甘味料、着色料、香料などが「添加物」に該当する。

添加物については、その安全性を確保するために、厚生労働大臣が食品安全委員会の意見を聴き、人の健康を損なうおそれのない場合として指定した

添加物（指定添加物）に限り、厚生労働大臣が定めた成分の規格や使用の基準に従って使用することができるとされている（食品衛生法 12 条、13 条）。

☞　「指定添加物」は、ソルビン酸、キシリトールなど、化学合成品及び天然物から 470 品目以上が指定されている。

指定添加物以外で添加物として使用できるのは、既存添加物、天然香料、一般飲食物添加物のみである。

☞　「既存添加物」は、化学合成品以外の添加物のうち、我が国において広く使用されており、長い食経験があるものであり、例外的に指定を受けることなく使用・販売等が認められており、「既存添加物名簿」に収載されている。クチナシ色素、タンニンなど、約 360 品目ある。

☞　「天然香料」は、動植物から得られる天然の物質で、食品に香りを付ける目的で使用されるものであり、例外的に指定を受けることなく使用・販売等が認められており、「天然香料基原物質リスト」に収載されている。バニラ香料、カニ香料など約 600 品目ある。

☞　「一般飲食物添加物」は、一般に飲食に供されているもので添加物として使用されるものであり、例外的に指定を受けることなく使用・販売等が認められており、「一般飲食物添加物リスト」に収載されている。イチゴジュース、寒天など約 100 品目ある。

【13-5-5　食品・添加物の規格基準】

厚生労働大臣は、販売の用に供する食品・添加物の製造、加工、使用等の方法につき基準を定め、又は販売の用に供する食品・添加物の成分につき規格を定める（食品衛生法 13 条 1 項）。

これにより基準又は規格が定められたときは、以下の行為が禁止される（食品安全法 13 条 2 項）。

・　その基準に合わない方法により食品・添加物を製造・加工・使用・調理・保存すること。
・　その基準に合わない方法による食品・添加物を販売・輸入すること。
・　その規格に合わない食品・添加物を製造・輸入・加工・使用・調理・保存・販売すること。

食品一般の成分規格や製造・加工・調理基準、保存基準は、「食品、添加物

等の規格基準」（厚生労働省）に記載されていて、食品別の規格基準も定められており、それぞれ厚生労働省のホームページ（「食品別の規格基準について」）で確認することができる。

　添加物の成分規格・保存基準や製造基準、使用基準は、「食品　添加物等の規格基準」の「第2　添加物」に記載されており、厚生労働省のホームページ（「食品添加物等の規格基準（昭和34年厚生省告示第370号）　第2　添加物」）で確認することができる。

【13-5-6　食品中に残留する農薬等に関するポジティブリスト制度】

　食品中に残留する農薬等に関する「ポジティブリスト制度」とは、食品中に残留する農薬、飼料添加物及び動物用医薬品（農薬等）について、原則すべてを禁止し、一定量の残留を認めるもののみをリスト化して示すという制度である。

　ポジティブリスト制度では、すべての農薬等を対象としており、その対象を次の3つのカテゴリーに分けている。

①　残留基準

　　食品の成分に係る基準（残留基準）が定められているもの（食品衛生法13条1項）について、残留基準以内での残留は認めるが、残留基準を超えて農薬等が残留する食品の製造・輸入・加工・使用・調理・保存・販売は禁止されている（食品衛生法13条3項）。

②　一律基準

　　食品成分に係る基準（残留基準）が定められていないものについては、人の健康を損なうおそれのない量として厚生労働大臣が定める一定濃度量（0.01ppm）が告示されている（一律基準）。

　　一律基準を超えて農薬等が残留する食品は、製造・輸入・加工・使用・調理・保存・販売が禁止されている（食品衛生法13条3項）。

　　無登録農薬は残留基準が設定されていないため、一律基準で規制される。

③　基準を設定しないもの

　　食品衛生法第13条第3項の規定により人の健康を損なうおそれのないことが明らかであるものとして厚生労働大臣が定める物質については、ポジティブリスト制度の対象外物質とされている。

亜鉛、硫黄、カルシウム、クエン酸、重曹など約 70 物質が指定されている。

なお、添加物はポジティブリスト制度の対象ではないが、一般に食品として流通しているものを添加物として使用されたものは制度の対象となるとされている。

【13-5-7　器具・容器包装】

食品衛生法における「器具」とは、飲食器その他食品・添加物の採取、製造、運搬、陳列等の用に供され、かつ、食品・添加物に直接接触する機械、器具その他の物をいう。ただし、農業及び水産業における食品の採取の用に供される機械、器具その他の物は除かれる（同法 4 条 4 項）。

食品衛生法における「容器包装」とは、食品又は添加物を入れ、又は包んでいる物で、食品又は添加物を授受する場合そのままで引き渡すものをいう（同法 4 条 5 項）。

器具・容器包装については、次の規制が定められている。

- 営業上使用する器具及び容器包装は、清潔で衛生的でなければならない（同法 15 条）。
- 有毒・有害な物質が含まれる等の器具・容器包装は、販売・製造・輸入・使用が禁止される（同法 16 条）。
- 特定の器具・容器包装（特定の国・地域で製造、特定の者により製造される器具・容器包装）について、厚生労働大臣が販売・製造・輸入・使用を禁止できる（同法 17 条）。
- 厚生労働大臣は、公衆衛生の見地から、販売の用に供し、もしくは営業上使用する器具・容器包装もしくはこれらの原材料につき規格を定め、製造方法の基準を定めることができる（同法 18 条 1 項）。この基準に合わない器具・容器包装の販売・製造・輸入・使用、規格に合わない原材料の使用、基準に合わない方法による器具・容器包装の製造は禁止される（同法 18 条 2 項）。
- ポジティブリスト制度（同法 18 条 3 項）

【13-5-8　食器用器具・容器包装に関するポジティブリスト制度】

　食品用器具・容器包装に関する「ポジティブリスト制度」は、「器具・容器包装」について、安全性が評価された物質のリスト（ポジティブリスト）を作成し、使用を認める物質以外は原則使用を禁止するという制度である。2020年に施行された改正食品衛生法18条3項により導入された。

　食品用器具・容器包装に関するポジティブリスト制度の対象は、以下のものである。

- ・　合成樹脂製の器具・容器包装

　熱可塑性プラスチック（加熱すると軟化し冷却すると固化するもの）や熱可塑性エラストマー（弾性を持ち加熱すると軟化するもの）、熱硬化性プラスチック（成形前は流動性があるが加熱すると固化するもの）は「合成樹脂」に該当する。

　ゴム（熱硬化性エラストマー：弾性を持ち加熱しても軟化しないもの）は「合成樹脂」に該当しない。

- ・　他の材質の器具・容器包装であって食品接触面に合成樹脂の層が形成されている場合の合成樹脂

　例えば、食品接触面に合成樹脂製のシートが貼られている場合（例：牛乳パック等）や、食品接触面に合成樹脂製のコーティングがされている場合（例：金属缶等）がこれに該当する。

　これらの「合成樹脂」の原材料には、ポジティブリストに収載された物質のみが使用可能であり、ポジティブリストに収載されていない物質は原則として使用できない。

【13-5-9　営業者が実施を義務付けられる衛生管理】

　「営業者」は、厚生労働大臣が定めた「一般的な衛生管理」に関する基準及び「HACCP に沿った衛生管理」の基準に従い、公衆衛生上必要な措置を定め、これを遵守しなければならない（食品衛生法51条第2項）。

【13-5-10　営業者】

食品衛生法の「営業者」とは、業として、食品・添加物を採取・製造・輸入・加工・調理・貯蔵・運搬・販売すること又は器具・容器包装を製造・輸入・販売すること（営業）を営む人又は法人である（食品衛生法 4 条 7 項・8 項）。

【13-5-11　一般的な衛生管理】

「一般的な衛生管理」は、食品衛生責任者等の選任，施設の衛生管理、設備等の衛生管理、使用水等の管理、ねずみ及び昆虫対策などである。

「一般的な衛生管理に関する基準」が、食品衛生法施行規則の「別表第 17」に定められており、営業者は、この基準に従い、公衆衛生上必要な措置を定め、これを遵守しなければならない（食品衛生法 51 条第 2 項）。

【13-5-12　ＨＡＣＣＰ】

「HACCP（ハサップ）」とは、食中毒菌汚染や異物混入等の危害要因（ハザード）を把握した上で、原材料の入荷から製品の出荷に至る全工程の中で、それらの危害要因を除去又は低減させるために特に重要な工程を管理し、製品の安全性を確保しようする衛生管理の手法である。

　※　「HACCP」は、Hazard Analysis & Critical Control Point を略したものである。

HACCP は、WHO（世界保健機関）と FAO（国連食糧農業機関）が合同で運営する食品規格委員会によって発表されており、国際的に認められているものである。

【13-5-13　ＨＡＣＣＰに沿った衛生管理】

営業者は、厚生労働大臣が定めた「HACCP に沿った衛生管理」の基準に従い、公衆衛生上必要な措置を定め、これを遵守しなければならない（食品衛生法 51 条第 2 項）。

「HACCP に沿った衛生管理」の基準は、食品衛生法施行規則の「別表第18」に定められている。

　HACCP に沿った衛生管理の「公衆衛生上必要な措置」は、衛生管理計画を作成し、関係者に周知徹底を図り、並びに衛生管理の実施状況を記録し、及び保存し、必要に応じて手順書を作成し、並びに衛生管理計画及び手順書の効果を検証し、必要に応じて内容を見直すことである（食品衛生法施行規則 66 条の 2 第 3 項）。

【13-5-14　ＨＡＣＣＰに沿った衛生管理の基準】

　食品衛生法施行規則の「別表第 18」に定められた HACCP に沿った衛生管理の基準には、1．危害要因の分析、2．重要管理点の決定、3．管理基準の設定、4．モニタリング方法の設定、5．改善措置の設定、6．検証方法の設定、7．記録の作成、8．小規模営業者等への弾力的運用（令第 34 条の 2 に規定する営業者）が定められている。

HACCP に沿った衛生管理（別表 18 の概要）
1 危害要因の分析 　食品又は添加物の製造、加工、調理、運搬、貯蔵又は販売の工程ごとに、食品衛生上の危害を発生させ得る要因（危害要因）の一覧表を作成し、これら危害要因を管理するための措置（管理措置）を定めること
2 重要管理点の決定 　危害要因の分析で特定された危害要因の発生の防止、排除又は許容できる水準にまで低減するために管理措置を講ずることが不可欠な工程を重要管理点として特定すること
3 管理基準の設定 　個々の重要管理点において、危害要因の発生の防止、排除又は許容できる水準にまで低減するための基準（管理基準）を設定すること
4 モニタリング方法の設定 　重要管理点の管理の実施状況について、連続的又は相当の頻度の確認（モニタリング）をするための方法を設定すること
5 改善措置の設定 　個々の重要管理点において、モニタリングの結果、管理基準を逸脱したことが判明した場合の改善措置を設定すること

6　検証方法の設定 　上記各措置の内容の効果を、定期的に検証するための手順を定めること
7　記録の作成 　営業の規模や業態に応じて、上記各措置の内容に関する書面とその実施の記録を作成すること
8　小規模営業者等への弾力的運用（令第34条の2に規定する営業者） 　小規模な営業者等は、業界団体が作成し厚生労働省で確認した手引書に基づいて対応することが可能

　なお、事業者が HACCP に沿った衛生管理に取り組む際の負担軽減を図るため、食品関係団体が作成した業務別の手引書を厚生労働省のサイトで閲覧できる（「HACCP に基づく衛生管理のための手引書」及び「HACCP の考え方を取り入れた衛生管理のための手引書」）。

第14節　知的財産権

第1項　知的財産権と産業財産権

【14-1-1　知的財産権制度】

　知的財産権制度は、人間の知的創造活動の成果について、一定期間の独占権を与える制度である。知的財産権は、特許法（特許権）、実用新案法（実用新案権）、意匠法（意匠権）、商標法（商標権）および著作権法（著作権）などの様々な法律で保護されている。

　2002年（平成14年）には、新たな知的財産の創造及びその効果的な活用による付加価値の創出を基軸とする活力ある経済社会を実現するため、知的財産の創造、保護及び活用に関し、基本理念及びその実現を図るために基本となる事項を定めること等を目的とする知的財産基本法が制定され、同法に基づいて内閣に知的財産戦略本部が設置されている。知的財産戦略本部では、毎年、知的財産推進計画が発表され、クールジャパン戦略の策定などが行われている。

【14-1-2　知的財産】

　「知的財産」とは、発明、考案、植物の新品種、意匠、著作物その他の人間の創造的活動により生み出されるもの※、商標、商号その他事業活動に用いられる商品又は役務を表示するもの及び営業秘密その他の事業活動に有用な技術上又は営業上の情報をいう（知的財産基本法2条1項）。
　※「その他の人間の創造的活動により生み出されるもの」には、発見又は解明がされた自然の法則又は現象であって、産業上の利用可能性があるものを含む。

【14-1-3　知的財産権】

　「知的財産権」とは、特許権、実用新案権、育成者権、意匠権、著作権、商標権その他の知的財産に関して法令により定められた権利又は法律上保護される利益に係る権利をいう（知的財産基本法2条2項）。
　「知的財産権」は、知的財産に関して法的に認められた権利であるといえる。

【14-1-4　知的財産に関するリスク】

知的財産に関するリスクとしては、①自社が他人の知的財産権を侵害するリスクと、②自社の知的財産権が他人によって侵害されるリスクが考えられる。

財産権の侵害に対しては、財産権者は侵害者に対し、侵害行為の停止または予防等を請求することができる。これを差止請求権という。

また、財産権者は、故意又は過失により財産権を侵害した者に対して、損害賠償を請求することができる。

不動産や動産のような形をもつ有体財産であれば、他人の財産を侵害する事態や他人によって不当に財産を侵害されてしまう事態は、それほど多くは発生しない。

これに対して、特許権、実用新案権、商標権、意匠権、回路配置利用権、育成者権、商号及び著作権のような知的財産権は、それ自体は形を持たない無体財産であるために、意図せずに他人の財産権を侵害してしまう事態が起こりうるし、また、他人が不当に自社の財産権を侵害しているという事態も容易に起こりうる。

このため、知的財産については、これらのリスクへの配慮が特に必要となる。

【14-1-5　他人の知的財産の侵害に対するリスクマネジメント】

自社が他人の知的財産権を侵害した場合、権利者からの差止請求が認められるし、侵害を意図していなくても、自社に不注意（過失）があれば損害賠償請求も認められるから、事業に大きな影響を与える。

そこで、リスクマネジメントとして、自社の企業活動が他人の知的財産権を侵害しないように注意を払わなければならない。

具体的には、他人の財産権の調査を行い、自社の商品やプロジェクト等が他人の財産権を侵害することにならないかを確認することが必要である。

調査の方法としては、特許権、実用新案権、意匠権及び商標権のような登録制度のある知的財産であれば、特許情報プラットフォーム（J-PlatPat）を使用して自社で調査することができる。

また、弁理士等の専門家に調査を依頼することも考えられる。

商標の場合であれば、自社の商標について商標登録出願を行えば、類似する他人の登録商標が存在している場合には商標登録出願は拒絶されるので、他人の商標権侵害を予防することができる。

このほか、他人の財産権を侵害することのないよう、社内規程やマニュアルなどを整備するとともに、知的財産権についての社内教育を定期的に行うことも重要である。

【14-1-6　知的財産を侵害されることに対するリスクマネジメント】

自社の知的財産が法的保護に値するものであれば、侵害者に対し、侵害行為の停止または予防等の差止請求をすることができるし、故意又は過失により知的財産を侵害した者に対して損害賠償を請求することができる。

もっとも、自社の知的財産が法的保護に値する財産権であることや損害額を立証することは容易ではない場合があるし、他人に対して知的財産権の存在を示すことも容易ではない。そこで、特許権、実用新案権、意匠権及び商標権（これらをまとめて「産業財産権」という）であれば、特許出願、実用新案登録出願、意匠登録出願及び商標登録出願を行うことが有効である。これらの出願・登録によって、自社の知的財産が法的保護を受けるものであることを容易に外部に示すことができるし、法律による各種の保護を受けることもできる。

著作権については、産業財産権のような出願制度はないが、JASRAC 等の「著作権等管理事業者」に著作権の管理を委託して著作権を管理することが考えられる。

【14-1-7　知的財産権の種類】

知的財産権は、特許権や著作権などの創作意欲の促進を目的とした「知的創造物についての権利」と、商標権や商号などの使用者の信用維持を目的とした「営業上の標識についての権利」に大別される。

また、特許権、実用新案権、意匠権及び商標権は特許庁が所管していて出願が認められており、これらは「産業財産権」と呼ばれている。

【14-1-8　産業財産権】

知的財産権のうち、特許権、実用新案権、意匠権及び商標権の４つを「産業財産権」という。産業財産権は、特許庁が所管している。

　☞　産業財産権に該当しない知的財産権のうち、著作権は文化庁が所管し、

回路配置利用権や営業秘密、商品等表示などは経済産業省が所管している。

産業財産権制度は、新しい技術、新しいデザイン、ネーミングやロゴマークなどについて独占権を与え、模倣防止のために保護し、研究開発へのインセンティブを付与したり、取引上の信用を維持したりすることによって、産業の発展を図ることを目的としている。

産業財産権を出願してこれらの権利を取得することによって、一定期間、新しい技術などを独占的に実施（使用）することができるようになる。

（知的財産権における産業財産権の位置づけ）

産業財産権（特許庁所管）

知的創造物についての権利等			営業上の標識についての権利		
特許権	特許法	・「発明」を保護 ・出願から20年存続（一部25年に延長）	商標権	商標法	・商品・サービスに使用するマークを保護 ・登録から10年（更新あり）
実用新案権	実用新案法	・物品の形状等の考案を保護 ・出願から10年	商号	商法	・商号を保護
意匠権	意匠法	・物品・建築物・画像のデザインを保護 ・出願から25年	商品等表示	不正競争防止法	・周知・著名な商標等を不正使用する不正競争行為を規制
著作権	著作権法	・文芸・学術・美術・音楽・プログラム等の精神的作品を保護 ・死後70年	地理的表示(GI)	特定農林水産物の名称の保護に関する法律	・品質、社会的評価その他の確立した特性が産地と結びついている産品の名称を保護
回路配置利用権	半導体集積回路の回路配置に関する法律	・半導体集積回路の回路配置の利用を保護 ・登録から10年	地理的表示(GI)	酒類の保全及び酒類業組合等に関する法律	
育成者権	種苗法	・植物の新品種を保護 ・登録から25年（樹木30年）			
営業秘密	不正競争防止法	・営業秘密を侵害する不正競争行為を規制			

（スマートフォンに関連する産業財産権の例）

○　特許権

リチウムイオン電池に関する発明

画面操作インターフェイス（ズーム・回転等）に関する発明

ゲームプログラムの発明

○　実用新案権

電話機の構造に関する考案

ボタンの配置や構造

○　商標権

電話機メーカーやキャリア各社が自社製品の信用保持のため製品や包装に表示するマーク

○　意匠権

電話機をスマートにした形状や模様、色彩に関するデザイン

【14-1-9　産業財産権の利用形態】

産業財産権（特許権、実用新案権、意匠権及び商標権）の利用形態には、次のものがある。

○　自己実施

新しい技術、新しいデザイン、ネーミングやロゴマークなどを、自社製品・サービスに独占的に使用し、類似の技術、デザイン、ネーミングやロゴマークなどを使用する他社を排除することができる。

○　移転

売却などにより、他者に産業財産権を移転することができる。

○　ライセンス

他者に新しい技術などの実施・使用を許諾することができる。

実施・使用を許諾された者が更に他者に実施・使用を許諾する場合は、再実施権（サブライセンス）の許諾という。

（産業財産権の利用形態）

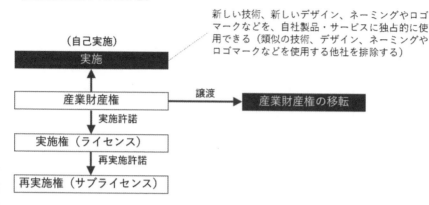

【14-1-10　産業財産権を取得する手続】

　産業財産権を取得するための手続きは、特許法、実用新案法、意匠法及び商標法によってそれぞれ定められており、いずれも特許庁に出願する。

第2項　特許権

【14-2-1　特許法】

　特許法は、発明の保護及び利用を図ることにより、発明を奨励し、もって産業の発達に寄与することを目的とする法律である（特許法1条）。

【14-2-2　特許権】

　「特許権」は、「特許発明」を権利者が一定期間独占的に実施することができる権利である。特許権は、発明をすれば直ちに認められるものではなく、所定の手続に従って特許庁に出願し、登録される必要がある。
　特許権者は、特許権の対象となる発明の実施（生産、使用、販売など）を独占でき、特許権を侵害する者に対しては差止めや損害賠償を請求できる。
　特許権者は、他社に実施権（ライセンス）を設定することもできる。

【14-2-3　特許発明】

「特許発明」とは、特許を受けている発明をいう（特許法2条2項）。

【14-2-4　発明】

特許法上の「発明」とは、自然法則を利用した技術的思想の創作のうち高度のものをいう（特許法2条1項）。

「発明」は、様々な法則や技術の利用、あるいはこれらの組み合わせから発見された高度かつ進歩的なアイデアである。

特許発明の典型例は、工業製品に組み込まれた最新技術であるが、コンピュータのプログラムやビジネスの方法について特許発明が認められる場合もある。

しかし、以下のものは特許法上の「発明」とはいえない。

- ・「創作」とはいえないもの、例えば、自然法則自体（エネルギー保存の法則等）や、天然物や自然現象の発見
    - ※ただし、天然物から人工的に単離した化学物質や微生物は、「創作」されているので、「発明」といえる。
- ・「自然法則」を利用しないもの（経済法則，ゲームのルール，プログラム言語，数学上の公式，人間の精神活動など）
    - ※コンピュータプログラムは、ソフトウエアによる情報処理が、ハードウエア資源を用いて具体的に実現されているといえる場合には、特許法上の「発明」といえるとされている。

【14-2-5　特許要件】

特許を受けられる発明は、特許要件を満たしている発明に限られる。

特許要件は、以下の各要件である。

- ・産業上利用できるものであること（産業上の利用可能性：特許法29条1項柱書）
- ・新しいものであること（新規性：特許法29条1項1号〜3号）
- ・容易に考え出すことができないこと（進歩性：特許法29条2項）
- ・先に出願されていないこと（先願：特許法39条）
- ・公序良俗に反しないこと（特許法32条）

出願された発明について、特許審査官による「実体審査」として、これらの特許要件の審査が行われる。

【14-2-6　特許権の発生】

発明をもって特許庁に出願すると、出願された発明について、様式のチェック（方式審査）と、特許審査官による新規性・進歩性等の実体審査が行われ、特許査定（審決）が出て設定登録されると、特許権が発生する。

通常の場合、出願から設定登録までに数年かかると言われている。

【14-2-7　特許権の存続期間】

特許権は、特許出願の日から20年をもって終了する（特許法67条）。

【14-2-8　他人の特許権等の侵害を予防するためのリスクマネジメント】

他人の特許発明を実施する場合は、特許権者からライセンス（実施権）を受ける必要がある。ライセンスを受けずに他人の特許発明を実施すると、特許権者から、特許権の侵害として差止請求や損害賠償請求を受ける可能性がある。

自社の発明等が他人の特許権や実用新案権を侵害するリスクを予防するためには、自社の発明等が公知のものでない新規な発明・考案であるか等を調査することが必要である。

調査の方法としては、独立行政法人工業所有権情報・研修館の公報閲覧室で閲覧できる特許公報、公開特許公報、実用新案公報を閲覧したり、独立行政法人工業所有権情報・研修館のホームページ内の特許情報プラットフォーム（J-PlatPat）で検索・閲覧して確認することが考えられる。

また、弁理士等の専門家に調査を依頼することも考えられる。

【14-2-9　出願公開】

特許制度においては、同じ内容の研究が行われたりするのを防ぐため、原則として出願日から1年6か月経過後に、出願内容が一般に公開され、特許・実用新案番号照会や特許・実用新案検索で検索して閲覧することができるようになる。

　特許出願をして 1 年 6 か月が経過した時点で、特許が認められるかどうかにかかわらず出願公開が行われるため、出願するに際しては注意が必要である。

　出願公開により、他者が閲覧することができるようになるため、出願時に発明の内容を記載する明細書には製造ノウハウは記載しないという戦略をとる場合もある。

　また、他社が発明できない自信があれば、あえて発明を出願せず秘匿して、存続期間の影響を受けずに独占利用し続けるという戦略も考えられる。

【14-2-10　特許権侵害に対する民事的措置】

　特許権の侵害やそのおそれに対しては、特許権者は、侵害行為の停止又は予防などを請求することができる（特許法 100 条）。これを差止請求権という。

【特許法 100 条　差止請求権】

1　特許権者又は専用実施権者は、自己の特許権又は専用実施権を侵害する者又は侵害するおそれがある者に対し、その侵害の停止又は予防を請求することができる。

2　特許権者又は専用実施権者は、前項の規定による請求をするに際し、侵害の行為を組成した物（物を生産する方法の特許発明にあっては、侵害の行為により生じた物を含む。）の廃棄、侵害の行為に供した設備の除却その他の侵害の予防に必要な行為を請求することができる。

　また、特許権者は、故意又は過失により特許権を侵害した者に対して、損害賠償を請求することができる。

　侵害者に対する損害賠償請求は、損害額や侵害者の過失の立証などが困難である場合が多い。また、特許権等の侵害に係る訴訟においては、営業秘密を裁判所に提出する必要がある場合もある。このため、請求者である特許権者の負担が大きい。

　そこで特許法は、損害額の推定等（102 条 1 項・2 項）や過失の推定（103 条）、生産方法の推定（104 条）、被告の具体的態様の明示義務（104 条の 2）、

書類提出命令（105 条）、損害計算のための鑑定（105 条の 2 の 12）、裁判所による相当な損害額の認定（105 条の 3）、秘密保持命令（105 条の 4）および当事者尋問等の公開停止（105 条の 7）などの各種規定を定め、特許権者の立証負担の軽減や営業秘密の確保に配慮している。

【特許法 102 条　損害の額の推定等】

1　特許権者又は専用実施権者が故意又は過失により自己の特許権又は専用実施権を侵害した者に対しその侵害により自己が受けた損害の賠償を請求する場合において、その者がその侵害の行為を組成した物を譲渡したときは、次の各号に掲げる額の合計額を、特許権者又は専用実施権者が受けた損害の額とすることができる。

　一　特許権者又は専用実施権者がその侵害の行為がなければ販売することができた物の単位数量当たりの利益の額に、自己の特許権又は専用実施権を侵害した者が譲渡した物の数量（次号において「譲渡数量」という。）のうち当該特許権者又は専用実施権者の実施の能力に応じた数量（同号において「実施相応数量」という。）を超えない部分（その全部又は一部に相当する数量を当該特許権者又は専用実施権者が販売することができないとする事情があるときは、当該事情に相当する数量（同号において「特定数量」という。）を控除した数量）を乗じて得た額

　二　譲渡数量のうち実施相応数量を超える数量又は特定数量がある場合（特許権者又は専用実施権者が、当該特許権者の特許権についての専用実施権の設定若しくは通常実施権の許諾又は当該専用実施権者の専用実施権についての通常実施権の許諾をし得たと認められない場合を除く。）におけるこれらの数量に応じた当該特許権又は専用実施権に係る特許発明の実施に対し受けるべき金銭の額に相当する額

2　特許権者又は専用実施権者が故意又は過失により自己の特許権又は専用実施権を侵害した者に対しその侵害により自己が受けた損害の賠償を請求する場合において、その者がその侵害の行為により利益を受けているときは、その利益の額は、特許権者又は専用実施権者が受けた損害の額と推定する。

【特許法 103 条　過失の推定】

他人の特許権又は専用実施権を侵害した者は、その侵害の行為について過失があつたものと推定する。

【特許法 104 条　生産方法の推定】

　物を生産する方法の発明について特許がされている場合において、その物が特許出願前に日本国内において公然知られた物でないときは、その物と同一の物は、その方法により生産したものと推定する。

【特許法 104 条の 2　具体的態様の明示義務】

　特許権又は専用実施権の侵害に係る訴訟において、特許権者又は専用実施権者が侵害の行為を組成したものとして主張する物又は方法の具体的態様を否認するときは、相手方は、自己の行為の具体的態様を明らかにしなければならない。ただし、相手方において明らかにすることができない相当の理由があるときは、この限りでない。

【特許法 105 条　書類の提出等】

1　裁判所は、特許権又は専用実施権の侵害に係る訴訟においては、当事者の申立てにより、当事者に対し、当該侵害行為について立証するため、又は当該侵害の行為による損害の計算をするため必要な書類の提出を命ずることができる。ただし、その書類の所持者においてその提出を拒むことについて正当な理由があるときは、この限りでない。

【特許法 105 条の 2 の 12　損害計算のための鑑定】

　特許権又は専用実施権の侵害に係る訴訟において、当事者の申立てにより、裁判所が当該侵害の行為による損害の計算をするため必要な事項について鑑定を命じたときは、当事者は、鑑定人に対し、当該鑑定をするため必要な事項について説明しなければならない。

【特許法 105 条の 3　相当な損害額の認定】

　特許権又は専用実施権の侵害に係る訴訟において、損害が生じたことが認められる場合において、損害額を立証するために必要な事実を立証することが当該事実の性質上極めて困難であるときは、裁判所は、口頭弁論の全趣旨及び証拠調べの結果に基づき、相当な損害額を認定することができる。

【特許法 105 条の 4　秘密保持命令】

1　裁判所は、特許権又は専用実施権の侵害に係る訴訟において、その当事者が保有する営業秘密について、次に掲げる事由のいずれにも該当することにつき

疎明があつた場合には、当事者の申立てにより、決定で、当事者等、訴訟代理人又は補佐人に対し、当該営業秘密を当該訴訟の追行の目的以外の目的で使用し、又は当該営業秘密に係るこの項の規定による命令を受けた者以外の者に開示してはならない旨を命ずることができる。ただし、・・・

一　・・・・・

【特許法105条の7　当事者尋問等の公開停止】

1　特許権又は専用実施権の侵害に係る訴訟における当事者等が、その侵害の有無についての判断の基礎となる事項であって当事者の保有する営業秘密に該当するものについて、当事者本人若しくは法定代理人又は証人として尋問を受ける場合においては、裁判所は、裁判官の全員一致により、その当事者等が公開の法廷で当該事項について陳述をすることにより当該営業秘密に基づく当事者の事業活動に著しい支障を生ずることが明らかであることから当該事項について十分な陳述をすることができず、かつ、当該陳述を欠くことにより他の証拠のみによっては当該事項を判断の基礎とすべき特許権又は専用実施権の侵害の有無についての適正な裁判をすることができないと認めるときは、決定で、当該事項の尋問を公開しないで行うことができる。

　また、故意又は過失により特許権等を侵害したことにより特許権者等の業務上の信用を害した者に対しては、裁判所は、特許権者等の請求により、損害の賠償に代え、又は損害の賠償とともに、特許権者等の業務上の信用を回復するのに必要な措置を命ずることができる（信用回復の措置：特許法106条）。

【14-2-11　先使用による通常実施権】

　特許権は、特許発明の独占的利用を認める権利だから、他人が特許権者の許諾なくその特許発明を実施することはできないのが原則である。

　しかし、当該特許の出願前からその技術を実施している者まで、たまたま出願をしていない、あるいは出願が遅れたからといって一切その技術の実施を禁止されるのは不合理である。そこで、このような場合には、一定の条件の下で、従来実施しているその技術を引き続き実施することが認められている（特許法79条）。これを「先使用による通常実施権」という。

> 【特許法 79 条　先使用による通常実施権】
>
> 　特許出願に係る発明の内容を知らないで自らその発明をし、又は特許出願に係る発明の内容を知らないでその発明をした者から知得して、特許出願の際現に日本国内においてその発明の実施である事業をしている者又はその事業の準備をしている者は、その実施又は準備をしている発明及び事業の目的の範囲内において、その特許出願に係る特許権について通常実施権を有する。

【14-2-12　試験又は研究のためにする特許発明】

　産業の発達という特許法の目的（特許法 1 条）にも合致する、「試験又は研究のためにする特許発明の実施」には、特許権の効力が及ばないものとされている（特許法 69 条）。

　このため、例えば、他社が保有する特許技術を採用した商品を分解して、同様の機能を有する試作品を製造し、この機能をさらに改良した新商品の開発に向けた研究開発を行う場合（外部には販売しない）は、当該試作品の製造について、特許権者からライセンスを受ける必要はない。

【14-2-13　共有に係る特許権】

　共有特許権の特許権者は、他の共有者の同意を得なければ、持分を譲渡できず（特許法 73 条 1 項）、その特許権について専用実施権を設定し、又は他人に通常実施権を許諾することはできない（特許法 73 条 3 項）。

　しかし、自ら共有特許権に係る発明を実施することについては、他の共有者の同意を得る必要はない（特許法 73 条 2 項）。

　したがって、共同研究をして共有特許権を取得した場合は、他の共有者の同意を得ることなく、特許発明を実施することができる。

　もっとも、共同研究契約又は共同出願契約などにおいて、共有特許権に係る発明を実施する場合には他の共有者への金銭的な支払いを要するといった特約を定めることはできる。このため、共同研究契約や共同出願契約を締結する際には、その点の確認が必要である。

【特許法 73 条　共有に係る特許権】

1　特許権が共有に係るときは、各共有者は、他の共有者の同意を得なければ、その持分を譲渡し、又はその持分を目的として質権を設定することができない。

2　特許権が共有に係るときは、各共有者は、契約で別段の定をした場合を除き、他の共有者の同意を得ないでその特許発明の実施をすることができる。

3　特許権が共有に係るときは、各共有者は、他の共有者の同意を得なければ、その特許権について専用実施権を設定し、又は他人に通常実施権を許諾することができない。

第3項　実用新案権

【14-3-1　実用新案法】

　実用新案法は、物品の形状、構造又は組合せに係る考案の保護及び利用を図ることにより、その考案を奨励し、もって産業の発達に寄与することを目的とする法律である（実用新案法 1 条）。

【14-3-2　実用新案権】

　「実用新案権」は、「登録実用新案」を権利者が一定期間独占的に実施することができる権利である。

　実用新案権者は、実用新案権の対象となる考案の実施（物品製造、使用、販売など）を独占でき、実用新案権侵害者に対して差止めや損害賠償を請求できる。

　実用新案権者は、他社に実施権（ライセンス）を設定することもできる。

【14-3-3　登録実用新案】

　「登録実用新案」とは、実用新案登録を受けている「考案」をいう（実用新案法 2 条 2 項）。

【14-3-4　考案】

　「考案」とは、自然法則を利用した技術的思想の創作をいう（実用新案法2条1項）。

　実用新案登録を受けることができるのは、「産業上利用することができる考案であって物品の形状、構造又は組合せに係るもの」である（実用新案法3条1項）。

　従って、物品の製造方法のような「方法」にかかる技術的思想の創作は、物品の形状、構造又は組合せにかかる考案ではないため、実用新案登録を受けることはできない。

　なお、「方法」にかかる技術的思想の創作は、「発明」として特許の出願をすることはできる。

【14-3-5　発明（特許発明）と登録実用新案の違い】

　「発明」も「考案」も、自然法則を利用した技術的思想の創作である。

　しかし、発明は「高度のもの」であるのに対し（特許法2条1項）、考案は高度のものであることを必要としない（実用新案法2条1項）。

　また、登録実用新案は、「物品の形状、構造又は組合せに係る」考案について受けることができるが（実用新案法3条1項）、発明（特許発明）には、そのような限定はない。

　このため、物品の製造方法、化学物質の考案、一定形状を有さない物（道路散布用滑り止め粒等）、コンピュータプログラムなどは、「物品の形状、構造又は組合せに係るもの」ではないから、実用新案登録を受けることはできない。

　これらのものは、特許として出願することはできる。そこで、これらのものについて独占権を確保しようと考える場合は、特許として出願することを検討する。

（特許権と実用新案権の比較）

特許権		実用新案権	
発明	自然法則を利用した技術的思想の創作のうち高度のもの	考案	自然法則を利用した技術的思想の創作
特許発明	産業上利用することができる発明をした者は、…その発明について特許を受けることができる（特許法29条1項） ➤ 「物品の形状、構造又は組合せに係るもの」とはいえないものでも特許を受けることができる	登録実用新案	産業上利用することができる考案であって物品の形状、構造又は組合せに係るものをした者は、・・・その考案について実用新案登録を受けることができる（実用新案法3条1項） ➤ 「方法」や「物質」は対象外
特許できる例	• 物 • 方法 • 物を生産する方法	実用新案登録できない例	• 物品の製造方法 • 化学物質の考案 • 一定形状を有さない物（道路散布用滑り止め粒等） • コンピュータプログラム自体
審査	• 方式審査＋特許審査官による実体審査（新規性・進歩性等） ➤ 権利化まで1年以上	無審査	• 方式・基礎的要件の審査のみ ➤ 権利化まで6か月程度
存続期間	出願から20年	存続期間	出願から10年

【14-3-6　実用新案権の発生】

　考案をもって特許庁に出願すると、出願された考案について、様式のチェック（方式審査）と実用新案登録が満たすべき要件のチェック（基礎的要件の審査）が行われ、早ければ2か月程度で設定登録がなされ、実用新案権が発生する。

　特許権や意匠権、商標権などの他の産業財産権とは異なり、実用新案権は、審査官による新規性・進歩性等の実体審査を経ずに設定登録されるため、実用新案権の審査は「無審査」と表現されることがある。

　実用新案権が発生すれば、実用新案権者は、登録実用新案を独占的に実施できる。

　なお、実用新案の設定登録から2週間程度で登録実用新案公報が発行される。

　実用新案には、特許における出願公開のような制度はない。

【14-3-7　実用新案権の存続期間】

実用新案権は、実用新案登録出願の日から 10 年をもって終了する（実用新案法 15 条）。

【14-3-8　他人の実用新案権等の侵害を予防するためのリスクマネジメント】

自社の考案等が他人の特許権や実用新案権を侵害するリスクを予防するためには、自社の考案等が公知のものでない新規な発明・考案であるか等を調査することが必要である。

調査の方法としては、独立行政法人工業所有権情報・研修館の公報閲覧室で閲覧できる特許公報、公開特許公報、実用新案公報を閲覧したり、独立行政法人工業所有権情報・研修館のホームページ内の特許情報プラットフォーム（J-PlatPat）で検索・閲覧して確認することが考えられる。

また、弁理士等の専門家に調査を依頼することも考えられる。

【14-3-9　権利侵害】

実用新案権の侵害やそのおそれに対しては、実用新案権者は、侵害行為の停止又は予防などを請求することができる（実用新案法 27 条）。これを差止請求権という。

また、実用新案権者は、故意又は過失により実用新案権を侵害した者に対して、損害賠償を請求することができる。

侵害者に対する損害賠償請求は、損害額の立証が困難である場合が多く、また、実用新案権等の侵害に係る訴訟においては営業秘密を裁判所に提出する必要がある場合もある。このため、請求者である実用新案権者の負担が大きい。

そこで実用新案法は、損害額の推定等（29 条）や被告の具体的態様の明示義務（30 条による特許法 104 条の 2 の準用）、書類提出命令（30 条による特許法 105 条の準用）、損害計算のための鑑定（30 条による特許法 105 条の 2 の 12 の準用）、裁判所による相当な損害額の認定（30 条による特許法 105 条の 3 の準用）、秘密保持命令（30 条による特許法 105 条の 4 の準用）などの各種規定を定め、実用新案権者の立証負担の軽減や営業秘密の確保に配慮している。

　なお、特許法には侵害者の過失の推定の規定があるが（特許法103条）、実用新案法には過失の推定の規定はない。実用新案は特許と異なって無審査（実体審査をしない）で登録され、権利が有効であるという保証がないため、過失の推定を認めるとかえって不公平な結果となってしまうからである。このため、実用新案権の場合は、権利者の側で侵害者の過失を立証しなければならない。

　このほか、故意又は過失により実用新案権等を侵害したことにより実用新案権者等の業務上の信用を害した者に対しては、裁判所は、実用新案権者等の請求により、損害の賠償に代え、又は損害の賠償とともに、実用新案権者等の業務上の信用を回復するのに必要な措置を命ずることができる（信用回復の措置：30条による特許法106条の準用）。

【14-3-10　実用新案技術評価書】

　「実用新案技術評価書」は、特許庁に請求し、審査官が考案の新規性・進歩性等に関する評価をして通知される書面である。

　実用新案権等の侵害に対する権利行使は、「実用新案技術評価書」を提示して警告した後でなければすることができない（実用新案法29条の2）。

　実用新案は特許と異なって無審査（実体審査をしない）で登録され、権利が有効であるという保証がないため、権利行使の段階で実用新案技術評価書を要することにしたのである。

第4項　意匠権

【14-4-1　意匠法】

　意匠法は、意匠の保護及び利用を図ることにより、意匠の創作を奨励し、もって産業の発達に寄与することを目的とする法律である（意匠法1条）。

　意匠は、物の価値を高める重要な要素であるが、容易に模倣が可能であるため、意匠法は意匠登録制度を設け、意匠の考案者の権利保護を図っている。

【14-4-2　意匠】

　意匠法上の「意匠」とは、物品の形状、模様もしくは色彩もしくはこれら

の結合、建築物の形状等又は画像であって、視覚を通じて美感を起こさせる
ものである（意匠法2条1項）。「意匠」は、いわば物品の美しい外観、デザ
インである。

（意匠の例）

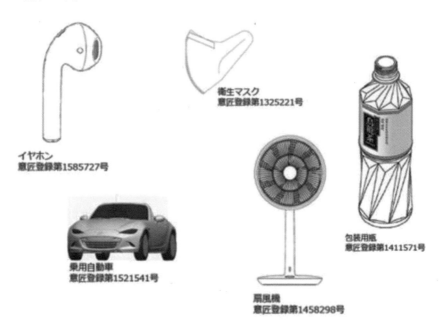

[出典：「意匠制度の概要」（特許庁ウェブサイト）より抜粋]

【14-4-3　意匠権】

　「意匠権」は、「登録意匠」を権利者が一定期間独占的に実施することがで
きる権利である。

　意匠権者は、意匠権の対象となる意匠の実施（生産、使用、販売など）を
独占でき、意匠権侵害者に対して差止めや損害賠償を請求できる。

　意匠権者は、他社に実施権（ライセンス）を設定することもできる。

【14-4-4 意匠権と特許権、商標権、著作権】

意匠権は、特許権、実用新案権及び商標権とともに、産業財産権と呼ばれ、特許庁が所管する。

意匠権は、特許権同様、主に工業製品分野で活用され、独占的な実施権が認められるが、特許権は発明というアイデアを、意匠権は物そのものの形状（デザイン）を保護の対象としている点で異なる。

意匠権も商標権も、独占的な実施権が認められるが、意匠権は工業用デザインを保護する権利であるのに対し、商標権は、デザインを保護するものではなく、商品やサービスにつけるマークやネーミングなどの「標章」を保護するものである。

なお、意匠権も著作権も、ともに創作を保護する点では類似しているが、意匠権は特許庁が所管する産業財産権であるのに対し、著作権は文化庁が所管している。また、著作権は表現と同時に権利が発生するのに対し、意匠権は登録によって初めて権利が発生するという違いがある。

【14-4-5 登録意匠】

「登録意匠」とは、意匠登録を受けている意匠をいう（意匠法2条3項）。

【14-4-6 意匠登録の実体要件】

意匠登録を受けるためには、一定の要件を満たしている必要がある。
登録意匠の主な要件は、以下の各要件である。

- 工業上利用できる意匠であること（工業上利用可能性：意匠法3条1項柱書）
- 新しいものであること（新規性：意匠法3条1項1号～3号）
- 容易に創作することができないこと（創作非容易性：意匠法3条2項）
- 先願意匠の一部と同一又は類似でないこと（意匠法3条の2）
- 登録不許可事由に該当しないこと（意匠法5条）

登録不許可事由は、公序良俗を害するおそれがある意匠（1号）、他人の業務にかかる物品等と混同を生ずるおそれがある意匠（2号）及び

物品の機能を確保するために不可欠な形状のみからなる意匠等（3 号）である。

出願された意匠について、意匠審査官による「実体審査」として、これらの要件の審査が行われる。

【14-4-7　意匠権の発生】

意匠をもって特許庁に出願すると、様式のチェック（方式審査）と、意匠審査官による工業上利用可能性、新規性、創作非容易性等の実体審査が行われ、登録査定が出て設定登録すると意匠権が発生する。

意匠権が発生すれば、意匠を独占的に実施できる。

なお、登録意匠は、設定登録から 2 週間程度で登録意匠公報が発行され、公表される。

登録意匠には、特許における出願公開のような制度はない。

【14-4-8　意匠権の存続期間】

意匠権は、意匠登録出願の日から 25 年をもって終了する（意匠法 21 条）。

【14-4-9　秘密意匠】

「秘密意匠」制度とは、意匠登録出願人が、意匠権の設定の登録の日から 3 年以内の期間を指定して、その期間その意匠を秘密にすることを請求することができる制度である（意匠法 14 条 1 項）。

これにより、画期的なデザインの商品の発売に備え、あらかじめそのデザインの意匠登録をする際に、登録された意匠が公表されて発売日前に競合他社に模倣されるといった事態を防ぐことができる。

【14-4-10　本意匠と関連意匠】

画期的なデザインの商品を開発したが、追随する競合他社に似たようなデザインの商品を販売されてしまうことを防ぐために、「関連意匠」の登録出願をすることもできる。

「関連意匠」とは、自己の意匠登録出願に係る意匠又は自己の登録意匠の

うちから選択した一の意匠（これらを「本意匠」という。）に類似する意匠であり、本意匠の登録出願の日から 10 年を経過する日前に限り、意匠登録を受けることができる（意匠法 10 条 1 項）。

【14-4-11　国際登録制度】

意匠の「国際登録制度（ハーグ制度）」は、ハーグ協定（ジュネーブ改正協定）に基づく意匠の国際出願制度であり、本来、国・地域ごとにしなければならない意匠登録の出願手続を、複数の国・地域について一括してできるようにする制度である。

国際登録制度により、1 つの出願手続で、複数の国・地域で意匠権の一括登録が可能になった。ハーグ協定の締約国は、アメリカ、欧州連合、英国、中国、韓国など多数あり、今後さらに増える見込みである。

【14-4-12　他人の意匠権の侵害を予防するためのリスクマネジメント】

自社の商品等のデザインが他人の意匠権を侵害するリスクを予防するためには、そのデザインが他人の公知の登録と類似しているかどうか（新規性）を調査することが必要である。

調査の方法としては、独立行政法人工業所有権情報・研修館のホームページ内の特許情報プラットフォーム（J-PlatPat）で意匠公報を検索・閲覧して確認することが考えられる。

また、弁理士等の専門家に調査を依頼することも考えられる。

【14-4-13　意匠権の範囲】

意匠権の権利範囲は、基本的には、意匠公報に記載された図面などによって定まる（意匠法 24 条 1 項）。

【14-4-14　権利侵害】

意匠権の侵害やそのおそれに対しては、意匠権者は、侵害行為の停止又は予防などを請求することができる（差止請求：意匠法 37 条）。

また、意匠者は、故意又は過失により意匠権を侵害した者に対して、損害賠償請求をすることができる。

　侵害者に対する損害賠償請求は、損害額の立証や侵害者の過失の立証が困難である場合が多い。また、意匠権等の侵害に係る訴訟においては営業秘密を裁判所に提出する必要がある場合もある。このため、請求者である意匠権者の負担が大きい。

　そこで意匠法は、損害額の推定等（39 条）や過失の推定（40 条）、被告の具体的態様の明示義務（41 条による特許法 104 条の 2 の準用）、書類提出命令（41 条による特許法 105 条の準用）、損害計算のための鑑定　（41 条による特許法 105 条の 2 の 12 の準用）、裁判所による相当な損害額の認定（41 条による特許法 105 条の 3 の準用）、秘密保持命令（41 条による特許法 105 条の 4 の準用）などの各種規定を定め、意匠権者の立証負担の軽減や営業秘密の確保に配慮している。

　また、故意又は過失により意匠権等を侵害したことにより意匠権者等の業務上の信用を害した者に対しては、裁判所は、意匠権者等の請求により、損害の賠償に代え、又は損害の賠償とともに、意匠権者等の業務上の信用を回復するのに必要な措置を命ずることができる（信用回復の措置：41 条による特許法 106 条の準用）。

【14-4-15　不正競争防止法によるデザインの保護】

　意匠は、不正競争防止法においても、以下の態様による不正競争の禁止として保護されている。登録意匠でなくても、次の不正競争に該当する場合には、不正競争の禁止の保護を受けることができる。

　不正競争に該当する場合、権利者は侵害の停止・予防を請求でき（差止請求権：同法 3 条）、また、侵害者に対し損害賠償請求できる（損害賠償：同法 4 条）。

- ○　他人の商品・営業の表示（商品等表示）として需要者の間に広く認識されているものと同一又は類似の表示を使用し、その他人の商品・営業と混同を生じさせる行為（周知表示混同惹起行為：同法 2 条 1 項 1 号）
  - ☞　特徴のあるデザインのブランドバッグ等と類似する形態のバッグ等を販売する業者に対し、バッグ等の販売や展示等をしないことやバッグ等の廃棄とともに、損害賠償を認めた裁判例がある（東京地判 R1.6.18）。

○　他人の商品の形態を模倣した商品を譲渡等する行為（形態模倣商品の提供行為：同法2条1項3号）

　　☞　ヒット商品となっていたキーホルダー型液晶ゲーム機のデザインを模倣した商品を輸入・販売した業者に対し、商品の輸入・販売の差止め、商品の廃棄及び損害賠償を認めた裁判例がある（東京高判平10.7.16・たまごっち事件）。

第5項　商標権

【14-5-1　商標法】

　商標法は、商標を保護することにより、商標の使用をする者の業務上の信用の維持を図り、もって産業の発達に寄与し、あわせて需要者の利益を保護することを目的とする法律である（商標法1条）。

【14-5-2　商標権】

　「商標権」は、「登録商標」を権利者が一定期間独占的に実施することができる権利である。

　商標権者は、商標権の対象となる商標の使用を独占でき、商標権侵害者に対して差止めや損害賠償を請求できる。

　商標権者は、他社に実施権（ライセンス）を設定することもできる。

【14-5-3　登録商標】

　「登録商標」とは、商標登録を受けている商標である（商標法2条5項）。

（登録商標の例）

［出典：「商標制度の概要」（特許庁ウェブサイト）より抜粋］

【14-5-4　商標】

　商標法上の「商標」とは、人の知覚によって認識することができるもののうち、文字、図形、記号、立体的形状もしくは色彩又はこれらの結合、音その他のもの（標章）であって、次に掲げるものをいう（商標法2条1項）。

　①　業として商品を生産し、証明し、又は譲渡する者がその商品について使用をするもの

　②　業として役務を提供し、又は証明する者がその役務について使用をするもの

　このように、商標法上の「商標」は、商品やサービスにつけるマークやネーミングなどの「標章」と、標章を使用する商品またはサービス（役務）が組み合わさったものでなければならない。

　従って、商標登録出願を行う際には、「商標登録願」に以下の事項を記載しなければならない。

　・　「商標登録を受けようとする商標」

　・　その商標を使用する「商品」又は「サービス（役務）」の指定（指定商品・指定役務）

　指定商品と指定役務によって、商標権の範囲が決まる。

【14-5-5　商標登録】

　「商標登録」は、商標をもって特許庁に出願し、設定登録を受けることである。

　商標は、必ず登録しなければならないというわけではないが、商標登録をすると、同一又は類似の商標を使用する者に対して、使用の差止めや損害賠償請求をしやすくなる。

【14-5-6　商標登録の実体要件】

　商標登録を受けるためには、一定の要件を満たしている必要がある。
　商標登録の要件は、以下の各要件である。

- ○　自己の業務に係る商品または役務について使用すること（商標法 3 条 1 項柱書）

- ○　商標法 3 条 1 項各号において定める識別性を有さない商標（以下の①〜⑥）にあたらないこと（自他商品・役務の識別力：商標法 3 条 1 項 1 号〜6 号）

　なお、③〜⑤に該当する商標については、使用された結果、自他商品識別力を獲得した場合は、商標登録を受けることができる（商標法 3 条 2 項）

- ①　その商品又は役務の普通名称を普通に用いられる方法で表示する標章のみからなる商標（商品又は役務の普通名称：1 号）
  - ☞　商品「サニーレタス」についての「サニーレタス」という標章（一般的な名称）は自他識別力がない。
  - ☞　商品「スマートフォン」についての「スマホ」という標章（略称）は自他識別力がない。
  - ☞　商品「塩」について、「波の花」という商標（俗称）は、自他識別力がない。

- ②　その商品又は役務について慣用されている商標（慣用商標：2 号）
  - ☞　商品「カステラ」について、「オランダ船の図形」の商標（文字や図形等からなる商標）は自他識別力がない。
  - ☞　役務「葬儀の執行」について、「黒色および白色の組合せの色彩」の標章（色彩のみからなる商標）は自他識別力がない。
  - ☞　役務「屋台における中華そばの提供」について、「夜鳴きそばのチャルメラの音」の商標（音商標）は、自他識別力がない。

- ③　その商品の産地、販売地、品質その他の特徴等の表示又は役務の

提供の場所、質その他の特徴等の表示（記述的商標：3 号）

☞　商品「茶、コーヒー」等について、「GEORGIA」という商標は自他識別力がない。

☞　商品「乳製品等」について、「岐阜牛乳・GIFUMILK」という商標は自他識別力がない。

☞　「滑り止め付き建築又は構築専用材料」について、「スベラーヌ」という商標は自他識別力がない。

④　ありふれた氏又は名称を普通に用いられる方法で表示する標章のみからなる商標（ありふれた氏又は名称：4 号）

☞　商品「輸送機械器具等」について、「福島製作所・FUKUSHIMA LTD.」という商標は自他識別力がない。

☞　商品「はき物」について、「阿波屋」という商標は自他識別力がない。

☞　商品「タイムレコーダー等」について、「Amano Corporation」という商標は自他識別力がない。

☞　商品「プロパンガス」について、「品川 L.P.ガス」という商標は自他識別力がない。

⑤　極めて簡単で、かつ、ありふれた標章のみからなる商標（5 号）

☞　商品「バター」について、「バター200」という商標は自他識別力がない。

☞　商品「家具等」について、「エイティーン」という商標は自他識別力がない。

☞　商品「ポリエステル繊維によりなる織物等」について、「WA-7」という商標は自他識別力がない。

⑥　前号までのほか、識別力のないもの（6 号）

☞　単位等を表示する商標、元号を表示する商標、国内外の地理的名称を表示する商標、取扱商品の産地等を表示する商標、地模様からなる商標、店舗または事務所の形状からなる商標、店名として多数使用されている商標は、自他識別力がない。

☞　役務の提供の用に供する物が通常有する色彩商標（色彩のみからなる商標の一部）は自他識別力がない。

☞　役務「コーヒーの提供」について、「コーヒー豆をひく音」という

商標（音標章の一部）は自他識別力がない。

☞　商品「食肉等」について、「たっぷりカリフォルニア太陽の味」という商標は自他識別力がない。

☞　商品「緑茶」について、「緑をおくる山口のお茶」という商標は自他識別力がない。

　出願された商標について、商標審査官による「実体審査」として、これらの要件の審査が行われる。

【14-5-7　商標権の発生】

　商標をもって特許庁に出願すると、様式のチェック（方式審査）と、商標審査官による不登録事由、他商標との同一または類似、識別性等の実体審査が行われ、登録査定が出て設定登録すると商標権が発生する。

　商標権が発生すれば、商標を独占的に実施できる。

　なお、商標は、出願日から2週間程度で公開商標公報が発行され、設定登録から2週間程度で商標公報が発行される。

【14-5-8　商標権の存続期間】

　商標権の存続期間は、設定の登録の日から 10 年をもって終了する（商標法 19 条 1 項）。

　ただし、商標権の存続期間は、商標権者の更新登録の申請により更新することができる（商標法 19 条 2 項）。

【14-5-9　商標出願によるリスクマネジメント】

　自社の商標が他人の商標権を侵害するリスクを予防するためには、自社の商標が他人の登録商標と類似しているかどうかを調査することが必要である。調査の方法としては、特許情報プラットフォーム（J-PlatPat）で商標を検索・閲覧して調査するほか、弁理士等の専門家に調査を依頼することが考えられる。

　このほかに、自社の商標について商標登録出願を行うと、商標審査官による実体審査が行われ、類似する他人の登録商標が存在している場合には商標登録出願が拒絶されるので、この方法によっても、他人の商標権侵害を予防することができる。

【14-5-10　権利侵害】

　　商標権の侵害やそのおそれに対しては、商標権者は、侵害行為の停止又は予防などを請求することができる（差止請求：商標法 36 条）。

　　また、商標権者は、故意又は過失により商標権を侵害した者に対して、損害賠償請求をすることができる。

　　侵害者に対する損害賠償請求は、損害額の立証や侵害者の過失の立証が困難である場合が多い。また、商標権等の侵害に係る訴訟においては営業秘密を裁判所に提出する必要がある場合もある。このため、請求者である商標権者の負担が大きい。

　　そこで商標法は、損害額の推定等（38 条）、過失の推定（39 条による特許法 103 条の準用）、被告の具体的態様の明示義務（39 条による特許法 104 条の 2 の準用）、書類提出命令（39 条による特許法 105 条の準用）、損害計算のための鑑定（39 条による特許法 105 条の 2 の 12 の準用）、裁判所による相当な損害額の認定（39 条による特許法 105 条の 3 の準用）、秘密保持命令（39 条による特許法 105 条の 4 の準用）などの各種規定を定め、商標権者の立証負担の軽減や営業秘密の確保に配慮している。

　　また、故意又は過失により商標権等を侵害したことにより商標権者等の業務上の信用を害した者に対しては、裁判所は、商標権者等の請求により、損害の賠償に代え、又は損害の賠償とともに、商標権者等の業務上の信用を回復するのに必要な措置を命ずることができる（信用回復の措置：39 条による特許法 106 条の準用）。

【14-5-11　不正競争防止法による商標の保護】

　　商標は、不正競争防止法においても、次の態様による不正競争の禁止として保護されている。登録商標でなくても、次の不正競争に該当する場合には、不正競争の禁止の保護を受けることができる。

　　　○　他人の商品・営業の表示（商品等表示）として需要者の間に広く認識されているものと同一又は類似の表示を使用し、その他人の商品・営業と混同を生じさせる行為（周知表示混同惹起行為：同法 2 条 1 項 1 号）

　　不正競争に該当する場合、権利者は侵害の停止・予防を請求でき（差止請

求権：同法 3 条)、また、侵害者に対し損害賠償請求できる（損害賠償：同法 4 条)。

> ☞　有名な表示である「ウオークマン」と同一の表示を看板等に使用するなど「有限会社ウォークマン」という商号として使用した業者に対し、その表示の使用禁止及び商号の抹消請求が認められた裁判例がある（千葉地判平 8.4.17・ウオークマン事件)。

第 6 項　著作権

【14-6-1　著作権法】

　著作権法は、著作物並びに実演、レコード、放送及び有線放送に関し著作者の権利及びこれに隣接する権利を定め、これらの文化的所産の公正な利用に留意しつつ、著作者等の権利の保護を図り、もって文化の発展に寄与することを目的とする法律である（著作権法 1 条)。
　著作権法は、著作物の無断コピーや改変を防止する一方、著作権者以外の者が著作物を適法に利用できる場合を定めて、著作権者の保護と著作物の有効利用の調和を図っている。

【14-6-2　著作権】

　「著作権」は、「著作物」を創作したことにより著作者に発生する権利である。
　著作権には、「著作者人格権」と「著作財産権（著作権)」がある。
　「著作権」という場合は、著作財産権の意味で用いられていることが一般である。

【14-6-3　著作権と産業財産権】

　特許権、実用新案権、意匠権及び商標権は「産業財産権」と呼ばれ、特許庁が所管しており、登録によって初めて権利が発生する。
　これに対し、著作権は、文化庁が所管し、表現と同時に権利が発生し、登録を要しない。

【14-6-4 著作物】

　「著作物」とは、思想又は感情を創作的に表現したものであつて、文芸、学術、美術又は音楽の範囲に属するものをいう（著作権法2条1号）。

　著作物は、論文、小説、音楽、舞踏、絵画、彫刻、写真、映画、コンピュータプログラムなど、その種類は様々である。

　著作権法で保護される著作物は、「思想又は感情を創作的に表現したもの」でなければならないから、思想や感情を伴わない単なるデータや、事実の伝達に過ぎない報道は、「著作物」に該当しない。

　　☞「東京タワーの高さ：333メートル」は、「単なるデータ」であり、著作物とはいえない。

　また、著作物は「創作的」なものでなければならないから、誰もが思いつくデザインや、他人の作品の模倣、単なる事実は、著作物に該当しない。

　　☞「明治維新は1868年だった」は、「単なる事実」であり、著作物とはいえない。

　また、著作物は「表現したもの」でなければならないから、アイデアなどは著作物に該当しない。

　以上より、例えば、発明や、数学に関する著作物で提示した命題の解明過程や方程式そのものは「アイデア」にすぎないので著作物とはいえないが、アイデアを解説した「文章」は著作物になり得る。

　なお、アイデアは特許権の保護対象（発明）ともなりうる。

　また、著作物は「文芸、学術、美術又は音楽の範囲」に属するものでなければならないから、工業製品は著作物から除かれる。

（著作物の例示：著作権法 10 条 1 項）

著作物の例示	例
言語の著作物	講演、論文、レポート、作文、小説、脚本、詩歌、俳句
音楽の著作物	楽曲、楽曲を伴う歌詞
舞踊、無言劇の著作物	バレエ、ダンス、舞踏、パントマイムの振り付け
美術の著作物	絵画、版画、彫刻、マンガ、書、舞台装置（美術工芸品を含む）
建築の著作物	芸術的な建築
地図、図形の著作物	地図、学術的な図面、図表、設計図、立体模型、地球儀
映画の著作物	劇場用映画、アニメ、ビデオ、ゲームソフトの映像部分などの「録画されている動く影像」
写真の著作物	写真、グラビア
プログラムの著作物	コンピュータプログラム

※　「映画の著作物」を除き、著作物とされるためには、「固定」（録音、録画、印刷など）されている必要はないので、「原稿なしの講演」や「即興の歌」なども保護の対象となる。

【14-6-5　著作者】

「著作者」とは、著作物を創作する者をいう（著作権法 2 条 1 項 2 号）。

　（参考）著作物を、演劇的に演じ、舞い、演奏し、歌い、口演し、朗詠し、又はその他の方法により演ずることを「実演」といい（著作権法 2 条 1 項 3 号）、俳優、舞踊家、演奏家、歌手その他実演を行う者及び実演を指揮し、又は演出する者を「実演家」という（同法 2 条 1 項 4 号）。

　著作物の原作品に、又は著作物の公衆への提供もしくは提示の際に、実名又は実名に代えて用いられるもの（変名）として周知のものが著作者名として通常の方法により表示されている者は、その著作物の著作者と推定される（著作権法 14 条）。

【14-6-6　著作権の発生】

　著作者人格権と著作権（著作財産権）は、著作物を創作した時点で自動的に発生し、取得のために登録などの手続きを要しない。この点で、出願と登録によって発生する産業財産権（特許権、実用新案権、意匠権及び商標権）とは異なる。

　著作者人格権と著作権は、著作物を創作した時点で著作者に原始的に帰属する。

　なお、著作権法には、実名の登録（75 条）、第一発行年月日等の登録（76 条）、著作権の移転等の登録（77 条）などの登録制度があるが、これらの登録制度は権利の発生とは別の制度である。

【14-6-7　法人著作（職務著作）】

　法人その他の使用者（法人等）の発意に基づきその法人等の業務に従事する者が職務上作成する著作物で、その法人等が自己の著作の名義の下に公表するものの著作者は、その作成の時における契約、勤務規則その他に別段の定めがない限り、その法人等とされている（著作権法 15 条 1 項）。これを「法人著作（職務著作）」という。

- ☞　週刊誌や新聞などに掲載されている一般の記事は法人著作に該当する。

- ☞　新聞の連載小説や寄稿記事など、法人等の業務に従事しない者が書いた著作物については、その小説や寄稿記事などを書いた作者が著作権を有し、法人著作とはならない。

- ☞　自社の従業員が撮影し法人著作に該当する写真であれば、自社のウェブサイトに掲載しても著作権法上の問題は生じない。ただし、人物が写っている写真の場合は、ウェブサイトに掲載することで被写体である人物の肖像権やプライバシー権等を侵害する可能性があるので注意が必要である。

　法人等の発意に基づきその法人等の業務に従事する者が職務上作成するプログラムの著作物についても、著作者は、その作成の時における契約、勤務規則その他に別段の定めがない限り、その法人等とされている（著作権法 15 条 2 項）。

【14-6-8　著作権の存続期間】

　著作権の存続期間は、著作物の創作の時に始まり（著作権法 51 条 1 項）、原則として、著作者の死後 70 年を経過するまでの間、存続する（同条 2 項）。

【14-6-9　著作者人格権】

　「著作者人格権」とは、著作者が著作物に対して有する人格的・精神的権利である。

　著作者人格権には、公表権、氏名表示権及び同一性保持権が含まれる。

　○　「公表権」は、著作物でまだ公表されていないものを公衆に提供し、又は提示する権利である（著作権法 18 条）。

　○　「氏名表示権」は、著作物の原作品に、又はその著作物の公衆への提供もしくは提示に際し、その実名若しくは変名を著作者名として表示し、又は著作者名を表示しないこととする権利である（著作権法 19 条）。

　○　「同一性保持権」は、著作物及びその題号の同一性を保持する権利である（著作権法 20 条）。

　著作者人格権は著作者の一身に専属し、譲渡することができず（著作権法 59 条）、著作者の死亡により消滅する。

　（参考）実演家も氏名表示権（著作権法 90 条の 2）及び同一性保持権（同法 90 条の 3）を有し、これらを合わせて「実演家人格権」という。実演家人格権も実演家の一身に専属し、譲渡することができず（同法 101 条の 2）、実演家の死亡により消滅する。

【14-6-10　同一性保持権と適用除外事由】

　著作者は「同一性保持権」を有しているから、その意に反して著作物及びその題号の変更、切除その他の改変を受けない。

　ただし、以下のいずれかに該当する改変については、同一性保持権は適用されない（著作権法 20 条 2 項各号）。

　①　教科用図書等への掲載（著作権法 33 条 1 項）、教科用図書代替教材への掲載（同法 33 条の 2 第 1 項）又は学校教育番組の放送等（同法

34 条 1 項)により著作物を利用する場合の用字又は用語の変更その他の改変で、学校教育の目的上やむを得ないと認められるもの（1 号）

②　建築物の増築、改築、修繕又は模様替えによる改変（2 号）

③　特定の電子計算機においては実行し得ないプログラムの著作物を当該電子計算機において実行し得るようにするため、又はプログラムの著作物を電子計算機においてより効果的に実行し得るようにするために必要な改変（3 号）

☞　プログラムのバージョンアップなどがこれに該当する。

④　①〜③のほか、著作物の性質並びにその利用の目的及び態様に照らしやむを得ないと認められる改変

☞　ビスタサイズで撮影された映画をテレビ放送する際のトリミングやＣＭ挿入は、これに該当する（東京高判 H10.7.13・スウィートホーム事件）。

【14-6-11　著作権（著作財産権）】

「著作権（著作財産権）」とは、著作物の利用を許諾したり禁止したりする権利である。

著作権（著作財産権）は、著作者の死亡により消滅することはなく、譲渡・相続することができる。著作権の譲渡・相続を受けた者を「著作権者」という。

著作権（著作財産権）は、複製権、上演権、上映権、公衆送信権、展示権、頒布権、譲渡権、貸与権、二次的著作物の創作権・利用権などの個々の権利が含まれる。

（著作権に含まれる権利）

著作権に含まれる権利	意義
複製権	著作物を印刷、写真、複写、録音、録画その他の方法により有形的に再製する権利（21条）
上演権及び演奏権	著作物を公に上演し、演奏する権利（22条）
上映権	著作物を公に上映する権利（22条の2）
公衆送信権等	著作物を公衆送信し、あるいは、公衆送信された著作物を公に伝達する権利（23条）
口述権	著作物を口頭で公に伝える権利（24条）
展示権	美術の著作物又は未発行の写真の著作物を原作品により公に展示する権利（25条）
頒布権	映画の著作物をその複製物の譲渡又は貸与により公衆に提供する権利（26条）
譲渡権	映画の著作物を除く著作物をその原作品又は複製物の譲渡により公衆に提供する権利（26条の2）
貸与権	映画の著作物を除く著作物をその複製物の貸与により公衆に提供する権利（26条の3）
翻訳権・翻案権等	著作物を翻訳し、編曲し、変形し、脚色し、映画化し、その他翻案する権利（27条）
二次的著作物の利用に関する原著作者の権利	翻訳物、翻案物などの二次的著作物を利用する権利（28条）

　著作権に含まれる個々の権利は、その全部又は一部を譲渡することができる（著作権法61条1項）。

　ここで、著作権を譲渡する契約において、著作権法27条（翻訳権、翻案権等）又は28条（二次的著作物の利用に関する原著作者の権利）に規定する権利が譲渡の目的として特掲されていないときは、これらの権利は、譲渡した者に留保されたものと推定されることには注意を要する（同法61条2項）。

【14-6-12　二次的著作物】

　「二次的著作物」とは、著作物を翻訳し、編曲し、もしくは変形し、又は脚色し、映画化し、その他翻案することにより創作した著作物をいう（著作権法 2 条 1 項 11 号、11 条）。

　二次的著作物は、「原作」となった著作物とは別のものであり、二次的著作物の創作者が著作者として保護される。

　ただし、二次的著作物を「創る」場合は、原作の著作者の了解が必要である（二次的著作物の創作権：著作権法 27 条）。

　二次的著作物をコピーや送信などして「利用」する場合は、原則として、二次的著作物の著作者の了解のほかに、原作の著作者の了解も必要とされている（二次的著作物の利用権：著作権法 28 条）。

【14-6-13　編集著作物】

　「編集著作物」とは、編集物でその素材の選択又は配列によって創作性を有するものであり、著作物として保護される（著作権法 12 条）。

　元になる「素材」（部品）は、著作物である必要はなく、データや単語などでも構わないが、編集著作物は素材の選択・配列の「創作性」が必要である。

　このため、ある作家の全小説を「書かれた順」に収録した全集は、選択・配列の創作性がないため、「編集著作物」には当たらない。

　詩集、百科事典、新聞、雑誌のように、「編集物」で素材の選択又は配列によって創造性を有するものは、素材（部品）として収録されている個々の著作物とは別に、「全体」としても「編集著作物」として保護される。従って、これらの編集著作物をコピーする場合は、原則として、個々の素材の著作権者の了解とともに全体（編集著作物）の著作権者の了解も必要となる。

【14-6-14　データベースの著作物】

　データベースでその情報の選択又は体系的な構成によって創作性を有するものは、著作物として保護される（著作権法 12 条の 2）。

　「データベース」とは、論文、数値、図形その他の情報の集合物であって、それらの情報を電子計算機を用いて検索することができるように体系的に構成したものをいう（著作権法 2 条 1 項 10 号の 3）。

従って、データベースの著作物といえるためには、コンピュータで検索できるようになっている必要がある。

☞　このため、紙に記述されてコンピュータでは検索できない編集物は、データベースの著作物ではなく、「編集著作物」の保護対象である（著作権法 12 条）。

なお、「データベースの著作物」は、編集著作物と同様に、「部品」として収録されている著作物とは別に「全体」も「データベースの著作物」として保護される。

【14-6-15　共同著作物】

「共同著作物」とは、二人以上の者が共同して創作した著作物であって、その各人の寄与を分離して個別的に利用することができないものをいう（著作権法 2 条 1 項 12 号）。

従って、第 1 章は誰、第 2 章は誰と分担するところを定めて書いた場合は、「共同著作物」にあたらない。

共同著作物は、原則として、著作者全員が共同で（全員一致の意思により）その権利を行使することとされている（著作権法 64 条、65 条）。

【14-6-16　他人の著作権の侵害を予防するためのリスクマネジメント】

自社の広報活動等が他人の著作権を侵害すると、著作権者等から侵害の差止や損害賠償などを請求されるリスクがある。

リスクや、著作権侵害の疑いが報道されて企業の評判・評価が下がるリスク（レピュテーションリスク）も考えられる。

☞　エンターテイメント等を扱う事業者が、その運営する 10 のキュレーションメディア（まとめサイト）の記事において最大で約 74 万 8,000 件の画像で複製権侵害の疑いがあることを発表した事件では、当該事業者がまとめサイトを全て非公開としキュレーションサイト事業を中断した影響から、約 38 億 6,000 万円の減損損失を計上し、同事業は 2016 年 4〜12 月期に約 17 億円の営業赤字を計上したと報道された。

このようなリスクを予防するためには、著作権侵害を防ぐための社内規程やマニュアルを整備するとともに、社員教育により、著作権の基礎知識の理

解を深め、他人の著作権を尊重する意義を周知する必要がある。

　社員教育では、著作権は、特許権や商標権などの産業財産権とは異なり、出願・登録を要さず著作物を創作した時点で自動的に発生し保護されることや、著作権者等の許諾を要しない「私的使用のための複製」(著作権法 30 条)や「引用」(著作権法 32 条)の要件の判断は必ずしも容易ではないこと、安易なコピー&ペーストによって企業が多額の損失を被る可能性があることなどを指摘して、他人の著作物の利用には慎重を期すべきであることを強調するべきである。

【14-6-17　著作隣接権】

　「著作隣接権」とは、著作物の公衆への伝達に重要な役割を果たしている者(実演家、レコード製作者、放送事業者及び有線放送事業者)に与えられる権利である(著作権法 89 条 6 項)。

　著作隣接権は、実演、レコードの固定、放送又は有線放送を行った時点で発生する。

　著作隣接権の保護期間は、実演、レコード発行が行われたときから 70 年間、放送又は有線放送が行われたときから 50 年間である(著作権法 101 条)。

【14-6-18　著作権等管理事業者】

　「著作権等管理事業者」は、著作権者や著作隣接権者との委任契約などに基づいて、あらかじめ定められた使用料規程に従い、自らの判断で利用者に対して著作物や実演などの利用を許諾し、使用料を徴収し、権利者に分配する者である(著作権等管理事業者法 2 条参照)。

　著作権等管理事業者は、文化庁長官の登録を受け、管理委託契約約款や使用料規程を届け出なければならない。

　著作権等管理事業者としては、JASRAC(一般社団法人日本音楽著作権協会)が有名である。

　著作権には、産業財産権のような出願・登録の制度がないため、著作権等管理事業者に著作権の管理を委託して著作権を管理する方法が考えられる。

【14-6-19　権利侵害】

　著作権者等は、その著作者人格権、著作権等を侵害する者又は侵害するおそれがある者に対し、その侵害の停止又は予防などを請求することができる（著作権法112条）。これを差止請求権という。

　また、著作権者等は、故意又は過失により自己の著作権、出版権又は著作隣接権を侵害した者に対し、損害賠償を請求することができる。

　侵害者に対する損害賠償請求は、損害額の立証が困難である場合が多く、また、著作権等の侵害に係る訴訟においては営業秘密を裁判所に提出する必要がある場合もある。このため、請求者である著作権者等の負担が大きい。

　そこで著作権法は、損害額の推定等（114条）や被告の具体的態様の明示義務（114条の2）、書類提出命令（114条の3）、損害計算のための鑑定（114条の4）、裁判所による相当な損害額の認定（114条の5）および秘密保持命令（114条の6）などの各種規定を定め、著作権者等の立証負担の軽減や営業秘密の確保に配慮している。

　なお、著作権の場合は、特許権、意匠権、商標権の侵害者に対する損害賠償請求におけるような「過失の推定」の規定がないため、著作権者等の側で侵害者の過失を立証しなければならない。

　また、著作者又は実演家は、故意又は過失により著作者人格権又は実演家人格権を侵害した者に対し、損害の賠償に代えて、又は損害の賠償とともに、著作者又は実演家であることを確保し、又は訂正その他著作者もしくは実演家の名誉もしくは声望を回復するために適当な措置を請求することができる（名誉回復等の措置：著作権法115条）。

【14-6-20　著作物を自由に使える場合】

　著作権法では、一定の例外的な場合に著作権等を制限して、著作権者等に許諾を得ることなく著作物を利用できることを定めている（同法30条〜47条の6）。

　著作物等を利用するときに、いかなる場合であっても著作権者等の許諾を受けたり使用料を支払わなければならないとすると、文化的所産である著作物等の公正で円滑な利用が妨げられ、かえって文化の発展に寄与することを目的とする著作権制度の趣旨に反することにもなりかねないためである。ただし、著作権者等の利益を不当に害さないように、また、著作物等の通常の

利用が妨げられることのないよう、その条件は厳密に定められている。

また、著作権が制限される場合でも、著作者人格権は制限されないことに注意を要する（著作権法50条）。

なお、これらの規定に基づき複製されたものを目的外に使うことは禁止されている（著作権法49条）。

また、「引用」により著作物を複製する場合や「時事問題に関する論説の転載等」により著作物を利用する場合などは、原則として出所の明示をする必要があることも注意を要する（著作権法48条）。

以下に、著作物を自由に使える場合の例を掲記する。

著作物を自由に使える場合の例	条文
私的使用のための複製 　個人的に又は家庭内その他これに準ずる限られた範囲内において使用すること（私的使用）を目的とするときは、著作物を複製することができる。	30条 1項
図書館等における複製 　図書館等において、次に掲げる場合には、その営利を目的としない事業として、図書館資料を用いて著作物を複製することができる。 　・　利用者の求めに応じて、その調査研究の用に供するために、公表された著作物の一部分の複製物を一人に付き一部提供する場合 　・　図書館資料の保存のため必要がある場合 　・　他の図書館等の求めに応じて絶版等資料の複製物を提供する場合	31条 1項
引用 　公表された著作物は、引用して利用することができる。 　この場合において、その引用は、公正な慣行に合致するものであり、かつ、報道、批評、研究その他の引用の目的上正当な範囲内で行われるものでなければならない。 　国もしくは地方公共団体の機関、独立行政法人又は地方独立行政法人が一般に周知させることを目的として作成し、その著作の名義の下に公表する広報資料、調査統計資料、報告書その他これらに類する著作物は、禁止する旨の表示がある場合を除き、説明の材料として新聞紙、雑誌その他の刊行物に転載することができる。	32条 1項・ 2項

学校その他の教育機関における複製等 　営利を目的して設置されているものを除き、学校その他の教育機関において教育を担任する者及び授業を受ける者は、その授業の過程における利用に供することを目的とする場合には、その必要と認められる限度において、公表された著作物を複製し、もしくは公衆送信を行い、又は公表された著作物であって公衆送信されるものを受信装置を用いて公に伝達することができる。	35 条 1 項
営利を目的としない上演等 　公表された著作物は、営利を目的とせず、かつ、聴衆又は観衆から料金を受けない場合には、公に上演し、演奏し、上映し、又は口述することができる。	38 条 1 項
時事問題に関する論説の転載等 　新聞紙又は雑誌に掲載して発行された政治上、経済上又は社会上の時事問題に関する論説は、禁止する旨の表示がある場合を除き、他の新聞紙若しくは雑誌に転載し、又は放送等を行うことができる。	39 条 1 項
プログラムの著作物の複製物の所有者による複製等 　プログラムの著作物の複製物の所有者は、自ら電子計算機で実行するために必要と認められる限度において、当該著作物を複製することができる。	47 条の 3 第 1 項

【14-6-21　許諾を得ずに利用できる場合－私的使用のための複製】

　個人的に又は家庭内その他これに準ずる限られた範囲内において使用すること（私的使用）を目的とするときは、その使用する者が著作物を複製することができる（著作権法 30 条 1 項）。

　「個人的に」とは、仕事上での使用等を除き、その著作物を使用する者自身が自らの使用のために著作物を複製する行為をいい、「家庭内」とは親、子、兄弟等の範囲内においてそれら家族の使用のためにその家族を構成する者の一人がその著作物を複製する行為を意味する。

　また、私的使用のための複製は、「その使用する者」が行わなければならないため、使用する者が自ら、又は使用する者本人との関係で補助的な立場に

ある者（家族等）が本人に代わって複製する場合に限られる。

　従って、次の場合は、私的使用のための複製とはいえない（著作権者の許諾が必要である）。

- 職場で業務に有用と思われる新聞記事をコピーして回覧すること。
- ブログやホームページ、動画共有サイト、SNS 等にアップロードするための複製
- 「自炊代行」などの、私的使用を目的とする者からの注文によって複製することを業とする者が行う複製

【14-6-22　許諾を得ずに利用できる場合－引用】

　公表された著作物は、引用して利用することができる。この場合において、その引用は、公正な慣行に合致するものであり、かつ、報道、批評、研究その他の引用の目的上正当な範囲内で行われるものでなければならない（著作権法 32 条 1 項）。

　著作権法 32 条の「引用」により著作物を複製又は利用する場合は、著作物の出所を、その複製又は利用の態様に応じ合理的と認められる方法及び程度により、明示しなければならない（著作権法 48 条 1 項）。

【14-6-23　「引用」の要件－公表された著作物】

　著作権法 32 条の「引用」に該当するためには、対象が「公表された著作物」でなければならない。

　「公表」には、「発行」のほか、著作権者の許諾を得て上演、演奏、上映、公衆送信、口述若しくは展示の方法で公衆に提示される場合が含まれる（4 条 1 項）。

　従って、未公表の小説やプライベートな姿を盗撮した写真、友人間で記録のために撮影した画像などは、「公表」された著作物ではないから、著作権法 32 条の「引用」の要件を満たさない（引用するためには著作権者の許諾が必要である）。

【14-6-24　「引用」の要件－引用の目的上正当な範囲内】

著作権法 32 条の「引用」に該当するためには、その引用が「引用の目的
上正当な範囲内」で行われるものでなければならない。

　☞　美術品の鑑定等を行う業者が、ある画家の制作した絵画について鑑定
　　証書を作成する際に、鑑定証書に添付するため絵画の縮小カラーコピー
　　を作成した行為につき、その画家の相続人らが著作権侵害を主張した。
　　　裁判所は、当該添付が鑑定証書の偽造を防ぐためであり、添付の必要
　　性有用性が認められること等からコピーの添付が「引用の目的」に含ま
　　れると判断した。そして、当該コピー部分のみが分離して供されること
　　は考え難いこと等から、コピーの添付は、その方法ないし態様としてみ
　　ても、社会通念上、合理的な範囲にとどまるとして、引用の目的上正当
　　な範囲内で行われたものであると判示した（知財高判 H22.10.13・美術
　　鑑定書事件）。

　☞　全 253 ページの小説中に、9 か所合計 20 ページにわたり、中国詩人
　　の詩集中の 9 編の詩を翻訳して掲載した行為について、裁判所は、利用
　　された 9 編の詩は全文であること、当該詩が本文中のストーリーの一部
　　を構成していること、詩の利用目的が、それを批評したり研究したりす
　　るためではなく、本文中においてある場面における主人公の心情を描写
　　するためであること、当該心情を描写するために必ずしも利用された詩
　　を利用する以外の方法がないわけではないこと等を考慮し、正当な引用
　　には当たらないと判示した（東京地判 H16.5.31・XO 醤男と杏仁女事件）。

なお、「引用の目的上正当な範囲内」で行われたといえるためには、引用部
分と自己の著作物の区分が明瞭であること（明確区分性）、及び自己の著作物
が「主」であり引用部分が「従」であること（主従関係）も必要であるとさ
れている（最判 S55.3.28・モンタージュ写真事件）。

明確区分性の方法としては、引用部分にカギ括弧（「」）や引用符（""）を
付すことが考えられる。

主従関係は、量的に自己の著作物のほうが多いというだけでは不十分であ
り、質的にも（内容面でも）、自己の著作物が主体性を保持し、引用部分は自
己の著作物を補足したり参考資料を提供するといった位置づけになっている
必要があるとされる。

☞　職場で業務に有用と思われる新聞記事をコピーして回覧することは、引用箇所を明確にし、出所を明示しても、引用部分が「従」でない限り、著作権法 32 条の「引用」には該当しない（著作権者の許諾が必要である）。

【14-6-25　「引用」する場合にしなければならない出所の明示】

著作権法 32 条の「引用」により著作物を複製又は利用する場合は、著作物の出所を、その複製又は利用の態様に応じ合理的と認められる方法及び程度により、明示しなければならない（著作権法 48 条 1 項）。

著作物の出所の明示にあたっては、原則として、当該著作物につき表示されている著作者名を示さなければならない（著作権法 48 条 2 項）。

それ以外の「合理的と認められる方法及び程度」についての明確なルールはないが、出版物に掲載されている著作物を引用する場合は、著者名のほか、出版社、書籍・雑誌名、論文名、掲載版（号）、発行年、掲載ページを示すべきといわれている。Web ページの場合は URL を示すことが多い。

第3章
企業危機管理士認定試験
関連資料集

Crisis Manager

1．企業等不祥事における第三者委員会ガイドライン

２０１０年７月１５日
改訂　２０１０年１２月１７日
日本弁護士連合会

　企業や官公庁、地方自治体、独立行政法人あるいは大学、病院等の法人組織（以下、「企業等」という）において、犯罪行為、法令違反、社会的非難を招くような不正・不適切な行為等（以下、「不祥事」という）が発生した場合、当該企業等の経営者ないし代表者（以下、「経営者等」という）は、担当役員や従業員等に対し内々の調査を命ずるのが、かつては一般的だった。しかし、こうした経営者等自身による、経営者等のための内部調査では、調査の客観性への疑念を払拭できないため、不祥事によって失墜してしまった社会的信頼を回復することは到底できない。そのため、最近では、外部者を交えた委員会を設けて調査を依頼するケースが増え始めている。

　この種の委員会には、大きく分けて２つのタイプがある。ひとつは、企業等が弁護士に対し内部調査への参加を依頼することによって、調査の精度や信憑性を高めようとするものである（以下、「内部調査委員会」という）。確かに、適法・不適法の判断能力や事実関係の調査能力に長けた弁護士が参加することは、内部調査の信頼性を飛躍的に向上させることになり、企業等の信頼回復につながる。その意味で、こうした活動に従事する弁護士の社会的使命は、何ら否定されるべきものではない。

　しかし、企業等の活動の適正化に対する社会的要請が高まるにつれて、この種の調査では、株主、投資家、消費者、取引先、従業員、債権者、地域住民などといったすべてのステーク・ホルダーや、これらを代弁するメディア等に対する説明責任を果たすことは困難となりつつある。また、そうしたステーク・ホルダーに代わって企業等を監督・監視する立場にある行政官庁や自主規制機関もまた、独立性の高いより説得力のある調査を求め始めている。そこで、注目されるようになったのが、企業等から独立した委員のみをもって構成され、徹底した調査を実施した上で、専門家としての知見と経験に基づいて原因を分析し、必要に応じて具体的な再発防止策等を提言するタイプの委員会（以下、「第三者委員会」という）である。すなわち、経営者等自身のためではなく、すべてのステーク・ホルダーのために調査を実施し、それを対外公表することで、最終的には企業等の信

頼と持続可能性を回復することを目的とするのが、この第三者委員会の使命である。

　どちらのタイプの委員会を設けるかは、基本的には経営者等の判断に委ねられる。不祥事の規模や、社会的影響の度合いによっては、内部調査委員会だけで目的を達成できる場合もある。しかし、例えば、マスコミ等を通じて不祥事が大々的に報じられたり、上場廃止の危機に瀕したり、株価に悪影響が出たり、あるいは、ブランド・イメージが低下し良い人材を採用できなくなったり、消費者による買い控えが起こったりするなど、具体的なダメージが生じてしまった企業等では、第三者委員会を設けることが不可避となりつつある。また、最近では、公務員が不祥事を起こした場合に、国民に対する説明責任を果たす手段として、官公庁が第三者委員会を設置するケースも増えている。

　第三者委員会が設置される場合、弁護士がその主要なメンバーとなるのが通例である。しかし、第三者委員会の仕事は、真の依頼者が名目上の依頼者の背後にあるステーク・ホルダーであることや、標準的な監査手法であるリスク・アプローチに基づいて不祥事の背後にあるリスクを分析する必要があることなどから、従来の弁護士業務と異質な面も多く、担当する弁護士が不慣れなことと相まって、調査の手法がまちまちになっているのが現状である。そのため、企業等の側から、言われ無き反発を受けたり、逆に、信憑性の高い報告書を期待していた外部のステーク・ホルダーや監督官庁などから、失望と叱責を受ける場合も見受けられるようになっている。

　そこで、日本弁護士連合会では、今後、第三者委員会の活動がより一層社会の期待に応え得るものとなるように、自主的なガイドラインとして、「第三者委員会ガイドライン」を策定することにした。依頼企業等からの独立性を貫き断固たる姿勢をもって厳正な調査を実施するための「盾」として、本ガイドラインが活用されることが望まれる。

　もちろん、本ガイドラインは第三者委員会があまねく遵守すべき規範を定めたものではなく、あくまでも現時点のベスト・プラクティスを取りまとめたものである。しかし、ここに1つのモデルが示されることで第三者委員会に対する社会の理解が深まれば、今後は、企業等の側からも、ステーク・ホルダー全体の意向を汲んで、本ガイドラインに準拠した調査が求め

られるようになることが期待される。また、監督官庁をはじめ自主規制機関等が、不祥事を起こした企業等に対し第三者委員会による調査を要求する場合、公的機関等の側からも、本ガイドラインに依拠することが推奨されるようになるものと予想される。これまでも、監督官庁による業務改善命令の一環として第三者委員会の設置が命じられる場合も見受けられたが、将来的には、単に第三者委員会の設置を命ずるにとどまらず、本ガイドラインに依拠した第三者委員会の調査を求めるようお願いしたい。

　いずれにせよ、今後第三者委員会の実務に携わる弁護士には、裁判を中心に据えた伝統的な弁護、代理業務とは異なり、各種のステーク・ホルダーの期待に応えるという新しいタイプの仕事であることを十分理解し、さらなるベスト・プラクティスの構築に尽力されることを期待したい。

企業等不祥事における第三者委員会ガイドライン

２０１０年　７月１５日
改訂　２０１０年１２月１７日
日本弁護士連合会

第１部　基本原則

　本ガイドラインが対象とする第三者委員会（以下、「第三者委員会」という）とは、企業や組織（以下、「企業等」という）において、犯罪行為、法令違反、社会的非難を招くような不正・不適切な行為等（以下、「不祥事」という）が発生した場合及び発生が疑われる場合において、企業等から独立した委員のみをもって構成され、徹底した調査を実施した上で、専門家としての知見と経験に基づいて原因を分析し、必要に応じて具体的な再発防止策等を提言するタイプの委員会である。

　第三者委員会は、すべてのステークホルダーのために調査を実施し、その結果をステークホルダーに公表することで、最終的には企業等の信頼と持続可能性を回復することを目的とする。

第1．第三者委員会の活動
1．不祥事に関連する事実の調査、認定、評価

　第三者委員会は、企業等において、不祥事が発生した場合において、調査を実施し、事実認定を行い、これを評価して原因を分析する。

（1）調査対象とする事実（調査スコープ）

　第三者委員会の調査対象は、第一次的には不祥事を構成する事実関係であるが、それに止まらず、不祥事の経緯、動機、背景及び類似案件の存否、さらに当該不祥事を生じさせた内部統制、コンプライアンス、ガバナンス上の問題点、企業風土等にも及ぶ。

（2）事実認定

　調査に基づく事実認定の権限は第三者委員会のみに属する。

　第三者委員会は、証拠に基づいた客観的な事実認定を行う。

（3）事実の評価、原因分析

　第三者委員会は、認定された事実の評価を行い、不祥事の原因を分析する。

　事実の評価と原因分析は、法的責任の観点に限定されず、自主規制機関の規則やガイドライン、企業の社会的責任（CSR）、企業倫理等の観点から行われる[1]。

2．説明責任

　第三者委員会は、不祥事を起こした企業等が、企業の社会的責任（CSR）の観点から、ステークホルダーに対する説明責任を果たす目的で設置する委員会である。

3．提言

　第三者委員会は、調査結果に基づいて、再発防止策等の提言を行う。

---

[1] 第三者委員会は関係者の法的責任追及を直接の目的にする委員会ではない。関係者の法的責任追及を目的とする委員会とは別組織とすべき場合が多いであろう。

第2．第三者委員会の独立性、中立性

　第三者委員会は、依頼の形式にかかわらず、企業等から独立した立場で、企業等のステークホルダーのために、中立・公正で客観的な調査を行う。

第3．企業等の協力

　第三者委員会は、その任務を果たすため、企業等に対して、調査に対する全面的な協力のための具体的対応を求めるものとし、企業等は、第三者委員会の調査に全面的に協力する[2]。

第2部　指針

第1．第三者委員会の活動についての指針
1．不祥事に関連する事実の調査、認定、評価についての指針
（1）調査スコープ等に関する指針
　①第三者委員会は、企業等と協議の上、調査対象とする事実の範囲（調査スコープ）を決定する[3]。調査スコープは、第三者委員会設置の目的を達成するために必要十分なものでなければならない。

　②第三者委員会は、企業等と協議の上、調査手法を決定する。調査手法は、第三者委員会設置の目的を達成するために必要十分なものでなければならない。

（2）事実認定に関する指針
　①第三者委員会は、各種証拠を十分に吟味して、自由心証により事実認定を行う。

　②第三者委員会は、不祥事の実態を明らかにするために、法律上の証明による厳格な事実認定に止まらず、疑いの程度を明示した灰色認定や疫学的認定を行うことができる[4]。

---

[2] 第三者委員会の調査は、法的な強制力をもたない任意調査であるため、企業等の全面的な協力が不可欠である。

[3] 第三者委員会は、その判断により、必要に応じて、調査スコープを拡大、変更等を行うことができる。この場合には、調査報告書でその経緯を説明すべきである。

[4] この場合には、その影響にも十分配慮する。

（3）評価、原因分析に関する指針

　①第三者委員会は、法的評価のみにとらわれることなく[5]、自主規制機関
　　の規則やガイドライン等も参考にしつつ、ステークホルダーの視点に
　　立った事実評価、原因分析を行う。

　②第三者委員会は、不祥事に関する事実の認定、評価と、企業等の内部
　　統制、コンプライアンス、ガバナンス上の問題点、企業風土にかかわ
　　る状況の認定、評価を総合的に考慮して、不祥事の原因分析を行う。

２．説明責任についての指針（調査報告書の開示に関する指針）

　第三者委員会は、受任に際して、企業等と、調査結果（調査報告書）の
ステークホルダーへの開示に関連して、下記の事項につき定めるものとす
る。

　①企業等は、第三者委員会から提出された調査報告書を、原則として、
　　遅滞なく、不祥事に関係するステークホルダーに対して開示すること[6]。

　②企業等は、第三者委員会の設置にあたり、調査スコープ、開示先とな
　　るステークホルダーの範囲、調査結果を開示する時期[7]を開示すること。

　③企業等が調査報告書の全部又は一部を開示しない場合には、企業等は
　　その理由を開示すること。また、全部又は一部を非公表とする理由は、

---

[5] なお、有価証券報告書の虚偽記載が問題になっている事案など、法令違反の存否自体が最も重要な調査対象事実である場合もある。

[6] 開示先となるステークホルダーの範囲は、ケース・バイ・ケースで判断される。たとえば、上場企業による資本市場の信頼を害する不祥事（有価証券報告書虚偽記載、業務に関連するインサイダー取引等）については、資本市場がステークホルダーといえるので、記者発表、ホームページなどによる全面開示が原則となろう。不特定又は多数の消費者に関わる不祥事（商品の安全性や表示に関する事案）も同様であろう。他方、不祥事の性質によっては、開示先の範囲や開示方法は異なりうる。

[7] 第三者委員会の調査期間中は、不祥事を起こした企業等が、説明責任を果たす時間的猶予を得ることができる。したがって、企業等は、第三者委員会が予め設定した調査期間をステークホルダーに開示し、説明責任を果たすべき期限を明示することが必要となる。ただし、調査の過程では、設定した調査期間内に調査を終了し、調査結果を開示することが困難になることもある。そのような場合に、設定した調査期間内に調査を終了することに固執し、不十分な調査のまま調査を終了すべきではなく、合理的な調査期間を再設定し、それをステークホルダーに開示して理解を求めつつ、なすべき調査を遂げるべきである。

　　　公的機関による捜査・調査に支障を与える可能性、関係者のプライバ
　　　シー、営業秘密の保護等、具体的なものでなければならないこと[8]。

3．提言についての指針
　第三者委員会は、提言を行うに際しては、企業等が実行する具体的な施
策の骨格となるべき「基本的な考え方」を示す[9]。

第2．第三者委員会の独立性、中立性についての指針
1．起案権の専属
　調査報告書の起案権は第三者委員会に専属する。

2．調査報告書の記載内容
　第三者委員会は、調査により判明した事実とその評価を、企業等の現在
の経営陣に不利となる場合であっても、調査報告書に記載する。

3．調査報告書の事前非開示
　第三者委員会は、調査報告書提出前に、その全部又は一部を企業等に開
示しない。

4．資料等の処分権
　第三者委員会が調査の過程で収集した資料等については、原則として、
第三者委員会が処分権を専有する。

8　第三者委員会は、必要に応じて、調査報告書（原文）とは別に開示版の調査報
告書を作成できる。非開示部分の決定は、企業等の意見を聴取して、第三者委員
会が決定する。
9　具体的施策を提言することが可能な場合は、これを示すことができる。

５．利害関係

　　企業等と利害関係を有する者[10]は、委員に就任することができない。

第3．企業等の協力についての指針
１．企業等に対する要求事項

　　第三者委員会は、受任に際して、企業等に下記の事項を求めるものとする。

　　①企業等が、第三者委員会に対して、企業等が所有するあらゆる資料、情報、社員へのアクセスを保障すること。

　　②企業等が、従業員等に対して、第三者委員会による調査に対する優先的な協力を業務として命令すること。

　　③企業等は、第三者委員会の求めがある場合には、第三者委員会の調査を補助するために適切な人数の従業員等による事務局を設置すること。当該事務局は第三者委員会に直属するものとし、事務局担当者と企業等の間で、厳格な情報隔壁を設けること。

２．協力が得られない場合の対応

　　企業等による十分な協力を得られない場合や調査に対する妨害行為があった場合には、第三者委員会は、その状況を調査報告書に記載することができる。

---

10 顧問弁護士は、「利害関係を有する者」に該当する。企業等の業務を受任したことがある弁護士や社外役員については、直ちに「利害関係を有する者」に該当するものではなく、ケース・バイ・ケースで判断されることになろう。なお、調査報告書には、委員の企業等との関係性を記載して、ステークホルダーによる評価の対象とすべきであろう。

第4．公的機関とのコミュニケーションに関する指針

　第三者委員会は、調査の過程において必要と考えられる場合には、捜査機関、監督官庁、自主規制機関などの公的機関と、適切なコミュニケーションを行うことができる[11]。

第5．委員等についての指針
1．委員及び調査担当弁護士
（1）委員の数
　第三者委員会の委員数は3名以上を原則とする。
（2）委員の適格性
　第三者委員会の委員となる弁護士は、当該事案に関連する法令の素養があり、内部統制、コンプライアンス、ガバナンス等、企業組織論に精通した者でなければならない。

　第三者委員会の委員には、事案の性質により、学識経験者、ジャーナリスト、公認会計士などの有識者が委員として加わることが望ましい場合も多い。この場合、委員である弁護士は、これらの有識者と協力して、多様な視点で調査を行う。
（3）調査担当弁護士
　第三者委員会は、調査担当弁護士を選任できる。調査担当弁護士は、第三者委員会に直属して調査活動を行う。

　調査担当弁護士は、法曹の基本的能力である事情聴取能力、証拠評価能力、事実認定能力等を十分に備えた者でなければならない。

---

[11] たとえば、捜査、調査、審査などの対象者、関係者等を第三者委員会がヒアリングしようとする場合、第三者委員会が捜査機関、調査機関、自主規制機関などと適切なコミュニケーションをとることで、第三者委員会による調査の趣旨の理解を得て必要なヒアリングを可能にすると同時に、第三者委員会のヒアリングが捜査、調査、審査などに支障を及ぼさないように配慮することなどが考えられる。

２．調査を担当する専門家

　第三者委員会は、事案の性質により、公認会計士、税理士、デジタル調査の専門家等の各種専門家を選任できる。これらの専門家は、第三者委員会に直属して調査活動を行う[12]。

第6．その他
１．調査の手法など

　第三者委員会は、次に例示する各種の手法等を用いて、事実をより正確、多角的にとらえるための努力を尽くさなければならない。
（例示）
①関係者に対するヒアリング

　委員及び調査担当弁護士は、関係者に対するヒアリングが基本的かつ必要不可欠な調査手法であることを認識し、十分なヒアリングを実施すべきである。
②書証の検証

　関係する文書を検証することは必要不可欠な調査手法であり、あるべき文書が存在するか否か、存在しない場合はその理由について検証する必要がある。なお、検証すべき書類は電子データで保存された文書も対象となる。その際には下記⑦（デジタル調査）に留意する必要がある。
③証拠保全

　第三者委員会は、調査開始に当たって、調査対象となる証拠を保全し、証拠の散逸、隠滅を防ぐ手立てを講じるべきである。企業等は、証拠の破棄、隠匿等に対する懲戒処分等を明示すべきである。
④統制環境等の調査

　統制環境、コンプライアンスに対する意識、ガバナンスの状況などを知るためには社員を対象としたアンケート調査が有益なことが多いので、第三者委員会はこの有用性を認識する必要がある。

---

[12] 第三者委員会は、これらの専門家が企業等と直接の契約関係に立つ場合においても、当該契約において、調査結果の報告等を第三者委員会のみに対して行うことの明記を求めるべきである。

⑤自主申告者に対する処置

　企業等は、第三者委員会に対する事案に関する従業員等の自主的な申告を促進する対応[13]をとることが望ましい。

⑥第三者委員会専用のホットライン

　第三者委員会は、必要に応じて、第三者委員会へのホットラインを設置することが望ましい。

⑦デジタル調査

　第三者委員会は、デジタル調査の必要性を認識し、必要に応じてデジタル調査の専門家に調査への参加を求めるべきである。

2．報酬

　弁護士である第三者委員会の委員及び調査担当弁護士に対する報酬は、時間制を原則とする[14]。

　第三者委員会は、企業等に対して、その任務を全うするためには相応の人数の専門家が相当程度の時間を費やす調査が必要であり、それに応じた費用が発生することを、事前に説明しなければならない。

3．辞任

　委員は、第三者委員会に求められる任務を全うできない状況に至った場合、辞任することができる。

4．文書化

　第三者委員会は、第三者委員会の設置にあたって、企業等との間で、本ガイドラインに沿った事項を確認する文書を取り交わすものとする。

---

[13] たとえば、行為者が積極的に自主申告して第三者委員会の調査に協力した場合の懲戒処分の減免など。

[14] 委員の著名性を利用する「ハンコ代」的な報酬は不適切な場合が多い。成功報酬型の報酬体系も、企業等が期待する調査結果を導こうとする動機につながりうるので、不適切な場合が多い。

5．本ガイドラインの性質

　本ガイドラインは、第三者委員会の目的を達成するために必要と考えられる事項について、現時点におけるベスト・プラクティスを示したものであり、日本弁護士連合会の会員を拘束するものではない。

　なお、本ガイドラインの全部又は一部が、適宜、内部調査委員会に準用されることも期待される。

以　　上

2．事業主が職場における優越的な関係を背景とした言動に起因する問題に関して雇用管理上講ずべき措置等についての指針

（令和2年厚生労働省告示第5号）【令和2年6月1日適用】

1　はじめに

　　この指針は、労働施策の総合的な推進並びに労働者の雇用の安定及び職業生活の充実等に関する法律（昭和41年法律第132号。以下「法」という。）第30条の2第1項及び第2項に規定する事業主が職場において行われる優越的な関係を背景とした言動であって、業務上必要かつ相当な範囲を超えたものにより、その雇用する労働者の就業環境が害されること（以下「職場におけるパワーハラスメント」という。）のないよう雇用管理上講ずべき措置等について、同条第3項の規定に基づき事業主が適切かつ有効な実施を図るために必要な事項について定めたものである。

2　職場におけるパワーハラスメントの内容

⑴　職場におけるパワーハラスメントは、職場において行われる①優越的な関係を背景とした言動であって、②業務上必要かつ相当な範囲を超えたものにより、③労働者の就業環境が害されるものであり、①から③までの要素を全て満たすものをいう。

　　なお、客観的にみて、業務上必要かつ相当な範囲で行われる適正な業務指示や指導については、職場におけるパワーハラスメントには該当しない。

⑵　「職場」とは、事業主が雇用する労働者が業務を遂行する場所を指し、当該労働者が通常就業している場所以外の場所であっても、当該労働者が業務を遂行する場所については、「職場」に含まれる。

⑶　「労働者」とは、いわゆる正規雇用労働者のみならず、パートタイム労働者、契約社員等いわゆる非正規雇用労働者を含む事業主が雇用する労働者の全てをいう。

　　また、派遣労働者については、派遣元事業主のみならず、労働者派遣の役務の提供を受ける者についても、労働者派遣事業の適正な運営の確保及び派遣労働者の保護等に関する法律（昭和60年法律第88号）第

47 条の 4 の規定により、その指揮命令の下に労働させる派遣労働者を雇用する事業主とみなされ、法第 30 条の 2 第 1 項及び第 30 条の 3 第 2 項の規定が適用されることから、労働者派遣の役務の提供を受ける者は、派遣労働者についてもその雇用する労働者と同様に、3(1)の配慮及び 4 の措置を講ずることが必要である。なお、法第 30 条の 2 第 2 項、第 30 条の 5 第 2 項及び第 30 条の 6 第 2 項の労働者に対する不利益な取扱いの禁止については、派遣労働者も対象に含まれるものであり、派遣元事業主のみならず、労働者派遣の役務の提供を受ける者もまた、当該者に派遣労働者が職場におけるパワーハラスメントの相談を行ったこと等を理由として、当該派遣労働者に係る労働者派遣の役務の提供を拒む等、当該派遣労働者に対する不利益な取扱いを行ってはならない。

(4)　「優越的な関係を背景とした」言動とは、当該事業主の業務を遂行するに当たって、当該言動を受ける労働者が当該言動の行為者とされる者（以下「行為者」という。）に対して抵抗又は拒絶することができない蓋然性が高い関係を背景として行われるものを指し、例えば、以下のもの等が含まれる。

- ・　職務上の地位が上位の者による言動

- ・　同僚又は部下による言動で、当該言動を行う者が業務上必要な知識や豊富な経験を有しており、当該者の協力を得なければ業務の円滑な遂行を行うことが困難であるもの

- ・　同僚又は部下からの集団による行為で、これに抵抗又は拒絶することが困難であるもの

(5)　「業務上必要かつ相当な範囲を超えた」言動とは、社会通念に照らし、当該言動が明らかに当該事業主の業務上必要性がない、又はその態様が相当でないものを指し、例えば、以下のもの等が含まれる。

- ・　業務上明らかに必要性のない言動

- ・　業務の目的を大きく逸脱した言動

- ・　業務を遂行するための手段として不適当な言動

- ・　当該行為の回数、行為者の数等、その態様や手段が社会通念に照らして許容される範囲を超える言動

　　この判断に当たっては、様々な要素（当該言動の目的、当該言動を受けた労働者の問題行動の有無や内容・程度を含む当該言動が行われた経緯や状況、業種・業態、業務の内容・性質、当該言動の態様・頻度・継続性、労働者の属性や心身の状況、行為者との関係性等）を総合的に考慮することが適当である。また、その際には、個別の事案における労働者の行動が問題となる場合は、その内容・程度とそれに対する指導の態様等の相対的な関係性が重要な要素となることについても留意が必要である。

(6)　「労働者の就業環境が害される」とは、当該言動により労働者が身体的又は精神的に苦痛を与えられ、労働者の就業環境が不快なものとなったため、能力の発揮に重大な悪影響が生じる等当該労働者が就業する上で看過できない程度の支障が生じることを指す。

　　この判断に当たっては、「平均的な労働者の感じ方」、すなわち、同様の状況で当該言動を受けた場合に、社会一般の労働者が、就業する上で看過できない程度の支障が生じたと感じるような言動であるかどうかを基準とすることが適当である。

(7)　職場におけるパワーハラスメントは、(1)の①から③までの要素を全て満たすものをいい（客観的にみて、業務上必要かつ相当な範囲で行われる適正な業務指示や指導については、職場におけるパワーハラスメントには該当しない。）、個別の事案についてその該当性を判断するに当たっては、(5)で総合的に考慮することとした事項のほか、当該言動により労働者が受ける身体的又は精神的な苦痛の程度等を総合的に考慮して判断することが必要である。

　　このため、個別の事案の判断に際しては、相談窓口の担当者等がこうした事項に十分留意し、相談を行った労働者（以下「相談者」という。）の心身の状況や当該言動が行われた際の受け止めなどその認識にも配慮しながら、相談者及び行為者の双方から丁寧に事実確認等を行うことも重要である。

　　これらのことを十分踏まえて、予防から再発防止に至る一連の措置を適切に講じることが必要である。

　　職場におけるパワーハラスメントの状況は多様であるが、代表的な言動の類型としては、以下のイからヘまでのものがあり、当該言動の類型

ごとに、典型的に職場におけるパワーハラスメントに該当し、又は該当
しないと考えられる例としては、次のようなものがある。

　ただし、個別の事案の状況等によって判断が異なる場合もあり得るこ
と、また、次の例は限定列挙ではないことに十分留意し、4⑵ロにある
とおり広く相談に対応するなど、適切な対応を行うようにすることが必
要である。

　なお、職場におけるパワーハラスメントに該当すると考えられる以下
の例については、行為者と当該言動を受ける労働者の関係性を個別に記
載していないが、⑷にあるとおり、優越的な関係を背景として行われた
ものであることが前提である。

イ　身体的な攻撃（暴行・傷害）

（イ）該当すると考えられる例

　　①　殴打、足蹴りを行うこと。

　　②　相手に物を投げつけること。

（ロ）該当しないと考えられる例

　　①　誤ってぶつかること。

ロ　精神的な攻撃（脅迫・名誉棄損・侮辱・ひどい暴言）

（イ）該当すると考えられる例

　　①　人格を否定するような言動を行うこと。相手の性的指向・性自
　　　認に関する侮辱的な言動を行うことを含む。

　　②　業務の遂行に関する必要以上に長時間にわたる厳しい叱責を繰
　　　り返し行うこと。

　　③　他の労働者の面前における大声での威圧的な叱責を繰り返し行
　　　うこと。

　　④　相手の能力を否定し、罵倒するような内容の電子メール等を当
　　　該相手を含む複数の労働者宛てに送信すること。

（ロ）該当しないと考えられる例

　　①　遅刻など社会的ルールを欠いた言動が見られ、再三注意しても
　　　それが改善されない労働者に対して一定程度強く注意をすること。

②　その企業の業務の内容や性質等に照らして重大な問題行動を
行った労働者に対して、一定程度強く注意をすること。

ハ　人間関係からの切り離し（隔離・仲間外し・無視）

（イ）該当すると考えられる例

①　自身の意に沿わない労働者に対して、仕事を外し、長期間にわ
たり、別室に隔離したり、自宅研修させたりすること。

②　一人の労働者に対して同僚が集団で無視をし、職場で孤立させ
ること。

（ロ）該当しないと考えられる例

①　新規に採用した労働者を育成するために短期間集中的に別室で
研修等の教育を実施すること。

②　懲戒規定に基づき処分を受けた労働者に対し、通常の業務に復
帰させるために、その前に、一時的に別室で必要な研修を受けさ
せること。

ニ　過大な要求（業務上明らかに不要なことや遂行不可能なことの強
制・仕事の妨害）

（イ）該当すると考えられる例

①　長期間にわたる、肉体的苦痛を伴う過酷な環境下での勤務に直
接関係のない作業を命ずること。

②　新卒採用者に対し、必要な教育を行わないまま到底対応できな
いレベルの業績目標を課し、達成できなかったことに対し厳しく
叱責すること。

③　労働者に業務とは関係のない私的な雑用の処理を強制的に行わ
せること。

（ロ）該当しないと考えられる例

①　労働者を育成するために現状よりも少し高いレベルの業務を任
せること。

②　業務の繁忙期に、業務上の必要性から、当該業務の担当者に通
常時よりも一定程度多い業務の処理を任せること。

ホ　過小な要求（業務上の合理性なく能力や経験とかけ離れた程度の低い仕事を命じることや仕事を与えないこと）

（イ）該当すると考えられる例

①　管理職である労働者を退職させるため、誰でも遂行可能な業務を行わせること。

②　気にいらない労働者に対して嫌がらせのために仕事を与えないこと。

（ロ）該当しないと考えられる例

①　労働者の能力に応じて、一定程度業務内容や業務量を軽減すること。

ヘ　個の侵害（私的なことに過度に立ち入ること）

（イ）該当すると考えられる例

①　労働者を職場外でも継続的に監視したり、私物の写真撮影をしたりすること。

②　労働者の性的指向・性自認や病歴、不妊治療等の機微な個人情報について、当該労働者の了解を得ずに他の労働者に暴露すること。

（ロ）該当しないと考えられる例

①　労働者への配慮を目的として、労働者の家族の状況等についてヒアリングを行うこと。

②　労働者の了解を得て、当該労働者の性的指向・性自認や病歴、不妊治療等の機微な個人情報について、必要な範囲で人事労務部門の担当者に伝達し、配慮を促すこと。

この点、プライバシー保護の観点から、ヘ（イ）②のように機微な個人情報を暴露することのないよう、労働者に周知・啓発する等の措置を講じることが必要である。

3　事業主等の責務

⑴　事業主の責務

　　法第 30 条の 3 第 2 項の規定により、事業主は、職場におけるパワーハラスメントを行ってはならないことその他職場におけるパワーハラスメントに起因する問題（以下「パワーハラスメント問題」という。）に対するその雇用する労働者の関心と理解を深めるとともに、当該労働者が他の労働者（他の事業主が雇用する労働者及び求職者を含む。(2)において同じ。）に対する言動に必要な注意を払うよう、研修の実施その他の必要な配慮をするほか、国の講ずる同条第 1 項の広報活動、啓発活動その他の措置に協力するように努めなければならない。なお、職場におけるパワーハラスメントに起因する問題としては、例えば、労働者の意欲の低下などによる職場環境の悪化や職場全体の生産性の低下、労働者の健康状態の悪化、休職や退職などにつながり得ること、これらに伴う経営的な損失等が考えられる。

　　また、事業主（その者が法人である場合にあっては、その役員）は、自らも、パワーハラスメント問題に対する関心と理解を深め、労働者（他の事業主が雇用する労働者及び求職者を含む。）に対する言動に必要な注意を払うように努めなければならない。

⑵　労働者の責務

　　法第 30 条の 3 第 4 項の規定により、労働者は、パワーハラスメント問題に対する関心と理解を深め、他の労働者に対する言動に必要な注意を払うとともに、事業主の講ずる 4 の措置に協力するように努めなければならない。

4　事業主が職場における優越的な関係を背景とした言動に起因する問題に関し雇用管理上講ずべき措置の内容

　　事業主は、当該事業主が雇用する労働者又は当該事業主（その者が法人である場合にあっては、その役員）が行う職場におけるパワーハラスメントを防止するため、雇用管理上次の措置を講じなければならない。

(1)　事業主の方針の明確化及びその周知・啓発

　　事業主は、職場におけるパワーハラスメントに関する方針の明確化、労働者に対するその方針の周知・啓発として、次の措置を講じなければならない。

　　なお、周知・啓発をするに当たっては、職場におけるパワーハラスメントの防止の効果を高めるため、その発生の原因や背景について労働者の理解を深めることが重要である。その際、職場におけるパワーハラスメントの発生の原因や背景には、労働者同士のコミュニケーションの希薄化などの職場環境の問題もあると考えられる。そのため、これらを幅広く解消していくことが職場におけるパワーハラスメントの防止の効果を高める上で重要であることに留意することが必要である。

　イ　職場におけるパワーハラスメントの内容及び職場におけるパワーハラスメントを行ってはならない旨の方針を明確化し、管理監督者を含む労働者に周知・啓発すること。

（事業主の方針を明確化し、労働者に周知・啓発していると認められる例）
　　①　就業規則その他の職場における服務規律等を定めた文書において、職場におけるパワーハラスメントを行ってはならない旨の方針を規定し、当該規定と併せて、職場におけるパワーハラスメントの内容及びその発生の原因や背景を労働者に周知・啓発すること。
　　②　社内報、パンフレット、社内ホームページ等広報又は啓発のための資料等に職場におけるパワーハラスメントの内容及びその発生の原因や背景並びに職場におけるパワーハラスメントを行ってはならない旨の方針を記載し、配布等すること。
　　③　職場におけるパワーハラスメントの内容及びその発生の原因や背景並びに職場におけるパワーハラスメントを行ってはならない旨の方針を労働者に対して周知・啓発するための研修、講習等を実施すること。

　ロ　職場におけるパワーハラスメントに係る言動を行った者については、厳正に対処する旨の方針及び対処の内容を就業規則その他の職場における服務規律等を定めた文書に規定し、管理監督者を含む労働者に周知・啓発すること。

（対処方針を定め、労働者に周知・啓発していると認められる例）

①　就業規則その他の職場における服務規律等を定めた文書において、職場におけるパワーハラスメントに係る言動を行った者に対する懲戒規定を定め、その内容を労働者に周知・啓発すること。

②　職場におけるパワーハラスメントに係る言動を行った者は、現行の就業規則その他の職場における服務規律等を定めた文書において定められている懲戒規定の適用の対象となる旨を明確化し、これを労働者に周知・啓発すること。

(2)　相談（苦情を含む。以下同じ。）に応じ、適切に対応するために必要な体制の整備

事業主は、労働者からの相談に対し、その内容や状況に応じ適切かつ柔軟に対応するために必要な体制の整備として、次の措置を講じなければならない。

イ　相談への対応のための窓口（以下「相談窓口」という。）をあらかじめ定め、労働者に周知すること。

（相談窓口をあらかじめ定めていると認められる例）

①　相談に対応する担当者をあらかじめ定めること。

②　相談に対応するための制度を設けること。

③　外部の機関に相談への対応を委託すること。

ロ　イの相談窓口の担当者が、相談に対し、その内容や状況に応じ適切に対応できるようにすること。また、相談窓口においては、被害を受けた労働者が萎縮するなどして相談を躊躇する例もあること等も踏まえ、相談者の心身の状況や当該言動が行われた際の受け止めなどその認識にも配慮しながら、職場におけるパワーハラスメントが現実に生じている場合だけでなく、その発生のおそれがある場合や、職場におけるパワーハラスメントに該当するか否か微妙な場合であっても、広く相談に対応し、適切な対応を行うようにすること。例えば、放置すれば就業環境を害するおそれがある場合や、労働者同士のコミュニケーションの希薄化などの職場環境の問題が原因や背景となってパワーハラスメントが生じるおそれがある場合等が考えられる。

（相談窓口の担当者が適切に対応することができるようにしていると
　認められる例）

①　相談窓口の担当者が相談を受けた場合、その内容や状況に応じて、
　相談窓口の担当者と人事部門とが連携を図ることができる仕組み
　とすること。

②　相談窓口の担当者が相談を受けた場合、あらかじめ作成した留意
　点などを記載したマニュアルに基づき対応すること。

③　相談窓口の担当者に対し、相談を受けた場合の対応についての研
　修を行うこと。

(3)　職場におけるパワーハラスメントに係る事後の迅速かつ適切な対応

事業主は、職場におけるパワーハラスメントに係る相談の申出が
あった場合において、その事案に係る事実関係の迅速かつ正確な確認及
び適正な対処として、次の措置を講じなければならない。

イ　事案に係る事実関係を迅速かつ正確に確認すること。

（事案に係る事実関係を迅速かつ正確に確認していると認められる例）

①　相談窓口の担当者、人事部門又は専門の委員会等が、相談者及び
　行為者の双方から事実関係を確認すること。その際、相談者の心身
　の状況や当該言動が行われた際の受け止めなどその認識にも適切
　に配慮すること。

また、相談者と行為者との間で事実関係に関する主張に不一致が
あり、事実の確認が十分にできないと認められる場合には、第三者
からも事実関係を聴取する等の措置を講ずること。

②　事実関係を迅速かつ正確に確認しようとしたが、確認が困難な場
　合などにおいて、法第30条の6に基づく調停の申請を行うことそ
　の他中立な第三者機関に紛争処理を委ねること。

ロ　イにより、職場におけるパワーハラスメントが生じた事実が確認で
　きた場合においては、速やかに被害を受けた労働者（以下「被害者」
　という。）に対する配慮のための措置を適正に行うこと。

（措置を適正に行っていると認められる例）

①　事案の内容や状況に応じ、被害者と行為者の間の関係改善に向け
　ての援助、被害者と行為者を引き離すための配置転換、行為者の謝

罪、被害者の労働条件上の不利益の回復、管理監督者又は事業場内
産業保健スタッフ等による被害者のメンタルヘルス不調への相談
対応等の措置を講ずること。

②　法第 30 条の 6 に基づく調停その他中立な第三者機関の紛争解決
案に従った措置を被害者に対して講ずること

ハ　イにより、職場におけるパワーハラスメントが生じた事実が確認で
きた場合においては、行為者に対する措置を適正に行うこと。

（措置を適正に行っていると認められる例）

①　就業規則その他の職場における服務規律等を定めた文書におけ
る職場におけるパワーハラスメントに関する規定等に基づき、行為
者に対して必要な懲戒その他の措置を講ずること。あわせて、事案
の内容や状況に応じ、被害者と行為者の間の関係改善に向けての援
助、被害者と行為者を引き離すための配置転換、行為者の謝罪等の
措置を講ずること。

②　法第 30 条の 6 に基づく調停その他中立な第三者機関の紛争解決
案に従った措置を行為者に対して講ずること。

ニ　改めて職場におけるパワーハラスメントに関する方針を周知・啓発
する等の再発防止に向けた措置を講ずること。
　　なお、職場におけるパワーハラスメントが生じた事実が確認でき
なかった場合においても、同様の措置を講ずること。

（再発防止に向けた措置を講じていると認められる例）

①　職場におけるパワーハラスメントを行ってはならない旨の方針
及び職場におけるパワーハラスメントに係る言動を行った者につ
いて厳正に対処する旨の方針を、社内報、パンフレット、社内ホー
ムページ等広報又は啓発のための資料等に改めて掲載し、配布等す
ること。

②　労働者に対して職場におけるパワーハラスメントに関する意識
を啓発するための研修、講習等を改めて実施すること。

⑷　⑴から⑶までの措置と併せて講ずべき措置

　　⑴から⑶までの措置を講ずるに際しては、併せて次の措置を講じな
ければならない。

イ　職場におけるパワーハラスメントに係る相談者・行為者等の情報は
当該相談者・行為者等のプライバシーに属するものであることから、
相談への対応又は当該パワーハラスメントに係る事後の対応に当
たっては、相談者・行為者等のプライバシーを保護するために必要
な措置を講ずるとともに、その旨を労働者に対して周知すること。
なお、相談者・行為者等のプライバシーには、性的指向・性自認や
病歴、不妊治療等の機微な個人情報も含まれるものであること。

（相談者・行為者等のプライバシーを保護するために必要な措置を講じ
ていると認められる例）

①　相談者・行為者等のプライバシーの保護のために必要な事項をあ
らかじめマニュアルに定め、相談窓口の担当者が相談を受けた際に
は、当該マニュアルに基づき対応するものとすること。

②　相談者・行為者等のプライバシーの保護のために、相談窓口の担
当者に必要な研修を行うこと。

③　相談窓口においては相談者・行為者等のプライバシーを保護する
ために必要な措置を講じていることを、社内報、パンフレット、社
内ホームページ等広報又は啓発のための資料等に掲載し、配布等す
ること。

ロ　法第30条の2第2項、第30条の5第2項及び第30条の6第2項
の規定を踏まえ、労働者が職場におけるパワーハラスメントに関し
相談をしたこと若しくは事実関係の確認等の事業主の雇用管理上講
ずべき措置に協力したこと、都道府県労働局に対して相談、紛争解
決の援助の求め若しくは調停の申請を行ったこと又は調停の出頭の
求めに応じたこと（以下「パワーハラスメントの相談等」という。）
を理由として、解雇その他不利益な取扱いをされない旨を定め、労
働者に周知・啓発すること。

（不利益な取扱いをされない旨を定め、労働者にその周知・啓発するこ
とについて措置を講じていると認められる例）

①　就業規則その他の職場における服務規律等を定めた文書におい
て、パワーハラスメントの相談等を理由として、労働者が解雇等の
不利益な取扱いをされない旨を規定し、労働者に周知・啓発をする
こと。

②　社内報、パンフレット、社内ホームページ等広報又は啓発のための資料等に、パワーハラスメントの相談等を理由として、労働者が解雇等の不利益な取扱いをされない旨を記載し、労働者に配布等すること。

5　事業主が職場における優越的な関係を背景とした言動に起因する問題に関し行うことが望ましい取組の内容

事業主は、当該事業主が雇用する労働者又は当該事業主（その者が法人である場合にあっては、その役員）が行う職場におけるパワーハラスメントを防止するため、4の措置に加え、次の取組を行うことが望ましい。

(1)　職場におけるパワーハラスメントは、セクシュアルハラスメント（事業主が職場における性的な言動に起因する問題に関して雇用管理上講ずべき措置等についての指針（平成 18 年厚生労働省告示第 615 号）に規定する「職場におけるセクシュアルハラスメント」をいう。以下同じ。）、妊娠、出産等に関するハラスメント（事業主が職場における妊娠、出産等に関する言動に起因する問題に関して雇用管理上講ずべき措置等についての指針（平成 28 年厚生労働省告示第 312 号）に規定する「職場における妊娠、出産等に関するハラスメント」をいう。）、育児休業等に関するハラスメント（子の養育又は家族の介護を行い、又は行うこととなる労働者の職業生活と家庭生活との両立が図られるようにするために事業主が講ずべき措置等に関する指針（平成 21 年厚生労働省告示第 509 号）に規定する「職場における育児休業等に関するハラスメント」をいう。）その他のハラスメントと複合的に生じることも想定されることから、事業主は、例えば、セクシュアルハラスメント等の相談窓口と一体的に、職場におけるパワーハラスメントの相談窓口を設置し、一元的に相談に応じることのできる体制を整備することが望ましい。

（一元的に相談に応じることのできる体制の例）

①　相談窓口で受け付けることのできる相談として、職場におけるパワーハラスメントのみならず、セクシュアルハラスメント等も明示すること。

② 職場におけるパワーハラスメントの相談窓口がセクシュアルハ
ラスメント等の相談窓口を兼ねること。

(2) 事業主は、職場におけるパワーハラスメントの原因や背景となる要因
を解消するため、次の取組を行うことが望ましい。

なお、取組を行うに当たっては、労働者個人のコミュニケーション能
力の向上を図ることは、職場におけるパワーハラスメントの行為者・被
害者の双方になることを防止する上で重要であることや、業務上必要か
つ相当な範囲で行われる適正な業務指示や指導については、職場におけ
るパワーハラスメントには該当せず、労働者が、こうした適正な業務指
示や指導を踏まえて真摯に業務を遂行する意識を持つことも重要であ
ることに留意することが必要である。

イ　コミュニケーションの活性化や円滑化のために研修等の必要な取
組を行うこと。

（コミュニケーションの活性化や円滑化のために必要な取組例）

① 日常的なコミュニケーションを取るよう努めることや定期的に
面談やミーティングを行うことにより、風通しの良い職場環境や互
いに助け合える労働者同士の信頼関係を築き、コミュニケーション
の活性化を図ること。

② 感情をコントロールする手法についての研修、コミュニケーショ
ンスキルアップについての研修、マネジメントや指導についての研
修等の実施や資料の配布等により、労働者が感情をコントロールす
る能力やコミュニケーションを円滑に進める能力等の向上を図る
こと。

ロ　適正な業務目標の設定等の職場環境の改善のための取組を行うこ
と。

（職場環境の改善のための取組例）

① 適正な業務目標の設定や適正な業務体制の整備、業務の効率化に
よる過剰な長時間労働の是正等を通じて、労働者に過度に肉体的・
精神的負荷を強いる職場環境や組織風土を改善すること。

(3) 事業主は、4の措置を講じる際に、必要に応じて、労働者や労働組合
等の参画を得つつ、アンケート調査や意見交換等を実施するなどにより、

その運用状況の的確な把握や必要な見直しの検討等に努めることが重要である。なお、労働者や労働組合等の参画を得る方法として、例えば、労働安全衛生法（昭和 47 年法律第 57 号）第 18 条第 1 項に規定する衛生委員会の活用なども考えられる。

6　事業主が自らの雇用する労働者以外の者に対する言動に関し行うことが望ましい取組の内容

　3 の事業主及び労働者の責務の趣旨に鑑みれば、事業主は、当該事業主が雇用する労働者が、他の労働者（他の事業主が雇用する労働者及び求職者を含む。）のみならず、個人事業主、インターンシップを行っている者等の労働者以外の者に対する言動についても必要な注意を払うよう配慮するとともに、事業主（その者が法人である場合にあっては、その役員）自らと労働者も、労働者以外の者に対する言動について必要な注意を払うよう努めることが望ましい。

　こうした責務の趣旨も踏まえ、事業主は、4 (1) イの職場におけるパワーハラスメントを行ってはならない旨の方針の明確化等を行う際に、当該事業主が雇用する労働者以外の者（他の事業主が雇用する労働者、就職活動中の学生等の求職者及び労働者以外の者）に対する言動についても、同様の方針を併せて示すことが望ましい。

　また、これらの者から職場におけるパワーハラスメントに類すると考えられる相談があった場合には、その内容を踏まえて、4 の措置も参考にしつつ、必要に応じて適切な対応を行うように努めることが望ましい。

7　事業主が自らの雇用する労働者以外の者に対する言動に関し行うことが望ましい取組の内容

　事業主は、取引先等の他の事業主が雇用する労働者又は他の事業主（その者が法人である場合にあっては、その役員）からのパワーハラスメントや顧客等からの著しい迷惑行為（暴行、脅迫、ひどい暴言、著しく不当な要求等）により、その雇用する労働者が就業環境を害されることのないよう、雇用管理上の配慮として、例えば、(1) 及び (2) の取組を行うことが望ま

しい。また、(3)のような取組を行うことも、その雇用する労働者が被害を受けることを防止する上で有効と考えられる。

(1)　相談に応じ、適切に対応するために必要な体制の整備

　　事業主は、他の事業主が雇用する労働者等からのパワーハラスメントや顧客等からの著しい迷惑行為に関する労働者からの相談に対し、その内容や状況に応じ適切かつ柔軟に対応するために必要な体制の整備として、4(2)イ及びロの例も参考にしつつ、次の取組を行うことが望ましい。

　　また、併せて、労働者が当該相談をしたことを理由として、解雇その他不利益な取扱いを行ってはならない旨を定め、労働者に周知・啓発することが望ましい。

　イ　相談先（上司、職場内の担当者等）をあらかじめ定め、これを労働者に周知すること。

　ロ　イの相談を受けた者が、相談に対し、その内容や状況に応じ適切に対応できるようにすること。

(2)　被害者への配慮のための取組

　　事業主は、相談者から事実関係を確認し、他の事業主が雇用する労働者等からのパワーハラスメントや顧客等からの著しい迷惑行為が認められた場合には、速やかに被害者に対する配慮のための取組を行うことが望ましい。

　（被害者への配慮のための取組例）

　　事案の内容や状況に応じ、被害者のメンタルヘルス不調への相談対応、著しい迷惑行為を行った者に対する対応が必要な場合に一人で対応させない等の取組を行うこと。

(3)　他の事業主が雇用する労働者等からのパワーハラスメントや顧客等からの著しい迷惑行為による被害を防止するための取組

　　(1)及び(2)の取組のほか、他の事業主が雇用する労働者等からのパワーハラスメントや顧客等からの著しい迷惑行為からその雇用する労働者が被害を受けることを防止する上では、事業主が、こうした行為への対応に関するマニュアルの作成や研修の実施等の取組を行うことも有効と考えられる。

　また、業種・業態等によりその被害の実態や必要な対応も異なると考えられることから、業種・業態等における被害の実態や業務の特性等を踏まえて、それぞれの状況に応じた必要な取組を進めることも、被害の防止に当たっては効果的と考えられる。

3．事業主が職場における性的な言動に起因する問題に関して雇用管理上講ずべき措置等についての指針

（平成18年厚生労働省告示第615号）【令和2年6月1日適用】

1　はじめに

　この指針は、雇用の分野における男女の均等な機会及び待遇の確保等に関する法律（昭和47年法律第113号。以下「法」という。）第11条第1項から第3項までに規定する事業主が職場において行われる性的な言動に対するその雇用する労働者の対応により当該労働者がその労働条件につき不利益を受け、又は当該性的な言動により当該労働者の就業環境が害されること（以下「職場におけるセクシュアルハラスメント」という。）のないよう雇用管理上講ずべき措置等について、同条第4項の規定に基づき事業主が適切かつ有効な実施を図るために必要な事項について定めたものである。

2　職場におけるセクシュアルハラスメントの内容

(1)　職場におけるセクシュアルハラスメントには、職場において行われる性的な言動に対する労働者の対応により当該労働者がその労働条件につき不利益を受けるもの（以下「対価型セクシュアルハラスメント」という。）と、当該性的な言動により労働者の就業環境が害されるもの（以下「環境型セクシュアルハラスメント」という。）がある。

　なお、職場におけるセクシュアルハラスメントには、同性に対するものも含まれるものである。また、被害を受けた者（以下「被害者」という。）の性的指向又は性自認にかかわらず、当該者に対する職場におけるセクシュアルハラスメントも、本指針の対象となるものである。

(2)　「職場」とは、事業主が雇用する労働者が業務を遂行する場所を指し、当該労働者が通常就業している場所以外の場所であっても、当該労働者が業務を遂行する場所については、「職場」に含まれる。取引先の事務所、取引先と打合せをするための飲食店、顧客の自宅等であっても、当該労働者が業務を遂行する場所であればこれに該当する。

(3)　「労働者」とは、いわゆる正規雇用労働者のみならず、パートタイム労働者、契約社員等いわゆる非正規雇用労働者を含む事業主が雇用する

391

労働者の全てをいう。

　また、派遣労働者については、派遣元事業主のみならず、労働者派遣の役務の提供を受ける者についても、労働者派遣事業の適正な運営の確保及び派遣労働者の保護等に関する法律（昭和 60 年法律第 88 号）第 47 条の 2 の規定により、その指揮命令の下に労働させる派遣労働者を雇用する事業主とみなされ、法第 11 条第 1 項及び第 11 条の 2 第 2 項の規定が適用されることから、労働者派遣の役務の提供を受ける者は、派遣労働者についてもその雇用する労働者と同様に、3(1)の配慮及び 4 の措置を講ずることが必要である。なお、法第 11 条第 2 項、第 17 条第 2 項及び第 18 条第 2 項の労働者に対する不利益な取扱いの禁止については、派遣労働者も対象に含まれるものであり、派遣元事業主のみならず、労働者派遣の役務の提供を受ける者もまた、当該者に派遣労働者が職場におけるセクシュアルハラスメントの相談を行ったこと等を理由として、当該派遣労働者に係る労働者派遣の役務の提供を拒む等、当該派遣労働者に対する不利益な取扱いを行ってはならない。

(4)　「性的な言動」とは、性的な内容の発言及び性的な行動を指し、この「性的な内容の発言」には、性的な事実関係を尋ねること、性的な内容の情報を意図的に流布すること等が、「性的な行動」には、性的な関係を強要すること、必要なく身体に触ること、わいせつな図画を配布すること等が、それぞれ含まれる。当該言動を行う者には、労働者を雇用する事業主（その者が法人である場合にあってはその役員。以下この(4)において同じ。）、上司、同僚に限らず、取引先等の他の事業主又はその雇用する労働者、顧客、患者又はその家族、学校における生徒等もなり得る。

(5)　「対価型セクシュアルハラスメント」とは、職場において行われる労働者の意に反する性的な言動に対する労働者の対応により、当該労働者が解雇、降格、減給等の不利益を受けることであって、その状況は多様であるが、典型的な例として、次のようなものがある。

　イ　事務所内において事業主が労働者に対して性的な関係を要求したが、拒否されたため、当該労働者を解雇すること。

　ロ　出張中の車中において上司が労働者の腰、胸等に触ったが、抵抗されたため、当該労働者について不利益な配置転換をすること。

ハ　営業所内において事業主が日頃から労働者に係る性的な事柄について公然と発言していたが、抗議されたため、当該労働者を降格すること。

(6)　「環境型セクシュアルハラスメント」とは、職場において行われる労働者の意に反する性的な言動により労働者の就業環境が不快なものとなったため、能力の発揮に重大な悪影響が生じる等当該労働者が就業する上で看過できない程度の支障が生じることであって、その状況は多様であるが、典型的な例として、次のようなものがある。

イ　事務所内において上司が労働者の腰、胸等に度々触ったため、当該労働者が苦痛に感じてその就業意欲が低下していること。

ロ　同僚が取引先において労働者に係る性的な内容の情報を意図的かつ継続的に流布したため、当該労働者が苦痛に感じて仕事が手につかないこと。

ハ　労働者が抗議をしているにもかかわらず、事務所内にヌードポスターを掲示しているため、当該労働者が苦痛に感じて業務に専念できないこと。

3　事業主等の責務

(1)　事業主の責務

法第11条の2第2項の規定により、事業主は、職場におけるセクシュアルハラスメントを行ってはならないことその他職場におけるセクシュアルハラスメントに起因する問題（以下「セクシュアルハラスメント問題」という。）に対するその雇用する労働者の関心と理解を深めるとともに、当該労働者が他の労働者（他の事業主が雇用する労働者及び求職者を含む。(2)において同じ。）に対する言動に必要な注意を払うよう、研修の実施その他の必要な配慮をするほか、国の講ずる同条第1項の広報活動、啓発活動その他の措置に協力するように努めなければならない。なお、職場におけるセクシュアルハラスメントに起因する問題としては、例えば、労働者の意欲の低下などによる職場環境の悪化や職場全体の生産性の低下、労働者の健康状態の悪化、休職や退職などにつな

がり得ること、これらに伴う経営的な損失等が考えられる。

　また、事業主（その者が法人である場合にあっては、その役員）は、自らも、セクシュアルハラスメント問題に対する関心と理解を深め、労働者（他の事業主が雇用する労働者及び求職者を含む。）に対する言動に必要な注意を払うように努めなければならない。

⑵　労働者の責務

　法第11条の2第4項の規定により、労働者は、セクシュアルハラスメント問題に対する関心と理解を深め、他の労働者に対する言動に必要な注意を払うとともに、事業主の講ずる4の措置に協力するように努めなければならない。

4　事業主が職場における性的な言動に起因する問題に関し雇用管理上講ずべき措置の内容

　事業主は、職場におけるセクシュアルハラスメントを防止するため、雇用管理上次の措置を講じなければならない。

⑴　事業主の方針の明確化及びその周知・啓発

　事業主は、職場におけるセクシュアルハラスメントに関する方針の明確化、労働者に対するその方針の周知・啓発として、次の措置を講じなければならない。

　なお、周知・啓発をするに当たっては、職場におけるセクシュアルハラスメントの防止の効果を高めるため、その発生の原因や背景について労働者の理解を深めることが重要である。その際、職場におけるセクシュアルハラスメントの発生の原因や背景には、性別役割分担意識に基づく言動もあると考えられ、こうした言動をなくしていくことがセクシュアルハラスメントの防止の効果を高める上で重要であることに留意することが必要である。

　イ　職場におけるセクシュアルハラスメントの内容及び職場におけるセクシュアルハラスメントを行ってはならない旨の方針を明確化し、管理監督者を含む労働者に周知・啓発すること。

（事業主の方針を明確化し、労働者に周知・啓発していると認められる例）
① 就業規則その他の職場における服務規律等を定めた文書におい
て、職場におけるセクシュアルハラスメントを行ってはならない旨
の方針を規定し、当該規定と併せて、職場におけるセクシュアルハ
ラスメントの内容及び性別役割分担意識に基づく言動がセクシュ
アルハラスメントの発生の原因や背景となり得ることを、労働者に
周知・啓発すること。
② 社内報、パンフレット、社内ホームページ等広報又は啓発のため
の資料等に職場におけるセクシュアルハラスメントの内容及び性
別役割分担意識に基づく言動がセクシュアルハラスメントの発生
の原因や背景となり得ること並びに職場におけるセクシュアルハ
ラスメントを行ってはならない旨の方針を記載し、配布等すること。
③ 職場におけるセクシュアルハラスメントの内容及び性別役割分
担意識に基づく言動がセクシュアルハラスメントの発生の原因や
背景となり得ること並びに職場におけるセクシュアルハラスメン
トを行ってはならない旨の方針を労働者に対して周知・啓発するた
めの研修、講習等を実施すること。

ロ　職場におけるセクシュアルハラスメントに係る性的な言動を行っ
た者については、厳正に対処する旨の方針及び対処の内容を就業規
則その他の職場における服務規律等を定めた文書に規定し、管理監
督者を含む労働者に周知・啓発すること。

（対処方針を定め、労働者に周知・啓発していると認められる例）
① 就業規則その他の職場における服務規律等を定めた文書におい
て、職場におけるセクシュアルハラスメントに係る性的な言動を
行った者に対する懲戒規定を定め、その内容を労働者に周知・啓発
すること。
② 職場におけるセクシュアルハラスメントに係る性的な言動を
行った者は、現行の就業規則その他の職場における服務規律等を定
めた文書において定められている懲戒規定の適用の対象となる旨
を明確化し、これを労働者に周知・啓発すること。

⑵　相談（苦情を含む。以下同じ。）に応じ、適切に対応するために必要
な体制の整備

　　事業主は、労働者からの相談に対し、その内容や状況に応じ適切か
つ柔軟に対応するために必要な体制の整備として、次の措置を講じなけ
ればならない。

イ　相談への対応のための窓口（以下「相談窓口」という。）をあらか
じめ定め、労働者に周知すること。

（相談窓口をあらかじめ定めていると認められる例）

①　相談に対応する担当者をあらかじめ定めること。

②　相談に対応するための制度を設けること。

③　外部の機関に相談への対応を委託すること。

ロ　イの相談窓口の担当者が、相談に対し、その内容や状況に応じ適切
に対応できるようにすること。また、相談窓口においては、被害を
受けた労働者が萎縮するなどして相談を躊躇する例もあること等も
踏まえ、相談者の心身の状況や当該言動が行われた際の受け止めな
どその認識にも配慮しながら、職場におけるセクシュアルハラスメ
ントが現実に生じている場合だけでなく、その発生のおそれがある
場合や、職場におけるセクシュアルハラスメントに該当するか否か
微妙な場合であっても、広く相談に対応し、適切な対応を行うよう
にすること。例えば、放置すれば就業環境を害するおそれがある場
合や、性別役割分担意識に基づく言動が原因や背景となってセクシ
ュアルハラスメントが生じるおそれがある場合等が考えられる。

（相談窓口の担当者が適切に対応することができるようにしていると
認められる例）

①　相談窓口の担当者が相談を受けた場合、その内容や状況に応じて、
相談窓口の担当者と人事部門とが連携を図ることができる仕組み
とすること。

②　相談窓口の担当者が相談を受けた場合、あらかじめ作成した留意
点などを記載したマニュアルに基づき対応すること。

③　相談窓口の担当者に対し、相談を受けた場合の対応についての研
修を行うこと。

(3)　職場におけるセクシュアルハラスメントに係る事後の迅速かつ適切な対応

　　事業主は、職場におけるセクシュアルハラスメントに係る相談の申出があった場合において、その事案に係る事実関係の迅速かつ正確な確認及び適正な対処として、次の措置を講じなければならない。

イ　事案に係る事実関係を迅速かつ正確に確認すること。なお、セクシュアルハラスメントに係る性的な言動の行為者とされる者（以下「行為者」という。）が、他の事業主が雇用する労働者又は他の事業主（その者が法人である場合にあっては、その役員）である場合には、必要に応じて、他の事業主に事実関係の確認への協力を求めることも含まれる。

（事案に係る事実関係を迅速かつ正確に確認していると認められる例）
①　相談窓口の担当者、人事部門又は専門の委員会等が、相談を行った労働者（以下「相談者」という。）及び行為者の双方から事実関係を確認すること。その際、相談者の心身の状況や当該言動が行われた際の受け止めなどその認識にも適切に配慮すること。
　　また、相談者と行為者との間で事実関係に関する主張に不一致があり、事実の確認が十分にできないと認められる場合には、第三者からも事実関係を聴取する等の措置を講ずること。
②　事実関係を迅速かつ正確に確認しようとしたが、確認が困難な場合などにおいて、法第18条に基づく調停の申請を行うことその他中立な第三者機関に紛争処理を委ねること。

ロ　イにより、職場におけるセクシュアルハラスメントが生じた事実が確認できた場合においては、速やかに被害を受けた労働者（以下「被害者」という。）に対する配慮のための措置を適正に行うこと。

（措置を適正に行っていると認められる例）
①　事案の内容や状況に応じ、被害者と行為者の間の関係改善に向けての援助、被害者と行為者を引き離すための配置転換、行為者の謝罪、被害者の労働条件上の不利益の回復、管理監督者又は事業場内産業保健スタッフ等による被害者のメンタルヘルス不調への相談対応等の措置を講ずること。

②　法第18条に基づく調停その他中立な第三者期間の紛争解決案に従った措置を被害者に対して講ずること。

ハ　イにより、職場におけるセクシュアルハラスメントが生じた事実が確認できた場合においては、行為者に対する措置を適正に行うこと。

（措置を適正に行っていると認められる例）

①　就業規則その他の職場における服務規律等を定めた文書における職場におけるセクシュアルハラスメントに関する規定等に基づき、行為者に対して必要な懲戒その他の措置を講ずること。あわせて、事案の内容や状況に応じ、被害者と行為者の間の関係改善に向けての援助、被害者と行為者を引き離すための配置転換、行為者の謝罪等の措置を講ずること。

②　法第18条に基づく調停その他中立な第三者機関の紛争解決案に従った措置を行為者に対して講ずること。

ニ　改めて職場におけるセクシュアルハラスメントに関する方針を周知・啓発する等の再発防止に向けた措置を講ずること。

なお、セクシュアルハラスメントに係る性的な言動の行為者が、他の事業主が雇用する労働者又は他の事業主（その者が法人である場合にあっては、その役員）である場合には、必要に応じて、他の事業主に再発防止に向けた措置への協力を求めることも含まれる。

また、職場におけるセクシュアルハラスメントが生じた事実が確認できなかった場合においても、同様の措置を講ずること。

（再発防止に向けた措置を講じていると認められる例）

①　職場におけるセクシュアルハラスメントを行ってはならない旨の方針及び職場におけるセクシュアルハラスメントに係る性的な言動を行った者について厳正に対処する旨の方針を、社内報、パンフレット、社内ホームページ等広報又は啓発のための資料等に改めて掲載し、配布等すること。

②　労働者に対して職場におけるセクシュアルハラスメントに関する意識を啓発するための研修、講習等を改めて実施すること。

⑷　⑴から⑶までの措置と併せて講ずべき措置

　⑴から⑶までの措置を講ずるに際しては、併せて次の措置を講じなければならない。

イ　職場におけるセクシュアルハラスメントに係る相談者・行為者等の情報は当該相談者・行為者等のプライバシーに属するものであることから、相談への対応又は当該セクシュアルハラスメントに係る事後の対応に当たっては、相談者・行為者等のプライバシーを保護するために必要な措置を講ずるとともに、その旨を労働者に対して周知すること。

（相談者・行為者等のプライバシーを保護するために必要な措置を講じていると認められる例）

①　相談者・行為者等のプライバシーの保護のために必要な事項をあらかじめマニュアルに定め、相談窓口の担当者が相談を受けた際には、当該マニュアルに基づき対応するものとすること。

②　相談者・行為者等のプライバシーの保護のために、相談窓口の担当者に必要な研修を行うこと。

③　相談窓口においては相談者・行為者等のプライバシーを保護するために必要な措置を講じていることを、社内報、パンフレット、社内ホームページ等広報又は啓発のための資料等に掲載し、配布等すること。

ロ　法第11条第2項、第17条第2項及び第18条第2項の規定を踏まえ、労働者が職場におけるセクシュアルハラスメントに関し相談をしたこと若しくは事実関係の確認等の事業主の雇用管理上講ずべき措置に協力したこと、都道府県労働局に対して相談、紛争解決の援助の求め若しくは調停の申請を行ったこと又は調停の出頭の求めに応じたこと（以下「セクシュアルハラスメントの相談等」という。）を理由として、解雇その他不利益な取扱いをされない旨を定め、労働者に周知・啓発すること。

（不利益な取扱いをされない旨を定め、労働者にその周知・啓発することについて措置を講じていると認められる例）

① 就業規則その他の職場における服務規律等を定めた文書において、セクシュアルハラスメントの相談等を理由として、当該労働者が解雇等の不利益な取扱いをされない旨を規定し、労働者に周知・啓発をすること。

② 社内報、パンフレット、社内ホームページ等広報又は啓発のための資料等に、セクシュアルハラスメントの相談等を理由として、当該労働者が解雇等の不利益な取扱いをされない旨を記載し、労働者に配布等すること。

5　他の事業主の講ずる雇用管理上の措置の実施に関する協力

法第 11 条第3項の規定により、事業主は、当該事業主が雇用する労働者又は当該事業主（その者が法人である場合にあっては、その役員）による他の事業主の雇用する労働者に対する職場におけるセクシュアルハラスメントに関し、他の事業主から、事実関係の確認等の雇用管理上の措置の実施に関し必要な協力を求められた場合には、これに応ずるように努めなければならない。

また、同項の規定の趣旨に鑑みれば、事業主が、他の事業主から雇用管理上の措置への協力を求められたことを理由として、当該事業主に対し、当該事業主との契約を解除する等の不利益な取扱いを行うことは望ましくないものである。

6　事業主が職場における性的な言動に起因する問題に関し行うことが望ましい取組の内容

事業主は、職場におけるセクシュアルハラスメントを防止するため、4の措置に加え、次の取組を行うことが望ましい。

⑴ 職場におけるセクシュアルハラスメントは、パワーハラスメント（事業主が職場における優越的な関係を背景とした言動に起因する問題に関して雇用管理上講ずべき措置等についての指針（令和2年厚生労働省

告示第5号）に規定する「職場におけるパワーハラスメント」をいう。以下同じ。）、妊娠、出産等に関するハラスメント（事業主が職場における妊娠、出産等に関する言動に起因する問題に関して雇用管理上講ずべき措置等についての指針（平成28年厚生労働省告示第312号）に規定する「職場における妊娠、出産等に関するハラスメント」をいう。）、育児休業等に関するハラスメント（子の養育又は家族の介護を行い、又は行うこととなる労働者の職業生活と家庭生活との両立が図られるようにするために事業主が講ずべき措置等に関する指針（平成21年厚生労働省告示第509号）に規定する「職場における育児休業等に関するハラスメント」をいう。）その他のハラスメントと複合的に生じることも想定されることから、事業主は、例えば、パワーハラスメント等の相談窓口と一体的に、職場におけるセクシュアルハラスメントの相談窓口を設置し、一元的に相談に応じることのできる体制を整備することが望ましい。

（一元的に相談に応じることのできる体制の例）

① 相談窓口で受け付けることのできる相談として、職場におけるセクシュアルハラスメントのみならず、パワーハラスメント等も明示すること。

② 職場におけるセクシュアルハラスメントの相談窓口がパワーハラスメント等の相談窓口を兼ねること。

⑵ 事業主は、4の措置を講じる際に、必要に応じて、労働者や労働組合等の参画を得つつ、アンケート調査や意見交換等を実施するなどにより、その運用状況の的確な把握や必要な見直しの検討等に努めることが重要である。なお、労働者や労働組合等の参画を得る方法として、例えば、労働安全衛生法（昭和47年法律第57号）第18条第1項に規定する衛生委員会の活用なども考えられる。

7　事業主が自らの雇用する労働者以外の者に対する言動に関し行うことが望ましい取組の内容

3の事業主及び労働者の責務の趣旨に鑑みれば、事業主は、当該事業主が雇用する労働者が、他の労働者（他の事業主が雇用する労働者及び求職者を含む。）のみならず、個人事業主、インターンシップを行っている者

等の労働者以外の者に対する言動についても必要な注意を払うよう配慮するとともに、事業主（その者が法人である場合にあっては、その役員）自らと労働者も、労働者以外の者に対する言動について必要な注意を払うよう努めることが望ましい。

　こうした責務の趣旨も踏まえ、事業主は、4(1)イの職場におけるセクシュアルハラスメントを行ってはならない旨の方針の明確化等を行う際に、当該事業主が雇用する労働者以外の者（他の事業主が雇用する労働者、就職活動中の学生等の求職者及び労働者以外の者）に対する言動についても、同様の方針を併せて示すことが望ましい。

　また、これらの者から職場におけるセクシュアルハラスメントに類すると考えられる相談があった場合には、その内容を踏まえて、4の措置も参考にしつつ、必要に応じて適切な対応を行うように努めることが望ましい。

4．事業主が職場における妊娠、出産等に関する言動に起因する問題に関して雇用管理上講ずべき措置についての指針

（平成 28 年厚生労働省告示 312 号）【令和 2 年 6 月 1 日適用】

1　はじめに

　この指針は、雇用の分野における男女の均等な機会及び待遇の確保等に関する法律（昭和 47 年法律第 113 号。以下「法」という。）第 11 条の 3 第 1 項及び第 2 項に規定する事業主が職場において行われるその雇用する女性労働者に対する当該女性労働者が妊娠したこと、出産したことその他の妊娠又は出産に関する事由であって雇用の分野における男女の均等な機会及び待遇の確保等に関する法律施行規則（昭和 61 年労働省令第 2 号。以下「均等則」という。）第 2 条の 3 で定めるもの（以下「妊娠、出産等」という。）に関する言動により当該女性労働者の就業環境が害されること（以下「職場における妊娠、出産等に関するハラスメント」という。）のないよう雇用管理上講ずべき措置等について、法第 11 条の 3 第 3 項の規定に基づき事業主が適切かつ有効な実施を図るために必要な事項について定めたものである。

2　職場における妊娠、出産等に関するハラスメントの内容

⑴　職場における妊娠、出産等に関するハラスメントには、上司又は同僚から行われる以下のものがある。なお、業務分担や安全配慮等の観点から、客観的にみて、業務上の必要性に基づく言動によるものについては、職場における妊娠、出産等に関するハラスメントには該当しない。

　イ　その雇用する女性労働者の労働基準法（昭和 22 年法律第 49 号）第 65 条第 1 項の規定による休業その他の妊娠又は出産に関する制度又は措置の利用に関する言動により就業環境が害されるもの（以下「制度等の利用への嫌がらせ型」という。

　ロ　その雇用する女性労働者が妊娠したこと、出産したことその他の妊娠又は出産に関する言動により就業環境が害されるもの（以下「状態への嫌がらせ型」という。）

403

⑵　「職場」とは、事業主が雇用する女性労働者が業務を遂行する場所を指し、当該女性労働者が通常就業している場所以外の場所であっても、当該女性労働者が業務を遂行する場所については、「職場」に含まれる。

⑶　「労働者」とは、いわゆる正規雇用労働者のみならず、パートタイム労働者、契約社員等いわゆる非正規雇用労働者を含む事業主が雇用する労働者の全てをいう。また、派遣労働者については、派遣元事業主のみならず、労働者派遣の役務の提供を受ける者についても、労働者派遣事業の適正な運営の確保及び派遣労働者の保護等に関する法律（昭和 60 年法律第 88 号）第 47 条の 2 の規定により、その指揮命令の下に労働させる派遣労働者を雇用する事業主とみなされ、法第 11 条の 3 第 1 項及び第 11 条の 4 第 2 項の規定が適用されることから、労働者派遣の役務の提供を受ける者は、派遣労働者についてもその雇用する労働者と同様に、3 ⑴の配慮及び 4 の措置を講ずることが必要である。なお、法第 11 条の 3 第 2 項、第 17 条第 2 項及び第 18 条第 2 項の労働者に対する不利益な取扱いの禁止については、派遣労働者も対象に含まれるものであり、派遣元事業主のみならず、労働者派遣の役務の提供を受ける者もまた、当該者に派遣労働者が職場における妊娠・出産等に関するハラスメントの相談を行ったこと等を理由として、当該派遣労働者に係る労働者派遣の役務の提供を拒む等、当該派遣労働者に対する不利益な取扱いを行ってはならない。

⑷　「制度等の利用への嫌がらせ型」とは、具体的には、イ①から⑥までに掲げる制度又は措置（以下「制度等」という。）の利用に関する言動により就業環境が害されるものである。典型的な例として、ロに掲げるものがあるが、ロに掲げるものは限定列挙ではないことに留意が必要である。

　イ　制度等
　　①　妊娠中及び出産後の健康管理に関する措置（母性健康管理措置）（均等則第 2 条の 3 第 3 号関係）
　　②　坑内業務の就業制限及び危険有害業務の就業制限（均等則第 2 条の 3 第 4 号関係）
　　③　産前休業（均等則第 2 条の 3 第 5 号関係）
　　④　軽易な業務への転換（均等則第 2 条の 3 第 6 号関係）

⑤　変形労働時間制がとられる場合における法定労働時間を超える労働時間の制限、時間外労働及び休日労働の制限並びに深夜業の制限（均等則第2条の3第7号関係）

⑥　育児時間（均等則第2条の3第8号関係）

ロ　典型的な例

①　解雇その他不利益な取扱い（法第9条第3項に規定する解雇その他不利益な取扱いをいう。以下同じ。）を示唆するもの

女性労働者が、制度等の利用の請求等（措置の求め、請求又は申出をいう。以下同じ。）をしたい旨を上司に相談したこと、制度等の利用の請求等をしたこと、又は制度等の利用をしたことにより、上司が当該女性労働者に対し、解雇その他不利益な取扱いを示唆すること。

②　制度等の利用の請求等又は制度等の利用を阻害するもの

客観的にみて、言動を受けた女性労働者の制度等の利用の請求等又は制度等の利用が阻害されるものが該当する。

(イ)　女性労働者が制度等の利用の請求等をしたい旨を上司に相談したところ、上司が当該女性労働者に対し、当該請求等をしないよう言うこと。

(ロ)　女性労働者が制度等の利用の請求等をしたところ、上司が当該女性労働者に対し、当該請求等を取り下げるよう言うこと。

(ハ)　女性労働者が制度等の利用の請求等をしたい旨を同僚に伝えたところ、同僚が当該女性労働者に対し、繰り返し又は継続的に当該請求等をしないよう言うこと（当該女性労働者がその意に反することを当該同僚に明示しているにもかかわらず、更に言うことを含む。）。

(ニ)　女性労働者が制度等の利用の請求等をしたところ、同僚が当該女性労働者に対し、繰り返し又は継続的に当該請求等を取り下げるよう言うこと（当該女性労働者がその意に反することを当該同僚に明示しているにもかかわらず、更に言うことを含む。）。

③　制度等の利用をしたことにより嫌がらせ等をするもの

　　客観的にみて、言動を受けた女性労働者の能力の発揮や継続就業に重大な悪影響が生じる等当該女性労働者が就業する上で看過できない程度の支障が生じるようなものが該当する。

　　女性労働者が制度等の利用をしたことにより、上司又は同僚が当該女性労働者に対し、繰り返し又は継続的に嫌がらせ等（嫌がらせ的な言動、業務に従事させないこと又は専ら雑務に従事させることをいう。以下同じ。）をすること（当該女性労働者がその意に反することを当該上司又は同僚に明示しているにもかかわらず、更に言うことを含む。）。

(5)　「状態への嫌がらせ型」とは、具体的には、イ①から⑤までに掲げる妊娠又は出産に関する事由（以下「妊娠等したこと」という。）に関する言動により就業環境が害されるものである。典型的な例として、ロに掲げるものがあるが、ロに掲げるものは限定列挙ではないことに留意が必要である。

イ　妊娠又は出産に関する事由

①　妊娠したこと（均等則第2条の3第1号関係）。

②　出産したこと（均等則第2条の3第2号関係）。

③　坑内業務の就業制限若しくは危険有害業務の就業制限の規定により業務に就くことができないこと又はこれらの業務に従事しなかったこと（均等則第2条の3第4号関係）。

④　産後の就業制限の規定により就業できず、又は産後休業をしたこと（均等則第2条の3第5号関係）。

⑤　妊娠又は出産に起因する症状により労務の提供ができないこと若しくはできなかったこと又は労働能率が低下したこと（均等則第2条の3第9号関係）。なお、「妊娠又は出産に起因する症状」とは、つわり、妊娠悪阻、切迫流産、出産後の回復不全等、妊娠又は出産をしたことに起因して妊産婦に生じる症状をいう。

ロ　典型的な例

①　解雇その他不利益な取扱いを示唆するもの

女性労働者が妊娠等したことにより、上司が当該女性労働者に対し、解雇その他不利益な取扱いを示唆すること。

②　妊娠等したことにより嫌がらせ等をするもの

客観的にみて、言動を受けた女性労働者の能力の発揮や継続就業に重大な悪影響が生じる等当該女性労働者が就業する上で看過できない程度の支障が生じるようなものが該当する。

女性労働者が妊娠等したことにより、上司又は同僚が当該女性労働者に対し、繰り返し又は継続的に嫌がらせ等をすること（当該女性労働者がその意に反することを当該上司又は同僚に明示しているにもかかわらず、更に言うことを含む。）。

3　事業主等の責務

⑴　事業主の責務

法第 11 条の4第2項の規定により、事業主は、職場における妊娠、出産等に関するハラスメントを行ってはならないことその他職場における妊娠、出産等に関するハラスメントに起因する問題（以下「妊娠、出産等に関するハラスメント問題」という。）に対するその雇用する労働者の関心と理解を深めるとともに、当該労働者が他の労働者（他の事業主が雇用する労働者及び求職者を含む。⑵において同じ。）に対する言動に必要な注意を払うよう、研修の実施その他の必要な配慮をするほか、国の講ずる同条第1項の広報活動、啓発活動その他の措置に協力するように努めなければならない。なお、職場における妊娠、出産等に関するハラスメントに起因する問題としては、例えば、労働者の意欲の低下などによる職場環境の悪化や職場全体の生産性の低下、労働者の健康状態の悪化、休職や退職などにつながり得ること、これらに伴う経営的な損失等が考えられる。

また、事業主（その者が法人である場合にあっては、その役員）は、自らも、妊娠、出産等に関するハラスメント問題に対する関心と理解を

深め、労働者（他の事業主が雇用する労働者及び求職者を含む。）に対する言動に必要な注意を払うように努めなければならない。

⑵　労働者の責務

　　法第11条の４第４項の規定により、労働者は、妊娠、出産等に関するハラスメント問題に対する関心と理解を深め、他の労働者に対する言動に必要な注意を払うとともに、事業主の講ずる４の措置に協力するように努めなければならない。

4　事業主が職場における妊娠、出産等に関する言動に起因する問題に関し雇用管理上講ずべき措置の内容

　事業主は、職場における妊娠、出産等に関するハラスメントを防止するため、雇用管理上次の措置を講じなければならない。なお、事業主が行う妊娠、出産等を理由とする不利益取扱い（就業環境を害する行為を含む。）については、既に法第９条第３項で禁止されており、こうした不利益取扱いを行わないため、当然に自らの行為の防止に努めることが求められる。

⑴　事業主の方針の明確化及びその周知・啓発

　　事業主は、職場における妊娠、出産等に関するハラスメントに対する方針の明確化、労働者に対するその方針の周知・啓発として、次の措置を講じなければならない。

　　なお、周知・啓発をするに当たっては、職場における妊娠、出産等に関するハラスメントの防止の効果を高めるため、その発生の原因や背景について労働者の理解を深めることが重要である。その際、職場における妊娠、出産等に関するハラスメントの発生の原因や背景には、（ⅰ）妊娠、出産等に関する否定的な言動（不妊治療に対する否定的な言動を含め、他の女性労働者の妊娠、出産等の否定につながる言動（当該女性労働者に直接行わない言動も含む。）をいい、単なる自らの意思の表明を除く。以下同じ。）が頻繁に行われるなど制度等の利用又は制度等の利用の請求等をしにくい職場風土や、（ⅱ）制度等の利用ができることの職場における周知が不十分であることなどもあると考えられる。そのため、これらを解消していくことが職場における妊娠、出産等に関するハ

ラスメントの防止の効果を高める上で重要であることに留意すること
が必要である。

イ　職場における妊娠、出産等に関するハラスメントの内容（以下「ハ
　ラスメントの内容」という。）及び妊娠、出産等に関する否定的な言
　動が職場における妊娠、出産等に関するハラスメントの発生の原因
　や背景となり得ること（以下「ハラスメントの背景等」という。）、
　職場における妊娠、出産等に関するハラスメントを行ってはならな
　い旨の方針（以下「事業主の方針」という。）並びに制度等の利用が
　できる旨を明確化し、管理監督者を含む労働者に周知・啓発するこ
　と。

（事業主の方針を明確化し、労働者に周知・啓発していると認められる例）
　①　就業規則その他の職場における服務規律等を定めた文書におい
　　て、事業主の方針及び制度等の利用ができる旨について規定し、当
　　該規定と併せて、ハラスメントの内容及びハラスメントの背景等を
　　労働者に周知・啓発すること。
　②　社内報、パンフレット、社内ホームページ等広報又は啓発のため
　　の資料等にハラスメントの内容及びハラスメントの背景等、事業主
　　の方針並びに制度等の利用ができる旨について記載し、配布等する
　　こと。
　③　ハラスメントの内容及びハラスメントの背景等、事業主の方針並
　　びに制度等の利用ができる旨を労働者に対して周知・啓発するため
　　の研修、講習等を実施すること。

ロ　職場における妊娠、出産等に関するハラスメントに係る言動を行っ
　た者については、厳正に対処する旨の方針及び対処の内容を就業規
　則その他の職場における服務規律等を定めた文書に規定し、管理監
　督者を含む労働者に周知・啓発すること。

　（対処方針を定め、労働者に周知・啓発していると認められる例）
　①　就業規則その他の職場における服務規律等を定めた文書におい
　　て、職場における妊娠、出産等に関するハラスメントに係る言動を
　　行った者に対する懲戒規定を定め、その内容を労働者に周知・啓発
　　すること。

　　②　職場における妊娠、出産等に関するハラスメントに係る言動を行った者は、現行の就業規則その他の職場における服務規律等を定めた文書において定められている懲戒規定の適用の対象となる旨を明確化し、これを労働者に周知・啓発すること。

(2)　相談（苦情を含む。以下同じ。）に応じ、適切に対応するために必要な体制の整備

　　事業主は、労働者からの相談に対し、その内容や状況に応じ適切かつ柔軟に対応するために必要な体制の整備として、次の措置を講じなければならない。

　イ　相談への対応のための窓口（以下「相談窓口」という。）をあらかじめ定め、労働者に周知すること。

　（相談窓口をあらかじめ定めていると認められる例）

　　①　相談に対応する担当者をあらかじめ定めること。

　　②　相談に対応するための制度を設けること。

　　③　外部の機関に相談への対応を委託すること。

　ロ　イの相談窓口の担当者が、相談に対し、その内容や状況に応じ適切に対応できるようにすること。また、相談窓口においては、被害を受けた労働者が萎縮するなどして相談を躊躇する例もあること等も踏まえ、相談者の心身の状況や当該言動が行われた際の受け止めなどその認識にも配慮しながら、職場における妊娠、出産等に関するハラスメントが現実に生じている場合だけでなく、その発生のおそれがある場合や、職場における妊娠、出産等に関するハラスメントに該当するか否か微妙な場合等であっても、広く相談に対応し、適切な対応を行うようにすること。例えば、放置すれば就業環境を害するおそれがある場合や、妊娠、出産等に関する否定的な言動が原因や背景となって職場における妊娠、出産等に関するハラスメントが生じるおそれがある場合等が考えられる。

　（相談窓口の担当者が適切に対応することができるようにしていると認められる例）

　　①　相談窓口の担当者が相談を受けた場合、その内容や状況に応じて、相談窓口の担当者と人事部門とが連携を図ることができる仕組みとすること。

②　相談窓口の担当者が相談を受けた場合、あらかじめ作成した留意点などを記載したマニュアルに基づき対応すること。

③　相談窓口の担当者に対し、相談を受けた場合の対応についての研修を行うこと。

⑶　職場における妊娠、出産等に関するハラスメントに係る事後の迅速かつ適切な対応

事業主は、職場における妊娠、出産等に関するハラスメントに係る相談の申出があった場合において、その事案に係る事実関係の迅速かつ正確な確認及び適正な対処として、次の措置を講じなければならない。

イ　事案に係る事実関係を迅速かつ正確に確認すること。

（事案に係る事実関係を迅速かつ正確に確認していると認められる例）

①　相談窓口の担当者、人事部門又は専門の委員会等が、相談を行った労働者（以下「相談者」という。）及び職場における妊娠、出産等に関するハラスメントに係る言動の行為者とされる者（以下「行為者」という。）の双方から事実関係を確認すること。その際、相談者の心身の状況や当該言動が行われた際の受け止めなどその認識にも適切に配慮すること。

また、相談者と行為者との間で事実関係に関する主張に不一致があり、事実の確認が十分にできないと認められる場合には、第三者からも事実関係を聴取する等の措置を講ずること。

②　事実関係を迅速かつ正確に確認しようとしたが、確認が困難な場合などにおいて、法第18条に基づく調停の申請を行うことその他中立な第三者機関に紛争処理を委ねること。

ロ　イにより、職場における妊娠、出産等に関するハラスメントが生じた事実が確認できた場合においては、速やかに被害を受けた労働者（以下「被害者」という。）に対する配慮のための措置を適正に行うこと。

（措置を適正に行っていると認められる例）

①　事案の内容や状況に応じ、被害者の職場環境の改善又は迅速な制度等の利用に向けての環境整備、被害者と行為者の間の関係改善に向けての援助、行為者の謝罪、管理監督者又は事業場内産業保健ス

タッフ等による被害者のメンタルヘルス不調への相談対応等の措置を講ずること。

② 法第18条に基づく調停その他中立な第三者機関の紛争解決案に従った措置を被害者に対して講ずること。

ハ イにより、職場における妊娠、出産等に関するハラスメントが生じた事実が確認できた場合においては、行為者に対する措置を適正に行うこと。

（措置を適正に行っていると認められる例）

① 就業規則その他の職場における服務規律等を定めた文書における職場における妊娠、出産等に関するハラスメントに関する規定等に基づき、行為者に対して必要な懲戒その他の措置を講ずること。あわせて、事案の内容や状況に応じ、被害者と行為者の間の関係改善に向けての援助、行為者の謝罪等の措置を講ずること。

② 法第18条に基づく調停その他中立な第三者機関の紛争解決案に従った措置を行為者に対して講ずること。

ニ 改めて職場における妊娠、出産等に関するハラスメントに関する方針を周知・啓発する等の再発防止に向けた措置を講ずること。
なお、職場における妊娠、出産等に関するハラスメントが生じた事実が確認できなかった場合においても、同様の措置を講ずること。

（再発防止に向けた措置を講じていると認められる例）

① 事業主の方針、制度等の利用ができる旨及び職場における妊娠、出産等に関するハラスメントに係る言動を行った者について厳正に対処する旨の方針を、社内報、パンフレット、社内ホームページ等広報又は啓発のための資料等に改めて掲載し、配布等すること。

② 労働者に対して職場における妊娠、出産等に関するハラスメントに関する意識を啓発するための研修、講習等を改めて実施すること。

(4) 職場における妊娠、出産等に関するハラスメントの原因や背景となる要因を解消するための措置

事業主は、職場における妊娠、出産等に関するハラスメントの原因や背景となる要因を解消するため、業務体制の整備など、事業主や妊娠等した労働者その他の労働者の実情に応じ、必要な措置を講じなければ

ならない（派遣労働者にあっては、派遣元事業主に限る。）。

なお、措置を講ずるに当たっては、

（ⅰ）　職場における妊娠、出産等に関するハラスメントの背景には妊娠、出産等に関する否定的な言動もあるが、当該言動の要因の一つには、妊娠した労働者がつわりなどの体調不良のため労務の提供ができないことや労働能率が低下すること等により、周囲の労働者の業務負担が増大することもあることから、周囲の労働者の業務負担等にも配慮すること

（ⅱ）　妊娠等した労働者の側においても、制度等の利用ができるという知識を持つことや、周囲と円滑なコミュニケーションを図りながら自身の体調等に応じて適切に業務を遂行していくという意識を持つこと

のいずれも重要であることに留意することが必要である（5⑵において同じ。）。

（業務体制の整備など、必要な措置を講じていると認められる例）

①　妊娠等した労働者の周囲の労働者への業務の偏りを軽減するよう、適切に業務分担の見直しを行うこと。

②　業務の点検を行い、業務の効率化等を行うこと。

⑶　⑴から⑷までの措置と併せて講ずべき措置

⑴から⑷までの措置を講ずるに際しては、併せて次の措置を講じなければならない。

イ　職場における妊娠、出産等に関するハラスメントに係る相談者・行為者等の情報は当該相談者・行為者等のプライバシーに属するものであることから、相談への対応又は当該妊娠、出産等に関するハラスメントに係る事後の対応に当たっては、相談者・行為者等のプライバシーを保護するために必要な措置を講ずるとともに、その旨を労働者に対して周知すること。

（相談者・行為者等のプライバシーを保護するために必要な措置を講じていると認められる例）

① 相談者・行為者等のプライバシーの保護のために必要な事項をあらかじめマニュアルに定め、相談窓口の担当者が相談を受けた際には、当該マニュアルに基づき対応するものとすること。

② 相談者・行為者等のプライバシーの保護のために、相談窓口の担当者に必要な研修を行うこと。

③ 相談窓口においては相談者・行為者等のプライバシーを保護するために必要な措置を講じていることを、社内報、パンフレット、社内ホームページ等広報又は啓発のための資料等に掲載し、配布等すること。

ロ 法第11条の3第2項、第17条第2項及び第18条第2項の規定を踏まえ、労働者が職場における妊娠、出産等に関するハラスメントに関し相談をしたこと若しくは事実関係の確認等の事業主の雇用管理上講ずべき措置に協力したこと、都道府県労働局に対して相談、紛争解決の援助の求め若しくは調停の申請を行ったこと又は調停の出頭の求めに応じたこと（以下「妊娠・出産等に関するハラスメントの相談等」という。）を理由として、解雇その他不利益な取扱いをされない旨を定め、労働者に周知・啓発すること。

（不利益な取扱いをされない旨を定め、労働者にその周知・啓発することについて措置を講じていると認められる例）

① 就業規則その他の職場における服務規律等を定めた文書において、妊娠・出産等に関するハラスメントの相談等を理由として、当該労働者が解雇等の不利益な取扱いをされない旨を規定し、労働者に周知・啓発をすること。

② 社内報、パンフレット、社内ホームページ等広報又は啓発のための資料等に、妊娠・出産等に関するハラスメントの相談等を理由として、当該労働者が解雇等の不利益な取扱いをされない旨を記載し、労働者に配布等すること。

5　事業主が職場における妊娠、出産等に関する言動に起因する問題に関し行うことが望ましい取組の内容

　　事業主は、職場における妊娠・出産等に関するハラスメントを防止するため、4の措置に加え、次の取組を行うことが望ましい。

⑴　職場における妊娠、出産等に関するハラスメントは、育児休業等に関するハラスメント（子の養育又は家族の介護を行い、又は行うこととなる労働者の職業生活と家庭生活との両立が図られるようにするために事業主が講ずべき措置等に関する指針（平成21年厚生労働省告示第509号）に規定する「職場における育児休業等に関するハラスメント」をいう。）、セクシュアルハラスメント（事業主が職場における性的な言動に起因する問題に関して雇用管理上講ずべき措置等についての指針（平成18年厚生労働省告示第615号）に規定する「職場におけるセクシュアルハラスメント」をいう。以下同じ。）、パワーハラスメント（事業主が職場における優越的な関係を背景とした言動に起因する問題に関して雇用管理上講ずべき措置等についての指針（令和2年厚生労働省告示第5号）に規定する「職場におけるパワーハラスメント」をいう。）その他のハラスメントと複合的に生じることも想定されることから、事業主は、例えば、セクシュアルハラスメント等の相談窓口と一体的に、職場における妊娠、出産等に関するハラスメントの相談窓口を設置し、一元的に相談に応じることのできる体制を整備することが望ましい。

　（一元的に相談に応じることのできる体制の例）
　　①　相談窓口で受け付けることのできる相談として、職場における妊娠、出産等に関するハラスメントのみならず、セクシュアルハラスメント等も明示すること。
　　②　職場における妊娠、出産等に関するハラスメントの相談窓口がセクシュアルハラスメント等の相談窓口を兼ねること。

⑵　事業主は、職場における妊娠、出産等に関するハラスメントの原因や背景となる要因を解消するため、妊娠等した労働者の側においても、制度等の利用ができるという知識を持つことや、周囲と円滑なコミュニケーションを図りながら自身の体調等に応じて適切に業務を遂行していくという意識を持つこと等を、妊娠等した労働者に周知・啓発することが望ましい。

（妊娠等した労働者への周知・啓発の例）

① 　社内報、パンフレット、社内ホームページ等広報又は啓発のための資料等に、妊娠等した労働者の側においても、制度等の利用ができるという知識を持つことや、周囲と円滑なコミュニケーションを図りながら自身の体調等に応じて適切に業務を遂行していくという意識を持つこと等について記載し、妊娠等した労働者に配布等すること。

② 　妊娠等した労働者の側においても、制度等の利用ができるという知識を持つことや、周囲と円滑なコミュニケーションを図りながら自身の体調等に応じて適切に業務を遂行していくという意識を持つこと等について、人事部門等から妊娠等した労働者に周知・啓発すること。

⑶ 　事業主は、4の措置を講じる際に、必要に応じて、労働者や労働組合等の参画を得つつ、アンケート調査や意見交換等を実施するなどにより、その運用状況の的確な把握や必要な見直しの検討等に努めることが重要である。なお、労働者や労働組合等の参画を得る方法として、例えば、労働安全衛生法（昭和47年法律第57号）第18条第1項に規定する衛生委員会の活用なども考えられる。

6 　事業主が自らの雇用する労働者以外の者に対する言動に関し行うことが望ましい取組の内容

　3の事業主及び労働者の責務の趣旨に鑑みれば、事業主は、当該事業主が雇用する労働者が、他の労働者（他の事業主が雇用する労働者及び求職者を含む。）のみならず、個人事業主、インターンシップを行っている者等の労働者以外の者に対する言動についても必要な注意を払うよう配慮するとともに、事業主（その者が法人である場合にあっては、その役員）自らと労働者も、労働者以外の者に対する言動について必要な注意を払うよう努めることが望ましい。こうした責務の趣旨も踏まえ、事業主は、4⑴イの職場における妊娠、出産等に関するハラスメントを行ってはならない旨の方針の明確化等を行う際に、当該事業主が雇用する労働者以外の者（他の事業主が雇用する労働者、就職活動中の学生等の求職者及び労働者

以外の者）に対する言動についても、同様の方針を併せて示すことが望ましい。また、これらの者から職場における妊娠、出産等に関するハラスメントに類すると考えられる相談があった場合には、その内容を踏まえて、4の措置も参考にしつつ、必要に応じて適切な対応を行うように努めることが望ましい。

5．子の養育又は家族の介護を行い、又は行うこととなる労働者の
　職業生活と家庭生活との両立が図られるようにするために
　事業主が講ずべき措置等に関する指針

（平成 21 年年厚生労働省告示第 509 号）（抄）【令和 2 年 6 月 1 日適用】

第 2　事業主が講ずべき措置等の適切かつ有効な実施を図るための指針と
　なるべき事項

14　法第 25 の規定により、事業主が職場における育児休業等に関する言動
に起因する問題に関して雇用管理上必要な措置等を講ずるに当たっての
事項

　法第 25 条に規定する事業主が職場において行われるその雇用する労
働者に対する育児休業、介護休業その他の育児休業、介護休業等育児又
は家族介護を行う労働者の福祉に関する法律施行規則（以下「則」とい
う。）第 76 条で定める制度又は措置（以下「制度等」という。）の利用に
関する言動により当該労働者の就業環境が害されること（以下「職場に
おける育児休業等に関するハラスメント」という。）のないよう雇用管理
上講ずべき措置等について、事業主が適切かつ有効な実施を図るために
必要な事項については、次のとおりであること。

（一）　職場における育児休業等に関するハラスメントの内容

　イ　職場における育児休業等に関するハラスメントには、上司又は同
　　　僚から行われる、その雇用する労働者に対する制度等の利用に関す
　　　る言動により就業環境が害されるものがあること。なお、業務分担
　　　や安全配慮等の観点から、客観的にみて、業務上の必要性に基づく
　　　言動によるものについては、職場における育児休業等に関するハラ
　　　スメントには該当しないこと。

　ロ　「職場」とは、事業主が雇用する労働者が業務を遂行する場所を
　　　指し、当該労働者が通常就業している場所以外の場所であっても、
　　　当該労働者が業務を遂行する場所については、「職場」に含まれるこ
　　　と。

ハ　「労働者」とは、いわゆる正規雇用労働者のみならず、パートタイム労働者、契約社員等のいわゆる非正規雇用労働者を含む事業主が雇用する男女の労働者の全てをいうこと。

　　また、派遣労働者については、派遣元事業主のみならず、労働者派遣の役務の提供を受ける者についても、労働者派遣事業の適正な運営の確保及び派遣労働者の保護等に関する法律(昭和 60 年法律第 88 号) 第 47 条の 3 の規定により、その指揮命令の下に労働させる派遣労働者を雇用する事業主とみなされ、法第 25 条及び第 25 条の 2 第 2 項の規定が適用されることから、労働者派遣の役務の提供を受ける者は、派遣労働者についてもその雇用する労働者と同様に、⑵イの配慮及び⑶の措置の措置を講ずることが必要であること。なお、法第 25 条第 2 項、第 52 条の 4 第 2 項及び第 52 条の 5 第 2 項の労働者に対する不利益な取扱いの禁止については、派遣労働者も対象に含まれるものであり、派遣元事業主のみならず、労働者派遣の役務の提供を受ける者もまた、当該者に派遣労働者が職場における育児休業等に関するハラスメントの相談を行ったこと等を理由として、当該派遣労働者に係る労働者派遣の役務の提供を拒む等、当該派遣労働者に対する不利益な取扱いを行ってはならないこと。

ニ　イに規定する「その雇用する労働者に対する制度等の利用に関する言動により就業環境が害されるもの」とは、具体的には(イ)①から⑩までに掲げる制度等の利用に関する言動により就業環境が害されるものであること。典型的な例等の利用に関する言動により就業環境が害されるものであること。典型的な例として、(ロ)に掲げるものがあるが、(ロ)に掲げるものは限定列挙ではないことに留意が必要であること。

　(イ)　制度等
　①　育児休業（則第 76 条第 1 号関係）
　②　介護休業（則第 76 条第 2 号関係）
　③　子の看護休暇（則第 76 条第 3 号関係）
　④　介護休暇（則第 76 条第 4 号関係）
　⑤　所定外労働の制限（則第 76 条第 5 号関係）
　⑥　時間外労働の制限（則第 76 条第 6 号関係）

⑦　深夜業の制限（則第 76 条第 7 号関係）

⑧　育児のための所定労働時間の短縮措置（則第 76 条第 8 号関係）

⑨　始業時刻変更等の措置（則第 76 条第 9 号関係）

⑩　介護のための所定労働時間の短縮措置（則第 76 条第 10 号関係）

（ロ）　典型的な例

①　解雇その他不利益な取扱い（法第 10 条（法第 16 条、第 16 条の 4 及び第 16 条の 7 において準用する場合を含む。）、第 16 条の 10、第 18 条の 2、第 20 条の 2 及び第 23 条の 2 に規定する解雇その他不利益な取扱いをいう。以下同じ。）を示唆するもの

労働者が、制度等の利用の申出等をしたい旨を上司に相談したこと、制度等の利用の申出等をしたこと又は制度等の利用をしたことにより、上司が当該労働者に対し、解雇その他不利益な取扱いを示唆すること。

②　制度等の利用の申出等又は制度等の利用を阻害するもの

客観的にみて、言動を受けた労働者の制度等の利用の申出等又は制度等の利用が阻害されるものが該当すること。

ただし、労働者の事情やキャリアを考慮して、早期の職場復帰を促すことは制度等の利用が阻害されるものに該当しないこと。

⑴　労働者が制度等の利用の申出等をしたい旨を上司に相談したところ、上司が当該労働者に対し、当該申出等をしないよう言うこと。

⑵　労働者が制度等の利用の申出等をしたところ、上司が当該労働者に対し、当該申出等を取り下げるよう言うこと。

⑶　労働者が制度等の利用の申出等をしたい旨を同僚に伝えたところ、同僚が当該労働者に対し、繰り返し又は継続的に当該申出等をしないよう言うこと（当該労働者がその意に反することを当該同僚に明示しているにもかかわらず、更に言うことを含む。）。

⑷　労働者が制度等の利用の申出等をしたところ、同僚が当該労働者に対し、繰り返し又は継続的に当該申出等を撤回又は

　　　　取下げをするよう言うこと（当該労働者がその意に反するこ
　　　　とを当該同僚に明示しているにもかかわらず、更に言うこと
　　　　を含む。）。
　　③制度等の利用をしたことにより嫌がらせ等をするもの
　　　　客観的にみて、言動を受けた労働者の能力の発揮や継続就業
　　　に重大な悪影響が生じる等当該労働者が就業する上で看過でき
　　　ない程度の支障が生じるようなものが該当すること。
　　　　労働者が制度等の利用をしたことにより、上司又は同僚が当
　　　該労働者に対し、繰り返し又は継続的に嫌がらせ等（嫌がらせ
　　　的な言動、業務に従事させないこと又は専ら雑務に従事させる
　　　ことをいう。以下同じ。）をすること（当該労働者がその意に反
　　　することを当該上司又は同僚に明示しているにもかかわらず、
　　　更に言うことを含む。）。

（二）　事業主等の責務

　イ　事業主の責務
　　　法第25条の2第2項の規定により、事業主は、職場における育児
　　休業等に関するハラスメントを行ってはならないことその他職場に
　　おける育児休業等に関するハラスメントに起因する問題（以下「育児
　　休業等に関するハラスメント問題」という。）に対するその雇用する
　　労働者の関心と理解を深めるとともに、当該労働者が他の労働者（他
　　の事業主が雇用する労働者及び求職者を含む。ロにおいて同じ。）に
　　対する言動に必要な注意を払うよう、研修の実施その他の必要な配慮
　　をするほか、国の講ずる同条第1項の広報活動、啓発活動その他の措
　　置に協力するように努めなければならない。なお、職場における育児
　　休業等に関するハラスメントに起因する問題としては、例えば、労働
　　者の意欲の低下などによる職場環境の悪化や 職場全体の生産性の低
　　下、労働者の健康状態の悪化、休職や退職などにつながり得ること、
　　これらに伴う経営的な損失等が考えられること。
　　　また、事業主（その者が法人である場合にあっては、その役員）は、
　　自らも、育児休業等に関するハラスメント問題に対する関心と理解を

深め、労働者（他の事業主が雇用する労働者及び求職者を含む。）に対する言動に必要な注意を払うように努めなければならないこと。

ロ　労働者の責務

法第25条の2第4項の規定により、労働者は、育児休業等に関するハラスメント問題に対する関心と理解を深め、他の労働者に対する言動に必要な注意を払うとともに、事業主の講ずる(3)の措置に協力するように努めなければならないこと。

(三)　事業主が職場における育児休業等に関する言動に起因する問題に関し雇用管理上講ずべき措置の内容

事業主は、職場における育児休業等に関するハラスメントを防止するため、雇用管理上次の措置を講じなければならないこと。なお、事業主が行う育児休業等を理由とする不利益取扱い（就業環境を害する行為を含む。）については、既に法第10条（法第16条、第16条の4及び第16条の7において準用する場合を含む。）、第16条の10、第18条の2、第20条の2及び第23条の2で禁止されており、こうした不利益取扱いを行わないため、当然に自らの行為の防止に努めることが求められること。

イ　事業主の方針等の明確化及びその周知・啓発

事業主は、職場における育児休業等に関するハラスメントに対する方針の明確化、労働者に対するその方針の周知・啓発として、次の措置を講じなければならないこと。

なお、周知・啓発をするに当たっては、職場における育児休業等に関するハラスメントの防止の効果を高めるため、その発生の原因や背景について労働者の理解を深めることが重要であること。その際、職場における育児休業等に関するハラスメントの発生の原因や背景には、(i)育児休業等に関する否定的な言動（他の労働者の制度等の利用の否定につながる言動（当該労働者に直接行わない言動も含む。）をいい、単なる自らの意思の表明を除く。以下同じ。）が頻繁に行われるなど制度等の利用又は制度等の利用の申出等をしにくい職場風土や、(ii)制度等の利用ができることの職場における周知が不十分であることなどもあると考えられること。そのため、これらを解消していくことが職場における育児休業

等に関するハラスメントの防止の効果を高める上で重要であることに留意することが必要であること。

(ｲ)　職場における育児休業等に関するハラスメントの内容（以下「ハラスメントの内容」という。）及び育児休業等に関する否定的な言動が職場における育児休業等に関するハラスメントの発生の原因や背景になり得ること（以下「ハラスメントの背景等」という。）、職場における育児休業等に関するハラスメントを行ってはならない旨の方針（以下「事業主の方針」という。）並びに制度等の利用ができる旨を明確化し、管理監督者を含む労働者に周知・啓発すること。

　（事業主の方針等を明確化し、労働者に周知・啓発していると認められる例）

①　就業規則その他の職場における　服務規律等を定めた文書において、事業主の方針及び制度等の利用ができる旨について規定し、当該規定とあわせて、ハラスメントの内容及びハラスメントの背景等を、労働者に周知・啓発すること。

②　社内報、パンフレット、社内ホームページ等広報又は啓発のための資料等にハラスメントの内容及びハラスメントの背景等、事業主の方針並びに制度等の利用ができる旨について記載し、配布等すること。

③　ハラスメントの内容及びハラスメントの背景等、事業主の方針並びに制度等の利用ができる旨を労働者に対して周知・啓発するための研修、講習等を実習等を実施すること。

(ﾛ)　職場における育児休業等に関するハラスメントに係る言動を行った者については、厳正に対処する旨の方針及び対処の内容を就業規則その他の職場における服務規律等を定めた文書に規定し、管理監督者を含む労働者に周知・啓発すること。

　（対処方針を定め、労働者に周知・啓発していると認められる例）

①　就業規則その他の職場における服務規律等を定めた文書において、職場における育児休業等に関するハラスメントに係る言動を行った者に対する懲戒規定を定め、その内容を労働者に周知・啓発すること。

②　職場における育児休業等に関するハラスメントに係る言動を行った者は、現行の就業規則その他の職場における服務規律等を定めた

　文書において定められている懲戒規定の適用の対象となる旨を明確化し、これを労働者に周知・啓発すること。

ロ　相談（苦情を含む。以下同じ。）に応じ、適切に対応するために必要な体制の整備

　事業主は、労働者からの相談に対し、その内容や状況に応じ適切かつ柔軟に対応するために必要な体制の整備として、次の措置を講じなければならないこと。

（イ）　相談への対応のための窓口（以下「相談窓口」という。）をあらかじめ定め、労働者に周知すること。

　（相談窓口をあらかじめ定めていると認められる例）

①　相談に対応する担当者をあらかじめ定めること。

②　相談に対応するための制度を設けること。

③　外部の機関に相談への対応を委託すること。

（ロ）　（イ）の相談窓口の担当者が、相談に対し、その内容や状況に応じ適切に対応できるようにすること。また、相談窓口においては、被害を受けた労働者が萎縮するなどして相談を躊躇する例もあること等も踏まえ、相談者の心身の状況や当該言動が行われた際の受け止めなどその認識にも配慮しながら、職場における育児休業等に関するハラスメントが現実に生じている場合だけでなく、その発生のおそれがある場合や、職場における育児休業等に関するハラスメントに該当するか否か微妙な場合等であっても、広く相談に対応し、適切な対応を行うようにすること。例えば、放置すれば就業環境を害するおそれがある場合や、職場における育児休業等に関する否定的な言動が原因や背景となって職場における育児休業等に関するハラスメントが生じるおそれがある場合等が考えられること。

　（相談窓口の担当者が適切に対応することができるようにしていると認められる例）

①　相談窓口の担当者が相談を受けた場合、その内容や状況に応じて、相談窓口の担当者と人事部門とが連携を図ることができる仕組みとすること。

② 相談窓口の担当者が相談を受けた場合、あらかじめ作成した留意点などを記載したマニュアルに基づき対応すること。

③ 相談窓口の担当者に対し、相談を受けた場合の対応についての研修を行うこと。

ハ 職場における育児休業等に関するハラスメントに係る事後の迅速かつ適切な対応

　事業主は、職場における育児休業等に関するハラスメントに係る相談の申出があった場合において、その事案に係る事実関係の迅速かつ正確な確認及び適正な対処として、次の措置を講じなければならないこと。

(イ) 事案に係る事実関係を迅速かつ正確に確認すること。

　（事案に係る事実関係を迅速かつ正確に確認していると認められる例）

① 相談窓口の担当者、人事部門又は専門の委員会等が、相談を行った労働者（以下「相談者」という。）及び職場における育児休業等に関するハラスメントに係る言動の行為者とされる者(以下「行為者」という。)の双方から事実関係を確認すること。その際、相談者の心身の状況や当該言動が行われた際の受け止めなどその認識にも適切に配慮すること。

　また、相談者と行為者との間で事実関係に関する主張に不一致があり、事実の確認が十分にできないと認められる場合には、第三者からも事実関係を聴取する等の措置を講ずること。

② 事実関係を迅速かつ正確に確認しようとしたが、確認が困難な場合などにおいて、法第52条の5に基づく調停の申請を行うことその他中立な第三者機関に紛争処理を委ねること。

(ロ) (イ)により、職場における育児休業等に関するハラスメントが生じた事実が確認できた場合においては、速やかに被害を受けた労働者(以下「被害者」という。)に対する配慮のための措置を適正に行うこと。

　（措置を適正に行っていると認められる例）

① 事案の内容や状況に応じ、被害者の職場環境の改善又は迅速な制度等の利用に向けての環境整備、被害者と行為者の 間の関係改善に向けての援助、行為者の謝罪、管理・監督者又は事業場内産業保健

スタッフ等による被害者のメンタルヘルス不調への相談対応等の措置を講ずること。

② 法第 52 条の５に基づく調停その他中立な第三者機関の紛争解決案に従った措置を被害者に対して講ずること。

(ハ) (イ)により、職場における育児休業等に関するハラスメントが生じた事実が確認できた場合においては、行為者に対する措置を適正に行うこと。

(措置を適正に行っていると認められる例)

① 就業規則その他の職場における服務規律等を定めた文書における職場における育児休業等に関するハラスメントに関する規定等に基づき、行為者に対して必要な懲戒その他の措置を講ずること。あわせて、事案の内容や状況に応じ、被害者と行為者の間の関係改善に向けての援助、行為者の謝罪等の措置を講ずること。

② 法第 52 条の５に基づく調停その他中立な第三者機関の紛争解決案に従った措置を行為者に対して講ずること。

(ニ) 改めて職場における育児休業等に関するハラスメントに関する方針を周知・啓発する等の再発防止に向けた措置を講ずること。
なお、職場における育児休業等に関するハラスメントが生じた事実が確認できなかった場合においても、同様の措置を講ずること。

(再発防止に向けた措置を講じていると認められる例)

① 事業主の方針、制度等の利用ができる旨及び職場における育児休業等に関するハラスメントに係る言動を行った者について厳正に対処する旨の方針を、社内報、パンフレット、社内ホームページ等広報又は啓発のための資料等に改めて掲載し、配布等すること。

② 労働者に対して職場における育児休業等に関するハラスメントに関する意識を啓発するための研修、講習等を改めて実施すること。

ニ 職場における育児休業等に関するハラスメントの原因や背景となる要因を解消するための措置

事業主は、職場における育児休業等に関するハラスメントの原因や背景となる要因を解消するため、業務体制の整備など、事業主や制度等の利用を行う労働者その他の労働者の実情に応じ、必要な措置を講じなけ

ればならないこと（派遣労働者にあっては、派遣元事業主に限る。）。
　なお、措置を講ずるに当たっては、

(i)　職場における育児休業等に関するハラスメントの背景には育児休業等に関する否定的な言動もあるが、当該言動の要因の1つには、労働者が所定労働時間の短縮措置を利用することで短縮分の労務提供ができなくなること等により、周囲の労働者の業務負担が増大することもあることから、周囲の労働者の業務負担等にも配慮すること

(ii)　労働者の側においても、制度等の利用ができるという知識を持つことや周囲と円滑なコミュニケーションを図りながら自身の制度の利用状況等に応じて適切に業務を遂行していくという意識を持つこと

のいずれも重要であることに留意することが必要である（(4)ロにおいて同じ。）。

　（業務体制の整備など、必要な措置を講じていると認められる例）

①　制度等の利用を行う労働者の周囲の労働者への業務の偏りを軽減するよう、適切に業務分担の見直しを行うこと。

②　業務の点検を行い、業務の効率化等を行うこと。

ホ　イからニまでの措置と併せて講ずべき措置
　イからニまでの措置を講ずるに際しては、併せて次の措置を講じなければならないこと。

(イ)　職場における育児休業等に関するハラスメントに係る相談者・行為者等の情報は当該相談者・行為者等のプライバシーに属するものであることから、相談への対応又は当該育児休業等に関するハラスメントに係る事後の対応に当たっては、相談者・行為者等のプライバシーを保護するために必要な措置を講ずるとともに、その旨を労働者に対して周知すること。

　（相談者・行為者等のプライバシーを保護するために必要な措置を講じていると認められる例）

①　相談者・行為者等のプライバシーの保護のために必要な事項をあらかじめマニュアルに定め、相談窓口の担当者が相談を受けた際には、当該マニュアルに基づき対応するものとすること。

② 相談者・行為者等のプライバシーの保護のために、相談窓口の担当者に必要な研修を行うこと。

③ 相談窓口においては相談者・行為者等のプライバシーを保護するために必要な措置を講じていることを、社内報、パンフレット、社内ホームページ等広報又は啓発のための資料等に掲載し、配布等すること。

(ロ) 法第25条第2項、第52条の4第2項及び第52条の5第2項の規定を踏まえ、労働者が職場における育児休業等に関するハラスメントに関し相談をしたこと若しくは事実関係の確認等の事業主の雇用管理上講ずべき措置に協力したこと、都道府県労働局に対して相談、紛争解決の援助の求め若しくは調停の申請を行ったこと又は調停の出頭の求めに応じたこと(以下「育児休業等に関するハラスメントの相談等」という。)を理由として、解雇その他不利益な取扱いをされない旨を定め、労働者に周知・啓発すること。

（不利益な取扱いをされない旨を定め、労働者にその周知・啓発することについて措置を講じていると認められる例）

① 就業規則その他の職場における服務規律等を定めた文書において、労働者が職場における育児休業等に関するハラスメントに関し相談をしたこと、又は事実関 係の確認に協力したこと等を理由として、当該労働者が解雇等の不利益な取扱いをされない旨を規定し、労働者に周知・啓発をすること。

② 社内報、パンフレット、社内ホームページ等広報又は啓発のための資料等に、育児休業等に関するハラスメントの相談等を理由として、当該労働者が解雇等の不利益な取扱いをされない旨を記載し、労働者に配布等すること。

(四) 事業主が職場における育児休業等に関する言動に起因する問題に関し行うことが望ましい取組の内容

事業主は、職場における育児休業等に関するハラスメントを防止するため、(3)の措置に加え、次の取組を行うことが望ましいこと。

イ 職場における育児休業等に関するハラスメントは、妊娠、出産等に関するハラスメント（事業主が職場における妊娠、出産等に関する言

動に起因する問題に関して雇用管理上講ずべき措置等についての指針
（平成28年厚生労働省告示第312号）に規定する「職場における妊娠、
出産等に関するハラスメント」をいう。）、セクシュアルハラスメント
（事業主が職場における性的な言動に起因する問題に関して雇用管理
上講ずべき措置等についての指針（平成 18 年厚生労働省告示第 615
号）に規定する「職場におけるセクシュアルハラスメント」をいう。
以下同じ。）、パワーハラスメント（事業主が職場における優越的な関
係を背景とした言動に起因する問題に関して雇用管理上講ずべき措置
等についての指針（令和２年厚生労働省告示第５号）に規定する「職
場におけるパワーハラスメント」をいう。）その他のハラスメントと複
合的に生じることも想定されることから、事業主は、例えば、セクシ
ュアルハラスメント等の相談窓口と一体的に、職場における育児休業
等に関するハラスメントの相談窓口を設置し、一元的に相談に応じる
ことのできる体制を整備することが望ましいこと。

（一元的に相談に応じることのできる体制の例）

①　相談窓口で受け付けることのできる相談として、職場における育
　児休業等に関するハラスメントのみならず、セクシュアルハラスメ
　ント等も明示すること。

②　職場における育児休業等に関するハラスメントの相談窓口がセク
　シュアルハラスメント等の相談窓口を兼ねること。

ロ　事業主は、職場における育児休業等に関するハラスメントの原因や
　背景となる要因を解消するため、労働者の側においても、制度等の利
　用ができるという知識を持つことや、周囲と円滑なコミュニケーショ
　ンを図りながら自身の制度の利用状況等に応じて適切に業務を遂行し
　ていくという意識を持つこと等を、制度等の利用の対象となる労働者
　に周知・啓発することが望ましいこと（派遣労働者にあっては、派遣
　元事業主に限る。）。

（制度等の利用の対象となる労働者への周知・啓発の例）

①　社内報、パンフレット、社内ホームページ等広報又は啓発のため
　の資料等に、労働者の側においても、制度等の利用ができるという
　知識を持つことや、周囲と円滑なコミュニケーションを図りながら
　自身の制度の利用状況等に応じて適切に業務を遂行していくという

　　意識を持つこと等について記載し、制度等の利用の対象となる労働者に配布等すること。

　②　労働者の側においても、制度等の利用ができるという知識を持つことや、周囲と円滑なコミュニケーションを図りながら自身の制度の利用状況等に応じて適切に業務を遂行していくという意識を持つこと等について、人事部門等から制度等の利用の対象となる労働者に周知・啓発すること。

ハ　事業主は、⑶の措置を講じる際に、必要に応じて、労働者や労働組合等の参画を得つつ、アンケート調査や意見交換等を実施するなどにより、その運用状況の的確な把握や必要な見直しの検討等に努めることが重要であること。なお、労働者や労働組合等の参画を得る方法として、例えば、労働安全衛生法（昭和 47 年法律第 57 号）第 18 条第 1 項に規定する衛生委員会の活用なども考えられる。

6．過労死認定基準

（基発 0914 第 1 号）（都道府県労働局長あて厚生労働省労働基準局長通知）

　標記については、平成 13 年 12 月 12 日付け基発第 1063 号（以下「1063号通達」という。）により示してきたところであるが、今般、「脳・心臓疾患の労災認定の基準に関する専門検討会」の検討結果を踏まえ、別添の認定基準を新たに定め、令和 3 年 9 月 15 日から施行するので、今後の取扱いに遺漏なきを期されたい。

　なお、本通達の施行に伴い、1063 号通達及び昭和 62 年 10 月 26 日付け基発第 620 号は廃止する。

第 1　基本的な考え方

　　脳血管疾患及び虚血性心疾患等（負傷に起因するものを除く。以下「脳・心臓疾患」という。）は、その発症の基礎となる動脈硬化等による血管病変又は動脈瘤、心筋変性等の基礎的病態（以下「血管病変等」という。）が、長い年月の生活の営みの中で徐々に形成、進行及び増悪するといった自然経過をたどり発症するものである。

　　しかしながら、業務による明らかな過重負荷が加わることによって、血管病変等がその自然経過を超えて著しく増悪し、脳・心臓疾患が発症する場合があり、そのような経過をたどり発症した脳・心臓疾患は、その発症に当たって業務が相対的に有力な原因であると判断し、業務に起因する疾病として取り扱う。

　　このような脳・心臓疾患の発症に影響を及ぼす業務による明らかな過重負荷として、発症に近接した時期における負荷及び長期間にわたる疲労の蓄積を考慮する。

　　これらの業務による過重負荷の判断に当たっては、労働時間の長さ等で表される業務量や、業務内容、作業環境等を具体的かつ客観的に把握し、総合的に判断する必要がある。

第 2　対象疾病

　　本認定基準は、次に掲げる脳・心臓疾患を対象疾病として取り扱う。

　　1　脳血管疾患
　　(1)　脳内出血（脳出血）
　　(2)　くも膜下出血
　　(3)　脳梗塞
　　(4)　高血圧性脳症

　　2　虚血性心疾患等
　　(1)　心筋梗塞
　　(2)　狭心症
　　(3)　心停止（心臓性突然死を含む。）
　　(4)　重篤な心不全
　　(5)　大動脈解離

第 3　認定要件

　　次の(1)、(2)又は(3)の業務による明らかな過重負荷を受けたことにより発症した脳・心臓疾患は、業務に起因する疾病として取り扱う。

　　(1)　発症前の長期間にわたって、著しい疲労の蓄積をもたらす特に過重な業務（以下「長期間の過重業務」という。）に就労したこと。

　　(2)　発症に近接した時期において、特に過重な業務（以下「短期間の過重業務」という。）に就労したこと。

　　(3)　発症直前から前日までの間において、発生状態を時間的及び場所的に明確にし得る異常な出来事（以下「異常な出来事」という。）に遭遇したこと。

第 4　認定要件の具体的判断

　　1　疾患名及び発症時期の特定

　　　　認定要件の判断に当たっては、まず疾患名を特定し、対象疾病に該当することを確認すること。

　　　　また、脳・心臓疾患の発症時期は、業務と発症との関連性を検討する際の起点となるものである。通常、脳・心臓疾患は、発症の直後に症状が出現（自覚症状又は他覚所見が明らかに認められることをいう。）

するとされているので、臨床所見、症状の経過等から症状が出現した日を特定し、その日をもって発症日とすること。

　なお、前駆症状（脳・心臓疾患発症の警告の症状をいう。）が認められる場合であって、当該前駆症状と発症した脳・心臓疾患との関連性が医学的に明らかとされたときは、当該前駆症状が確認された日をもって発症日とすること。

2　長期間の過重業務
　(1)　疲労の蓄積の考え方
　　　恒常的な長時間労働等の負荷が長期間にわたって作用した場合には、「疲労の蓄積」が生じ、これが血管病変等をその自然経過を超えて著しく増悪させ、その結果、脳・心臓疾患を発症させることがある。
　　　このことから、発症との関連性において、業務の過重性を評価するに当たっては、発症前の一定期間の就労実態等を考察し、発症時における疲労の蓄積がどの程度であったかという観点から判断することとする。

　(2)　特に過重な業務
　　　特に過重な業務とは、日常業務に比較して特に過重な身体的、精神的負荷を生じさせたと客観的に認められる業務をいうものであり、日常業務に就労する上で受ける負荷の影響は、血管病変等の自然経過の範囲にとどまるものである。
　　　ここでいう日常業務とは、通常の所定労働時間内の所定業務内容をいう。

　(3)　評価期間
　　　発症前の長期間とは、発症前おおむね6か月間をいう。なお、発症前おおむね6か月より前の業務については、疲労の蓄積に係る業務の過重性を評価するに当たり、付加的要因として考慮すること。

　(4)　過重負荷の有無の判断
　　ア　著しい疲労の蓄積をもたらす特に過重な業務に就労したと認められるか否かについては、業務量、業務内容、作業環境等を考慮し、同種労働者にとっても、特に過重な身体的、精神的負荷と

認められる業務であるか否かという観点から、客観的かつ総合的
に判断すること。ここでいう同種労働者とは、当該労働者と職種、
職場における立場や職責、年齢、経験等が類似する者をいい、基
礎疾患を有していたとしても日常業務を支障なく遂行できるも
のを含む。

イ　長期間の過重業務と発症との関係について、疲労の蓄積に加え、
発症に近接した時期の業務による急性の負荷とあいまって発症
する場合があることから、発症に近接した時期に一定の負荷要因
（心理的負荷となる出来事等）が認められる場合には、それらの
負荷要因についても十分に検討する必要があること。すなわち、
長期間の過重業務の判断に当たって、短期間の過重業務（発症に
近接した時期の負荷)についても総合的に評価すべき事案がある
ことに留意すること。

ウ　業務の過重性の具体的な評価に当たっては、疲労の蓄積の観点
から、以下に掲げる負荷要因について十分検討すること。

(ｱ)　労働時間

a　労働時間の評価

疲労の蓄積をもたらす最も重要な要因と考えられる労働時間
に着目すると、その時間が長いほど、業務の過重性が増すとこ
ろであり、具体的には、発症日を起点とした 1 か月単位の連続
した期間をみて、

①　発症前 1 か月間ないし 6 か月間にわたって、 1 か月当たり
おおむね 45 時間を超える時間外労働が認められない場合は、
業務と発症との関連性が弱いが、おおむね 45 時間を超えて時
間外労働時間が長くなるほど、業務と発症との関連性が徐々
に強まると評価できること

②　発症前 1 か月間におおむね 100 時間又は発症前 2 か月間な
いし 6 か月間にわたって、1 か月当たりおおむね 80 時間を超
える時間外労働が認められる場合は、業務と発症との関連性
が強いと評価できることを踏まえて判断すること。

ここでいう時間外労働時間数は、1 週間当たり 40 時間を超え
て労働した時間数である。

b　労働時間と労働時間以外の負荷要因の総合的な評価

　　労働時間以外の負荷要因（後記(イ)から(カ)までに示した負荷要因をいう。以下同じ。）において一定の負荷が認められる場合には、労働時間の状況をも総合的に考慮し、業務と発症との関連性が強いといえるかどうかを適切に判断すること。

　　その際、前記a②の水準には至らないがこれに近い時間外労働が認められる場合には、特に他の負荷要因の状況を十分に考慮し、そのような時間外労働に加えて一定の労働時間以外の負荷が認められるときには、業務と発症との関連性が強いと評価できることを踏まえて判断すること。

　　ここで、労働時間と労働時間以外の負荷要因を総合的に考慮するに当たっては、労働時間がより長ければ労働時間以外の負荷要因による負荷がより小さくとも業務と発症との関連性が強い場合があり、また、労働時間以外の負荷要因による負荷がより大きければ又は多ければ労働時間がより短くとも業務と発症との関連性が強い場合があることに留意すること。

(イ)　勤務時間の不規則性

a　拘束時間の長い勤務

　　拘束時間とは、労働時間、休憩時間その他の使用者に拘束されている時間（始業から終業までの時間）をいう。

　　拘束時間の長い勤務については、拘束時間数、実労働時間数、労働密度（実作業時間と手待時間との割合等）、休憩・仮眠時間数及び回数、休憩・仮眠施設の状況（広さ、空調、騒音等）、業務内容等の観点から検討し、評価すること。

　　なお、1日の休憩時間がおおむね1時間以内の場合には、労働時間の項目における評価との重複を避けるため、この項目では評価しない。

b　休日のない連続勤務

　　休日のない（少ない）連続勤務については、連続労働日数、連続労働日と発症との近接性、休日の数、実労働時間数、労働密度（実作業時間と手待時間との割合等）、業務内容等の観点から検討し、評価すること。

　　　　その際、休日のない連続勤務が長く続くほど業務と発症との
　　　関連性をより強めるものであり、逆に、休日が十分確保されて
　　　いる場合は、疲労は回復ないし回復傾向を示すものであること
　　　を踏まえて適切に評価すること。

　c　勤務間インターバルが短い勤務
　　　　勤務間インターバルとは、終業から始業までの時間をいう。
　　　勤務間インターバルが短い勤務については、その程度（時間数、
　　　頻度、連続性等）や業務内容等の観点から検討し、評価すること。
　　　　なお、長期間の過重業務の判断に当たっては、睡眠時間の確保
　　　の観点から、勤務間インターバルがおおむね 11 時間未満の勤務
　　　の有無、時間数、頻度、連続性等について検討し、評価すること。

　d　不規則な勤務・交替制勤務・深夜勤務
　　　　「不規則な勤務・交替制勤務・深夜勤務」とは、予定された
　　　始業・終業時刻が変更される勤務、予定された始業・終業時刻
　　　が日や週等によって異なる交替制勤務（月ごとに各日の始業時
　　　刻が設定される勤務や、週ごとに規則的な日勤・夜勤の交替が
　　　ある勤務等）、予定された始業又は終業時刻が相当程度深夜時間
　　　帯に及び夜間に十分な睡眠を取ることが困難な深夜勤務をいう。
　　　　不規則な勤務・交替制勤務・深夜勤務については、予定され
　　　た業務スケジュールの変更の頻度・程度・事前の通知状況、予
　　　定された業務スケジュールの変更の予測の度合、交替制勤務に
　　　おける予定された始業・終業時刻のばらつきの程度、勤務のた
　　　め夜間に十分な睡眠が取れない程度（勤務の時間帯や深夜時間
　　　帯の勤務の頻度・連続性）、一勤務の長さ（引き続いて実施され
　　　る連続勤務の長さ）、一勤務中の休憩の時間数及び回数、休憩や
　　　仮眠施設の状況（広さ、空調、騒音等）、業務内容及びその変更
　　　の程度等の観点から検討し、評価すること。

(ｳ)　事業場外における移動を伴う業務

　a　出張の多い業務
　　　　出張とは、一般的に事業主の指揮命令により、特定の用務を
　　　果たすために通常の勤務地を離れて用務地へ赴き、用務を果た
　　　して戻るまでの一連の過程をいう。

　　出張の多い業務については、出張（特に時差のある海外出張）
の頻度、出張が連続する程度、出張期間、交通手段、移動時間
及び移動時間中の状況、移動距離、出張先の多様性、宿泊の有
無、宿泊施設の状況、出張中における睡眠を含む休憩・休息の
状況、出張中の業務内容等の観点から検討し、併せて出張によ
る疲労の回復状況等も踏まえて評価すること。

　　ここで、飛行による時差については、時差の程度（特に4時
間以上の時差の程度）、時差を伴う移動の頻度、移動の方向等の
観点から検討し、評価すること。

　　また、出張に伴う勤務時間の不規則性についても、前記(イ)
により適切に評価すること。

b　その他事業場外における移動を伴う業務

　　その他事業場外における移動を伴う業務については、移動（特
に時差のある海外への移動）の頻度、交通手段、移動時間及び
移動時間中の状況、移動距離、移動先の多様性、宿泊の有無、
宿泊施設の状況、宿泊を伴う場合の睡眠を含む休憩・休息の状
況、業務内容等の観点から検討し、併せて移動による疲労の回
復状況等も踏まえて評価すること。

　　なお、時差及び移動に伴う勤務時間の不規則性の評価につい
ては前記aと同様であること。

(エ)　心理的負荷を伴う業務

　　心理的負荷を伴う業務については、別表1及び別表2に掲げ
られている日常的に心理的負荷を伴う業務又は心理的負荷を伴
う具体的出来事等について、負荷の程度を評価する視点により
検討し、評価すること。

(オ)　身体的負荷を伴う業務

　　身体的負荷を伴う業務については、業務内容のうち重量物の
運搬作業、人力での掘削作業などの身体的負荷が大きい作業の
種類、作業強度、作業量、作業時間、歩行や立位を伴う状況等
のほか、当該業務が日常業務と質的に著しく異なる場合にはそ
の程度（事務職の労働者が激しい肉体労働を行うなど）の観点
から検討し、評価すること。

  (ｶ) 作業環境
    長期間の過重業務の判断に当たっては、付加的に評価すること。
   a 温度環境
    温度環境については、寒冷・暑熱の程度、防寒・防暑衣類
   の着用の状況、一連続作業時間中の採暖・冷却の状況、寒冷
   と暑熱との交互のばく露の状況、激しい温度差がある場所へ
   の出入りの頻度、水分補給の状況等の観点から検討し、評価
   すること。
   b 騒音
    騒音については、おおむね 80dB を超える騒音の程度、その
   ばく露時間・期間、防音保護具の着用の状況等の観点から検
   討し、評価すること。

3 短期間の過重業務
 (1) 特に過重な業務
   特に過重な業務の考え方は、前記 2 (2) と同様である。

 (2) 評価期間
   発症に近接した時期とは、発症前おおむね 1 週間をいう。
  ここで、発症前おおむね 1 週間より前の業務については、原則とし
  て長期間の負荷として評価するが、発症前 1 か月間より短い期間の
  みに過重な業務が集中し、それより前の業務の過重性が低いために、
  長期間の過重業務とは認められないような場合には、発症前 1 週間
  を含めた当該期間に就労した業務の過重性を評価し、それが特に過
  重な業務と認められるときは、短期間の過重業務に就労したものと
  判断する。

 (3) 過重負荷の有無の判断
   ア 特に過重な業務に就労したと認められるか否かについては、業
    務量、業務内容、作業環境等を考慮し、同種労働者にとっても、
    特に過重な身体的、精神的負荷と認められる業務であるか否かと
    いう観点から、客観的かつ総合的に判断すること。

   イ 短期間の過重業務と発症との関連性を時間的にみた場合、業務

による過重な負荷は、発症に近ければ近いほど影響が強いと考えられることから、次に示す業務と発症との時間的関連を考慮して、特に過重な業務と認められるか否かを判断すること。

① 　発症に最も密接な関連性を有する業務は、発症直前から前日までの間の業務であるので、まず、この間の業務が特に過重であるか否かを判断すること。

② 　発症直前から前日までの間の業務が特に過重であると認められない場合であっても、発症前おおむね１週間以内に過重な業務が継続している場合には、業務と発症との関連性があると考えられるので、この間の業務が特に過重であるか否かを判断すること。

　なお、発症前おおむね１週間以内に過重な業務が継続している場合の継続とは、この期間中に過重な業務に就労した日が連続しているという趣旨であり、必ずしもこの期間を通じて過重な業務に就労した日が間断なく続いている場合のみをいうものではない。したがって、発症前おおむね１週間以内に就労しなかった日があったとしても、このことをもって、直ちに業務起因性を否定するものではない。

ウ　業務の過重性の具体的な評価に当たっては、以下に掲げる負荷要因について十分検討すること。

(ア)　労働時間

　労働時間の長さは、業務量の大きさを示す指標であり、また、過重性の評価の最も重要な要因であるので、評価期間における労働時間については十分に考慮し、発症直前から前日までの間の労働時間数、発症前１週間の労働時間数、休日の確保の状況等の観点から検討し、評価すること。

　その際、①発症直前から前日までの間に特に過度の長時間労働が認められる場合、②発症前おおむね１週間継続して深夜時間帯に及ぶ時間外労働を行うなど過度の長時間労働が認められる場合等（手待時間が長いなど特に労働密度が低い場合を除く。）には、業務と発症との関係性が強いと評価できることを踏まえて判断すること。

　　　　なお、労働時間の長さのみで過重負荷の有無を判断できない
　　　　場合には、労働時間と労働時間以外の負荷要因を総合的に考慮
　　　　して判断する必要がある。

　（イ）　労働時間以外の負荷要因
　　　　労働時間以外の負荷要因についても、前記2（4）ウ（イ）ないし
　　　（カ）において各負荷要因ごとに示した観点から検討し、評価する
　　　　こと。ただし、長期間の過重業務における検討に当たっての観
　　　　点として明示されている部分を除く。
　　　　なお、短期間の過重業務の判断においては、前記2（4）ウ（カ）
　　　　の作業環境について、付加的に考慮するのではなく、他の負荷
　　　　要因と同様に十分検討すること。

4　異常な出来事
（1）　異常な出来事
　　　　異常な出来事とは、当該出来事によって急激な血圧変動や血管収
　　縮等を引き起こすことが医学的にみて妥当と認められる出来事で
　　あり、具体的には次に掲げる出来事である。
　ア　極度の緊張、興奮、恐怖、驚がく等の強度の精神的負荷を引き
　　　起こす事態
　イ　急激で著しい身体的負荷を強いられる事態
　ウ　急激で著しい作業環境の変化

（2）　評価期間
　　　　異常な出来事と発症との関連性については、通常、負荷を受けて
　　から24時間以内に症状が出現するとされているので、発症直前か
　　ら前日までの間を評価期間とする。

（3）　過重負荷の有無の判断
　　　　異常な出来事と認められるか否かについては、出来事の異常性・
　　突発性の程度、予測の困難性、事故や災害の場合にはその大きさ、
　　被害・加害の程度、緊張、興奮、恐怖、驚がく等の精神的負荷の程
　　度、作業強度等の身体的負荷の程度、気温の上昇又は低下等の作業
　　環境の変化の程度等について検討し、これらの出来事による身体的、

精神的負荷が著しいと認められるか否かという観点から、客観的か
つ総合的に判断すること。

　その際、①業務に関連した重大な人身事故や重大事故に直接関与
した場合、②事故の発生に伴って著しい身体的、精神的負荷のかか
る救助活動や事故処理に携わった場合、③生命の危険を感じさせる
ような事故や対人トラブルを体験した場合、④著しい身体的負荷を
伴う消火作業、人力での除雪作業、身体訓練、走行等を行った場合、
⑤著しく暑熱な作業環境下で水分補給が阻害される状態や著しく
寒冷な作業環境下での作業、温度差のある場所への頻回な出入りを
行った場合等には、業務と発症との関連性が強いと評価できること
を踏まえて判断すること。

第5　その他

1　基礎疾患を有する者についての考え方

　器質的心疾患（先天性心疾患、弁膜症、高血圧性心疾患、心筋症、
心筋炎等）を有する場合についても、その病態が安定しており、直ち
に重篤な状態に至るとは考えられない場合であって、業務による明ら
かな過重負荷によって自然経過を超えて著しく重篤な状態に至ったと
認められる場合には、業務と発症との関連が認められるものであるこ
と。ここで、「著しく重篤な状態に至った」とは、対象疾病を発症した
ことをいう。

2　対象疾病以外の疾病の取扱い

（1）　動脈の閉塞又は解離

　　対象疾病以外の体循環系の各動脈の閉塞又は解離については、発
生原因が様々であるが、前記第1の基本的考え方により業務起因性
の判断ができる場合もあることから、これらの疾病については、基
礎疾患の状況や業務の過重性等を個別に検討し、対象疾病と同様の
経過で発症し、業務が相対的に有力な原因であると判断できる場合
には、労働基準法施行規則別表第1の2第11号の「その他業務に起
因することの明らかな疾病」として取り扱うこと。

(2)　肺塞栓症

　　　肺塞栓症やその原因となる深部静脈血栓症については、動脈硬化等を基礎とする対象疾病とは発症機序が異なることから、本認定基準の対象疾病としていない。肺塞栓症等については、業務による座位等の状態及びその継続の程度等が、深部静脈における血栓形成の有力な要因であったといえる場合に、労働基準法施行規則別表第1の2第3号5の「その他身体に過度の負担のかかる作業態様の業務に起因することの明らかな疾病」として取り扱うこと。

第6　複数業務要因災害

　　労働者災害補償保険法第7条第1項第2号に定める複数業務要因災害による脳・心臓疾患に関しては、本認定基準における過重性の評価に係る「業務」を「二以上の事業の業務」と、また、「業務起因性」を「二以上の事業の業務起因性」と解した上で、本認定基準に基づき、認定要件を満たすか否かを判断する。

　　その上で、前記第4の2ないし4に関し以下に規定した部分については、これにより判断すること。

1　二以上の事業の業務による「長期間の過重業務」及び「短期間の過重業務」の判断

　　前記第4の2の「長期間の過重業務」及び同3の「短期間の過重業務」に関し、業務の過重性の検討に当たっては、異なる事業における労働時間を通算して評価する。また、労働時間以外の負荷要因については、異なる事業における負荷を合わせて評価する。

2　二以上の事業の業務による「異常な出来事」の判断

　　前記第4の4の「異常な出来事」に関し、これが認められる場合には、一の事業における業務災害に該当すると考えられることから、一般的には、異なる事業における負荷を合わせて評価することはないものと考えられる。

別表 1　日常的に心理的負荷を伴う業務

	具体的業務	負荷の程度を評価する視点	
1	常に自分あるいは他人の生命、財産が脅かされる危険性を有する業務	危険性の度合、業務量（労働時間、労働密度）、就労期間、経験、適応能力、会社の支援、予想される被害の程度等	
2	危険回避責任がある業務		
3	人命や人の一生を左右しかねない重大な判断や処置が求められる業務		
4	極めて危険な物質を取り扱う業務		
5	決められた時間（納期等）どおりに遂行しなければならないような困難な業務	阻害要因の大きさ、達成の困難性、ペナルティの有無、納期等の変更の可能性等	業務量（労働時間、労働密度）、就労期間、経験、適応能力、会社の支援等
6	周囲の理解や支援のない状況下での困難な業務	業務の困難度、社内での立場等	

別表 2　心理的負荷を伴う具体的出来事

	出来事の類型	具体的出来事	負荷の程度を評価する視点
1	①事故や災害の体験	（重度の）病気やケガをした	・病気やケガの程度 ・後遺障害の程度、社会復帰の困難性等
2		悲惨な事故や災害の体験、目撃をした	・本人が体験した場合、予感させる被害の程度 ・他人の事故を目撃した場合、被害の程度や被害者との関係等
3	②仕事の失敗、過重な責任の発生等	業務に関連し、重大な人身事故、重大事故を起こした	・事故の大きさ、内容及び加害の程度 ・ペナルティ・責任追及の有無及び程度、事後対応の困難性等
4		会社の経営に影響するなどの重大な仕事上のミスをした	・失敗の大きさ・重大性、社会的反響の大きさ、損害等の程度 ・ペナルティ・責任追及の有無及び程度、事後対応の困難性等
5		会社で起きた事故、事件について、責任を問われた	・事故、事件の内容、関与・責任の程度、社会的反響の大きさ等 ・ペナルティの有無及び程度、責任追及の程度、事後対応の困難性等 （注）この項目は、部下が起こした事故等、本人が直接引き起こしたものではない事故、事件について、監督責任等を問われた場合の心理的負荷を評価する。本人が直接引き起こした事故等については、項目4で評価する。
6		自分の関係する仕事で多額の損失等が生じた	・損失等の程度、社会的反響の大きさ等 ・事後対応の困難性等 （注）この項目は、取引先の倒産など、多額の損失等が生じた原因に本人が関与していないものの、それに伴う対応等による心理的負荷を評価する。本人のミスによる多額の損失等については、項目4で評価する。
7		業務に関連し、違法行為を強要された	・違法性の程度、強要の程度（頻度、方法）等 ・事後のペナルティの程度、事後対応の困難性等
8		達成困難なノルマが課された	・ノルマの内容、困難性、強制の程度、達成できなかった場合の影響、ペナルティの有無等 ・その後の業務内容・業務量の程度、職場の人間関係等
9		ノルマが達成できなかった	・達成できなかったことによる経営上の影響度、ペナルティの程度等 ・事後対応の困難性等 （注）期限に至っていない場合でも、達成できない状況が明らかになった場合にはこの項目で評価する。

10		新規事業の担当になった、会社の建て直しの担当になった	・新規業務の内容、本人の職責、困難性の程度、能力と業務内容のギャップの程度等 ・その後の業務内容、業務量の程度、職場の人間関係等
11		顧客や取引先から無理な注文を受けた	・顧客・取引先の重要性、要求の内容等 ・事後対応の困難性等
12		顧客や取引先からクレームを受けた	・顧客・取引先の重要性、会社に与えた損害の内容、程度等 ・事後対応の困難性等 （注）この項目は、本人に過失のないクレームについて評価する。本人のミスによるものは、項目4で評価する。
13	③仕事の質	仕事内容の（大きな）変化を生じさせる出来事があった	・業務の困難性、能力・経験と業務内容のギャップ等 ・時間外労働、休日労働、業務の密度の変化の程度、仕事内容、責任の変化の程度等
14	④役割・地位の変化等	退職を強要された	・解雇又は退職強要の経過、強要の程度、職場の人間関係等 （注）ここでいう「解雇又は退職強要」には、労働契約の形式上期間を定めて雇用されている者であっても、当該契約が期間の定めのない契約と実質的に異ならない状態となっている場合の雇止めの通知を含む。
15		配置転換があった	・職種、職務の変化の程度、配置転換の理由・経過等 ・業務の困難性、能力・経験と業務内容のギャップ等 ・その後の業務内容、業務量の程度、職場の人間関係等 （注）出向を含む。
16		転勤をした	・職種、職務の変化の程度、転勤の理由・経過、単身赴任の有無、海外の治安の状況等 ・業務の困難性、能力・経験と業務内容のギャップ等 ・その後の業務内容、業務量の程度、職場の人間関係等
17		複数名で担当していた業務を1人で担当するようになった	・業務の変化の程度等 ・その後の業務内容、業務量の程度、職場の人間関係等
18		非正規社員であるとの理由等により、仕事上の差別、不利益取扱いを受けた	・差別・不利益取扱いの理由・経過、内容、程度、職場の人間関係等 ・その継続する状況
19	⑤パワーハラスメント	上司等から、身体的攻撃、精神的攻撃等のパワーハラスメントを受けた	・指導・叱責等の言動に至る経緯や状況 ・身体的攻撃、精神的攻撃の内容、程度等 ・反復・継続など執拗性の状況 ・就業環境を害する程度 ・会社の対応の有無及び内容、改善の状況 （注）当該出来事の評価対象とならない対人関係のトラブルは、出来事の類型「対人関係」の各出来事で評価する。 （注）「上司等」には、職務上の地位が上位の者のほか、同僚又は部下であっても、業務上必要な知識や豊富な経験を有しており、その者の協力が得られなければ業務の円滑な遂行を行うことが困難な場合、同僚又は部下からの集団による行為でこれに抵抗又は拒絶することが困難である場合も含む。
20	⑥対人関係	同僚等から、暴行又は（ひどい）いじめ・嫌がらせを受けた	・暴行又はいじめ・嫌がらせの内容、程度等 ・反復・継続など執拗性の状況 ・会社の対応の有無及び内容、改善の状況
21		上司とのトラブルがあった	・トラブルの内容、程度等 ・その後の業務への支障等
22		同僚とのトラブルがあった	・トラブルの内容、程度、同僚との職務上の関係等 ・その後の業務への支障等
23		部下とのトラブルがあった	・トラブルの内容、程度等 ・その後の業務への支障等
24	⑦セクシュアルハラスメント	セクシュアルハラスメントを受けた	・セクシュアルハラスメントの内容、程度等 ・その継続する状況 ・会社の対応の有無及び内容、改善の状況、職場の人間関係等

7．事業継続ガイドライン

－あらゆる危機的事象を乗り越えるための戦略と対応（令和3年4月）－
内閣府　防災担当
※Ⅰのみ抜粋

Ⅰ　事業継続の取組の必要性と概要

1.1　事業継続マネジメント（BCM）の概要

　大地震等の自然災害、感染症のまん延、テロ等の事件、大事故、サプライチェーン（供給網）の途絶、突発的な経営環境の変化など不測の事態が発生しても、重要な事業を中断させない、または中断しても可能な限り短い期間で復旧させるための方針、体制、手順等を示した計画のことを事業継続計画（Business Continuity Plan、BCP）と呼ぶ。

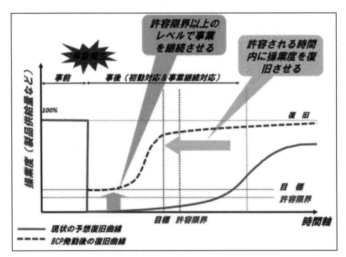

図1.1-1　事業継続計画（BCP）の概念 [7, 8]

　BCP策定や維持・更新、事業継続を実現するための予算・資源の確保、事前対策の実施、取組を浸透させるための教育・訓練の実施、点検、継続的な改善などを行う平常時からのマネジメント活動は、事業継続マネジメント（Business Continuity Management、BCM）と呼ばれ、経営レベルの戦略

的活動として位置付けられるものである。[9]　ただし、BCMの内容は、自社の事業内容、規模等に応じて経営者がその範囲を判断してよい。また、多額の出費を伴わなくても一定の対応は可能であるため、資金力や人的な余裕がない企業・組織も含め、全ての企業・組織に導入が望まれる。社会・経済全体の期待が高いことを踏まえ、初めから完璧なものを目指して着手に躊躇するのではなく、できることから取組を開始し、その後の継続的改善により徐々に事業継続能力を向上させていくことを強く推奨する。

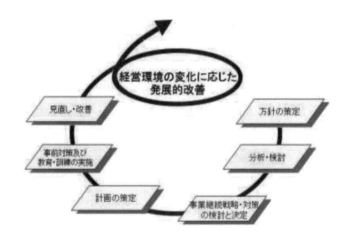

図1.1-2 事業継続の取組の流れ

　BCMは単なる計画ではなく継続的な取組であり、企業・組織全体のマネジメントとして継続的・体系的に取り組むことが重要である。その手法として、例えば、PDCAサイクル等のマネジメントに関する仕組の活用も有効である。[10]　各企業・各組織において既にこのような仕組が導入されている場合は、それと整合させたBCMの導入が有効であろう。

　BCMにおいては、特に次の3点が重要であり、これらが不十分である場合は、他の部分を充実させたとしてもその効果は限定的となる可能性が高い。
- 不測の事態において事業を継続する仕組
- 社内のBCP及びBCMに関する意識の浸透
- 事業継続の仕組及び能力を評価・改善する仕組

7　例えば、大規模災害が発生した場合、平常時よりも需要が増える製品・サービス、あるいは同業他社の被災により一時的に自社への需要が増える製品・サービスもあるので、それに対応するため操業度が100%を上回る可能性もある。

8　このイメージ図は、企業・組織において、突発的に被害が発生するリスク（地震、水害、テロなど）を主として想定している。段階的かつ長期間にわたり被害が継続するリスク（新型インフルエンザを含む感染症、水不足、電力不足など）は別の形のグラフとなり、そのうちの感染症に係るもののイメージ図を次に例示する。

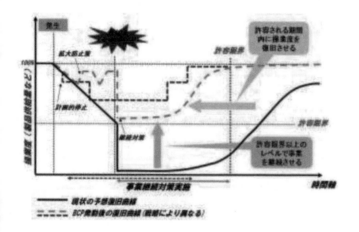

9　ここでBCMとして説明している内容は、前ガイドラインまで、概ね「事業継続計画（BCP）」の広義に含まれると説明していた。しかし、近年、国際的には、BCPは「不測の事態発生時の対応計画書」という、狭義で用いられることが多く、その整合性を確保するため、本ガイドラインにおいてBCMとして説明することとした。

10　マネジメントに関する仕組の一例としては、ISOのPDCAサイクルを用いるマネジメントシステムがある。なお、事業継続マネジメントシステム（BCMS）ではISO等の認証制度の活用も手段の一つであるが、本ガイドラインは、認証制度、特に第三者認証制度の活用を推奨することを意図している訳ではない。

1.2　企業における従来の防災活動とBCMの関係

　　例えば、企業におけるBCMは、下表のとおり、従来まで一般的に取り組まれてきた防災活動とも関係が深いが、中心的な発想やアプローチが異なる。BCMにおいては、危機的事象の発生により、活用できる経営資源に制限が生

じることを踏まえ、優先すべき重要事業・業務を絞り込み、どの業務をいつまでにどのレベルまで回復させるか、経営判断として決めることが求められるが、この点がBCMと従来の防災活動で大きく異なる。そのため、防災活動の単なる延長としてBCMを捉えると、その効果を十分に発揮できないおそれがある。

表1.2-1 企業における従来の防災活動とBCMの比較表 [11]

	企業の従来の防災活動	企業の事業継続マネジメント（BCM）
主な目的	● 身体・生命の安全確保 ● 物的被害の軽減	● 身体・生命の安全確保に加え、優先的に継続・復旧すべき重要業務の継続または早期復旧
考慮すべき事象	● 拠点がある地域で発生することが想定される災害	● 自社の事業中断の原因となり得るあらゆる発生事象（インシデント）
重要視される事項	● 以下を最小限にすること 　➤ 死傷者数 　➤ 損害額 ● 従業員等の安否を確認し、被災者を救助・支援すること ● 被害を受けた拠点を早期復旧すること	● 死傷者数、損害額を最小限にし、従業員等の安否確認や、被災者の救助・支援を行うことに加え、以下を含む。 　➤ 重要業務の目標復旧時間・目標復旧レベルを達成すること 　➤ 経営及び利害関係者への影響を許容範囲内に抑えること 　➤ 収益を確保し企業として生き残ること
活動、対策の検討の範囲	● 自社の拠点ごと 　➤ 本社ビル 　➤ 工場 　➤ データセンター等	● 全社的（拠点横断的） ● サプライチェーン等依存関係のある主体 　➤ 委託先 　➤ 調達先 　➤ 供給先　等
取組の単位、主体	● 防災部門、総務部門、施設部門等、特定の防災関連部門が取り組む	● 経営者を中心に、各事業部門、調達・販売部門、サポート部門（経営企画、広報、財務、総務、情報システム等）が横断的に取り組む
検討すべき戦略・対策の種類	● 拠点の損害抑制と被災後の早期復旧の対策（耐震補強、備蓄、二次災害の防止、救助・救援、復旧工事　等）	● 代替戦略（代替拠点の確保、拠点や設備の二重化、OEMの実施　等） ● 現地復旧戦略（防災活動の拠点の対策と共通する対策が多い）

　防災活動とは、基本的に事業所等の拠点ごとに検討され、災害による被害を軽減するための対策を講ずるものであり、企業経営の観点からも、今後とも極めて重要である。また、対策の内容にはBCMと重なる部分もある（特に、現地復旧戦略は重なる部分が多い）ため、企業は、BCMと防災活動を並行して推進すべきである。政府は、これら双方のため、懸念の大きい災害の被害想定やインフラの復旧見込み等を推定・公表し、インフラへの対策投資等の努力を引き続き行う。また、地方公共団体や指定公共機関等の社会インフラ事業者にも、同様の対応を要請する。

11　本表は、NPO法人事業継続推進機構「標準テキスト」の比較表等を参考に、新たに作成している。

1.3 事業継続マネジメント（BCM）の必要性

　企業・組織は、様々な危機的な発生事象（インシデント）に直面しても、取引先をはじめ、社内外の利害関係者から、重要な事業の継続または早期の復旧を望まれている。したがって、このような利害関係者のニーズと期待を十分に認識し、BCMを積極的に経営戦略に反映すべきである。

　実際、大地震、洪水等が世界各地で甚大な被害をもたらし、多くの企業・組織が操業停止に追い込まれる例が続いている。この場合、仮に廃業を免れても、復旧に時間がかかり顧客を失うと、その後に顧客を取り戻すことは容易ではないことが実例からも示されている。さらに、近年、企業・組織は生産効率の向上等を目指して分業化及び外注化を進めてきたことから、原材料の供給、部品の生産、組立、輸送、販売などに携わる企業・組織のどれかが被災すると、サプライチェーン全体が止まり、国内はもちろん世界的にも影響を及ぼしかねない状況となっている。[12]

　このような中で、企業・組織は、自らの生き残りと顧客や社会への供給責任等[13] を果たすため、どのような事態が発生しても重要な事業が継続・早期復旧できるよう、BCMを導入する必要性が一層高まっている。

　また、BCMは、社会や地域における企業・組織の責任の観点からも必要と認識されるべきである。災害対策基本法に基づく国の「防災基本計画」においても、「災害時に重要業務を継続するための事業継続計画を策定・運用するよう努める」ことが、企業の果たす役割の一つとして記載されている。

　また、平成25年度の災害対策基本法改正では、事業者の責務として、「災害
応急対策又は災害復旧に必要な物資若しくは資材又は役務の供給又は提供
を業とする者は、基本理念にのっとり、災害時においてもこれらの事業活
動を継続的に実施するとともに、当該事業活動に関し、国又は地方公共団
体が実施する防災に関する施策に協力するように努めなければならない。」
（第7条第2項）とする規定が追加された。[14]

　さらに、BCMに取り組むことによって、緊急時にも製品・サービスなどの
供給が期待できることから、取引先から評価され、新たな顧客の獲得や取
引拡大につながり、投資家からの信頼性が向上するなど、平常時の企業競
争力の強化といったメリットもある。[15]

12　東日本大震災では、国内の影響が海外にまで及んだが、逆に、タイの水害のように、海外の影
　響が国内に及ぶことも多い。このように、サプライチェーンの重要性を鑑みても、BCMは必要で
　ある。

13　供給責任の他に、法令や条例による規制の遵守（株主総会の開催や、税務申告、有価証券報告
　書の提出、製薬企業における副作用報告等の期限等）、調達先や従業員等への支払の責務などが
　考えられる。

14　新型インフルエンザ対策等特別措置法及び新型インフルエンザ対策行動計画等においても、指
　定公共機関に新型インフルエンザ等対策の内容、実施方法、体制、関係機関との連携等に関する
　業務計画を定め、まん延期における事業実施の確保等を求めており、登録事業者には医療の提供
　並びに国民生活及び国民経済の安定に寄与する業務を継続的に実施するよう努めなければなら
　ないとしている。

15　その他に、以下のようなメリットが例示できる。
　・自社及び地域の雇用維持
　・同業他社の供給力が低下した場合における代替
　・復旧や復興に係る需要を得る機会の獲得

1.4　経営者に求められる事項

　これまで述べてきたとおり、事業継続の取組を行うことは企業・組織の
経営者[16] の責任として認識されるべきであり、経営者は平常時も有事にも
リーダーシップを発揮し、率先して、特に以下の事項を行うことが必要で
ある。

- BCMの必要性とメリットを理解し、相応の時間と労力、投資が必要であ ることも理解した上で、BCMの導入を決定し、自社の重要事項として実施させること
- 自社の経営理念（存在意義など）やビジョン（将来の絵姿）を踏まえ、経営と連関の取れたBCMの基本方針の策定、経営資源の割り当て、戦略策定、BCP等の計画策定、対策等の実施、見直し・改善などについて、的確に判断し、実行させること
- BCMに関する議論、調整、改善などに、自らのスケジュールを確保して、積極的に参画すること
- BCMについて利害関係者からの理解を求めること
- BCM及び事業継続能力について適宜、情報発信することにより、取引先 等、企業・組織にとって重要な利害関係者に対する信頼構築に努めること[17]
- BCMを通じて、企業価値を高める体制を構築することで、競争力を磨き 高め、取引や利益等の拡大を目指すこと
- BCPの発動時において、戦略や対策の選択に的確な判断を行い、予想を 超えた事態が発生した場合には、既存BCPを柔軟に活用し臨機応変な判断・対応指示を行うこと

16　企業・組織の経営及び運営に責任を持つトップの人物またはグループを、ここでは経営者と総称する。
17　取組の概要について、有価証券報告書や事業報告書等で積極的に開示することも推奨する。

1.5 事業継続マネジメント（BCM）の全体プロセス

　BCMにおける実際の取組は下図のようなプロセスで構成される。次章以降にて各プロセスについて説明する。

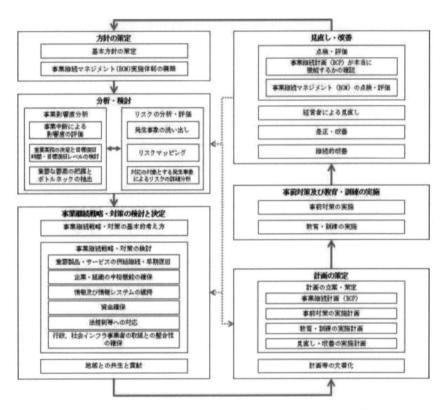

図1.5-1 事業継続マネジメント（BCM）の各プロセス[18]

18　本図では、見直し・改善から方針の策定へ実線の矢印を記しているが、実際には分析・検討以
　　降のプロセスに直接つながる事項も多いため、その部分を破線の矢印で記している。

第４章
企業危機管理士認定試験
サンプル問題+解答・解説

Crisis Manager

第1課題　企業の社会的責任

問題1．企業の社会的責任（CSR）に関する以下のアからエまでの記述のう
　　　　ち、最も適切ではないものを1つ選びなさい。

　ア．CSRとは、企業が事業を継続する上で社会や環境と共存し、持続可
　　　　能な成長を図るため、その活動の影響について責任をとる企業行動
　　　　のことである。

　イ．トリプルボトムラインとは、経済面だけでなく、社会面および教育
　　　　面の3つの側面から企業活動を評価するという考え方であり、企業
　　　　の社会的責任を実践する上で、基本となる理念といわれている。

　ウ．2010年に、社会的責任に関する国際規格である「ISO26000」が発行
　　　　され、企業等の組織を対象とした社会的責任を果たすためのガイダ
　　　　ンスが示され、日本ではこのISO26000を普及・拡大させることを目
　　　　的に、2012年に「JIS Z 26000」が制定された。

　エ．日本経済団体連合会（経団連）の「企業行動憲章」には、企業が社
　　　　会的責任を果たす際に基づくべき10の原則が示されており、その中
　　　　には、危機管理の徹底について示されたものもある。

CSR

ア適　切。CSR（Corporate Social Responsibility）とは、「企業の社会的責任」と訳される。企業が社会や環境と共存し、持続可能な成長を図るため、その活動の影響について責任をとる企業行動であり、企業を取り巻く様々なステークホルダーからの信頼を得るための企業のあり方を指す。

イ不適切。「教育面」が誤りで、正しくは「環境面」である。トリプルボトムラインは、CSRを実践する上で、基本となる理念といわれ、企業を評価する判断基準として、従来の財務的な側面（利益と損失）ではなく、環境（環境への配慮、資源節約など）、社会（従業員をはじめとする人権への配慮、社会・文化貢献など）、経済（従来からの財務的な部分）の3つの側面から評価するという考え方である。「ボトムライン」は、決算書の最後の行のことである。

ウ適　切。2010年11月、社会的責任に関する国際規格である「ISO26000」が発行され、企業をはじめ、地方公共団体、学校、病院、NPOなどあらゆる組織を対象とした社会的責任を果たすためのガイダンス（手引き）が示された。日本ではこのISO26000を普及・拡大させることを目的に、2012年3月に「JIS Z 26000」が制定され、企業をはじめとするあらゆる組織は、社会を構成する一員として、人権への配慮を中心に、社会的責任に関するさまざまな期待に応えていくことが求められている状況にある。

エ適　切。記述の通り。10原則の9番目は、「市民生活や企業活動に脅威を与える反社会的勢力の行動やテロ、サイバー攻撃、自然災害等に備え、組織的な危機管理を徹底する。」である。

正解：イ

問題2．内部統制とは、基本的に、4つの目的が達成されているとの合理的
　　　　な保証を得るために、業務に組み込まれ、組織内の全ての者によっ
　　　　て遂行されるプロセスをいう。ここでいう4つの目的として最も<u>適
　　　　切ではない</u>ものを以下のアからエまでのうち1つ選びなさい。

　ア．業務の有効性及び効率性
　イ．財務報告の信頼性
　ウ．事業活動に関わる法令等の遵守
　エ．ITへの対応

内部統制

　内部統制とは、基本的に、業務の有効性及び効率性、財務報告の信頼性、事業活動に関わる法令等の遵守並びに資産の保全の4つの目的が達成されているとの合理的な保証を得るために、業務に組み込まれ、組織内の全ての者によって遂行されるプロセスをいい、統制環境、リスクの評価と対応、統制活動、情報と伝達、モニタリング（監視活動）及びIT（情報技術）への対応の6つの基本的要素から構成される。

ア適　切。「業務の有効性及び効率性」とは、事業活動の目的の達成のため、業務の有効性及び効率性を高めることをいう。

イ適　切。「財務報告の信頼性」とは、財務諸表及び財務諸表に重要な影響を及ぼす可能性のある情報の信頼性を確保することをいう。

ウ適　切。「事業活動に関わる法令等の遵守」とは、事業活動に関わる法令その他の規範の遵守を促進することをいう。

エ不適切。「ITへの対応」は、内部統制制度において達成されるべき4つの目的には含まれない。肢ア、イ、ウの3つの他に目的とされているのは、「資産の保全（資産の取得、使用及び処分が正当な手続及び承認の下に行われるよう、資産の保全を図ること）」である。「ITへの対応」は、内部統制の6つの基本的要素の1つである。

正解：エ

問題３．SDGsに関する以下のアからエまでの記述のうち、最も<u>適切なもの</u>を１つ選びなさい。

ア．SDGsは、10の目標と169のターゲットから構成される。

イ．SDGsの達成目標年時は、2050年である。

ウ．SDGsの主な目標は、貧困や飢餓といった途上国を中心とする社会的課題に限られる。

エ．日本では、2016年に、内閣総理大臣を本部長とする「持続可能な開発目標（SDGs）推進本部」が設立された。

SDGs

ア不適切。SDGsとは、包摂的で持続可能な社会の構築に向けて取り組むべき17の目標と169のターゲットから構成される。

イ不適切。「2050年」が誤りである。SDGsについて、各国は2030年までにこれを達成するよう行動することが求められている。

ウ不適切。SDGsの特徴として、SDGsはその前身であるMDGs（ミレニアム開発目標）とは異なり、貧困や飢餓といった途上国を中心とする社会的課題のみならず、経済成長や働き方の改革、環境・エネルギー、ジェンダー平等など先進国を含めた万国共通の課題が網羅されており、まさに包摂的で持続可能な社会の実現に向けた国際的な統一目標といえる。

エ適　切。日本では、2016年、政府が、内閣総理大臣を本部長とし全国務大臣を構成員とする「持続可能な開発目標（SDGs）推進本部」を設立し、日本の2030アジェンダの実施に向けた具体的な国家戦略である「持続可能な開発目標（SDGs）実施指針」を策定した。

正解：エ

第2課題　リスクと危機

問題4．JIS Q 31000：2019におけるリスクアセスメントに関する次の文章中の（　　）に入る最も<u>適切な</u>語句の組合せを、以下のアからエまでのうち1つ選びなさい。

　　リスクアセスメントとは、（　a　）、（　b　）及び（　c　）を網羅するプロセス全体を指す。

　　（a）の意義は、組織の目的の達成を助ける又は妨害する可能性のあるリスクを発見し、認識し、記述することである。（b）の意義は、必要に応じてリスクのレベルを含め、リスクの性質及び特徴を理解することである。（c）の意義は、決定を裏付けることであり、どこに追加の行為をとるかを決定するために、（b）の結果と確立されたリスク基準との比較を含む。

ア．a．リスク分析　　　b．リスク特定　　　c．リスク評価

イ．a．リスク分析　　　b．リスク評価　　　c．リスク特定

ウ．a．リスク特定　　　b．リスク評価　　　c．リスク分析

エ．a．リスク特定　　　b．リスク分析　　　c．リスク評価

リスクアセスメント

　リスクアセスメントの手順として、まず、リスクを特定する。次に、リスク分析によって事故に至るシナリオを構築して、事故の発生の可能性とその影響度からリスクレベル（リスクの大きさ）を算定する。それを踏まえ、リスク評価によりリスク受容基準を設定する。

> 　リスクアセスメントとは、**リスク特定**、**リスク分析**及び**リスク評価**を網羅するプロセス全体を指す。
> 　**リスク特定**の意義は、組織の目的の達成を助ける又は妨害する可能性のあるリスクを発見し、認識し、記述することである。**リスク分析**の意義は、必要に応じてリスクのレベルを含め、リスクの性質及び特徴を理解することである。**リスク評価**の意義は、決定を裏付けることであり、どこに追加の行為をとるかを決定するために、**リスク分析**の結果と確立されたリスク基準との比較を含む。

正解：エ

問題５．リスク対応（発生頻度・影響の度合いによって対応を選択する場合）
　　　　に関する以下のアからエまでの記述のうち、最も<u>適切な</u>ものを１つ選
　　　　びなさい。

　　ア．リスクの発生頻度が高く影響が大きい場合は、一般的にはリスクの
　　　　回避を選択する。

　　イ．リスクの発生頻度が低く影響が大きい場合は、一般的にはリスクの
　　　　保有を選択する。

　　ウ．リスクの発生頻度が高く影響が小さい場合は、一般的にはリスクの
　　　　移転を選択する。

　　エ．リスクの発生頻度が低く影響が小さい場合は、一般的にはリスクの
　　　　低減を選択する。

リスク対応

ア適　切。記述の通り。

イ不適切。リスクの発生頻度が低く影響が大きい場合は、一般的にはリ
　　　　　スクの移転を選択する。

ウ不適切。リスクの発生頻度が高く影響が小さい場合は、一般的にはリ
　　　　　スクの低減を選択する。

エ不適切。リスクの発生頻度が低く影響が小さい場合は、一般的にはリ
　　　　　スクの保有を選択する。

正解：ア

問題6．以下の文章は、ハインリッヒの法則に関する記述である。（　　）に
　　　　入る最も適切なものを、アからエまでのうち1つ選びなさい。

「ハインリッヒの法則」は、アメリカの損害保険会社技師ハーバー
ト・ウィリアム・ハインリッヒ（Herbert William Heinrich）が提唱
したもので、労働災害や事故などの発生頻度から推計したリスクが顕
在化する確率の経験則であり、「（　　）の法則」とも呼ばれる。重
大な事故や事件を防ぐためには、リスクマネジメントによって、ケア
レスミスや不注意などを見逃さず、その時点で対策を講じることが重
要である。

ア．1：9：100

イ．1：19：200

ウ．1：29：300

エ．1：49：500

リスクマネジメント

　「ハインリッヒの法則」は、「1：29：300の法則」とも呼ばれる。1件の重大事故や事件の前には、29もの軽度な事故や失敗が発生していて、事故や事件には至らなかったものの300のヒヤリハット体験が存在するというものである。

> 　「ハインリッヒの法則」は、アメリカの損害保険会社技師ハーバート・ウィリアム・ハインリッヒ（Herbert William Heinrich）が提唱したもので、労働災害や事故などの発生頻度から推計したリスクが顕在化する確率の経験則であり、「1：29：300 の法則」とも呼ばれる。重大な事故や事件を防ぐためには、リスクマネジメントによって、ケアレスミスや不注意などを見逃さず、その時点で対策を講じることが重要である。

正解：ウ

第3課題　危機管理の構築

問題7.　一般的な危機管理委員会の目的や役割などに関する以下のアからエ
　　　　までの記述のうち、最も<u>適切ではない</u>ものを1つ選びなさい。

　ア．危機管理委員会は、さまざまなクライシスに対し、迅速かつ適切な
　　　対応を行うことによって、企業活動への影響を最小化することを目
　　　的とする組織である。

　イ．危機管理委員会の委員長には、トップマネジメント（社長・副社長、
　　　役員クラス）が就任することが望ましい。

　ウ．危機管理委員会の役割として、緊急時対策本部の組織体制、活動内
　　　容、意思決定システム作りや、緊急時の情報伝達システムの整備な
　　　どが挙げられる。

　エ．危機管理委員会は、時限的な機関として設置されるものである。

危機管理委員会

ア適　切。記述の通り。

イ適　切。危機管理委員会の委員長には、トップマネジメント（社長・
　　　　副社長、役員クラス）が就任することが望ましい。

ウ適　切。危機管理委員会の役割として、緊急時対策本部の組織体制、
　　　　活動内容、意思決定システム作りや、緊急時の情報伝達シス
　　　　テムの整備などが挙げられる。

エ不適切。危機管理委員会は、時限的な機関として設置されるものでは
　　　　ない。危機管理委員会は、常設機関であり、定期的に開催し、
　　　　情報の収集・分析、防止対策などを継続的に検討・改善する。

正解：エ

問題8．リスクマネジメントと危機管理に関する以下のアからエまでの記述
　　　のうち、最も適切なものを1つ選びなさい。

　ア．JIS Q0073：2010では、リスクマネジメントは、「リスクについて、
　　　組織を指揮統制するための突発的な活動」と定義されている。

　イ．一般的に、リスクマネジメントは、緊急時における取組みであるの
　　　に対し、危機管理は、平常時における取組みであるといえる。

　ウ．危機管理は、「イシューマネジメント」と同義である。

　エ．クライシスポイントは、一般的に「危険な状態が発生した時点」を
　　　指す。

リスクアセスメントと危機管理

ア不適切。「突発的な」が誤りで、正しくは「調整された」である。JIS
　　　　Q0073：2010では、リスクマネジメントは、「リスクについて、
　　　　組織を指揮統制するための調整された活動」と定義されている。

イ不適切。一般に、リスクマネジメントとは、リスクをあらかじめコン
　　　　トロールし目的達成を容易にするための平常時における取
　　　　組みであるのに対し、クライシスマネジメント(危機管理)と
　　　　は、リスクが顕在化または顕在化のおそれがある場合に、そ
　　　　の損害を最小限にとどめるために行われる緊急時における
　　　　取組みであるといえる。

ウ不適切。「イシューマネジメント」とは、企業が将来直面する可能性
　　　　のある問題、つまり、外部環境の変化（社会的論争点や法的
　　　　規制など）に対し、それを危機として予知・予測して、常に
　　　　その兆候を捉え、対応などを行う管理活動である。危機管理
　　　　と重なる部分もあるが、同義ではない。

エ適　切。記述の通り。

正解：エ

問題9. 危機管理におけるトレーニングに関する以下のアからエまでの記述
　　　のうち、最も<u>適切ではない</u>ものを1つ選びなさい。

　ア．シミュレーショントレーニングは、ある特定の災害や事故、事件な
　　　どの緊急事態が発生したことを想定し、その対応をトレーニングす
　　　るものであり、実施の際は、すべての部署の代表者がトレーニング
　　　に参加することが望ましい。

　イ．シミュレーショントレーニングは、一度だけではなく、毎年定期的
　　　に実施することが望ましい。

　ウ．メディアトレーニングは、ある特定の事故や事件などの緊急事態が
　　　発生したことを想定し、マスメディアへの対応を訓練するものであ
　　　り、その対象は経営陣や広報担当者などである。

　エ．メディアトレーニング実施の際は、実際にトレーニングの様子を撮
　　　影することが重要である。

危機管理におけるトレーニング

ア不適切。「すべての部署の代表者」が誤りで、正しくは「全社員」である。シミュレーショントレーニングは、ある特定の災害や事故、事件などの緊急事態が発生したことを想定し、全社的にその対応をトレーニングするものであり、実施の際は、全社員がトレーニングに参加することが望ましい。

イ適　切。記述の通り。

ウ適　切。メディアトレーニングは、経営陣や広報担当者などを対象として、ある特定の事故や事件などの緊急事態が発生したことを想定し、マスメディアへの対応を訓練するものであり、記者会見やインタビューの際に、適切な言動がとれるよう、マスメディア対応のスキルを高めることなどを目的とする。

エ適　切。メディアトレーニングを映像として記録し、それを見ることで、冷静に対応できたか、適切に受け答えができたか、キーメッセージを適切に伝えることができたかなどを検証する。それによって修正点などを洗い出し、改善を加える。

正解：ア

第4課題　危機管理広報

問題10. 一般的な緊急対策本部に関する次のaからdまでの記述のうち、<u>適切</u><u>な</u>ものはいくつあるか。以下のアからエまでのうち1つ選びなさい。

a. 「緊急対策本部」の名称は、公的に定められている。

b. 緊急対策本部は常時設置するものではない。

c. 緊急対策本部の組織形態は、危機管理委員会などであらかじめ定めておく。

d. 緊急対策本部の設置にあたっては、既存の特定の一部門を対策本部とする。

ア. 1つ　　イ. 2つ　　ウ. 3つ　　エ. すべて正しい。

緊急対策本部

a 不適切。「緊急対策本部」の名称は公的に定められた名称ではなく、
　　　　　対策本部、危機対応チームなどさまざまな呼称がある。

b 適　切。緊急対策本部は事件・事故が発生し、拡大、発展のおそれが
　　　　　あると判断される場合、直ちに設置される。

c 適　切。緊急対策本部は、常時組織されている危機管理委員会などで
　　　　　あらかじめ定められた組織形態・役割分担で、情報収集、危
　　　　　機管理広報、救助救援、顧客対応、総務財務などの該当業務
　　　　　を担当する。

d 不適切。緊急対策本部の権限は通常ラインの業務権限に優先させ、社
　　　　　長、役員など高位の者がメンバーに加わり、特定の一部門を
　　　　　対策本部とするのではなく、全社横断的なメンバーが加わる
　　　　　ことが必要とされる。

　aとdが不適切であり、残りの2つが適切な記述である。

正解：イ

問題 11. 危機管理広報に関する以下のアからエまでの記述のうち、最も<u>適切</u><u>ではない</u>ものを1つ選びなさい。

　ア．企業が危機管理広報を行う目的として、不祥事の被害者の増加（被害拡大）防止と企業の信頼・信用を回復することが挙げられる。

　イ．企業における不祥事について危機管理広報を行う場合は、正確な情報だけを発表し、不明確なことは憶測だけで発表してはならない。

　ウ．企業における不祥事が発覚した場合の危機管理広報のタイミングは、一定程度の量の正確な情報が集まってから行い、発覚当日に情報を発表することは避けるべきである。

　エ．危機管理広報の方法には、記者会見だけでなく、新聞へのリコール社告の掲載、公式ウェブサイトへの謝罪文やリリースの掲載、などがある。

危機管理広報

ア適　切。記述の通り。

イ適　切。企業における不祥事について危機管理広報を行う場合は、正確な情報だけを発表し、不明確なことは憶測だけで発表してはならない。「これは私の推測ですが〜」と付け加えて発表し、後に異なる事実が分かり、訂正したとしても、世間には「推測である」という言葉抜きで「あの時、こう言っていたではないか」「事実と異なった発表をした」などと捉えられ、「事実を隠そうとしたのではないか」と批判を招くことになる。

ウ不適切。企業における不祥事が発覚した場合の危機管理広報のタイミングは、遅くなればなるほど事実の隠蔽疑惑を持たれて批判を受けやすくなるため、できる限り即日、情報を発表しなければならない。

エ適　切。記述の通り。

正解：ウ

問題 12. 不祥事が発生した際に行う緊急記者会見に関する以下のアからエまでの記述のうち、最も<u>適切ではない</u>ものを1つ選びなさい。

ア．記者会見後にぶら下がり取材を受けないようにするためには、出入口を二つ確保し、社長以下の役員と記者やカメラマンらの出入口を分けることが必要である。

イ．記者たちに群集心理が生まれることを回避し、冷静な記者会見に終始させるためには、記者会見場の広さは必要最小限の広さとする必要がある。

ウ．記者会見場に、会見者が乗るひな壇を設けることは避けるべきである。

エ．テーブルには足元が隠れるようにクロスを敷くなど工夫をし、緊張が現れやすい足元を記者に見せたり、カメラに映さないようにする必要がある。

緊急記者会見

ア適　切。記述の通り。

イ不適切。「必要最小限の広さ」が誤りである。十分な広さのある記者会見場は、記者等の座席の間に空間が確保でき、緊張感の伝播が軽減され、群集心理が生まれることを避けることができる。

ウ適　切。会社が不祥事を起こして記者会見する場合は、絶対にひな壇を設けてはならない。ひな壇を設けてしまうと、記者たちを見下ろした状態になってしまい、謝罪をする態度としていかがなものかと反感を買うおそれがある。

エ適　切。記述の通り。

正解：イ

問題13.　危機管理広報に関する以下のアからエまでの記述のうち、最も<u>適切</u>
　　　　　<u>ではない</u>ものを1つ選びなさい。

　　ア．緊急事態が発生した際のマスコミへの対応は、メッセージに統一性
　　　　をもたせるために、対策本部広報担当者などによる一本化された窓
　　　　口で行う。

　　イ．一般社員に対し、取材や問合せがあった場合は、不用意にコメント
　　　　をしないように徹底し、広報窓口へ案内・誘導するためのマニュア
　　　　ルを整備しておくことが望ましい。

　　ウ．緊急記者会見に備え、想定質問表を用意し、その内容は事案に関す
　　　　る情報をもとに詳細な内容を記載し、可能な限り多くの想定される
　　　　質問とその回答を用意しておく必要がある。

　　エ．緊急記者会見におけるメディア・スクラム対策として、非常に多く
　　　　のメディアが押しかけ、会見場での混乱が予想されるときは事前に
　　　　メディア側と話し合い、通信社などを代表者とする代表質問にする
　　　　方法がある。

危機管理広報

ア適　切。記述の通り。

イ適　切。記述の通り。会社の一員としての謝罪と広報窓口への一本化に関する最低限のコメントを準備しておくとよい。

ウ不適切。緊急記者会見に備えて用意する想定質問表の内容は、**詳細なものではなく簡潔なものにする**。例えば、数ページにわたる想定質問を数多く用意した場合、記者からの質問に該当する質問とその回答を探すのに時間がかかったり、ページを何度もめくっていると、間が空いてしまい、かえって印象が悪くなる危険性がある。

エ適　切。記述の通り。メディア・スクラムとは、「集団的過熱取材」のことである。欧米では、議会、会合の終了後に記者が当事者を囲んで行われる臨時の記者会見のことを指すが、現在の日本では取材陣が当事者を取り囲み、又は追いかけて、執拗に取材をするさまを指し、どちらかといえば否定的なニュアンスを持つ言葉になっている。

正解：ウ

問題14. 日本弁護士連合会の「企業等不祥事における第三者委員会ガイドライン」に関する以下のアからエまでの記述のうち、最も適切ではないものを1つ選びなさい。

ア．不祥事の発生について、当該企業から独立した委員のみをもって構成され、調査、分析を行い、必要に応じて具体的な再発防止策等を提言するタイプの委員会を、第三者委員会という。

イ．不祥事の発生について、当該企業の関係者による内部調査委員会に、当該企業から独立した弁護士を加えるタイプの委員会も、第三者委員会の一種である。

ウ．内部調査委員会、第三者委員会のどちらを設けるかは、基本的には企業等の経営者ないし代表者の判断にゆだねられている。

エ．経営者等自身のためではなく、すべてのステークホルダーのために調査を実施し、それを対外公表することで、企業の信頼と持続可能性を回復することを目的とするのが、第三者委員会の使命である。

第三者委員会

ア適　切。企業等から独立した委員のみをもって構成され、徹底した調査を実施した上で、専門家としての知見と経験に基づいて原因を分析し、必要に応じて具体的な再発防止策等を提言するタイプの委員会を、「第三者委員会」という。

イ不適切。第三者委員会は、あくまでも当該企業から独立した委員のみをもって構成されるものである。当該企業の関係者による内部調査委員会に、当該企業から独立した弁護士を加えても、それは「内部調査委員会」である。

ウ適　切。記述の通り。

エ適　切。記述の通り。

正解：イ

第5課題　企業危機各論

問題15.　公益通報者保護制度に関する以下のアからエまでの記述のうち、最も<u>適切ではない</u>ものを1つ選びなさい。

ア．公益通報者保護法の目的は、公益通報者の保護を図るとともに、国民の生命、身体、財産その他の利益の保護にかかわる法令の規定の遵守を図り、もって国民生活の安定及び社会経済の健全な発展に資することである。

イ．労務提供先等への通報（内部通報）は、通報対象事実が生じ、または生じようしていると信ずるに足りる相当の理由がある場合でなければ保護されない。

ウ．零細企業などの企業規模によって、公益通報者保護法の適用対象外とする規定は設けられていない。

エ．通報時点で労働者であれば、その後退職しても公益通報者保護法による保護の対象となる。

公益通報

ア適　切。同法1条には、「この法律は、公益通報をしたことを理由と
　　　　する公益通報者の解雇の無効等並びに公益通報に関し事業
　　　　者及び行政機関がとるべき措置を定めることにより、公益通
　　　　報者の保護を図るとともに、国民の生命、身体、財産その他
　　　　の利益の保護にかかわる法令の規定の遵守を図り、もって国
　　　　民生活の安定及び社会経済の健全な発展に資することを目
　　　　的とする。」とある。

イ不適切。労務提供先等への通報（内部通報）は、通報対象事実が生じ、
　　　　または生じようしていると信ずるに足りる相当の理由まで
　　　　は必要とせず、通報対象事実が生じ、または生じようとして
　　　　いると思料する場合は保護される。

ウ適　切。零細企業などの企業規模によって、公益通報者保護法の適用
　　　　対象外とする規定は設けられていない。

エ適　切。通報時点で労働者であれば、その後退職しても公益通報者保
　　　　護法による保護の対象となる。

正解：イ

問題16. 悪質クレームが該当し得る犯罪の構成要件に関する以下のアからエ
　　　　までの記述のうち、最も<u>適切ではない</u>ものを１つ選びなさい。

　ア．脅迫罪は、生命、身体、自由、名誉又は財産に対し害を与える旨を
　　　告知することによって成立するが、法人の代表者や従業員等だけで
　　　はなく、法人そのものに対する行為にも脅迫罪が成立し得る。

　イ．営業中の食堂で、数人が共同して怒号喧騒等し、食堂内を混乱に陥
　　　れた行為に対しては、威力業務妨害罪が成立する。

　ウ．単に「土下座して謝れ」と義務のないことを要求するだけでは、強
　　　要罪は成立しない。

　エ．金銭等の要求があり、財物の交付がなかった場合は、恐喝未遂罪が
　　　成立し得る。

悪質クレームが該当し得る犯罪の構成要件

ア不適切。脅迫罪は、生命、身体、自由、名誉又は財産に対し害を与え
　　　　　る旨を告知することによって成立するが、法人に対する脅迫
　　　　　罪は成立しないと解されている。

イ適　切。威力業務妨害罪は、威力を用いて人の業務を妨害した場合に
　　　　　成立し、営業中の食堂で、数人が共同して怒号喧騒等し、食
　　　　　堂内を混乱に陥れた行為は、威力業務妨害罪の成立要件に該
　　　　　当する。

ウ適　切。単に「土下座して謝れ」と義務のないことを要求するだけで
　　　　　はなく、脅迫または暴行を用いた場合は、強要罪が成立する。

エ適　切。人を恐喝して財物を交付させたものには、恐喝罪が成立する
　　　　　が、恐喝罪は未遂罪も罰せられる。従って、金銭等の要求が
　　　　　あり、財物の交付がなかった場合、未遂罪が成立し得る。

正解：ア

問題17．プロバイダ責任制限法に関する以下のアからエまでの記述のうち、
　　　　最も適切ではないものを１つ選びなさい。

　　ア．プロバイダ責任制限法は、プロバイダ等の損害賠償責任の制限及び発信
　　　　者情報の開示について規定している。

　　イ．テレビ放送や有線放送は、特定電気通信に該当しない。

　　ウ．電子メール等の１対１の通信は特定電気通信に該当しないが、多数
　　　　の者に宛てて同時送信される場合は、特定電気通信に該当する。

　　エ．特定電気通信における役務提供者の要件として、営利目的があるこ
　　　　とは求められていないため、大学、地方公共団体および個人も特定
　　　　電気通信役務提供者に該当し得る。

プロバイダ責任制限法

ア適　切。プロバイダ責任制限法は、プロバイダ等の損害賠償責任の制
　　　　　　限及び発信者情報の開示の２点について規定されている。

イ適　切。テレビ放送や有線放送は、放送法等での規律があるため、特
　　　　　　定電気通信に該当しない。

ウ不適切。電子メール等の１対１の通信は特定電気通信に該当せず、多
　　　　　　数の者に宛てて同時送信される場合も、１対１の通信が多数
　　　　　　集合したものにすぎず、特定電気通信に該当しない。

エ適　切。特定電気通信における役務提供者に、営利目的があることは
　　　　　　求められていないため、大学、地方公共団体および個人も特
　　　　　　定電気通信役務提供者に該当し得る。

正解：ウ

問題18.　「金融商品取引法」が定める継続開示制度に関する以下のアからエ
　　　　までの記述のうち、最も適切ではないものを１つ選びなさい。

　ア．有価証券報告書には、定款その他の書類で公益又は投資者保護のた
　　　め必要かつ適当なものとして内閣府令で定めるものを添付しなけれ
　　　ばならない。

　イ．提出された有価証券報告書又はその写しは、財務局、発行者の本店
　　　及び主要な支店、金融商品取引所等において、５年間、公衆の縦覧
　　　に供される。

　ウ．有価証券報告書の提出期限は、原則として、事業年度終了後３か月
　　　以内である。

　エ．有価証券報告書及び四半期報告書の提出義務を負うものは、上場会
　　　社及び店頭登録会社のみである。

「金融商品取引法」が定める継続開示制度

ア適　切。有価証券報告書には、定款その他の書類で公益又は投資者保
　　　　護のため必要かつ適当なものとして内閣府令で定めるものを
　　　　添付しなければならない（金融商品取引法24条６項）。

イ適　切。金融商品取引法25条１項４号、２項及び３項に規定されてい
　　　　る通りである。

ウ適　切。有価証券報告書の提出期限は、原則として、事業年度終了後
　　　　３か月以内である（金融商品取引法24条１項）。

エ不適切。四半期報告書の提出義務を負うのは、上場会社及び店頭登録
　　　　会社であるが（金融商品取引法24条の４の７第１項、令４条
　　　　の２の10第１項）、有価証券報告書の提出義務を負うものに
　　　　は、これらの他、有価証券届出書を提出した有価証券の発行
　　　　者等も含まれる（同法24条１項各号）。

正解：エ

問題19. 会社法が定める任務懈怠責任に関する以下のアからエまでの記述の
　　　　うち、最も<u>適切ではない</u>ものを1つ選びなさい。

　ア．取締役等の役員等が、任務を怠ったときは、株式会社に対し、これ
　　　によって生じた損害を賠償する責任を負うが、当該役員等には会計
　　　監査人も含まれている。

　イ．自己のために利益相反取引を行った取締役は、任務懈怠が自己の責
　　　めに帰することができない事由によるものであることを立証した場
　　　合でも、責任を免れることができない。

　ウ．自己のために利益相反取引を行った取締役は、総株主の同意によっ
　　　ても責任を免除することができない。

　エ．取締役は、法令及び定款並びに株主総会の決議を遵守し、株式会社
　　　のため忠実にその職務を行わなければならない。

任務懈怠責任

ア適　切。取締役、会計参与、監査役、執行役又は会計監査人（役員等）は、その任務を怠ったときは、株式会社に対し、これによって生じた損害を賠償する責任を負う（会社法423条1項）。

イ適　切。自己のために利益相反取引を行った取締役は、任務懈怠が自己の責めに帰することができない事由によるものであることを立証した場合でも、責任を免れることができない（会社法428条1項）。

ウ不適切。自己のために利益相反取引を行った取締役は、総株主の同意によって責任を免除することができる（会社法424条）。

エ適　切。取締役は、自身が法令違反をしないだけではなく、会社をして法令に違反させることのないようにするため、その職務執行に際して会社を名宛人とする法令の規定することも取締役の会社に対する職務上の義務に属すると解されている（会社法355条）。

解答：ウ

問題20.　業務上過失致死傷罪に関する以下の文章の（　　）内に入る語句の
　　　　　組合せとして最も<u>適切な</u>ものを、以下のアからエまでの記述のうち
　　　　　１つ選びなさい。

> 業務上過失致死傷罪に問われる「業務上必要な（　a　）を怠り、よっ
> て人を死傷させた者」の「業務上」は、人が社会生活上の地位に基づ
> き（　b　）行う行為を指すといわれ、私生活における行為（　c　）。

ア．a. 管理　　　　b. 職業として　　　　c. も含まれる
イ．a. 注意　　　　b. 反復・継続して　　c. も含まれる
ウ．a. 注意　　　　b. 職業として　　　　c. は含まれない
エ．a. 管理　　　　b. 反復・継続して　　c. は含まれない

業務上過失致死傷

　業務上過失致死傷に関する文章は以下のとおりである。

> 刑法の「業務上必要な**注意**を怠り、よって人を死傷させた者は、五年以下の懲役若しくは禁錮又は百万円以下の罰金に処する。重大な過失により人を死傷させた者も、同様とする。」の「業務上」は、人が社会生活上の地位に基づき**反復・継続して**行う行為を指すといわれ、私生活における行為**も含まれる**。
> 業務上過失致死傷は、刑法 211 条に規定されており、そのうち「業務上」とは、人が社会生活上の地位に基づき反復・継続して行う行為を指し、必ずしも職業としての行為に限らないといわれている。

正解：イ

問題21. 不正競争防止法上の営業秘密（秘密として管理されている生産方法、販売方法その他の事業活動に有用な技術上又は営業上の情報であって、公然と知られていないものをいう。）に関する以下のアからエまでの記述のうち、最も適切ではないものを1つ選びなさい。

ア．秘密として管理されているとは、その情報に合法的かつ現実に接触することができる従業員等からみて、その情報が会社にとって秘密としたい情報であることが分かる程度に、アクセス制限やマル秘表示といった秘密管理措置がなされていることをいう。

イ．有用な技術上又は営業上の情報であることという要件（有用性）は、脱税情報等の公序良俗に反する内容の情報を、法律上の保護の範囲から除外することに主眼を置く要件であり、それ以外の情報であれば有用性が認められることが多い。

ウ．有用な技術上又は営業上の情報であるというためには、現実に利用されていなければならず、また、失敗した実験データといったネガティブ・インフォメーションには有用性は認められない。

エ．公然と知られていないこととは、合理的な努力の範囲内で入手可能な刊行物には掲載されていないなど、保有者の管理下以外では一般的に入手できないことをいう。

不正競争防止法

ア適　切。本記述のとおりである。営業秘密であることが分かるように
　　　　　なっていないと、自己の行為が営業秘密を侵害することにな
　　　　　るのかについての予見可能性が害されるからである。

イ適　切。本記述のとおりである。保護に値する一定の社会的意義と必
　　　　　要性を有するものに限定するためである。

ウ不適切。有用な技術上又は営業上の情報であるためには、現実に利用
　　　　　されていなくてもよく、また、失敗した実験データといった
　　　　　ネガティブ・インフォメーションにも有用性が認められ得る。

エ適　切。本記述のとおりである。

正解：ウ

問題22.　従業員による犯罪行為に関する以下のアからエまでの記述のうち、最も適切なものを1つ選びなさい。

　ア.　従業員が企業内で行う犯罪行為は、企業に損害を与え、企業は経済的損失を被る「犯罪の被害者」となるため、その犯罪行為がマスコミに報じられたとしても企業自らに非がない場合、問題はないとされている。

　イ.　企業における従業員の犯罪行為について、刑事裁判が確定していなければ懲戒処分を行うことはできない。

　ウ.　従業員の私生活上の犯罪行為は、企業が干渉する権限の範囲外ではあるが、例えば幹部従業員が私生活上で犯罪行為を行った場合、犯罪行為を行うような人物を重要な役職につけていた事実は、企業にダメージを与えるといえる。

　エ.　多くの裁判例は、従業員が起訴されたことのみを理由としてその従業員を休職させることができるとしている。

従業員による犯罪行為

ア不適切。従業員が行う犯罪行為がマスコミに報じられることは、その従業員管理の甘さという点で企業イメージの損失を被ることが考えられ、看過すべき問題ではないといえる。

イ不適切。企業における懲戒処分と刑事裁判手続きは異なる手続きであるため、刑事裁判が確定していなくても懲戒処分を行うことは可能である。

ウ適　切。記述の通り。

エ不適切。当該の休職は「起訴休職」といわれるもので、学説、裁判例は一致して、使用者は、従業員が単に刑事事件で起訴されたことのみをもってはその者を起訴休職処分に付しえない、としている。

正解：ウ

問題23.「不当景品類及び不当表示防止法」に関する以下のアからエまでの
　　　　記述のうち、最も適切ではないものを1つ選びなさい。

　ア．不動産の取引において、消費者を誘引する手段として、実在はする
　　　が、取引となり得ない不動産についての表示は、一般消費者に誤認
　　　されるおそれのある表示として禁止されている。

　イ．実際には、コピー用紙の原材料に用いられた古紙パルプの割合（古
　　　紙配合率）が50％程度であるにもかかわらず、あたかも「古紙100％」
　　　であるかのように表示することは、優良誤認表示に該当する。

　ウ．実際には、他社と同程度の内容量しかないにもかかわらず、あたか
　　　も「他社商品の2倍の内容量」であるかのように表示することは、
　　　有利誤認表示に該当する。

　エ．有料老人ホームの施設・設備、サービスについて、夜間における最
　　　小の介護職員や看護師の数など、介護職員等の数が明瞭に記載され
　　　ていない表示は、有利誤認表示に該当する。

不当景品類及び不当表示防止法

ア適　切。不動産の取引において、消費者を誘引する手段として、実在はするが、取引となり得ない不動産についての表示は、一般消費者に誤認されるおそれのある表示として禁止されている。

イ適　切。実際には、コピー用紙の原材料に用いられた古紙パルプの割合（古紙配合率）が50%程度であるにもかかわらず、あたかも「古紙 100%」であるかのように表示することは、優良誤認表示に該当する。

ウ適　切。実際には、他社と同程度の内容量しかないにもかかわらず、あたかも「他社商品の2倍の内容量」であるかのように表示することは、有利誤認表示に該当する。

エ不適切。有料老人ホームの施設・設備、サービスについて、夜間における最小の介護職員や看護師の数など、介護職員等の数が明瞭に記載されていない表示は、有利誤認表示ではなく、「その他誤認されるおそれのある表示」に該当し、禁止されている。

【参考】

優良誤認表示…商品・サービスの品質、規格、その他の内容についての不当表示をいう。

有利誤認表示…商品・サービスの価格、その他の取引条件についての不当表示をいう。

その他 誤認されるおそれのある表示…一般消費者に誤認されるおそれがあるとして内閣総理大臣が指定する不当表示をいう。（例：有料老人ホーム、不動産のおとり広告など）

正解：エ

問題24. 職場におけるパワーハラスメントの認定に関する以下のアからエま
　　　　での記述のうち、最も<u>適切ではない</u>ものを１つ選びなさい。

　　ア．パワーハラスメントは、①優越的な関係を背景とした言動であって、
　　　　②業務上必要かつ相当な範囲を超えたものにより、③労働者の就業
　　　　環境が害されるものであり、①から③までの要素のうちいずれかを
　　　　満たすものをいう。

　　イ．パワーハラスメントの成立要件である「優越的な関係を背景とした」
　　　　言動とは、受け手の労働者が行為者に対して抵抗又は拒絶すること
　　　　ができない蓋然性が高い関係に基づいて行われる言動である。

　　ウ．パワーハラスメントの成立要件である「業務上必要かつ相当な範囲を
　　　　超えた」言動とは、社会通念に照らし、当該行為が明らかに業務上の
　　　　必要性がない、又はその態様が相当でないものであることをいう。

　　エ．「労働者の就業環境が害される」言動とは、当該言動により労働者が
　　　　身体的又は精神的に苦痛を与えられ、労働者の就業環境が不快なも
　　　　のとなったため、能力の発揮に重大な悪影響が生じる等当該労働者
　　　　が就業する上で看過できない程度の支障が生じることを指す。

パワーハラスメントの認定

ア誤　り。パワーハラスメントは、①優越的な関係を背景とした言動であって、②業務上必要かつ相当な範囲を超えたものにより、③労働者の就業環境が害されるものであり、①から③までの要素を全て満たすものをいう。

イ正しい。パワーハラスメントの成立要件である「職場内の優位性を背景に行われるもの」とは、受け手の労働者が行為者に対して抵抗又は拒絶することができない蓋然性が高い関係に基づいて行われる言動である。

ウ正しい。パワーハラスメントの成立要件である「業務の適正な範囲を超えて行われること」とは、社会通念に照らし、当該行為が明らかに業務上の必要性がない、又はその態様が相当でないものであることをいう。

エ正しい。「労働者の就業環境が害される」とは、当該言動により労働者が身体的又は精神的に苦痛を与えられ、労働者の就業環境が不快なものとなったため、能力の発揮に重大な悪影響が生じる等当該労働者が就業する上で看過できない程度の支障が生じることを指す。

正解：ア

問題25.「心理的負荷による精神障害の認定基準」に関する以下のアからエ
　　　　までの記述のうち、最も<u>適切ではない</u>ものを1つ選びなさい。

　ア．業務により一定の精神障害を発病したと認められる労働者が自殺を
　　　図った場合は、当該死亡について労災認定がなされる場合がある。

　イ．発病前おおむね6か月の間に認められる、上司等から精神的攻撃等
　　　を受けたというパワーハラスメントの事実は、業務による心理的負
　　　荷の強度の判断における「具体的出来事」に該当する。

　ウ．対象疾病を発病していること、対象疾病の発病前おおむね6か月の
　　　間に業務による強い心理的負荷が認められること、業務以外の心理
　　　的負荷及び個体側要因により対象疾病を発病したとは認められない
　　　こと、という3要件を満たせば、労災補償の対象である業務上の疾
　　　病に該当する。

　エ．強い心理的負荷は、精神障害を発病した労働者が、その出来事及び
　　　出来事後の状況が持続する程度を主観的にどう受け止めたかという
　　　観点から評価される。

心理的負荷による精神障害の認定基準

ア適　切。過労自殺の取り扱いについて、業務により精神障害を発病したと認められる労働者が自殺を図った場合には、精神障害によって正常の認識、行為選択能力が著しく阻害され、あるいは自殺行為を思いとどまる精神的抑制力が著しく阻害されている状態に陥ったものと推定され、原則として、当該死亡は労災認定をするものとされている。

イ適　切。令和2年6月に施行されたパワーハラスメント防止対策の法制化に伴い、「上司等から、身体的攻撃、精神的攻撃等のパワーハラスメントを受けた」が、認定基準　別表1「業務による心理的負荷評価表」の具体的出来事に追加された。

ウ適　切。業務上の疾病の認定要件は、①対象疾病を発病していること、②対象疾病の発病前おおむね6か月の間に、業務による強い心理的負荷が認められること、③業務以外の心理的負荷及び個体側要因により対象疾病を発病したとは認められないこと、以上の3要件である。この要件を充足する場合は、労働基準法施行規則別表第1の2第9号に該当する業務上の疾病として取り扱うとされている。

エ不適切。強い心理的負荷は、精神障害を発病した労働者がその出来事及び出来事後の状況が持続する程度を主観的にどう受け止めたかではなく、職種、職場における立場や職責、年齢、経験等が類似する同種の労働者が一般的にどう受け止めるかという観点から評価される。

正解：エ

問題26.　組織犯罪対策要綱及び「企業が反社会的勢力による被害を防止する
　　　　ための指針」に記載されている用語の定義に関する以下のアからエ
　　　　までの記述のうち、最も<u>適切ではないもの</u>を１つ選びなさい。

ア．暴力、威力と詐欺的手法を駆使して経済的利益を追求する個人は、「反
　　社会的勢力」に該当する。

イ．「暴力団と共生する者（共生者）」とは、暴力団に資金を提供し、又
　　は暴力団から提供を受けた資金を運用した利益を暴力団に還元する
　　などして、暴力団の資金獲得活動に協力し、又は関与する個人やグ
　　ループである。

ウ．暴力団又は暴力団員の一定の統制の下にあって、暴力団の威力を背
　　景に暴力的不法行為等を行うおそれがある者のうち暴力団員以外の
　　者は、「暴力団準構成員（準構成員）」に該当する。

エ．「特殊知能暴力集団等」とは、暴力団との関係を背景に、その威力を
　　用い、又は暴力団との資金的なつながりを有し、構造的な不正の中
　　核となっている集団又は個人をいい、総会屋等は、「特殊知能暴力集
　　団等」に該当する。

反社会的勢力との関係

ア適　切。「反社会的勢力」とは、暴力、威力と詐欺的手法を駆使して経済的利益を追求する集団又は個人をいう。

イ適　切。「暴力団と共生する者（共生者）」とは、暴力団に資金を提供し、又は暴力団から提供を受けた資金を運用した利益を暴力団に還元するなどして、暴力団の資金獲得活動協力し、又は関与する個人やグループである。

ウ適　切。「暴力団準構成員（準構成員）」とは、暴力団又は暴力団員の一定の統制の下にあって、暴力団の威力を背景に暴力的不法行為等を行うおそれがある者又は暴力団若しくは暴力団員に対し、資金、武器等の供給を行うなど暴力団の維持若しくは運営に協力する者のうち暴力団員以外のものをいう。

エ不適切。「特殊知能暴力集団等」とは、暴力団、暴力団員、暴力団準構成員、暴力団関係企業、総会屋等および社会運動等誹ぼうゴロ以外のものであって、暴力団との関係を背景に、その威力を用い、又は暴力団との資金的なつながりを有し、構造的な不正の中核となっている集団又は個人をいい、よって「総会屋等」は、「特殊知能暴力集団等」に該当しない。

正解：エ

問題27. 食品衛生法に関する以下のアからエまでの記述のうち、最も<u>適切な</u>ものを1つ選びなさい。

ア．食品衛生法上における「営業」とは、業として、食品等を採取、製造、輸入、加工又は販売等することをいい、農業や水産業における食品の採取業も、この「営業」に含まれる。

イ．自主回収報告制度の対象は、食品衛生法違反又はそのおそれのある食品等をいい、事業者が、当該食品等を自主回収する場合の都道府県知事への報告は努力義務とされている。

ウ．食品衛生法における「食品」とは、全ての飲食物をいい、経口摂取する医薬品や医薬部外品も含まれる。

エ．HACCPとは、事業者自らが、食中毒菌汚染等の危害要因をあらかじめ把握した上で、原材入荷から製品出荷までの全工程の中で、危害要因を除去低減させるために特に重要な工程を管理し、製品の安全性を確保する衛生管理手法であり、日本でも、原則として全ての食品業者にHACCPに沿った衛生管理の実施が義務付けられている。

食品衛生法

ア不適切。食品衛生法上における「営業」とは、業として、食品若しくは添加物を採取し、製造し、輸入し、加工し、調理し、貯蔵し、運搬し、若しくは販売すること又は器具若しくは容器包装を製造し、輸入し、若しくは販売することをいう。もっとも、農業及び水産業における食品の採取業は、「営業」に含まれない（食品衛生法4条7号）。

イ不適切。自主回収報告制度（リコール制度）の対象は、食品衛生法違反又はそのおそれのある食品等をいう（食品衛生法58条1項各号）。よって、前半は適切である。もっとも、事業者が、当該食品等を自主回収する場合は、厚生労働省令・内閣府令で定めるところにより、遅滞なく、回収に着手した旨及び回収の状況を都道府県知事へ届け出なければならない（同条柱書き）。「努力義務」ではない。よって、後半の記述は適切ではない。

ウ不適切。食品衛生法における「食品」とは、全ての飲食物をいう。もっとも、医薬品、医療機器等の品質、有効性及び安全性の確保等に関する法律に規定する医薬品、医薬部外品及び再生医療等製品は「食品」に含まれない（食品衛生法4条1号）。よって、経口摂取するものであっても、医薬品や医薬部外品は「食品」に含まれない。

エ適　切。HACCPとは、事業者自らが、食中毒菌汚染等の危害要因をあらかじめ把握した上で、原材入荷から製品出荷までの全工程の中で、危害要因を除去低減させるために特に重要な工程を管理し、製品の安全性を確保する衛生管理手法である。先進国を中心に義務付けられている制度であり、日本でも、令和3年6月1日より、原則として全ての食品業者がHACCPに沿った衛生管理の実施が義務付けられるに至った（食品衛生法50条の22号参照）。

正解：エ

問題28．知的財産権に関する以下のアからエまでの記述のうち、最も<u>適切な</u>
　　　　ものを１つ選びなさい。

　ア．特許権の存続期間は、特許出願の日から 10 年である。

　イ．実用新案権の存続期間は、実用新案登録出願の日から 10 年である。

　ウ．意匠権の存続期間は、意匠登録出願の日から 20 年である。

　エ．商標権の存続期間は、設定の登録の日から５年であるが、更新登録
　　　の申請により更新することができる。

知的財産権

ア不適切。特許権の存続期間は、特許出願の日から 20 年をもって終了す
　　　　　る。（特許法 67 条）。特許出願の日から 10 年ではない。

イ適　切。実用新案権の存続期間は、実用新案登録出願の日から 10 年を
　　　　　もって終了する。（実用新案法 15 条）。

ウ不適切。意匠権（関連意匠の意匠権を除く。）の存続期間は、意匠登録
　　　　　出願の日から 25 年をもって終了する。（意匠法 21 条１項）。
　　　　　意匠登録出願の日から 20 年ではない。

エ不適切。商標権の存続期間は、設定の登録の日から 10 年をもって終了
　　　　　する（商標法 19 条１項）。また、商標権の存続期間は、商標
　　　　　権者の更新登録の申請により更新することができる（商標法
　　　　　19 条２項）。

正解：イ

第6課題　自然災害と危機管理

問題29.　内閣府防災担当の「事業継続ガイドライン（令和3年4月）」に示されている内容に関する以下のアからエまでの記述のうち、最も<u>適切ではない</u>ものを1つ選びなさい。

ア．同ガイドラインが示すBCMは、企業・組織の事業（特に製品・サービス供給）の中断をもたらす自然災害を対象としているが、感染症のまん延についても適用が可能である。

イ．BCMは、経営レベルの戦略的活動として位置付けられるものである。

ウ．BCMの内容は、国が定める一定の基準に準じる必要があり、経営者がその範囲を判断してはならない。

エ．BCMは、資金力や人的な余裕がない企業・組織も含め、全ての企業・組織に導入が望まれる。

事業継続ガイドライン

ア適　切。同ガイドラインが示すBCM（事業継続マネジメント）は、企業・組織の事業（特に製品・サービス供給）の中断をもたらす自然災害を対象としているが、大事故、感染症のまん延（パンデミック）、テロ等の事件、サプライチェーン途絶など、事業の中断をもたらす可能性がある、あらゆる発生事象について適用可能である。

イ適　切。記述の通り。

ウ不適切。BCMの内容は、自社の事業内容、規模等に応じて経営者がその範囲を判断してよい。

エ適　切。BCMは、多額の出費を伴わなくても一定の対応は可能であるため、資金力や人的な余裕がない企業・組織も含め、全ての企業・組織に導入が望まれる。

正解：ウ

問題30. 事業継続計画の用語に関する以下のアからエまでの記述のうち、最も<u>適切ではない</u>ものを1つ選びなさい。

ア．何らかの危機的な発生事象により自社の事業が停止した場合に、影響度評価の結果を踏まえ、優先的に継続・復旧すべき重要事業を絞り込み、各業務についてどの水準まで復旧させるかという目標レベルを表す指標を「目標復旧時点（RPO)」という。

イ．何らかの危機的な発生事象により自社の事業が停止した場合に、影響度評価の結果を踏まえ、優先的に継続・復旧すべき重要事業を絞り込み、各業務についてどれくらいの時間で復旧させるかという目標時間を表す指標を「目標復旧時間（RTO)」という。

ウ．本来の意味は、瓶の首の細くなったところであり、事業の継続や業務復旧の際にその要素がないと全体の進行が立ちゆかなくなってしまうものを「ボトルネック」という。

エ．供給者から消費者までを結ぶ、開発・調達・製造・配送・販売の一連の業務のつながりのことを「サプライチェーン」という。

事業継続計画

ア不適切。何らかの危機的な発生事象により自社の事業が停止した場合
　　　　に、影響度評価の結果を踏まえ、優先的に継続・復旧すべき
　　　　重要事業を絞り込み、各業務についてどの水準まで復旧させ
　　　　るかという目標レベルを表す指標を「目標復旧レベル（RLO：
　　　　Recovery Level Objective）」という。「目標復旧時点（RPO：
　　　　Recovery Point Objective）」は、何らかの危機的な発生事象
　　　　により失われたデータを過去のどの時点まで復旧させるかの
　　　　目標値を表す指標である。

イ適　切。記述の通り。「RTO」は、「Recovery Time Objective」の略で
　　　　ある。

ウ適　切。記述の通り。

エ適　切。記述の通り。

正解：ア

著者プロフィール

【酒井滋　さかいしげる】「第1章　重要用語集」第1課題1〜16　第3課題 46.47.54 担当

各種資格学校で、公務員講座や行政書士講座の講師や教材開発を担当後、平成13年1月、行政書士事務所開業（東京都行政書士会所属）。民事関係（後見、遺言、相続など）や法人関係（各種契約書の作成、株式会社の設立など）の業務を中心に活動している。

平成19年4月から消費生活アドバイザーとして、消費者問題にも積極的に取り組んでいる。

平成21年9月から株式会社ルートウェルの代表取締役として企業研修などの事業を展開している。

平成26年9月には、特定非営利活動法人颯乃会（そうのかい）を立ち上げ（現在の名称は NPO 法人後見サポート颯乃会）、成年後見制度の利用および普及の促進を図りつつ、法人後見を推進している。

「企業情報管理士認定試験公式テキスト」（共著／日本能率協会マネジメントセンター）、「残される母親が安心して暮らすための手続のすべて」（共著／秀和システム）などの著書がある。

【佐藤京子　さとうきょうこ】「第1章　重要用語集」第2課題、第3課題 43〜45.48〜53.55.56 担当

プライバシーマーク審査員。IT 系の講師、IT 書籍の執筆や編集等のキャリアを活かし、フリーランスとして、IT・情報セキュリティ系等のスキル評価のプロデュース、セミナーの講師、資格系の書籍の執筆や教材の作成等を行う。「コンピュータ資格ガイドブック」（ローカス）、「企業情報管理士認定試験公式テキスト」（共著／日本能率協会マネジメントセンター）などの著書がある。

【坂東利国　ばんどうよしくに】「第2章　企業危機各論」担当

弁護士（東京弁護士会）

東京エクセル法律事務所パートナー弁護士

日本労働法学会所属

日本 CSR 普及協会所属

一般財団法人日本ハラスメントカウンセラー協会顧問

主な取扱業務は人事・労務、一般取引等の法律顧問・代理人。

【主な著書】

「マイナンバー社内規程集」（日本法令）、「個人情報保護士認定試験公認テキスト」（全日本情報学習振興協会）、「無期転換制度による法的リスク対応と就業規則等の整備のポイント」（DVD・日本法令）、「働き方改革と労働法務（働き方改革検定公式テキスト）」（マイナビ出版）、「人事に役立つハラスメント判例集50」（マイナビ出版）、「管理職用ハラスメント研修の教科書」（マイナビ出版）、「ハラスメントマネジメントの知識と実務（ハラスメントマネージャー1種認定試験公式テキスト）」（全日本情報学習振興協会）、「5つの最高裁判決を踏まえたすぐにわかる『同一労働同一賃金』の実務への影響」（DVD・日本法令）、「TAX&LAW グループ会社の経営実務—法務・連結会計・税務—」（共著・第一法規）ほか

【危機管理検定】
新版 企業危機管理士認定試験 学習テキスト

2022年 8月 1日　初版第 1 刷発行

著　者　　酒井滋　佐藤京子　坂東利国
編　者　　一般財団法人 全日本情報学習振興協会
発行者　　牧野常夫
発行所　　一般財団法人 全日本情報学習振興協会
　　　　　　　〒101-0061　東京都千代田区神田三崎町 3-7-12
　　　　　　　　　　　　清話会ビル 5F
　　　　　　　　　TEL：03-5276-6665
販売元　　株式会社 マイナビ出版
　　　　　　　〒101-0003　東京都千代田区一ツ橋 2-6-3
　　　　　　　　一ツ橋ビル 2F
　　　　　　　　TEL：0480-38-6872（注文専用ダイヤル）
　　　　　　　　03-3556-2731（販売部）
　　　　　　　　URL：http://book.mynavi.jp

印刷・製本　　日本ハイコム株式会社